인간의
살림살이

인간의 살림살이

1판 1쇄. 2017년 9월 25일
1판 2쇄. 2018년 10월 12일

지은이. 칼 폴라니
옮긴이. 이병천·나익주

펴낸이. 정민용
편집장. 안중철
편집. 강소영, 윤상훈, 이진실, 최미정

값 30,000원

펴낸 곳. 후마니타스(주)
등록. 2002년 2월 19일 제300-2003-108호
주소. 서울 마포구 양화로 6길 19, 3층(04044)

ISBN 978-89-6437-286-9 93300

편집. 02-739-9929, 9930
제작. 02-722-9960
팩스. 0505-333-9960
블로그. humabook.blog.me
페이스북, 인스타그램, 트위터. @humanitasbook

이 도서의 국립중앙도서관
출판시도서목록(CIP)은 e-CIP
홈페이지(http://www.nl.go.kr/ecip)에서
이용하실 수 있습니다(CIP제어번호:
CIP2017023419).

인쇄. 천일인쇄 031-955-8083
제본. 일진제책 031-908-1407

이 번역은 2014년도 정부(교육부)의 재원으로
한국연구재단의 지원을 받아
수행되었음(NRF-2014S1A3A2044381).

인간의 살림살이

칼 폴라니 지음 | 이병천·나익주 옮김

후마니타스

찰리, 조지, 그리고 로즈메리에게

이들과 더불어 그 모든 것이 시작되었다.

차례

제 I 부 사회에서 경제의 위치

제 2 부 고대 그리스에서 교역, 시장, 화폐

일러두기

___이 책은 해리 W. 피어슨(Harry W. Pearson)의 편집으로 1977년에 출간된 *The Liveli-hood of Man*(Academic Press)을 우리말로 옮긴 것이다. 또 박현수의 번역에 의해 1983년 출간된 『인간의 경제』와 1998년 출간된 개정판 『사람의 살림살이』도 참고했다.

___본문과 각주의 대괄호([   ]), 각주의 [옮긴이]는 모두 옮긴이의 첨언이다. [편집자]는 이 유고집의 편집을 담당한 해리 피어슨을 가리킨다.

___인용문의 경우, 대괄호([   ])는 지은이의 첨언이며, 옮긴이의 첨언에는 '옮긴이' 표기를 했다.

___단행본·정기간행물에는 겹낫표(『   』)를, 논문·기고문 등에는 큰따옴표("   ")를, 시·노래 등에는 가랑이표(〈   〉)를 사용했다.

칼 폴라니의 생애

일로나 두친스카 폴라니Ilona Duczyńska Polanyi*

[남편] 칼 폴라니의 이미지를 한마디로 일깨워 보자면, '스칸달론' [비판의 초석이 되는 걸림돌]Skandalon[1]이라 할 수 있을 것이다. 폴라

---

* [옮긴이] 오스트리아 출신 혁명가이자 저널리스트, 통번역가, 역사가이다. 1897년 헝가리인 어머니와 폴란드계 오스트리아인 아버지 밑에서 태어났다. 열여덟 살 때 무정부주의적 생디칼리스트 그룹을 만나 갈릴레이 서클을 알게 되면서 혁명적 사회주의자가 됐다. 반전운동을 하다 퇴학당하고 레닌을 비롯한 볼셰비키 그룹과 반전 사회주의자들의 모임인 짐머발트 좌파를 구성했으며, 헝가리에서 혁명가로 활동하다 반혁명 이후 오스트리아로 근거지를 옮겨 오스트리아 사회당 좌파 그룹을 조직했다. 칼 폴라니와는 이때 결혼했다. 이후 폴라니와 함께 영국과 캐나다 등에서 활동을 이어 가다 말년에는 헝가리 문학을 영미권에 소개하는 데 큰 공을 세웠으며, 폴라니의 유고를 출판하는 일을 주도했다.

[1] [옮긴이] 스칸달론(Skandalon)은 헬라어로 '걸림돌'이라는 뜻으로 영어의 '스캔들'(추문) 역시 여기서 유래한다. 성서에서 이는 상반된 맥락에서 다양한 의미로 등장해 이후 다양한 해석의 원천이 되었다. 마태복음에서 예수는 자신이 수난을 겪게 될 것임을 예언하자 이에 대한 거부감을 드러낸 베드로에 대해 "너는 나의 스칸달론"이라 꾸짖는다. 하지만 로마서에서 예수는 스스로를 "율법의 종교에 사로잡힌 유대인들을

니 자신도 내 회상에 동의할 것이다. 그는 평생 기존의 관념들을 거부하고 사람들의 마음을 집요하게 뒤흔들어 그들의 인식을 새롭게 변화시켰다 — 갈릴레이 서클[2] 시절 불같은 젊은 열변가였던 그는 장년기엔 일선에서 물러난 것처럼 보였으나 생애 마지막 몇십 년 동안 사회과학에 대해 다시금 새로운 접근을 시도했다. 우리 딸은 회고록에서 그에 대해 이렇게 썼다. "아버지는 평생 사회주의자였다. 그러나 어떤 정당과도 관련을 맺은 적이 없으며, 어떤 정치 운동에도 관여하지 않았다. 아버지는 결코 어떤 교설의 주창자도 아니었지만, 유럽 사회주의 운동 내부의 주요 논쟁들에 수차례 영향을 미쳤다. 아버지는 마르크스주의자가 아니었지만 사회민주주의자는 더더욱 아니었다. 휴머니스트였지만, 탁월한 리얼리스트이기도 했다. 아버지는 사회의 실재와, 이 실재가 사회에서 삶을 꾸려 갈 수밖에 없는 우리 모두의 행동과 가치관, 이념을 어떻게 제약하고 속박하는가를 잘 알고 있었지만, 자신의 내적 필연에 따라 행동

걸려 넘어지게 하는 걸림돌", 즉 "스칸달론"이라 말한다.

2 [편집자] 1908년 형성된 갈릴레이 서클은 부다페스트 대학의 진보적인 학생들이 모인 집단으로 초대 회장은 폴라니였다. 일로나 두친스카는 언젠가 이 서클의 모토를 이렇게 묘사한 바 있다. "자유로운 영혼이 될 것, 정당과는 거리를 유지할 것, 헌신성과 품위를 잃지 말 것, 빈곤에 시달리는 학생들에게 다가가도록 할 것, 배우고 가르치는 것을 운동의 목적으로 삼을 것." 서클의 임무는 다음과 같았다. "교권주의와 부패에 저항하라. 특권층에 저항하라. 이 반(半)봉건적인 국가에 상존하며 만연해 있는 관료주의에 저항하라."

과 사상의 자유를 실천하며 살았으며, 결코 결정론이나 숙명론에
굴복하지 않았다."[3]

내가 처음 폴라니를 만난 것은 1920년 11월, 오스트리아에서였다.
그 당시 우리는 둘 다 망명 생활을 하고 있었다. 나는 다른 글에서[4]
폴라니의 가족, 어린 시절의 추억, 양친의 개성, 20세기 초 러시아
혁명가 출신 이주자들이 (아버지 같은 벗이었던 사무엘 클라츄코Samuel
Klatschko를 통해) 청년기 그에게 미쳤던 도덕적 영향 등에 대해 쓴
적이 있다.[5] 이런 이야기들은 모두 우리의 40년간의 결혼 생활 내내
두고두고 화제에 오를 만큼 폴라니의 기억에 깊이 새겨져 있었다.

나는 갈릴레이 서클 시기의 폴라니에 대해서는 잘 알지 못했다.
열 살의 나이 차이 때문일 수도 있지만 세대 차이가 더 큰 이유였다.

3 Kari Levitt: "Karl Polanyi and Co-Existence," *Co-Existence*, No. 2, 1964.

4 Ilona Duczyńska, "Karl Polanyi(1886~1964): A Family Chronicle and a Short Account
of His Life"(헝가리어 원고).

5 [옮긴이] 러시아인 망명자로서 빈에서 오래 살았던 사무엘 클라츄코는 칼 폴라니의
친구이자 멘토였다. 그는 당시 러시아에 존재했던 지하당 및 운동의 비공식 사절 역할
을 했다. 자세한 것은 일로나 두친스카 폴라니의 다음 글을 참조. "I first met Karl
Polanyi in 1920," K. McRobbie & Kari Polanyi Levitt(eds.), *Karl Polanyi in Vienna: The
Contemporary Significance of the Great Transformation*, Black Rose Books, 2000. pp. 306-307.

나를 포함한 새로운 세대는 혁명적 활동 이외의 다른 논의는 그 어떤 것도 용인하거나 활용하지 않았다. 1917년부터 1919년까지 내가 속해 있던 소규모 활동가 집단과 "과거 갈릴레이스트" 집단 사이에는 공통의 기반이 전혀 없었다.

사실은 나이가 들어 부다페스트에서 폴라니 동시대인들과 어울리게 된 1963년경에야 겨우, 나도 지난 반세기를 비추고 있던 갈릴레이 서클의 광채를 다소 접했을 뿐이다.

폴라니에 대한 한층 더 예리한 논평은 그의 가까운 친구이자 갈릴레이 서클의 회원이었던 두 사람, 켄데 지그몬드Kende Zsigmond와 모리스 코라흐Maurice Korach에게서 나왔다. 그들의 말은 내 마음에 각인되어 있던 젊은 날의 폴라니를 더욱 생생하게 떠오르게 했다. 켄데는 이렇게 말했다. "그는 예언자적 기질을 지니고 있었으며, 자신을 시대와 엇나간 사람이라고 느끼고 있었다. 1911년 당시에는 실제로 그랬지만, 그 이후에는 더 이상 그렇지 않았다."

코라흐는 이렇게 말했다. "폴라니는 천재였으며 생각의 폭과 깊이가 남달랐다. 그는 먼 미래를 내다보았다. 사회학이나 지식 이론 분야에서 앞으로 출현할 문제를 이미 감지하고 있었다. 그는 정치적 지도력을 발휘하는 그런 스타일은 아니었다. 그가 젊은이들에게 끼친 도덕적 영향은 주로 정직함과 진실됨, 솔직함 같은 본질적인 것이었다. 젊은이들은 그것을 느끼고 있었다. 그는 갈릴레이 서클의 도덕적 분위기를 주도했다. 냉혹하거나 오만한 사람은 결코 아니었지만 논변은 예리했다. 그는 우리에게 꼭 필요한 사람이었고, 우리의 마음은 늘 그와 함께 있었다."

지금 내 앞에는 폴라니가 자유자재로 끄적여 놓은 누렇게 바랜 낡은 종이 몇 장이 놓여 있다. 처음과 끝 부분은 없어졌지만 용케도 보존된 나머지 부분은 이 '스칸달론'에게서 떨어져 나온 작은 흔적을 보여 준다.

한때 무신론자가 자유로운 사상가로 불리던 시절이 있었다. 우리는 오래전에 그런 단계를 넘어섰다. 무신론자들 중에도 편협하고 통찰력이 없는 소시민적 심성에 사로잡힌 사람들은 많다. 그들은 자유로운 사상가가 아니라 오히려 다른 무언가로 봐야 한다. 반면에 종교적인 성향으로 인해 인간은 가장 담대한 정신적 모반자가 될 수도 있다. 사상의 자유를 추구하다 죽어 간 사람들 가운데 앞으로도 영원히 가장 뛰어나다고 평가받을 사람은 바로 나사렛 마을의 예수이다.

정신의 자유를 추구한다는 것이 진리나 윤리, 법, 권위를 부인한다는 뜻은 아니다.

그 반대로 우리가 말하는 정신의 자유란 끈질기게 진실을 추구하고 윤리의 명령을 따르며, 법에 따라 행동하고 권위를 존중하는 것이다. 집요하고 일관되게. 깊이 생각해 보기 전에 물러서는 일은 결코 떠올리지도 않으며, 인간의 성향이 혼미한 의식에서 벗어나 언제나 깨어 있도록 해야 한다. 배후에 숨겨진 진실을 탐구함과 동시에 모든 종류의 계급적·인종적 진실과 마주해야 한다. 더 나아가 우리는 판에 박힌 '도덕가'의 훈계를 듣더라도 순수한 윤리의 길을 따라가고, 심지어는 법을 거역하더라도 정의를 토대로 삼으며, 오직 선善과 진실의 권위만을 존중하고, 퇴폐적인 성공과 권력의 과시에 의존하는 모든 거짓 권위를 외면해야 한다.

진리는 그렇게 추구하는 것이다. 전통이라는 금기가 가로막을 때는 윤리의 공준에 따라 행동하라. 설령 그런 행동을 타협주의자와 기회주의자가 '초超이상주의'라든가 '유치한 발상'의 발현이라든가 '돈키호테식 무모함'이라고 헐뜯거나, 단순히 풋내 나고 미성숙하다고 비난할지라도 그렇게 행동하라. 심지어는 법에 도전하더라도 정의의 편에 서라. 그리하여 관습의 권위와 냉소, 무지, 영혼의 무감각이라는 폐허를 딛고 선하고 진실한 영웅의 권위를 위한 제단을 세우라.[6]

폴라니는 자신의 정치적 지도력을 지속적으로 발휘하지는 않았다. 사실은 그렇게 할 수도 없었다. 40년 뒤 폴라니는 자신의 평생 벗이었던 오스카르 야시Oszcár Jászi 앞으로 다음과 같은 편지를 보냈다.[7] 이 편지는 아마도 폴라니의 인생 여정을 가장 명확히 보여

---

6 일로나 두친스카 소장 원고.
7 1950년 10월 27일, 칼 폴라니가 오스카르 야시에게 보낸 편지 중에서(일로나 두친스카 소장 원고).

주는 진정한 기록이라 할 것이다.

윤리적 분야에서 갈릴레이 서클은 성공을 거둔 창의적인 모임이었습니다. 아마 1848년 이래 처음으로 학생 대중은 도덕적 앙가주망en-gagement에 대해 알게 되었고 자신의 개인 생활에서 이를 실천했을 것입니다. 그러나 정치적으로 저는 태만했고 이는 되돌릴 수 없는 일이었습니다. …… 1918년 당시 길고도 가혹했던 전투에서 농민이나 소수민족들과 결합해 싸울 세대가 없었던 것은 갈릴레이 서클의 실책 때문이었습니다. …… 이것은 누구의 책임일까요? 바로 접니다. 저는 서클을 반反정치적인 방향으로 이끌었습니다. 저는 노동자계급과 농민, 소수민족, 어느 누구와도 연대해 행동하지 못했으며, 그것을 추구하지도 않았습니다. …… 저는 한 번도 정치가였던 적이 없습니다. 전 그런 쪽으로는 재능도 없었고, 심지어 관심도 없었습니다.

이 편지는 폴라니가 사회과학과 경제사를 가르치고 연구하며 최고의 전성기에 있었던 1950년에 쓴 것이다. 그는 리얼리즘이 결여되었던 자신의 인생 전반부 몇십 년을 회고하며 이를 통렬히 비판했다. "이 시기는 제게 실천적 측면에서나 이론적 측면에서나 아무런 실익이 없었습니다. 1909년에서 1935년에 이르기까지 저는 아무것도 이루지 못했습니다. 저는 제 능력을 완고한 이상주의에 쏟아붓다가 허무하게 날려 버리고 말았지요."

이 결정적인 자기 고발에는 자신이 이후에 펼칠 필생의 업적에 대한 암시가 분명히 드러나 있지는 않다. 씨는 뿌려져 있지만 아직 싹은 트지 않았던 셈이다.

이론적인 차원에서 사회주의로의 새로운 방향 전환이 나타난 것은 1922년에 쓴 "사회주의적 경제계산"에서였다.[8] 당시 부르주아 경제학자들은 사회주의적 경제조직과 사회주의적 계산이 불가능하다는 것을 열심히 입증하고 있었지만, 이에 대한 반론은 소련의 전시 공산주의 경험을 제시하는 정도에 불과했다. 말할 필요도 없이 폴라니의 이 연구는 양쪽 진영 모두에 논란을 불러일으켰다 (여기 나타난 폴라니의 생각들은 오늘날조차도 완전히 무관심의 대상은 아닐 것이며 어쩌면 더 많은 관심을 끌지도 모른다).[9]

또한 1920년대 말에 경제 분야와 이론 분야에서 해결 방법을 모색하고 있던 소련 사회주의에 대해 그가 보여 준 동정적 태도도 이론적 차원에서 사회주의로의 새로운 방향 전환을 나타냈다. 이

---

8 Karl Polanyi, "Sozialistische Rechnungslegung," *Archiv für Sozialwissenschaft und Sozialpolitik*, Band 49, Heft 2, 1922.

9 L. von Mises, "Neue Beitrage zum Problem de sozialistischen Wirtschaftsrechnung," *Archiv für Sozialwissenschaft und Sozialpolilik*, Band 1, Heft 2. F. Weil, "Gildensonzia, listishce Rechnungslegung," *Archiv, op. cit.*, Band 52, Heft 1, 1924. K. Polanyi, "Die funktionelle Theorie der Gesellschaft und das Problem der sozialistischen Rechnungslegung, Eine Erwiderung," *Archiv, op. cit.*, Band 52, Heft 1, 1924.

것은 빈의 프롤레타리아에 대한 그의 깊은 연대감에서도 마찬가지였다.

폴라니의 정치적 현실주의 또한 모습을 드러냈다. 그는 부다페스트의 잡지 『지평선』*Láthatár*의 편집자에게 다음과 같은 편지를 보냈다.[10]

여러분이 옳습니다. 민주주의를 신봉하는 것은 무엇보다 필요한 일이지요. 하지만 지금은 그것만으로 충분하지 않습니다. 반동주의자들을 본받으십시오. 그들은 언제나 시대와 함께 나아갑니다. 만약 민주주의가 옳다면, (실제로 그러하기 때문에) 비판을 피하려 하지 마십시오. 과거의 잘못은 가차 없이 밝혀내야 합니다. 그리고 만약 그 실패의 주요 원인이 현실을 무시하고 공상적으로 나아간 데 있다면, 현실로 눈을 돌려야 합니다. …… 계급 구조, 종교, 전쟁, 폭력 등과 같은 현실을 고상한 체하며 무시한 추상적 민주주의 이념은 당연히 현실로부터 외면당할 수밖에 없었습니다.

같은 시기인 1920년대 말 폴라니는 "자유에 대하여"라는 초고에서 처음으로 현실 사회주의뿐만 아니라 당대 종교에 대한 철학

---

10 Karl Polanyi, "Concerning the aims of Hungarian democracy," *A Láthatár*, March-April 1927(헝가리어 원고).

적 비판을 공식화했다.[11] 이 초고는 세상으로부터 철저히 잊혀 있었다. 이 초고에서 그는 개인주의적 기독교 윤리의 극복, 사회의 실재성, 사회의 최종적이고 불가피한 성질("이익사회의 지양 불가능성"die Unaufhebbarkeit der Gesellschaft), 그리고 이 불가피성에 대한 자각 등을 공식화했다. 이런 통찰은 이후 그의 필생의 작업과 인생철학의 핵심이 되었다.

1930년대 중반 영국으로의 이주는 실제 폴라니의 인생에서 전환점이 되었다. 그는 그곳에서 생각이 비슷한 사람들과 뛰어난 학자들로 이루어진 서클을 발견했다. 그들은 소련에 대한 열렬하다 못해 거의 무비판적이라 할 공감과 기독교 세계관을 결합시켰다. 이 결합의 결과는 "기독교와 사회혁명"이라는 심포지엄으로 나타났다.[12]

그러나 폴라니에게 어떤 지적인 영향보다도 강한 힘을 발휘했던 것은 영국이라는 트라우마, 즉 만개한 자본주의와의 만남이었다. 이에 관해서 우리는 알 만한 가치가 있는 것은 모두 알고 있다

---

11 일로나 두친스카 소장 원고.

12 Donald Kitchen and Karl Polanyi(eds.), *Christianity and the Social Revolution*, London, 1935; Left Book Club edition, 1937.

고 생각하고 있었다. 그러나 엥겔스가 묘사했던 바로 그 집들이 아직도 서있었고 거기 사람들이 살고 있었다. 웨일스의 푸르른 풍경 속에 시커먼 광물 찌꺼기가 곳곳에 산더미처럼 쌓여 있었고, 이 암울한 지역의 젊은이들은 언제나 실업 상태였던 자신들의 부모를 보면서 자꾸만 런던으로 흘러들어 가고 있었다.

폴라니는 노동자교육협회와 옥스퍼드 대학 및 런던 대학의 객원 강사 상임위원회가 조직한 성인 개인교습반을 맡게 되었다. 여기서 그는 각계각층의 영국 노동자들을 접하며 그들의 생활과 경험을 알 수 있었다. 그는 가르치며 배우고 있었다. 일주일에 한 번씩 그가 맡았던 수업은 켄트나 서식스 지방의 작은 마을에서 진행되었다. 이 수업은 서로를 알 수 있는 많은 기회를 제공했다. 특히 그가 돌아가기엔 너무 늦은 시각이 되어 학생들 집에서 대접을 받을 때가 그랬다.

제자들에 대한 사랑으로 폴라니는 계급사회 모국에서 계급사회의 고전적 원형을 증오하게 되었다. 그는 경제사, 특히 영국 초기 자본주의의 역사를 가르치고 있었다. 그는 학생들이 가족들로부터 구술로 전해 들은 풍부한 기억을 수집했다. 블레이크의 "어두운 악마의 맷돌"[13]에 대한 기억은 몇 세대를 거치면서도 살아남았다. 그

---

13 [옮긴이] 영국의 시인이자 화가인 윌리엄 블레이크의 시 <예루살렘>에 나오는 말이다. 초기 산업혁명과 그것이 파괴한 자연 및 인간관계에 대한 기억을 가리킨다.

리고 영국의 노동자계급은 경제적 번영 이후에도, 아니 그 번영에도 불구하고, 초기에 혹사당하며 받았던 치욕을 여전히 간직하고 있었다.

인간들 가운데 가장 선한 이들은 성스러운 증오의 근원까지 내려가 보게 되는 경험을 하게 된다. 영국의 폴라니도 마찬가지였다. 이런 증오는 나중에 미국에 가서도 더 강해지기만 했다. 그의 증오는 인간에게서 인간다움을 빼앗는 시장 사회와 그 영향을 겨냥했다.

폴라니는 야시에게 보낸 편지에 이렇게 썼다.[14] "쉰 살이 되던 해 영국의 상황으로 인해 저는 경제사를 연구하게 되었습니다. 이때 저는 교사로서 생계를 꾸려 갔지요. 저는 타고난 교사더군요. 그 이전까지만 해도 다른 일을 하게 되리라곤 생각해 본 적도 없었고, 전혀 준비도 되어 있지 않았었는데 말이죠. 3년쯤 지나 이번에도 상황에 밀려 책을 한 권 쓰게 되었습니다.[15] 여기서 저는 근래의 역사를 다시 한 번 해석해 보려 했습니다. …… 그러나 이번에는 경제사의 시각을 기반으로 제 사고를 펼쳐 보았습니다."

『거대한 전환』의 시각과 주요 골자, 특히 이 시각의 근원이 된 경험은 1940년에 이미 형성되어 있었다. 이 책은 1944년 뉴욕에서, 그리고 1945년 런던에서 출판되었다.

---

14 *Op.cit.*

15 Karl Polanyi, *The Great Transformation*, New York: Rinehart and Co., 1944.

폴라니는 1946년 영국에서 열린 사회학대회에서 자신의 테제를 다음과 같이 세 가지 요점으로 공식화했다.

① 경제결정론은 주로 19세기 현상이었고 이제 세계의 보다 넓은 지역에서는 더 이상 작동하지 않는다. 이것은 시장체제 아래에서만 효력을 발휘했으며, 이제 유럽에서는 급속히 자취를 감추고 있다.
② 시장체제는 인간과 사회에 대한 우리의 관점을 극도로 왜곡했다.
③ 이런 왜곡된 관점은 우리 문명의 문제를 해결하는 데 주요한 장애의 하나가 되고 있음이 입증되고 있다.[16]

1946년 말 폴라니는 컬럼비아 대학 경제학과에 객원교수로 초빙되어 "일반 경제사" 강의를 맡았다.

야시에게 보낸 편지에서 폴라니는 계속해서 다음과 같이 썼다.[17] "정말로 놀라운 일이 지난 4년 동안 제게 일어났습니다. 이 4년은 단 하루도 쉬지 않고 연구에 열중하며 보냈지요. 그 결과는, 저작으로 마무리하든 하지 않든, 초기 사회의 경제, 특히 교역과 화폐, 시장현상에 관한 해석이 될 것 같습니다. 이것은 비교경제사

---

16 Karl Polanyi, "On belief in economic determinism," *The Sociological Review*, Vol. xxxix, Sectioln One, 1947.

17 *Op.cit.*

의 초석을 놓게 될 것입니다."

폴라니는 66세가 되던 해인 1953년, 교단을 떠났다. 이후 5년
동안 그는 이전의 제자와 동료들의 적극적인 참여로 조직적인 연
구 활동을 전개해, 제도적 성장의 경제적 측면에 관한 학제적 연구
에 몰두했다. 그 결실은 1957년에 발표되었다.[18]

18세기의 다호메이에 관한 집중적인 연구는 아주 이른 시기인
1949년 무렵 시작되었다. 이 연구는 1962년 겨울 『다호메이 왕국
과 노예무역』*Dahomey and the Slave Trade*이라는 제목으로 폴라니가 최
종 마무리를 했다. 하지만 이 책은 그가 작고한 뒤에 나왔다.

말년에 이르러 그는 자신의 학문적 역량을 점차 인류의 곤경에
대한 가장 예리한 감각과 통찰을 보여 주는 작업에 집중했다. (서
방 세계에서 헝가리어로 발행되는 잡지에 기고하려고 썼던) "사회주의
를 향한 사조의 변화에 관한 방주"라는 제목의 짤막한 미발표 글에
서 이 '스캔달론'은 이렇게 썼다.

서방 지식인들은 다소 막연하게 노동운동 내부의 열기가 전반적으
로 냉각된 것에 대해 사회주의가 화제의 초점에서 멀어져 가는 증거
라고 생각하고 있다. 그들은 원자력의 독성에 대한 공포, 유색인들

---

18 Karl Polanyi, C. M. Arsenberg and H. W. Pearson(eds.), *Trade and Market in the Early Empires*, Glencoe, III.: Free Press and Falcon's Wing Press, 1957.

의 봉기, 세계경제의 무정부 상태 등이 바로 전 세계가 사회주의를 향해 나아가는 새로운 경향을 나타낸다는 것을 이해하지 못하고 있다. 우리 시대 사회주의의 힘은 국내 정책 영역이 아니라 대외 정책 영역에서 작용하면서, 전통적으로 정치적 관심을 받지 못했던 인간의 생존과 관련된 분야에서 명백하게 드러나고 있다. 자연지리학과 인구통계학, 생물학, 천문학 영역에서 이런 상황과 제약이 확실하게 나타나고 있으며, 이런 영역에서 우리는 계획경제, 노동자 민주주의의 생산으로 침투, 그리고 인류 생존의 목적을 대표하게 될 민중의 생활양식 등으로부터 나오는 해답을 찾아내야 한다.[19]

경제사와 경제사회학 분야에서 폴라니가 수행한 연구는 그 주요 윤곽만 제시한다 해도 이런 개략적인 주해의 범위를 넘을 것이다. 그러나 그가 보여 준 노년기의 학술 작업과 인류의 운명에 대한 절절한 염려가 모두 같은 뿌리에서 나왔다는 사실을 지적하지 않고서는, 그의 인생 여정을 이야기할 수 없다. 그는 시장경제 안에서나 타당할 뿐 다른 어떤 영역에서는 타당하지 않은 경제 이론의 개념을 원시 경제나 고대 경제에 억지로 적용하려 했던 경제사회학에 격렬하게 대항했다. 그런 이론은 비시장 사회의 전 세계적

---

19 일로나 두친스카 소장 원고.

인 독자 발전을 억압하는 데 이용되어 신식민주의의 도구가 되고 그 이익을 위해 봉사하게 된다고 생각했다.

컬럼비아 대학 강의에서 폴라니는 '사회에서 경제가 차지하는 위치 변화'를 일반 경제사의 주제로 삼았다. 이로써 그는 강의의 초기 단계부터 "일반 경제사에 관한 낡아 빠진 연대기적 설명"을 하지 않고 경제사회학의 방향에서 이 주제를 발전시키고자 했음을 보여 주었다.

1963년 부다페스트에서 행한 강연에서 폴라니는 이렇게 말했다. "만약 전체 사회에서 경제가 차지하는 위치가 역사적으로 변화하는 것이라면, 필연적으로 이런 의문이 생긴다. 경제의 위치는 어디에서 어디로 바뀌는가?" 사회 속에서 경제가 차지하는 위치를 진정으로 보편적인 시각에서 탐구해야 하는 경제사는 전적으로 '교환' 개념을 토대로 구축된 편협한 경제사회학을 이용할 수 없다. 그 이유는 다음과 같다.

'교환' 현상은 시장 사회에서만 보편적이다. …… 예를 들어, 오늘날 사회주의는 정확히 경험과 시야의 확장을 필요로 한다. 이는 시장경제의 주변과 비시장경제의 주변이 서로 만나는 영역과 관련이 있다. 이제 자본주의는 과잉 시장화된 영역에 계획화의 요소를 도입해 자신을 통제하려 할 것이다. 한편 사회주의는 몇 가지 시장적 요소를 도입함으로써 계획경제의 성과를 더욱 높이려 할 것이다. 신흥국가의 경우와 마찬가지로 저개발 국가에서는 시장적 요소와 비시장적 요소가 경합하고 있다. 사회주의는 사회학적으로 현대화된 경제사의 유형에 대해 아주 개방적인 태도로 가장 많은 주의를 기울여야 한다.[20]

1963년 폴라니의 부다페스트 방문은 자신의 병세가 악화일로에 있음을 직감하고 자신의 생을 마무리하려는 생각에서 이루어진 귀국이었다. 그는 신생국 헝가리의 젊은 문필가와 시인, 학자들 앞으로 보낸 메시지에 이렇게 썼다. "전 인류를 위험에 빠뜨린 위태로운 지난 몇 년 사이에 나는 완전히 사회주의로 돌아섰다. 사회주의는 더 이상 노동자계급만의 대의가 아니며 전 인류의 생사를 가르는 문제다. 여기서 내 조국 헝가리가 차지하는 역할을 결코 적지 않다. 지금 내 시각은 전적으로 내 조국에 초점이 맞춰져 있다. 이 모든 것이 마자르인의 숙명 속에서 젊은 날을 보낸 덕분이다."[21]

---

20 Karl Polanyi, "Economic sociology in the United States," Lecture given at the Institute for Cultural Relations, Budapest, Oct. 9, 1963.

21 Karl Polanyi, "Our Homeland's Duty," *Kortárs*, December 1963(헝가리어 원고).

폴라니는 생애의 마지막 십 년을 캐나다의 어느 굽이치는 강 상류 숲 속에 자리 잡은 작은 집에서 연구에 몰두하며 보냈다. 폴라니의 인간 세계를 향해 넓게 열린 생명감은 젊은 시절 연인이었던 베아트리스 데 와드Beatrice de Waard 앞으로 1958년에 보낸 편지에 잘 나타나 있다. 이 편지에서 그는 다음과 같이 자신의 과거를 되돌아보며 앞날을 전망하고 있다.

내 삶은 '세계적' 삶이었지 — 나는 인간 세계 속에서 살았으니까. 그런데 세계는 수십 년 동안 살아 움직이기를 멈춘 것처럼 보였어. 그리고 불과 몇 년 사이에 한 세기를 따라잡았지. 그래서 내가 이제야 평가를 받는 것 같아. 모든 것이 제대로 평가받을 때까지 고도를 기다리며 나는 삼십 여 년을 잃어버렸어. 뒤늦게야 자기 행로를 찾은 세계가 나를 따라잡은 거지. 돌아보면 이런 일은 모두 어쩐지 기이하게 보여. 고독의 괴로움은 신기루에 지나지 않았어. 사실 나는 나 자신을 기다리고 있었던 것 같아. 이제 주사위는 우리에게(당신에게 그리고 나에게) 던져졌어. 십 년이 더 지나면 아마 내 삶은 검증받게 되겠지. 내 작업은 아시아와 아프리카, 새로운 민족들을 위한 거야. …… 사람들이 결국 내 사상에 대해 반대 입장을 표명하기 시작했다는 것은 좋은 징조야. 나는 끝까지 싸워 나가고 싶어. 하지만 인간은

죽어야 할 운명이지.[22]

　폴라니는 1964년 4월 23일 세상을 떠났다. 죽기 바로 전날 저녁까지 그는 작업을 계속했다. 그의 관에는 아틸라 요제프Attila Jozsef의 시 몇 줄이 새겨졌다. 이 시는 그가 꽁꽁 숨겨 두고 혼자만 간직하고 다녔던, 세상에 알려지지 않은 신에게 바치는 글이다.

　나의 신이시여, 당신을 정말 사랑합니다.
　만약 당신이 신문팔이 소년이라면
　나는 거리에서 목청 높여 신문 파는 당신을 돕겠습니다.

1970년

온타리오 피커링에서

일로나 두친스카 폴라니

---

22 1958년 1월 6일, 폴라니가 베아트리스 데 와드에게 보낸 편지(일로나 두친스카 소장 원고).

편집자 서문

해리 W. 피어슨Harry W. Pearson

이미 고인이 되어 이의를 제기할 수 없는 사람이 남긴 미완의 저작
을 엮어서 출판하는 일은 어느 누가 해도 외람된 일이다. 그것은 완
전히 잘못된 일인지 모른다. 도대체 누가 어떻게 미완성 서술을 모
아 조합할 수 있을까? 아니면 누가 어떻게 완성된 서술들을 다양한
초고에서 선별해 그것이 바로 궁극적으로 지은이의 의도였다고 자
신 있게 말할 수 있을까? 이번에 발간되는 폴라니 원고의 경우 그
의문은 배가된다. 원고 뭉치의 거의 모든 부분이 여러 가지 판본들
로 이루어져 있었고, 일부 원고는 짧은 단편에 불과했기 때문이다.
   그럼에도 불구하고 폴라니가 세상을 떠났을 때 이미 『인간의
살림살이』라는 제목의 이 책은 윤곽이 뚜렷이 잡혀 있었다. 초고에
는 목차와 머리말에 대한 두 개 이상의 판본, 서문, 1장과 4장이
이미 이 책에 수록한 그대로 거의 마무리되어 있었다. 2장과 3장,
8장은 서로 다른 판본이 있었다. 이 책에서는 폴라니의 시각에서

이런 문제에 대한 가장 완전한 서술을 보여 줄 수 있도록 이 원고들을 편집했다. 이 밖에도 (주로 아테네에 초점을 맞춘) 고대 그리스의 교역, 화폐, 시장을 다룬 몇 개의 장이 있었다. 이중 폴라니의 주제와 가장 밀접한 관련을 지닌 원고는 그의 의도를 살려 이 책에 실었다. 이 책의 다른 일부는 그가 계획은 세웠으나 집필하지 못했거나, 기어이 완성하길 바랐던 단편적인 원고로만 남아 있었다. 이에 더해 1947년부터 1953년까지 컬럼비아 대학 강의에서 사용했던 방대한 강의 노트가 남아 있었다. 이 노트는 대부분 『인간의 살림살이』가 포괄하는 주제와 동일한 주제를 다루고 있었다. 나머지 자료로 상당히 많은 완성 논문과 미완성 논문이 있었다. 이것들은 대부분 종류가 다른 원고 더미 속에 들어 있었지만 모두 이 책이 포괄하는 영역과 직접 관련이 있었다. 이들 중 일부 원고는 모아서 기회가 왔을 때 출간하기도 했지만, 어떤 간행물도—심지어 『초기 제국에서의 교역과 시장』에 등장하는 글조차도—폴라니의 초고가 포괄하고 있는 범위를 다 다루지 못했고 그 연구와 연속성을 보여 주지 못했다.

첫 번째 부딪친 문제는 출판 여부였다. 거의 의심할 바 없이 설령 폴라니가 십 년을 더 살았다 해도 『인간의 살림살이』를 출판하지는 않았을 것이다. 그는 계획했던 이 방대한 작업을 자신의 마음에 흡족하게 완성할 수 없었을 것이다. 폴라니의 제자이자 가장 가까운 동료이기도 했던 우리는 뛰어난 능력을 겸비한 그의 헌신적인 아내 일로나 폴라니와 함께 모든 원고를 컬럼비아 대학 도서관의 특별논문집 서고에 기탁할 준비를 하면서 꼼꼼히 검토했다. 그리하여 우리는 결과가 아무리 불완전하게 나온다 하더라도, 창의성으로 가득 찬 폴라니의 견해에 대한 가장 완전한 원고를 학계에 내놓지 않는다면, 이는 무책임한 일이 될 것이라는 결론에 이르렀다.

편집 작업을 맡아 달라는 폴라니 부인의 요청으로 나는『인간의 살림살이』의 윤곽에 최대한 근접하도록 원고를 정리하기로 결심했다. 편집 작업은 주로 초고를 자르고 이어 붙이고, 취사선택하는 일이었다. 그 밖에는 명료성과 일관성, 논리성을 높이기 위해 낱말이나 구절들만을 바꾸면 되었다.

폴라니는 제1부에 각주를 달지 않았다. 그래서 나는 본문의 내용에 꼭 필요하다고 생각하는 각주만을 보충했다. 제2부의 각주는 주로 폴라니가 달았으나, 그중 일부는 출처나 출판지 등에서의 오류 몇 가지를 편집하고 정정해야 했다. 고대 그리스 문헌을 인용한 경우에는 원전만을 제시했다. 그 이유는 어떤 번역본을 이용했는지가 명확하지 않았으며, 폴라니가 흔히 직접 번역해서 인용했기 때문이다.

자신도 분명히 인정했듯이, 폴라니는 그가 다루었던 모든 분야의 '전문 학자'는 아니었다. 따라서 분명히 해당 분야 전문가들은 이 책의 내용에 대해 많은 의문과 반론을 제기할 것이다. (그럼에도 불구하고 수백 종에 달하는 자료에서 뽑은 폴라니 자신이 쓴 주석으로 가득 찬 3×5형의 문서 보관함 스물 한 상자는 수년에 걸친 그의 연구의 깊이와 폭을 말해 주는 증거다). 그러나 그의 주요한 목표는 새로운 구상을 펼치는 것이었다. 이 책에서 그 노력이 결실을 거두길 바란다. 내가 진정 알고 있었던 폴라니, 그리고 수년에 걸쳐 함께 작업해 왔던 자료 속에서 만날 수 있는 폴라니는 바로 그런 사람이다.

이 원고의 정리를 도와준 일로나 폴라니에게 가장 먼저 감사드린다. 그녀의 변함없는 정신적 지원과 격려는 어려운 과제를 마치는 데 활력의 원천이 되었다. 또한 비서로서 헌신적으로 도와주신 이사벨 셔우드와 마거릿 마이켈슨, 로라 노박에게도 감사의 마음을 전한다. 문자 그대로 이 책의 완성은 그들 덕분이었다. 끝으로 버몬트 남서부의 언덕 위에 있는 이 작은 대학에도 빚을 지고 있다. 이 대학은 재정적으로 적절한 도움을 주었을 뿐만 아니라, 무엇보다도 작업하기에 쾌적한 장소를 제공해 주었다.

1977년
베닝턴 대학에서
해리 W. 피어슨

편집자 서장

"저 언덕 꼭대기에 올라가면 정원이 훨씬 더 잘 보일 거야." 앨리스
는 혼잣말로 중얼거렸다. "아 여기 바로 가는 길이 있네. 앗, 이 길이
아닌가 봐." (앨리스는 그 길을 몇 미터쯤 가다가 급히 구부러진 모
퉁이를 몇 차례 돌았다.) "그래도 결국 가기는 가겠지. 그런데 웬 길
이 이렇게 요상하게 구불구불할까! 이거 정말 길이 아니라 코르크
마개 따개 같아! 자, 이 모퉁이를 돌면 바로 그 언덕으로 갈 것 같아.
아니, 아니잖아. 이 길은 다시 집으로 가는 길이잖아!"
"그렇게 말해 봤자 소용없어." 앨리스는 집을 올려다보며 마치 집이
자신과 논쟁이라도 하는 것처럼 말했다. "아직은 들어가지 않을래.
거울을 뚫고 다시 예전의 그 방으로 돌아가 버리면 내 모험은 모두
끝나 버린다는 걸 내가 모를 줄 알고!"

/ 루이스 캐럴, 『거울 나라의 앨리스』

경제가 상이한 사회에서 차지하는 위치를 주제 삼아 그 제도적

구조를 분석하는 문제는, 나에게는 "말하는 꽃들의 정원"을 더 잘 보기 위해 언덕 꼭대기에 오르려는 앨리스의 집요한 노력과 다름 없어 보인다. 언덕은 빤히 보이지만 모든 길은 붉은 여왕, 즉 장기판 위의 가장 강한 말의 수중에 있다. 그래서 그 길은 모두 낯익은 집으로 그리고 앨리스가 나왔던 거울 뒤로 되돌아간다.

물론 여기서 붉은 여왕은 고전적 자유주의 경제 이론이고, 낯익은 집은 그 이론이 발전하는 데 원천이 되었던 현대 서구의 시장경제다. 대체로 이 전통을 따르는 경제학자들은 다음과 같은 질문에 관심이 없다. "상이한 사회에서 경제는 무엇이며, 어떤 위치를 차지하는가?" 대부분의 경제학자는 아마 경제학에 관한 제이콥 바이너의 실용주의적 견해를 경제에 대한 정의에도 확대 적용하려 할 것이다. 만일 "경제학자들이 하는 일이 경제학"[1]이라면 경제학자들이 연구하는 것이면 무엇이든 경제가 되는 것이다. 이런 식의 조작적 정의에는 나름대로 이점이 있다. 이런 정의를 사용할 때 경제학자는 연구 대상으로 삼는 세계를 정의하거나 다시 정의할 필요 없이 가장 익숙한 체계 내에서 효율성과 가격 안정, 성장의 문제를 다룰 수 있기 때문이다.

---

[1] Kenneth Boulding, *Economic Analaysis*, New York: Harper and Brothers, 1941, p. 3을 보라. cf. Melville Herskovits, *The Economic Life of Primitive Peoples*, New York: Alfred Knopf, 1940, p. 29.

그러나 오늘날 모든 학술 분야에서 점점 성장 중인 사회과학자 집단은 과거와 현재의 경제를 분석하는 데 정통파 경제학자들의 이론이 과연 신뢰할 만한지 새로이 의문을 제기하고 있다. 경제 세계의 본질에 관한 문제 제기는 필연적이다. 물론 경제 이론의 경험적 타당성에 관한 논쟁은 훨씬 이전으로 거슬러 올라가며, 정통파는 부침을 거듭해 왔다. 그렇지만 1950년대에 이르러ㅡ포스트케인스주의적 '종합'이 이루어지고 전후 경제가 급속히 회복되면서ㅡ자유주의 경제 이론은 확실히 승리를 거둔 것처럼 보였다. 국내 정책의 명백한 성공, 해외의 '저개발' 국가들을 발전시킬 수 있으리라는 희망, 게다가 화려한 전통의 무게와 형식 논리의 아름다움이 한데 어울려, 자유주의 경제 이론은 사회과학의 제왕적 지위를 회복했다. 과거, 현재, 미래 언제 어느 곳의 경제를 연구하든지 사람들은 우선 자유주의 경제 이론에서부터 실마리를 찾았다.

물론 좌파 쪽에도 정통과 이단은 여전히 존재하고 있었다. 그러나 사회주의 세계는 내부로 눈을 돌리고 있었으며, 일반적인 '냉전'의 분위기로 인해 어느 곳이든 근본적인 문제들에 대해 심사숙고하는 상황이 아니었다. 그때는 체제의 권위와 진리를 확립하고 안정시키면서 동시에 반대편을 억압하는 시기였다.

1970년대 후반에 이르러 우리는 근본적으로 다른 상황에 직면했다. 도처에 문제와 의혹이 널려 있었다. 현대의 경제 이론이 확신의 정점에 섰던 1950년대부터 직면했던 문제들이 꾸준히 증폭

되어 왔다. 이에 따라 우리는 경제에 대해 그리고 경제와 사회의 기능적인 관계에 대해 가장 근본적인 의문을 다시 제기하게 되었다. 여기서 통상적인 경제 이론에 기초한 정책으로는 해결할 엄두조차 내지 못했던 근본적인 문제들을 하나하나 열거할 필요는 없다. 그러나 이런 문제는 단지 고용과 가격수준, 경제성장 같은 전통적인 문제에만 국한된 것이 아니었으며, 1970년대에도 마찬가지로 다루기 힘들었고 해결의 실마리를 찾기 어려웠던 문제라는 점을 강조해야 한다. 이것들은 또한 시장경제가 자신이 봉사해야 할 사회의 일반적 필요needs를 충족시킬 수 있는 능력을 가져야 한다고 하는 훨씬 더 근본적 차원의 문제이기도 하다. 근본적으로 자원 배분의 문제와 경제체제 전반이 우리 삶과 환경의 질에 미치는 총체적 효과의 문제가 제기되고 있다. 오늘날 이론과 정책, 서구 사회와 비서구 사회, 산업 경제와 비산업 경제 등 경제와 사회의 이런 기능적 관계는 어디서나 중요하다. 바로 이런 연유에서 우리는 경제에 대해, 그리고 경제의 사회적 역할에 대해 말할 때 그 말의 의미는 무엇이며 우리의 소망은 무엇인지에 대해 근본적으로 다시 검토해야 한다.

이 검토 작업의 출발점으로 가장 적합한 것이 바로 칼 폴라니의 저작이다. 이 책의 원고는 대부분 폴라니가 당시의 지배적 풍조에 대항해 1950년대에 쓴 것이다. 당시에 그는 컬럼비아 대학에서 객원교수로 일반 경제사를 강의하고 있었다(1947~53년). 그는 자신의 강의와 자신이 구상했던 연구계획서, 자신이 이끌었던 유쾌한 학제 간 세미나를 토대로 원고를 썼다. 이 세미나는 1950년대 내내 지속되었으며, 그 덕택에 각지에서 모여든 학생과 학자들은 언제까지나 향유하고 싶은 가장 활기차고 기억에 남을 지적 교류를 나눌 수 있었다.

무엇보다도 폴라니는 뛰어난 교육자였다. 그는 근본적으로 새로웠던 자신의 사상을 열정적으로 설파했고, 막연한 번민과 불확실성에 사로잡혀 있던 수많은 컬럼비아 대학생들에게 감동을 주었다. 그들은 대부분 전쟁에서 막 돌아온 귀환병이었으며 아직 불황기의 기억을 안고 있었다. 그들은 또한 마르크스주의 노선의 공허한 교조주의의 환상에서는 깨어났지만, '새로운 경제학'과 '이데올로기의 종언'으로 돈의 숭배Mammon와 과학의 새로운 결합이 제시하는 것처럼 보이는 행복한 외양에 대해 깊은 회의를 품고 있었다. 그 많은 학생들에게 이 허울뿐인 행복 뒤에 숨어 있는 사회의 실상을 새롭게 이해하도록 방향을 제시한 것은 바로 폴라니의 통찰력이었다. 그의 통찰력은 질과 깊이에 있어 근본적으로 달랐다.

그렇지만 경제와 사회에 관한 폴라니의 견해가 주목받은 것은 1970년대의 격변기였다. 그의 견해는 지난 20년간 경제와 정치체polity 사이, 경제와 사회 사이에서 일어난 전환에 대한 새로운 이해를 추구하던 사회과학자들 사이에서 세계적인 관심과 논쟁을 불러일으켰다. 이것이 바로 이 유고집을 발간하기로 한 이유이며, 이 책은 폴라니의 주요 개념과 견해를 사용해 경제와 사회, 정치를 연결하는 장을 제공하려는 시도다.

"사회에서 경제가 차지하는 위치 변화"라는 문제는 폴라니의 핵심적인 관심사였다. 그는 인간 역사의 전 범위에 걸쳐 예리한 시각으로 이 문제를 추적했다. 그의 방법은 아주 방대한 연구를 수행하는 학자가 사용하는 그런 것이었다. 그의 필치는 상당히 포괄적이었지만, 각 영역의 많은 뛰어난 권위자들에게 원시사회와 고대사회, 현대사회의 경제의 성질과 조직에 관한 몇 가지 중요한 문제를 재고하도록 만들었으며, 우리 모두에게 깊이 생각해야 할 몇 가지 문제를 제시해 주었다.

폴라니의 가장 중요한 이론적 관심사는 바로 경제economy라는 용어의 의미 그 자체였다. 그는 (경제적으로 합리적인 행동의 논리에서 파생되는) 경제에 대한 경제학자의 '형식적' 정의와, 경제를 '실체적인' 물질적 수단을 생산하는 사회의 영역이라고 보는 더 오래되고 상식적인 의미를 뒤섞은 데서 오는 혼란에 관심을 가졌다.

이것은 단순히 의미론적인 관심사가 아니었다. 폴라니의 관심은 역사의 어떤 시점, 어떤 장소의 경제를 연구하든 모든 연구자가 부딪치는 문제의 핵심에 이르렀다. 만약 서구 자유주의 경제 이론에서 실마리를 찾는다면, 경제 제도란 대체 무엇이며 어디에 있는가의 문제 ─ 사회에서 경제가 차지하는 '위치'의 문제 ─ 는 연구자에게 하나의 수수께끼가 된다. 이 경우 경제는 어느 곳에나 있으며 동시에 어느 곳에도 없다. 본질적으로 순수 경제 이론은 인간 행동의 한 측면인 경제화economizing²를 다루며, 따라서 일종의 수단-목적 합리적인 행동을 식별해 논리적으로 공식화한다. 그러나 인간 행동의 그런 경제적 측면은 어떤 제도적 토대도 없다. 1958년 미국이 직면한 가장 중요한 경제적 문제에 대해 언급해 달라는 요청을 받았을 때, 프랭크 나이트는 이렇게 썼다. "그 문제에 대해서는 뚜렷한 해답이 없다. 대부분의 문제는 수단을 사용하는 모종의 방법과 관련이 있으며, 따라서 낭비와 비효율을 피하는 경제화를 요구한다. 그런 의미에서 경제적 문제는 명확히 범주화하기 힘들며, 어떻게 분류하든간에 대체로 자의적일 것이다."³

경제학자들은 이 수수께끼를 근대 서구 경제의 현실적인 제도적 기반과 경제화라는 행위를 대충 일치시킴으로써 해결한다. 경제학자들이 서구의 자유주의 전통에서 연구하는 경험적 실재는 우리 모두를 경제인economizer으로 만드는 경향을 가진 시장·화폐·가격 체계다. 그러나 이런 해결 방식에는 경제에 관심을 가진 모든 사회과학자들에게 명백한 위험이 숨어 있다. 만일 자유주의적 전

---

2 [옮긴이] '절약하다, 낭비를 없애다', '주어진 목적을 달성하기 위해 희소한 수단을 효율적으로 사용하다' 등의 뜻이다.

3 Frank H. Knight, "On the Most Important Economic Problem," *Problems of United States Economic Development*, New York: Committee for Economic Development, 1958, Vol. 1, p. 273.

통에 기반한 경제학자들이 실제로 연구하는 사회적 실재가 모든 사회의 경제와 동일시될 수 있다면, 현실의 모든 경제적 활동은 어디서나 시장과 같은 이미지로 비춰질 것이며, 이는 우리가 비치는 거울을 통해 되돌아가는 것과 마찬가지다.

그리하여 폴라니는 고심 끝에 시장 중심으로 짜여진market-ordered 제도적 복합체가 모든 사회의 경제와 일치하지는 않는다는 점을 지적했다. 인류학의 증거에 의존하든 역사학의 증거에 의존하든 다음과 같은 사실은 분명하다. 즉, 사유재산과 자유계약의 법적 맥락에서 그리고 '경제화'의 문화적 맥락에서 작동하는 경쟁적인 시장·화폐·가격 복합체가 대부분의 인류 역사에서 존재하지 않았거나 부수적인 역할을 수행해 왔다는 사실이다.

폴라니의 기본적인 해결책은 경제를 물질적 수단을 제공하는 영역으로 보는 개념으로 되돌아가는 것과, 그리고 이 영역이 상이한 사회에서 작동하는 상이한 제도적 틀을 검토하는 것이었다. 여기에는 분명히 아무런 수수께끼도 없다. 모든 사회는 어떻게든 생존을 위한 물질적 수단을 찾아내야 한다. 그리고 그런 활동은 어느 사회에서나 명명백백하며, '실체적인' 증거가 있다. 이 활동의 전 과정은 다른 사회에서는 다른 방식으로 조직화되고 다른 동기로 운용될 것이며, 또한 다른 원료와 기술을 사용할 것이다. 그러나 이 과정은 언제나 존재하기 마련인데, 우리는 그것을 꼭 하나의 분화된 경제체제는 아니라 하더라도 언제나 어떤 형태와 통합성, 안정성을 지닌 일련의 확인 가능한 활동으로 관찰할 수 있고 분석할 수 있다.

폴라니가 1957년 "제도화된 과정으로서의 경제"라는 제목의 글을 『초기 제국에서의 교역과 시장』에 발표한 이후, 형식론자와 실체론자가 논쟁을 벌이며[4] 양측 모두 많은 연구 결과를 내놓았다. (폴라니의 이 논문은 대폭 증보해서 이 책의 2장과 3장으로 다시 수록했다.) 그의 가장 뛰어난 몇몇 저술을 새로 출판하거나 스스로 많은 글을 기고한 조지 돌턴George Dalton[5]의 노력 덕분에 폴라니가 제시한 경제에 대한 실체적 견해는 계속 살아남았다. 여기서 이 논쟁 전체를 다시 살펴보는 것은 별로 의미 없는 일로 보인다. 하지만 몇몇 문제가 여전히 불명확하게 남아 있는 만큼 그런 문제를 명확히 하는 것은 정말로 중요해 보인다. 물론 이 논쟁을 단번에 해결할 수 있기를 바라는 것은 절대 아니다. 이것은 시간만이 해결해 줄 것이다.

첫째, 이 논쟁의 배후에는 형식적 경제 이론의 타당성과 보편성이라는 해묵은 문제가 있다. 이 논쟁은 독일 역사학파의 "비어 있는

---

4 〔옮긴이〕 형식론자는 경제란 희소한 자원의 효율적 선택을 추구하는 것이라 본 반면, 실체론자는 효율성 여하와 관계없이 인간이 공동의 물질적 필요를 충족시키는 것이라고 보았다. 잡지 『경제인류학 연구』*Research in Economic Anthropology*에서 벌어진 논쟁이 대표적이다.

5 〔옮긴이〕 돌턴은 폴 보해넌(Paul Bohannan)과 더불어, 폴라니 이후 실체적 경제 개념에 기반해 경제인류학 흐름을 이끌어 간 대표적인 인물이었다. 폴라니의 글을 편집한 책을 남겼다. George Dalton(ed.), *Primitive and Archaic Modern Economies. Essays of Karl Polanyi*. New York: Anchor Books, 1968.

상자" 주장6으로까지 거슬러 올라가며, 경제 제도에 관심을 갖거나 실체적 경제활동의 사회적·문화적 틀에 관심을 가진 수많은 사회학자, 인류학자, 역사학자, 그리고 미국 제도주의자들과 관련이 있다. 그러나 경제 분석의 경험적 타당성에 관한 오랜 논쟁사를 보면, 경제학이 형식적으로 또는 논리적으로 타당성을 지니는지, 경제적 합리성의 이론으로서 보편성을 갖는지 하는 문제는, 사회과학자들이 경제 제도와 그 역사, 사회와 경제 제도의 기능적 상호작용을 분석할 때 직면하는 일련의 실체적 문제에 대해 경제 이론이 얼마만큼 타당성을 갖는가의 문제와 너무도 자주 혼동되어 왔다. 이 논쟁의 중심적인 쟁점은 경제 분석이 논리적으로 일관성을 갖는지의 문제도 아니고, 경제적 합리성이 연애에서부터 전쟁에 이르기까지 온갖 상황에서 인간 행위의 한 측면을 구성하는 보편적인 것인가의 문제도 아니다. 쟁점은 형식적 경제학의 이론과 모든 분석 장치가 과연 사회과학자들이 다양한 사회의 경제에 주의를 기울일 때 그들의 관심을 끄는 변수의 범위를 명확히 식별해 내는 경제활동 모델을 제시하는지, 그리고 만일 제시한다면 어느 정도나 그렇게 하는가의

---

6 [옮긴이] 독일 역사학파는 경제적 행동의 제도적·문화적·심리적 기반을 중시했으며 이런 관점에서 신고전파를 비판했다. 신고전파는 희소한 자원의 효율적 배분을 경제 행위의 초역사적으로 타당한 보편 법칙이라고 보는데, 이런 경제행위의 형식적 논리는 제도적 토대를 빈 상자로 처리하는 것과 같다는 뜻이다. 자세한 것은 G. Dale, *Karl Polanyi: The Limits of the Market*, Polity Press, 2010, pp. 95-103 참조.

문제이다. 이 논쟁은 선택과 경제화가 삶의 보편적 측면이라거나, 어떤 일을 도모할 때 인간이 선견지명이 있고 합리적으로 행동한다는 것을 입증하는 것만으로는 불충분하다. 만약 형식적 경제학이 우리에게 경제에 대한 사회의 일반적 개념을 제공하고자 한다면, 경제화(순위가 매겨진 목적을 달성하기 위해 희소한 수단을 최대한 효율적으로 사용하는 것)에 관한 조작적 정의를 통해 물질적 재화의 생산과 분배―모든 사람이 어떤 사회에서나 경제가 수행하는 실체적인 역할이라고 인정하는―를 둘러싼 인간관계를 조직화하는 보편적 원리를 제시해야 한다. 간단히 말해서, 폴라니 주장의 핵심은 이런 조건이 모든 사회의 통상적인 활동 영역에 보편적으로 나타나지 않는다는 것이다. 그래서 만일 어떤 사회에서나 우리의 관심을 끄는 것이 바로 그 인간적 노력의 물질 영역이라면, 그런 의미를 지닌 경제의 조직과 발전에 관한 이론은 형식적 경제학과 별개로 구성되어야 한다.

따라서 폴라니가 보기에, 사회질서와 시간적 순서sequence, 사용·획득·처분의 규칙이 경제 과정의 불가피한 요소인 이유는 수단의 희소성 때문이 아니라, 오히려 가치 있는 재화의 생산에 종사하고 그것을 옮기고 전달하는 사람들이 재화의 상대적 희소성이나 풍부함과는 관계없이 다음 사항을 알아야 하기 때문이다. 즉, 그들은 권위의 규칙, 인간과 물자의 생산적 사용에 관한 권리와 의무, 물자 분배의 규칙, 노동의 리듬, 없으면 큰 혼란으로 이어질 시간·

무게·공간의 척도 등을 알아야 한다. 이런 것은 실체적 경제에 대한 사회적·문화적·물리적 차원의 문제이며, 따라서 단순히 희소 수단 사용의 경제화나 '낭비와 비효율의 회피'라는 추상화를 통해 이해할 수 없다.

폴라니는 이 책에서 다음과 같은 점을 분명히 보여 준다. 즉, 선사시대와 초기 역사시대 사회들에서는 경제생활의 질서를 만들고 통합하는 지배적인 기술과 사회적 배열, 의사소통 체계들 때문에, 경제 과정에 참여하는 이들이 경제 과정의 인간적이고 자연적인 요소들을 다양한 목적에 적용할 수 있는 일반화된 수단이나 도구로 간주할 수 있는 상황이 발생하지 않는다. 이런 사회들에서 사람들 간에 이루어지는 물질적 재화의 교환관계는 통상 광범위한 사회적·정치적 헌신망 속에 깊이 착근되어 있으며 이 때문에 개개인이 이런 관계 안에서 자신의 '경제적' 이득을 극대화하지 못하게 한다. 폴라니는 설령 이런 사회에 시장·화폐·가격이 출현한다고 해도, 산출을 고려해 투입을 계측하는 방식으로 경제 전체는 물론 개개인에게도 경제적으로 최적의 위치가 결정되는 그런 상황이 초래되지 않도록 사회적·문화적·정치적 보호막이 작동함을 분명히 밝힌다(심지어 원리상으로도 그렇게 되지 않는다).

폴라니는 시장체제에 치우쳐 있는 지배적인 관점을 비판하면서 주로 교역, 화폐, 시장에 초점을 맞추었다. 그는 이런 제도들이 일련의 이윤 추구 활동들과 자연스럽고도 불가분하게 연결되어 있다는 근시안적인 근대 서구의 관점 때문에 역사적으로 가장 심각한 오해를 받아 왔다고 생각했다. 이런 비판 과정에서 그가 가장 많이 의존했던 연구는 카를 뷔허와 페르디난트 퇴니에스, 헨리 메인, 리하르트 투른발트, 브로니슬라브 말리노프스키, 막스 베버, 에밀 뒤르켐의 연구였다. 그의 독창적인 업적은 교역과 화폐 용도, 시장에 관한 명백히 조작적인 정의와 그런 제도의 목적, 그리고 서구 시장 체제가 출현하기 이전의 오랜 인류 역사에서 그런 제도가 작동했던 다른 종류의 사회적 상황을 보여 준 것이었다. 그는 시장이 있는 경우와 없는 경우 사람들 간의 '교환'이란 것이 어떤 방식으로 이루어질 수 있는지, 그리고 어떤 경우에도 수요-공급-가격기구라는 규칙이 반드시 필요한 것은 아니라는 점을 분석했다.

폴라니는 조작 가능한 고안물operational devices과 등가성에 대한 새로운 개념을 도입함으로써, 원시 경제와 고대 경제가 정교한 도량형 체계나 수요와 공급에 의해 자동으로 형성되는 가격과 같은 신비로운 마술 없이도 교환 비율을 측정하고 확립하는 복잡한 일을 어떻게 해낼 수 있었는지를 보여 주었다. 그는 초기 사회에 두루 존재하는 문화적 제도— 재보財寶, treasure와 위엄prestige — 가 정치적·경제적 발전의 측면에서 가지는 의미를 꿰뚫어 본 것이다. 그리고 그는 경제적인 거래 관계가 신분과 권력이라는 사회적 맥락으로부터 점차 '벗어나는' 과정을 추적했다.

그렇지만 폴라니의 저작을 생각할 때에는 언제나 교역, 화폐,

시장에 관한 그의 폭넓은 역사적 탐구가 더 커다란 구상과 목표의 일부였다는 사실로 돌아가야 한다. 그 구상은 우리 시대의 '시장 심성'market mentality에 대한 압도적 편향으로부터 벗어난, 사회 속의 경제에 대한 일반 이론과 관련되어 있었다. 따라서 그는 무엇보다도 모든 사회에 해당하는 물질적 생활 수단의 생산 영역이 갖는 의미와 범위, 내용을 정의하고자 고심했다. 그는 '장소적' 이동, 즉 생산과정 중 인간-자연의 측면에 본질적인 공간적 '물리적' 이동을, 경제와 사회 사이에 존재하는 지극히 중요한 경계 영역을 정의하는 전유적 이동과 구별했다. 후자의 전유적 이동은 인간들이 경제적 과정에서 일반적인 투입물과 산출물을 획득하고 처분할 때 인간들 사이의 관계에 질서를 부여한다. 생산에 투입되는 물적 수단, 인간 주체, 그리고 기술적 지식은 사회에서 그 위치를 이동해야 하고 이 활동의 산물들은 사회 성원에게 되돌아가야 한다. 이는 가치를 가진 물건의 획득과 처분에서, 또한 인원을 보충하는 경제 과정에서 인간관계에 질서를 부여하는 전유적 권력(권리와 의무)이 확립되는 영역이다. 그것은 대체로 '재산' 관계의 영역으로 볼 수 있으며, 투입의 측면에서 보면 마르크스의 '생산관계'가 전달하는 의미 가운데 적어도 그 일부에 해당한다고 볼 수 있다.

전유적 권력의 사회적 조직은 경제를 사회적 체계social system로 바라보려 할 경우 항상 중요한 열쇠를 제공한다. 그 조직은 인간 대 인간의 경제적 관계에 질서를 부여하는 제도적 기반을 설정해

준다. 또 그 조직은 경제 과정에 들어가 그 과정을 통과하고 결국 그 과정을 벗어나는 재화와 인간의 이동을 승인하는 권리와 의무의 사회적 원천을 설정한다는 의미에서 사회 속의 경제의 위치를 정의한다.

폴라니는 "통합 형태"라는 표제 아래 경제활동을 담당하는 사회적 조직을 세 가지 일반적 유형으로 분류한다. '호혜, 재분배, 교환'이 바로 그것이다. (세 가지 주요 유형 모두의 특징을 지녔을 수도 있는 '가계'householding를 폴라니는 네 번째 부차적 유형으로 분류했다. 이 유형은 소농 가정경제에 적용되었다). 폴라니가 명시적으로 그렇게 말하고 있지는 않지만, 이런 통합 유형은 경제의 사회적 조직의 전유적 영역을 가리킨다.[7] 즉, 이들은 생산적 자원과 욕구 충족의 물질적 수단을 획득하고 처분하는 인간들 사이의 관계에서 전형적인 유형을 포착한 것이다. 이런 유형은 또한 사회 속에서 경제의 위치를 설정해 주는데, 넓게 볼 때 이런 유형이 경제 과정에서 인간들 사이의 권리와 의무 관계를 결정하는 (사회적·정치적·경제적) 제도의 승인을 확인해 준다는 의미에서 그러하다.

이런 전유적 이동에 질서를 부여하는 전형적 형태의 하나는 '호

---

7 [옮긴이] 여기서 편집자 피어슨은 폴라니가 제시한 통합 형태에 대한 자신의 해석을 제시하고 있다. 그렇지만 폴라니가 말하는 통합 형태는 전유적 변화와 함께 위치적 변화를 포함하고 있기 때문에 이런 피어슨의 해석은 일면적으로 보인다.

혜'reciprocity라고 불리는 것이다(달리, 상호성mutuality이나 전통적인 힘might이라는 용어가 사용되기도 했다). 이 용어들은 각각 특정한 맥락에서만 적절하다. 어떤 용어도 완벽하게 적절해 보이지는 않는다. 어떤 경우든 중요한 것은 상황을 명확하게 설명하는 것이다. 이런 조직화 유형의 중심적 특성은, 경제 영역을 넘나드는 재화와 인간의 이동에 대한 승인과 정당화, 실체적 경제 과정에서 물적 요소의 생산적 사용 등이 혈연 체계와 같은 사회구조에서 나타난다는 것이다. 그런 사회구조는 경제 과정에서 인간들 사이의 관계에 질서를 부여하는 역할과 반드시 무관한 것은 아니지만, 이 역할을 넘어선 기능과 근거를 가지고 있다. 가족, 즉 혈연 조직은 이 호혜 상황의 원형이지만 이런 관계는 친구, 이웃, 자발적 결사체의 성원들, 동류 집단 등에서도 전형적으로 찾아볼 수 있다. 이 호혜 관계의 핵심은 인간과 재화의 이동과 물적 자원의 생산적 사용에 관한 승인이 특정 혈족 조직과 공동체, 친교 모임, 관련 조직이 부과하는 행동 요구나 기대에 근거한다는 점이다. 토지 사용과 재산상속, 토지 양도, 기타 물질 수단의 양도에 관한 승인과 경제 과정 안팎으로 인간과 재화를 옮기는 일은, 이 경우에 이전부터 존재하면서 널리 작용하는 해당 사회제도가 부과하는 행동에 대한 일반적 기대에 의해 결정된다. 달리 말하자면, 이 경우에 누가 무엇을 해야 하는지, 어떤 수단을 사용해야 하는지, 어느 정도나 사용해야 하는지, 언제 사용해야 하는지, 또한 생산의 결과를 누구에게 얼마만큼 주어야 하는

지 등의 보편적인 문제는 그 경우에 작용하는 특정 사회구조의 행동 규범에 의해 결정된다.

———————

두 번째 용어인 '재분배'는 중심지를 향해 재화가 실제로 물리적 이동을 하고, 그 중심지로부터 재분배된다는 사실에서 유래한 말이다. 재분배 경제의 주요한 예로는 고대 메소포타미아나 이집트, 잉카의 거대한 관료제 제국이 있다. 그러나 본질적으로 중요한 것은, 조직화의 한 유형으로서 재분배의 특성은 재화의 물리적 이동 패턴이 아니라, 인간과 재화가 경제 과정 안팎으로 이동할 때 '손과 손 사이'의 이동을 승인하는 권리와 의무의 패턴에 있다는 사실을 인식하는 것이다. 재분배 패턴의 '중심성'은 권리와 의무를 결정하는 권력이 확인 가능한 중심에 위치해 있고, 그 중심으로부터 권리와 의무가 사람들 사이의 재화의 이동을 지시하는 형식적 규칙과 권위의 행렬을 통해 다시 분배된다고 하는 사실을 지칭하는 것이다. 따라서 경제를 조직화하는 한 형태로서 재분배의 출현은 하나의 분화된 체계로서 정치 질서가 사회에 출현한 것과 밀접한 관련이 있다.

조직화의 세 번째 유형은 교환이라는 거래 형태이다. 교환의 특징적인 동기는 합리적인 사익self-interest이며, 그 특징적인 제도는 시장이다. 이것은 모든 시장이 이 유형에 합치한다는 말이 아니다. 현대 서구의 자기 조정적인 또는 '가격 형성적인' 시장이 교환 시스템의 원형이다. 조직화의 다른 유형과 마찬가지로, 이 경우에도 교환의 본질적인 특징은 전유적 권리와 의무가 결정되는 방식에 달려 있다. 시장·화폐·가격이라는 제도적 매개물은 권리를 설정하고 이익을 대표하며 갈등을 조정하는 자족적인 기제를 제공한다. 획득과 처분의 권리는 궁극적으로 또한 필연적으로 정치 질서가 사유재산과 자유계약의 형식으로 승인하지만, 실제로는 사람들을 시장으로 불러들이는 매매 활동으로 실현된다. 그리고 이익은 필요한 수단을 가진 모든 사람에게 개방된 시장이 실현하며, 갈등은 가격 변동에 의해 해결된다. 교환 유형은 실체적 경제 과정의 본질적 거래 관계로부터 경제적 요소(여기서는 형식적인 경제적 합리성을 의미한다)를 따로 떼어 낸다는 점에서 독특하다. 이론적으로 이 경제적 요소는 언제나 관련자 개개인에게 타산적 이득을 나타낸다.

폴라니의 '통합 형태' 중 다른 두 가지와 마찬가지로, 교환도 사회조직의 한 원리이다. 조건이 맞으면, 이 원리는 여기서 정의되는 그대로 경제 이외의 인간 활동 영역으로 확대될 수 있다. 물론 이 세 유형은 모두 어떤 사회에서나 좀 더 폭넓은 인간 활동에 확대 적용될 수 있는 사회질서 원리다. 이 세 가지 원리들은 각각 대면적 애호 관계와 같은 사회 영역에서 전형적으로 볼 수 있는 암묵적 상호성, 집단적 목적을 위한 공식적 규칙과 중앙 권위에 의한 합리적 통제, 그리고 교환관계에서 경제적으로 합리적인 사익 추구 등으로 쉽게 널리 확인된다. 이 의미로 이해한다면, 이들 원리는 사회질서의 사회적·정치적·경제적 원리라 부를 수도 있다. 각각의 원리가 전형적인 조직화 양식과 가치, 작동의 논리를 가지고 있다. 예를 들어, 우리 사회는 교환 질서의 사회이다. 그 이유는 시장·화폐·가격의 복합체가 인간관계를 구성하는 기본적 양식이기 때문이다. 이 복합체는 단지 실체적 경제의 영역뿐만 아니라, (스포츠, 오락, 예술, 통신, 운수, 재정, 사적 서비스 등) 사회 대부분의 일반적 활동 영역 내부나 그 영역 사이에도 존재한다. 그리고 (교육, 종교, 정치, 군사와 같은) 다른 영역은 대부분 시장 관계를 통해 직접 형성되지는 않지만, 지배적인 시장 교환 양식과 깊은 관련이 있으며 또한 그것의 영향을 받는다.

이와 같은 이론적 차원에서 폴라니가 추구한 궁극적인 목표는 실체적 비시장경제학을 구축하는 것이었다. 정녕코 그는 이 경제학으로 "교환 이외의 통합 유형이 지배적이었던 초기 사회 전체"에 일반적으로 적용될 수 있는 개념틀을 제시하고자 했다. 이 목표는 결코 완전히 실현되지는 못했지만 그 기초는 굳건히 다져졌다. 그리하여 우리는 그가 분명히 의도했던 것처럼 초기 사회나 최근 사회에 모두 적용될 수 있는 개념틀을 더욱 세련되게 다듬을 수 있게 되었다.

폴라니의 학자적 목표는 진지해서 사람들에게 감동을 주었으며, 여전히 많은 분야의 학자들에게 동기를 부여하고 있다. 그러나 그의 모든 작업 중에서 더 심오한 의미를 지니며 전체를 통합하는 주제는 사회철학과 정치철학 분야에 있다. 아주 간단히 말해서, 그는 관심의 초점을 다음과 같은 현실에 두었다. 근대 서구의 시장체제는 인간 사회 자체의 일반적 기능과 통합성을 박탈하고 경제적 가치를 최상의 지위로 끌어올려 인간과 자연을 모두 상품화했다. 그는 『거대한 전환』에서 모든 것이 자기 조정적 시장이라는 "악마의 맷돌"을 위한 사료가 되어 버렸다는 견해를 밝혔다. 그의 모든 역사 연구를 이끌었던 배후의 원동력은 다음과 같은 확신에서 나왔다. 먼저 그는 상황이 언제나 이러하지는 않았다고 확신했다. 또한 그는 사회의 통합성을 유지하면서도 인간의 살림살이에 필요한 것들을 생산하고 분배할 수 있다고 확신했다. 그리고 그는 시장이 출현하기 이전의 역사에서 인간이 다시 사회의 다채로운 사회적·정치적·문화적 제도들에 대한 권한을 회복할 수 있는 가능성에 대해 많은 실마리를 찾을 수 있다고 확신했다. 그리하여 그는 자유와 정의가 시장 질서와 긴밀히 연결되어 있다는 자유주의 공리에 도전했다. 그 결과 그는 19세기 또 하나의 정통론이었던 마르크스주의의 기본적 공리 가운데 하나인 경제결정론에도 도전했다.

아직도 할 일은 많이 남아 있다. 폴라니의 이 저작은 그가 시작했던 방대한 연구에 대한 하나의 스케치에 불과하다. 나는 이 책이 이용 가능한 모든 문헌 중에서 폴라니의 개념 체계와 일반 경제사가로서의 그의 역할에 대해 가장 철저하고 일관성 있는 완벽한 견해를 보여 주게 되기를 희망한다. 아울러 나는 또한 이 책이 우리 시대의 문제에 중요한 통찰을 제공해 주기를 기대한다. 1964년 그가 세상을 떠난 이후 우리 시대의 문제는 더욱 시급한 일이 되었으며, 여전히 해결되지 않고 있다.

왜냐하면 신들이 인간의 살림살이를 감추었기 때문이다.

/ 헤시오도스, 『노동과 나날』

서문[*]

이 책은 보편적인 경제사를 출발점으로 삼아 인간의 살림살이 문제를 포괄적으로 재검토하려는 취지에서 썼다.

따라서 십여 년 전 『거대한 전환』*The Great Transformation*에서 다룬 최초의 문제의식은 이 책에서도 계속 이어질 것이다. 『거대한 전환』에서는 인간 사회에서 경제가 차지하는 위치를 좀 더 현실적으로 조망하기 위해 일반 경제사를 폭넓은 개념적 기초 위에 재건해야 할 필요가 있음을 암시했다.

이와 같은 노력의 일환으로 5년여 동안(1948~52년까지) 컬럼비아 대학 사회과학 연구위원회의 지원을 받아 체계적인 연구가 진행되었다. 이 작업은 내가 아렌스버그C. M. Arensberg 교수와 피어슨 H. W. Pearson 교수와 함께 『초기 제국에서의 교역과 시장』*Trade and*

---

[*] [편집자] 이 서문은 두 개의 서로 다른 초고에서 가져왔다. 하나는 1954년에 쓰였고, 다른 하나는 정확한 시점은 알 수 없으나 분명히 1957년 이후에 쓰였다.

Market in the Early Empires(1957)을 편집하는 데 관여함에 따라(여기에 는 우리의 논문도 몇 편 실었다) 몇 년간 지연되었다.『인간의 살림살 이』라는 제목의 이 저작은 애초의 노력으로 되돌아가는 것이다.

이 책에서 나는 이론적인 차원에서 모든 유형의 사회에 적용할 수 있는 교역, 화폐, 시장 제도와 같은 개념들을 발전시키고자 한 다. 역사적 차원에서는, 비교와 대조 방식의 사례연구를 통해 우리 의 일반화에 생명을 불어넣으려 했다. 그리고 정책적 차원에서는, 역사를 통해 우리 시대가 당면한 시급한 도덕적 문제들과 실제적 문제들에 대한 해답을 모색해 볼 것이다.

우리가 독자들에게 초대한 사고의 세계는 어떤 것일까? 그리고 이 책에서 제시되는 사실, 논증, 전망 등은 어떤 것일까?

이론, 역사, 그리고 정책

'경제적'economic이라는 용어의 사용은 그 애매성으로 말미암아 사 람들에게 혼란을 초래한다. 경제 이론은 이 용어에 대해 시장 지배 적인 우리 사회의 좁은 영역을 넘어서면 통용되지 않는, 특정 시기 에만 국한된 의미를 부여해 왔다. 공급·수요·가격 등과 같은 용어 들은 자원·필요·등가와 같은 좀 더 넓은 의미의 용어로 대체해야 한다. 그래야 비로소 역사가는 있는 그대로의 생생한 사실을, 시장적인 사물의 형상 속에 [부당하게] 끼워 넣는 위험을 무릅쓰지 않고, 여러 시대와 여러 지역의 경제 제도를 비교할 수 있을 것이다.

일단 자멸적인 관념들로 가득한 고무주머니로부터 빠져 나오면, 우리는 현실을 파악할 수 있다. 시장에 의해 조직화된 오늘날의 경제에서는 교역과 화폐가 단지 시장의 한 기능으로만 보인다. 물론 어떤 면에서는 그런 측면도 있다. 그렇지만 만약 그런 현상을 일반화한다면, 이는 과거의 사실을 허구화하는 것이다. 대외 교역과 어느 정도의 화폐 사용은 인류의 역사만큼이나 오래된 것이지만, 가격 형성 시장은 비교적 최근의 산물이다.

이 특별한 통찰은 그 범위가 제한된 것처럼 보일지 모르지만, 적어도 논리적으로는 유라시아 문명의 시대구분에 대한 재평가로 이어질 것이다. 1902년[1901년] 흑요석黑曜石으로 된 비석에 새겨진 함무라비법전이 발견된 후, 바빌로니아 사회가 완전히 상업적 성격을 지니고 있었다는 것은 당연시되었다. 교역이 활발히 이루어지고, 지불수단이나 '가치척도'로 화폐를 대량으로 사용했다는 사실은 상업과 번성하는 시장이 존재했다는 증거로 간주되었다. 우리 상업 문명의 기원은 기록된 역사의 맨 처음으로까지 거슬러 올라가는 것처럼 보였다. 그러나 살펴본 바와 같이, 교역이 있었고 화폐를 사용했다고 해서 반드시 시장이 있었다는 뜻은 아니다. 최근의 고고학적 발견이 보여 주듯이, 시장터는 실제로 어느 지역에도 없었다. 앞으로 최초의 도시 시장city market이 열린 곳은 바빌론이 아니라 아테네라고 해야 할 수도 있다. 시장 교역에 대한 역사를 기록할 때 시간적으로는 적어도 천 년을 후퇴해야 하고 공간적으로는 경도를 몇 도 더 움직여야 하는 것이다.

초기 수천 년 동안 인간이 겪어 온 삶의 문제들을 재검토해 보면, 매우 중요한 정책적 경향이 절실히 다가온다. 우리 세대에 고유하며 숙명적인 것으로 보였던 갈림길 ― 자유 대 관료제, 계획 방식 대 시장 방식 ― 이 역사에서 반복되어 온 인간적 상황의 변형된 논제로 인식되는 것이다. 그리스, 이집트의 전면적인 계획경제에 의해 동지중해에 '세계' 최초의 곡물 시장이 생겼다. 교역인의 개인적 주도권을 정부의 교역 관리와 어떻게 조화시킬 것인가는 기원전 2세기 초에 이미 아시리아의 지배자들이 추구한 목표였다. 그리고 개별 교역인의 자유를 보호하기 위해 식민지 교역 방식에서 세심한 장치가 고안되었던 것으로 보아, 그 조화는 비교적 성공적이었던 것으로 보인다. 이 책에서 우리가 살펴볼 이른바 카파도키아Cappadocia[1]식 교역 식민 도시에서는 가격 형성 시장이 없었으며, 고정 가격에 따라 위험부담이 없는 거래가 이루어졌다. 이때 교역인의 이익은 중개 수수

---

1 [옮긴이] 카파도키아는 터키 중부 아나톨리아 중동부를 일컫는 고대 지명이다. 실크로드의 중간 거점으로 동서 문명의 융합을 도모했던 대상들의 교역로로 크게 융성했으며, 초기 기독교 형성에도 중요한 역할을 했다.

료에서 나왔다. 그렇지만 법치와 교역인 개인의 자유는 놀라울 정도로 보장되었다. 마찬가지로 경제계획을 시장의 요구와 조화시키는 방법은 기원전 5세기의 민주정 아티카Attica나 그로부터 2천 년 후 문자가 없던 서아프리카의 흑인 왕국 다호메이와 같은 상이한 공동체에서도 발견되었다. 다호메이 왕국의 경우 대외 상업은 여전히 왕궁의 교역 조직이 지배했지만, 농촌이나 친족 집단의 경제생활은 지역 시장local market과 진정한 농촌 자치에 의존했다.

우리가 사는 근대 세계는 인간의 살림살이라는 견지에서 보면 우리의 생각보다 훨씬 더 역사가 짧을지 모르지만, 자유와 중앙 집중, 자발성과 계획성이라는 인류의 커다란 문제는 분명히 우리의 예상보다 더 오래 지속되어 온 난제임을 알 수 있다.

서장

이 저작은 위태로운 전환의 시대에 세계 문제에 대해 바치는 한 경제사가의 논저이다. 이 책의 목표는 간단하다. 바로 우리의 창조적 조정adjustment의 자유를 확대하기 위해, 그리하여 우리의 생존 기회를 높이기 위해, 인간의 물질적 살림살이라는 문제를 전면적으로 재검토해야만 한다는 것이다.

이 책은 문제 해결의 시발점만을 제시할 수 있을 뿐이다. 그러나 사회에서 경제가 차지하는 위치에 관해 우리 시대 사회철학의 기저에 깔린 뿌리 깊은 오해의 일부를 제거하기 위해 노력할 것이다. 이 같은 노력은 교역과 화폐, 시장 제도의 연구에 집중될 것이다. 이들은 우리 시대에 아주 익숙한 것들이지만, 슬프게도 이 익숙함이 아마도 인간 경제human economy의 성질에 대한 불완전한 이해의 근원이 되는 것 같다.

때로는 역사가의 개인적 관심이 냉엄한 현실 분석으로 이어질 때도 있다. 더 이상 그가 시대의 요청으로부터 멀리 떨어져 고고하게 남아 있을 수 없기 때문이다. 사실 시대의 요청에 부응함으로써, 역사가는 어떤 학문 분과의 전통적인 틀에 유례없는 긴장을 가져올 수 있다. 그렇지만 단순히 개별적인 견해로부터는 이런 과업에 대한 조망이 솟아나지 않는다. 세상에서 말하는 위험의 성질은 객관적으로 봐야 가늠할 수 있고, 현재 상황을 최대한 훑어본다 하더라도 앞으로 다가올 시기의 항구적인 요소들 가운데 일부만을 확인해 볼 수 있을 것이다. 그럼에도 불구하고, 이 과제에 다가가는 것은 당연히 개인적 작업이라는 생각이 든다. 매우 학구적이고 변방의 위치에 있는 경제사학도이지만 이 현실 세계의 진행 과정에서 자기 역할을 찾을 수 있어야 한다는 신념을 갖게 된 데에는 어쩔 수 없이 주관적인 요소가 있다. 예컨대 그 경제사학도가 우리를 낡아 빠진 관념에서 벗어나도록 도와줄 수 있다는 신념이라든가, 그가 시대의 질병을 옳게 읽는다면 장기적 정책 문제를 어떻게 판단해야 할지에 대해 과감히 견해를 제시해 줄 수 있다는 신념에는 주관적인 요소가 있는 것이다.

우리 자신이 처해 있는 상황의 생생한 사실은 많은 사람들이 정말로 비슷해 보인다. 대략 한 세대 전에 세계경제 시스템의 붕괴는 명백해졌다. 제1차 세계대전 이후 국제 금본위제, 세계 상품 시장과 원자재 시장, 그리고 세계적인 신용과 투자의 분배가 때로는 급격히 때로는 서서히 대변화의 소용돌이에 말려들었다. 바로 이때 세계의 정치조직들이 해체되기 시작했다. 한 세기 동안 세계대전을 방지했던 세력균형은 더 이상 작동하지 않게 되었다. 새로운 독재 정부 형태가 등장했다가 다시 사라졌다. 새로운 경제조직이 시도되어 다양한 성과를 거두었다. 제2차 세계대전 이후 아시아와 북아프리카 대륙은 여러 국경선이 바뀌었다. 한동안은 곧 제3차 세계대전이 일어날 것처럼 보였다. 그러나 이제는 그 예상이 빗나가 생존의 전망이 죽음의 전망을 이겨 내고 있는 것처럼 보인다. 하지만 결과야 어찌됐든 이미 하나의 결론을 확실히 끌어낼 수 있다. 그것은 한 국가 내부에서든 국가들 사이에서든 삶의 제도적 틀을 다시 조정해야 한다는 결론이다. 이것은 진부하게 들릴지 모른다. 역사는 결코 멈추는 법이 없기 때문이다. 비록 지금은 지난 십년[1960년대]과 달리 엄청난 사건이 우리에게 닥쳐오지 않을 것처럼 보인다 해도, 실제로 이런 맥락에서 보면, 우리의 집단적 생존의 결정적 국면에 영향을 미칠 상당한 변화를 예상할 수 있다. 왜냐하면 간과하기 쉬워 강조할 필요가 있는 결정적인 상황이 이러하기 때문이다. 국제 무대에 이미 등장해 서로 경쟁하는 정치적·이념적 세력은 필경 파멸적인 충돌이나 건설적인 화해 둘 중 하나에 이르거나, 어쩌면 두 사건을 동시에 겪게 될 것이 분명하다. 그렇지만 이런 세력의 제도적 성질이 그러하기 때문에 설령 아무런 극적인 사건이 일어나지 않는다 해도, 점진적으로 중요한 변화가 일어날 수밖에 없다. 따라서 이 점에 대해 우리는 이렇게 확신할 수 있다. 다른 무엇이 준비되어 있다 하더라도 인간 환경의 이 새로운 영속적 특징은 적어도 어느 정도나마 창조적으로 조정할 수밖에 없다. 단지 체제의 공존을 위해서도, 최소한의 공존 체제가 작동하려면 논리적으로 그것에 부응하는 많은 것들이 요구된다.

그러나 단순한 공존에도 수반되어야 하는 제도적 방도를 넘어서, 인간 세계에 또 다른 종류의 변화가 눈에 띄지 않게 일어날 수 있다. 이 변화는 이제까지 상상했던 것보다 더 포괄적이지만 극적이지 않을 수 있다. 일단 방출되면, 원자 에너지는 언제까지나 우리 곁을 떠나지 않을 것이다. 우리의 존재와 관련된 주요한 관심사는 그 방향이 현재의 경제적인 축에서 도덕적·정치적인 축으로 바뀔 것이다. 이제는 경제성장이나 복지가 아니라, 평화와 자유가 인간의 최고 목표가 될 것이다. 이미 권력의 건설자인 공포가 소리 없이 도무지 크기를 가늠할 수 없는 전체주의적 경향을 낳고 있다. 좋든 싫든 변화의 틀 자체가 변하고 있다.

I. 변화와 경제사

조그마한 것이라도 남기고 싶은 경제사학자라면 분명 난해한 문제를 품고 있을 것이다. 인간의 살림살이라는 영원한 난제를 선택해 실제적 필요에 비추어 이것을 다시 검토하도록 요구하는 것은 확실히 특이한 목표로 보인다. 다양한 사회에서 경제가 차지하는 위치의 다양함은 아무래도 다루기 힘든 주제다. 예컨대 모종의 경제가 모든 사회에 필수 불가결하다 해도, 그것이 사회의 다른 부분에 연결되는 방식은 아주 다를 수 있다. 기술 수준이 동일하다 해도 자본주의에서 사회주의로의 이행 과정은 경제조직에 매우 심대한 변화를 야기할 수 있다. 또한 동일한 경제조직이 정치체제의 급격한 변화와 양립 가능할 수도 있다. 예를 들어, 시장 조직을 갖춘 사회가 자유민주주의에서 파시즘으로 변화하거나 정반대로 변화하는 경우를 보라. 이런 현상이 일어날 가능성은 세계사 속의 흔한 사건인 정복과 같은 외부의 힘이 변화를 초래하는 경우에 훨씬 높다. 외부의 압력을 받거나 이질적 문화를 수용함에 따라, 정치적·종교적·문화적 영역 등 인간 삶의 어떤 한 영역이 나머지 영역보다 우세한 상황이 한시적이 아니라 상당 기간 동안 지속될 수도 있다. 하지만 경제가 사회에서 제2나 제3의 위치를 차지한다 하더라도, 문제를 예측할 수 없을 정도로 복잡하게 만들 것이라는 점은 변함이 없을 것이다.

그럼에도 불구하고 이 책에서 인간의 살림살이라는 매우 묵직한 주제를 탐구하기로 선택했다면, 그것은 다음과 같은 확신 때문이었다. 즉, 이 탐구가 적어도 가장 완고한 편견—금세기 경제문제가 그 모습을 드러내는 것은 이 편견하에서다—의 일부를 제거하려는 지적 노력의 범위를 벗어나지 않는다는 확신이다.

개인적으로는 거의 투신의 단계에까지 이른 이 신념은 오랜 세

월에 걸친 설득력 있는 통찰에서 나온 것이다. 나는 우리가 의식하지 못하는 서구 문명의 약점은 바로 이 문명의 경제적 운명을 형성한 특유의 조건으로부터 나온 것이라고 확신한다. 그 특이성을 고려해 볼 때 우리는 다음과 같이 주장할 수 있다.

우리의 사회적 사고는 경제 영역에 집중되어 있으며, 바로 이 때문에 조정이라는 우리 시대의 경제적 요구를 다루는 데 부적합하다. 우리 사회와 같은 시장 중심적 사회에서는 경제적인 것이 갖는 중요성의 한계에 대한 정확한 측정이 불가능하지는 않다 해도 확실히 어려운 일이다. 일단 인간의 일상 활동이 각종 시장을 통해 조직화되고 이윤 동기에 근거하며, 경쟁적 태도에 의해 결정되고 공리주의 가치척도의 지배를 받게 된다면, 모든 본질적인 측면에서 인간 사회가 이득 목적에 예속되는 유기체로 전락하기 때문이다. 따라서 실제로 경제적 이윤 동기를 절대화하면, 인간은 이 동기를 다시 상대화할 정신적 능력을 상실한다. 인간의 상상력은 사람을 우매화하는 제약에 갇히게 된다. 경제라는 낱말 그 자체가 사람의 마음속에 인간의 살림살이와 그 살림살이 유지에 유용한 기술을 떠올려 주는 것이 아니라, 오히려 일련의 특별한 동기, 특이한 태도, 고도로 특수한 목적 등을 떠오르게 한다. 사람은 이 모든 것을 늘 경제적이라 불러 왔다. 비록 그것들이 실제 경제의 부속물에 지나지 않으며, 문화적 특성의 일시적인 상호작용 덕택에 존재하지만 말이다. 모든 인간 경제의 불변하는 영속적인 특징이 아니라, 일시적이고 우발적인 모습에 불과한 특징이 인간의 눈에 본질적인 것처럼 보인다. 시장 사회의 인간은 다른 경우라면 존재하지도 않았을 어려움을 스스로 만들어 내며, 또한 쉽게 피할 수 있는 장애물에도 걸려 넘어질 수밖에 없다. 장애물의 존재 그 자체를 모르기 때문이다. 이런 무지로 인해 인간은 생존의 진정한 선결 조건은 물론 가능한 것을 얻을 그 방법조차도 파악할 수 없다. 내가 보는 바로는, 이 낡아 빠진 시장 심성market mentality이 바로 다가오는 시대의 경제문제에 대한 현실적 접근을 가로막는 주요한 장애물이다.

얼핏 보기에 이런 명제는 거의 자기모순처럼 보일 것이다. 이명제는 자신이 명백히 반대하고자 하는 경제의 중요성에 대한 과대평가를 함축하는 것으로 보일 수도 있다. 그렇지만 이것은 결코 그렇지 않다. 시장 중심적 습속에는 모종의 경제적 근거가 수반되는 경향이 있다고 주장한다 해도, 우리는 인간사에서 경제적 요인이 영원히 지배적이라는 그릇된 견해를 철저히 거부할 수 있는 것이다. 19세기에 이르러 시장이 보편화되자 사람들은 자연스레 일상생활에서 경제 결정주의를 체험했으며, 그런 결정주의가 시간 초월적이며 일반적이라고 간주하는 경향이 생겨났을 것이다. 그러나 인간과 사회에 관한 시장 결정주의라는 물질주의적 독단론은 우연히 그 시대의 환경을 형성했던 제도를 반영한 것에 불과했다. 그리고 그런 시간 제약의 조건을 반영하는 편집증적인 경제 중심 사고는, 새로운 사회적 환경에 맞도록 경제를 조정하는 문제를 비롯한 보다 광범위한 문제를 해결하는 데 분명히 장애가 된다. 이 주장은 단지 명백한 사실을 지적한 것에 지나지 않는다.

따라서 우리가 시장체제를 벗어날 때 드러나는 경제의 제한적·종속적 성격을 이해하는 데 곤란을 느낄 수밖에 없는 이유는 바로 그런 체제가 우리 자신이 경험하는 사회에 미치는 편파적인 영향 때문이다. 그러나 이런 연유에서 일단 깊숙이 자리 잡은 우리의 편견이 무엇인지 인식하게 되면, 우리 스스로 이 해악에서 벗어나는 것이 그리 어려운 일은 아닐 것이라고 기대해도 좋다. 사실을 더 폭넓게 안다면 좁은 편견을 수정할 수 있다. 경제적 조정에서 발생한 새로운 문제를 진정한 균형 상태로 돌려놓기 위해, 우리는 역사가의 눈으로 인식하는 방법을 배워야 한다.

그렇지만 잘못된 지도地圖가 전투 전야의 장군에게 치명적인 것처럼, 구호화된 역사 인식은 우리 세대에게 치명적인 것으로 입증될 것이다. 무엇보다도 세계사는 단연코 경제사가 아니다. 어떤 집단의 물리적 존재와 생존, 자손의 안정, 전체적인 생활 방식은 경제적 이익으로 제시될 수 있는 모든 것을 초월한다. 그러나 그 정반대를 강조하는 것도 위험하다. 경제적 해법을 제시할 수 있는 사람은 누구나 그렇게 할 수 없는 사람보다 순수한 권력 게임에서 항상 유리한 위치를 점할 것이다. 다시 한 번 말하지만, 아무리 좋게 이어져 온 상업 관행이라 할지언정, 그것이 개성과 자유 같은 초월적 가치의 유일한 구현물이 될 수는 없다. 만약 그렇다고 한다면,

이는 종교적 신조creed를 신용credit으로 치환해 버리는 일이 될 것이고, 신앙을 은행 계좌에 넣지 않는 세속 종교의 힘을 과소평가하는 일이 될 것이다. 또한 기술의 진보를 위해 도덕과 인간의 행복을 제물로 삼아서도 안 되지만, 원시주의를 미덕으로 내세워 신석기시대 동굴에서 기계시대로부터의 피난처를 찾으려는 것도 진보의 불가역성을 무시하는 절망적 태도를 조장하는 것이다.

이와 같이 일반화들에 문제가 있다고 해서 우리가 불가지론에 빠져 있을 필요는 없다. 인간의 살림살이와 관련된 다채롭고 생생한 경험들은 거기에 어떤 말을 붙이느냐에 따라 자연스레 어떤 점이 잘못 강조되기 마련이다. 오히려 실제 상황의 복잡성을 무시하고 과잉 단순화하는 경향이 있는, 경제적인 것들에 대한 추상적 일반화를 경계하자. 이 복잡한 현실성만이 우리의 관심사이기 때문이다. 우리의 과제는 현실성에서 추상적 일반성을 걸러 내고 그 구체적인 측면을 파악하는 일이다. 오늘날 우리가 직면한 혼란의 역사적 기원을 밝혀내기 위해 그렇게 멀리까지 시간을 거슬러 올라갈 필요는 전혀 없다.

19세기에 이르러 전혀 다른 규모의 사건 두 가지가 발생했다. 하나는 천 년에 걸쳐 지속될 기계 시대이고, 나머지 하나는 이 발전에 대한 최초의 조정인 시장체제이다.

이 기계 시대에 우리는 인류사에서 보기 드문 한 가지 전환이 시작되는 것을 본다. 이로써 구석기시대 이래 인간의 역사는 세 시대로 나눠진다. 첫째 전환은 신석기시대이고, 둘째 전환은 거의 모든 역사적 사건이 일어났던 쟁기 농경시대이며, 셋째 전환은 이름도 새로운 기계 시대이다. 이 과정에서 기준이 된 것은 줄곧 기술이었다. 신석기시대의 인간은 먹을 것을 채집하고 가래를 사용해 경작하는 단계를 크게 벗어나지 못했다. 곡식을 경작하는 데에는 몸집 큰 가축이 끄는 쟁기가 필요했다. 그리고 이 쟁기의 도입으로 약 7~8천 년 전에 문명이 시작되었다. 인간이나 동물의 힘 이외의 동력에 의한 기계 사용은 극히 최근에 일어난 일이었다. 이 덕택에 우리 인류는 새로운 바다로 진출했다. 지구상의 인구를 이미 두 배로 늘어나게 한 이 새로운 기계문명은 앞으로도 오랫동안 지속될 것으로 예상된다. 그것은 이미 정착했다. 이 기계문명은 우리의 운명이다. 우리는 이 문명과 더불어 살아가는 법을 배워야 한다. 어쨌든 살아가고자 한다면 말이다.

2. 경제학과 기계 시대

따라서 기계가 인류사상 새로운 문명을 창출했다는 것은 근본적인 사실이다. 쟁기 농경이 문명의 1차 도약을 이끌었다면, 기계는 문명의 2차 도약인 산업 문명을 가져왔다. 기계는 지구 곳곳으로 퍼져 다가올 시대의 전망을 열었다. 이런 사태는 경제적인 분야를 훨씬 더 넘어선다. 시간만이 이런 변화의 위력과 위험을 펼쳐 보여주고, 이것이 인간의 생존에 미치는 의미를 분명히 설명해 줄 것이다. 기계문명은 인간의 연약한 골격에 번개나 지진과 같은 강력한 힘을 부여했다. 기계문명으로 인해 인간존재의 중심이 내부에서 외부로 이동했고, 소통의 범위와 구조, 빈도에서 미지의 차원이 열렸으며, 자연과 접촉하는 우리의 감각도 변화했다. 그리고 무엇보다 중요한 것은 이로 인해 인류의 자멸을 초래할 수도 있는 물리적·정신적 힘을 반영한 새로운 인간관계가 생겨났다는 점이다.

기계문명의 시작은 그다지 두드러진 것은 아니었다. 18세기 말에는 아직 (소수의 드문 인물을 제외한다면) 아무도 새로운 문명이 막 시작되려 한다는 것을 짐작조차 못했다. 아직은 발명된 기계가 그다지 많지 않았으며, 그중에서도 역직기와 같은 일부 기계는 여전히 실용화되지 않았다. 그럼에도 불구하고 직감력이 풍부한 몇몇은 그 징후를 포착했으며, 상상할 수 없을 정도로 심하고 미묘한 변화가 아주 광범위하게 발생하리라는 것을 예견했다. 그들의 견해는 엄청난 웃음거리였다. 그러나 우리의 오랜 경험에서 알 수 있듯이 완고한 현실주의자보다 천진한 예언자가 진실에 더 접근해 있었다. 정말로 다가올 세기의 희망뿐만 아니라 오늘날의 암울한 문제는 눈에 띄지 않게 시작된 새로운 기계문명의 단순한 파생물에 불과하다.

로버트 오언은 새로운 세계가 낡은 세계를 집어삼키고 있다는 것을 최초로 간파했다. 기계는 공동체적 생존만이 아니라 일상생활 속속들이 변화를 요구했다. 오언은 생산능력의 폭발적 성장에 내재하는 혜택만을 감지했던 것이 아니다. 그는 기계가 만들어 낸 삶의 충격이 새로운 형태의 정주·주거 양식이나, 새로운 작업장, 새로운 남녀 관계, 새로운 여가 방식과 심지어 새로운 복식 등(오언은 이 모든 것에 주의를 기울였다)에 의해 흡수되지 못한다면, 그것이 가진 잠재력이 반갑지 않은 선물이 될 수 있다는 점 또한 감지했다. 그는 기독교 정신에 입각한 근본적인 개혁을 주창했으며, 또한 사후 대책에 가깝긴 하지만 경제 분야에서는 새로운 화폐와 협동조합적인 경제생활 형태를 주창했다(당시에 자본주의 개념은 아직 존재하지 않았다). 프랑스에서는 푸리에가 기묘한 상상력으로 공동생활 단체 팔랑주phalanstères의 청사진을 제시했다. 이 공동체에서는 심리학적 장치에 따라 산업적 분업을 남성과 여성, 어린이의 자발성에 맞도록 고안했다. 생시몽은 자신의 새로운 기독교가 '산업사회'를 구원해 줄 것이라고 선언했다. 이리하여 '공상적 사회주의자'들은 한 세기 후에 세상에 널리 알려진, 문화적 발전의 위협을 정말로 예지했다. 즉, 인간의 파편화, 삶의 획일화, 유기체에 대한 기계의 우위, 자발성에 대한 조직의 우위 등을 예상했다. 심지어 개성과 자유에 대한 위협도 처음부터 그곳에 존재했다. 세기 말[19세기 말] 무렵 헨리 애덤스는 바로 원자 폭탄의 시대를 예언했다.[2]

그렇지만 기계의 출현 이후 무슨 일이 생길 것인지에 대한 초기의 공포는 오랜 기간 잠복 상태에 머물러 있었다. 그 공포는 당시의 기술적인 기적에 맞춰 그 역할이 긴급히 요구되었던 경제조직의 현저한 변화로 인해 은폐되었다. 애덤 스미스는 해답을 시장에서 찾았다. 처음에는 공장제도가 단지 통상적인 종류의 해외 교역용 거점을 몇 개 추가한 것에 지나지 않아 보였다. 하지만 이것은 곧 완전히 규모가 다른 제도적 변혁 과정으로 이어졌다. 그 결과 19세기 초 수십 년 동안 서구 사회에 혁명적 변화를 가져왔던 자기 조정적 시장체제에 근접했다.

이제 우리도 알고 있지만 이것은 최초의 정력적인 조정 시도에 불과했다. 그 시작은 모든 세대에게 쓰라린 아픔을 안겨 주었음에도 불구하고 엄청나게 성공적이었다. 그렇지만 기계에의 적응은 완전한 것도 최종적인 것도 아니었다. 점점 더 넓은 범위를 포괄하게 될수록, 시장체제는 안정적인 사회의 요구를 충족시키는 역량이 점점 더 떨어진다는 사실이 드러났다. 수백만의 사람들이 거듭 실직

---

2 내 생각으로 지은이가 여기에서 언급하는 문헌은 헨리 애덤스(Henry Adams)가 1905년 1월 17일 헨리 오스본 테일러에게 보낸 편지이다. 그 편지에는 이렇게 써있었다. "완전히 뒤집어졌다고 생각할 때까지 앞으로 또 다른 한 세기가 걸리지 않을 것이다. …… 그래서 폭발물이 우주적 규모의 폭력을 낳을 것이다. 통합보다 분열이 득세할 것이다." Harold Dean Cater(ed.), *Henry Adams and His Friends*, New York: Houghton Mifflin, 1947, pp. 558-559를 보라.

을 겪었고 취업자들도 자신의 지위가 항상 위태롭다는 불안 — 이전의 사회에서는 생각조차 할 수 없었던 불안 — 으로 고통스러워했다. 한편 혼란dislocations의 지속은 걱정스런 사회적 부산물을 낳았으며, 이로 인해 산업화 과정은 너무도 거대해서 견디기 어려운 짐이 되었다. 국내의 사회주의 운동과 세계적인 수입 관세 확대는 고삐 풀린 시장의 파괴적인 힘이 낳은 자기방어를 향한 사회적 경향의 발현이었다.

그리하여 우리 시대 경제적 변화의 또 다른 국면이 시작되었다. 이 국면은 논리적으로는 초기 변화를 뒤따랐지만, 상당히 다른 방향을 지향했다. 가장 야심적인 시장 제도였던 국제 금본위제도가 창설된 지 겨우 반세기만에 붕괴한 것은 시장 유토피아가 종말을 고한 징표였다. 대체로 비슷한 경제 개혁이 정치체제를 달리하는 서구의 모든 선진국에서 실시되었다. 완전고용, 대외무역의 통제, 국가 자원의 계획적 개발 등이 공준이 되었다. 심지어 시장체제가 대체로 전통적 방식대로 유지되는 나라에서도, 경제생활의 일상적 동기가 상당히 변했다. 사회보장과 공정 과세가 소유자의 이윤 동기와 궁핍에 대한 노동자의 공포를 희석했다. 이로 인해 이 두 요인은 지위, 소득 보장, 팀워크, 산업에서의 창조적 역할 등이 혼합된 동기로 바뀌었다.

이처럼 기계에 대해 경제가 두 번째로 적응하면서 나타난 변화는, 산업혁명에 뒤이어 문명 생활을 위태롭게 한 기술의 변형력과는 기이한 차이가 있다. 한 세기 전에는 인간적인 삶의 모습을 지속하려면 서로 연결되어 있는 노동·토지·자본 시장의 냉혹한 작용을 저지해야 했지만, 이제 위험은 예기치 못한 방향에서 출현한다. 그렇지만 이 위험도 그에 못지않게 무시무시하다. 이 새로운 위협은 산업 문명의 일부를 형성한다. 비위생적인 공장이나 신흥도시, 구호시설의 체계적인 야만성이 산업 문명의 발상지인 19세기 영국에서 산업 문명의 일부를 형성했듯이 말이다. 그러나 오늘날 근원적으로 우려되는 것은 평등이나 정의, 자선, 노동자의 인간적 삶이라기보다는 모두의 자유와 생존이다. 산업 기술은 현재 자유와 삶의 뿌리를 완전히 파괴할 수 있는 자멸적 경향을 낳을 수 있음을 잘 보여 주고 있다. 유럽 이외의 지역에서는 외세의 지배에 대한 공포가 존재하며, 기대와 두려움의 대상인 산업화 과정을 제어하기 위해 주권 독립과 경제적 자립에 대한 의지도 확고하다. 명백한 모순은 결코 놀라운 일이 아니다. 산업주의는 인간과 기계 사이의 불안한 타협이다. 그 타협에서 인간은 기계에 주도권을 빼앗겼다. 19세기 초에는 당연히 시장체제가 비싸고 정교한 기계장치를 생산 목적에 맞게 사용하는 유일한 수단이었다. 기계가 발명되었을 당시 아무도 그것이 가진 위험성에 대비할 능력이 없었으며, 생산품과 소비자에 관한 지식도 없었다. 단 상인계급만이 예외였다. 그들은 수세대에 걸쳐 가내공업으로 완제품을 만들기 위해 원재료를 '선대'先貸했다. 사회의 자기 보호는 공장법이 일부 기여했으나, 주로 노동조합운동

덕택이었다. 이것은 기계의 영향에 대한 아주 뒤늦은 대응이었다. 오늘날 산업화의 확산은 거꾸로 진행된다. 아시아와 아프리카, 라틴 아메리카는 이 교훈을 습득했다. 새로운 경제조직은 기술적 효율의 극대화보다 사회의 안전을 우선시하고 있다. 비중이 기계에서 인간으로 옮겨 간 것이다.

3. 경제와 사회: 교역, 화폐, 시장

사회에서 경제가 차지하는 위치의 실로 거대한 전환에 따라, 우리는 경제로부터 전통적인 관념들을 떼어 내야 한다. 이득과 경쟁, 공리주의적 이익은 더 이상 참조점이 아니다. 우리가 19세기에 출현한 세계의 모습에 익숙하면 할수록, 20세기 현실에 대한 대비는 더욱 어려워질 것이다. 새로이 출현하고 있는 조건에 대비하기 위해서는 다른 지도가 필요하다.

최신의 참조틀을 위해서는 하나의 전략적 지점이 요청된다. 지도의 구판과 신판에서 가장 극명하게 대조되는 부분은 교역, 화폐, 시장 제도의 위치다. 시장이 지배적인 경우에, 교역은 바로 시장의 기능이 되고, 화폐는 교역을 촉진하는 수단에 불과하다. 그래서 둘 다 시장의 부속물로 나타난다. 실제로는 교역의 일부 형태나 화폐의 다양한 용도는 시장으로부터 독립적이고 시장에 선행하는 경제 생활에서 커다란 중요성을 차지한다. 심지어는 시장 요소들이 존재하는 경우라 하더라도 필연적으로 수요·공급·가격기구가 존재하는 것은 아니다. 가격은 애초에 전통이나 권위가 책정하고, 가격 변경은 시장적 방법이 아니라 다시 제도적 방법이 결정한다. 오늘날의 모든 가정과는 정반대로, 고정 가격의 기원이 아니라 변동 가격의 기원이 고대 역사 연구가의 문제이다.

개인적인 교환 행위가 교역과 화폐, 심지어 시장 제도의 뿌리에 있었다는 발상은 좀처럼 옹호할 수 없는 주장이다. 대체로 대외 교역이 대내 교역에 선행했고, 교환 수단으로서의 화폐 사용은 대외 교역 영역에서 시작되었으며, 조직화된 시장은 대외 교역에서 먼저 발전했다. 이 세 경우 모두 행위는 개인적인 것이 아니라 집단적인 것이었다. 이런 인식으로 보면, 가격 형성 시장이 존재하지 않는데 어떻게 교역과 화폐, 시장 요소가 통합돼 경제를 이루었을까 하는 의문이 생긴다.

그런 문제는 교역과 화폐, 시장이 불가분의 통합 관계에 있다는 전통적인 가정 때문에 탐구 범위 밖으로 밀려났다. 교역이 있는 곳에는 당연히 시장이 있다고 생각했다. 그리고 화폐가 있는 곳에는 당연히 교역이 있으며, 따라서 시장도 있다고 가정했다. 사실상 경제사의 보다 광범한 부분에서 교역과 다양한 화폐 용도, 시장 요소는 각각 따로 발생한 것으로 간주해야 한다. 그러나 만일 교역이 시장 교역이 되지 않고 화폐가 교환 화폐가 되지 않는다면, 경제는 어떻게 제 기능을 발휘할 수 있을까? 예를 들어, 눈에 띌 정도의 상당한 교환이 이루어지지 않는데, 어떻게 어떤 화폐 물품은 지불 용으로 사용되고, 다른 화폐 물품은 '가치척도' 용도로 사용될 수 있을까? 이른바 원시적인 비시장경제에서 교역과 화폐가 폭넓은 기능을 수행하는 것과 관련해 훨씬 더 날카로운 의문이 생겨난다. 이것은 교조적인 진보 개념이 이런 조건의 존재를 무시하거나 그 중요성을 부정하는 한, 정식으로 제기할 수조차 없었던 의문이다. 따라서 우리는 사실의 순서 그리고 사실 그 자체 모두와 관련해 경제 발전의 일반적 성격을 잘못 판단하는 경향이 있었다.

4. 불연속과 변화

모든 발전에서 필연적으로 소규모 표본specimen이 대규모 표본에 선행했다고 가정하는 것은 단지 편견에 불과하다. 역사에서 그런 순서를 가정하는 것은 생물 진화 법칙의 무비판적인 확대에 지나지 않는다. 일반적으로 최장거리 교역이 단거리 교역에 선행했다. 이것은 마치 보통 가장 먼 곳에 가장 먼저 식민지를 설치한 것과 같다. 그리고 거대한 제국이 소규모 왕국보다 역사적으로 일찍 출현했다. 비슷한 오류는 신용이나 금융과 같은 현상을 '더 나중의' 발전으로 간주하는 것이다. 이 오류는 부분적으로 최근 몇 세기의 단기적 시각에서 신용과 금융 현상이 우연히도 현대 시장 제도의 출현 이후에 현저해졌다는 데서 나온 것이다. 이 특별한 오류는 더 대중적인 '단계'론의 한 형태로 집약되었다. 이 이론은 '자연경제·화폐경제·신용경제'의 순서를 발전 법칙으로 가정해야 한다고 주장했다. 사실 채권·채무 관계는 시장의 존재에 선행하는 원시적 현상이며, 고대의 저장 경제는 교환 수단으로서의 화폐 사용이 중요성을 띠기 훨씬 이전에 대규모 금융 계획과 회계를 실시했다.

19세기 역사 기술의 고민거리였던 연속성에 대한 집착으로 인해, 우리는 종종 사실의 순서뿐만 아니라 사실 자체를 오해했다. 유기적 과정에 함축되어 있다고 간주되는 연속성은 단지 사건의 한 가지 양식에 불과하며, 이 양식과 함께 처음부터 발전의 불연속성은 존재한다(전체 과정이란 이 둘의 결합이다). 작은 시작으로부터 연속적으로 발전하는 것 이외에도 전혀 다른 또 하나의 양식이 있다. 이것은 이전에는 관련이 없었던 요소들로부터 불연속적으로 발전하는 것이다. 새로운 복합적인 전체의 출현과 같은 급격한 변화가 일어나는 '분야'는 특정 조건 아래의 사회집단이다. 이런 불연속성은 어떤 생각과 어떤 개념이 집단 성원에게 어느 정도 통용되는지를 폭넓게 결정한다. 그러나 일단 그 씨앗이 뿌려지면 이런 생각이나 개념은 엄청난 속도로 변화를 일으킨다. 왜냐하면 이제 개인적 행동의 유형은 이런 생각이나 개념이 미리 형성한 새로운 일반적 유형에 쉽게 동조할 수 있기 때문이다. 이전에는 관련성이 없었던 행동 요소들이 새로운 복합적인 전체 속에서 어떤 중간 과정도 없이 직접 연결된다. 이런 사실에 비추어 보면, 이른바 역사에 대한 관념론적 접근과 유물론적 접근은 정반대라기보다 오히려 전체 과정 속의 상이한 두 국면의 산물처럼 보인다. 관념론자는 인간의 사고와 관념이, 비록 신비적인 형태라 할지라도, 제도의 출현이나 역사의 전환에서 결정적인 역할을 수행한다고 주장한다. 유물론자들은 물질적 요인이 그런 사고와 관념 확산의 조건이 되며, 따라서 사고와 관념이 헤겔식의 관념론자가 상정한 것과 같은 추상적 변증법의 산물이 아니라고 강조한다.

인류의 역사 그리고 경제가 역사에서 차지하는 위치는 진화론자가 주장하곤 했던 무의식적 성장이나 유기적 연속성을 따르지 않는다. 그런 접근은 필연적으로 오늘날의 이행 단계에서 인간에게 결정적으로 중요한 경제 발전의 일부 국면을 보지 못하게 할 것이다. 왜냐하면 유기적 연속성 신조는 결국 자신의 역사를 형성할 수 있는 인간의 힘을 약화시킬 것이기 때문이다. 인간의 제도에서 의도적 변화가 맡는 역할을 고려하지 않는다면, 마음과 정신의 힘에 대한 신뢰가 약화될 수밖에 없다. 이것은 무의식적으로 성장하는 지혜에 대한 신비로운 맹신으로 인해 인간이 자신의 변화하는 제도 속에서 정의·법·자유의 이념을 다시금 구현할 자신의 힘을 약화시킬 수밖에 없는 것과 마찬가지이다.

학자는 이런 노력을 기울여야 한다. 첫째, 학자는 우리의 개념에 명료성과 정확성을 부여해야 한다. 학자들의 이와 같은 노력에 힘입어 우리는 인간이 활동하는 상황의 실제적 특징에 가장 잘 어울리는 용어로 인간의 살림살이 문제를 정식화할 수 있다. 둘째, 학자는 인간 사회에서 계속 변화하는 경제의 위치와, 과거의 문명이 거대한 전환에 성공적으로 대처했던 방식을 연구해, 원리와 정책의 범위를 우리의 의지대로 확대할 수 있도록 해야 한다.

따라서 학자의 이론적 과제는 광범위한 제도적·역사적 토대를 바탕으로 인간의 살림살이에 대한 연구를 정립하는 것이다. 연구에 사용할 방법은 사고와 경험의 상호 의존에서 얻는다. 자료의 참조 없이 구성된 용어와 정의는 무의미하며, 우리 시각으로 재조정하지 않는 사실을 단순히 수집하는 것도 쓸모없다. 이 악순환을 차단하기 위해서는 개념적 탐구와 경험적 탐구가 함께 발맞추어 진행되어야 한다. 또한 우리의 지속적인 노력을 위해 이 탐구의 여정에는 어떤 지름길도 없다는 것을 자각해야 한다.

나는 인간의 경제문제에 대한 그런 접근 방식에 기여하고 싶다. 그것이 바로 이 책의 목적이다.

제1부

사회에서
경제의 위치

A. 개념과 이론

제 I 장

경제주의의 오류

인간의 살림살이가 우리 세대에 제기하는 일반적인 문제에 대해 좀
더 현실적인 견해를 갖고자 할 때, 우리는 처음부터 엄청난 장애물
을 만나게 된다. 그것은 어떤 뿌리 깊은 사고 습성으로, 19세기에
나타난 경제 유형이 모든 산업사회에 창출한 삶의 조건에 특유한
것이다. 이 심성은 시장 지향적 정신marketing mind으로 구현된다.

이 장에서 우리는 시장 지향적 정신이 유포해 왔던 오류를 미
리 지적하고, 덧붙여 왜 이런 오류가 사람들의 사고에 그토록 강력
한 영향을 미쳐 왔는지 그 이유를 설명할 것이다.

먼저 우리는 이 개념적 무정부주의의 성질을 정의할 것이다. 그
다음에는 이 관념이 생겨났던 근원인 제도의 발전과, 이 관념이 우
리의 전체적인 도덕적·철학적 관점에 미치는 영향을 자세히 설명
할 것이다. 그리고 우리는 이 정신에 내포된 태도가 경제 이론, 경
제사, 인류학, 사회학, 심리학, 인식론 등 사회과학을 구성하는 조

직화된 지식의 분야에 어떻게 반영되어 있는지를 추적할 것이다.

이 같은 개괄을 통해 우리가 직면하는 문제의 거의 모든 측면, 특히 경제 제도와 경제정책, 경제 원리의 특성에 경제주의적 사고가 미친 영향이 분명해질 것이다. 그 성질들은 과거 살림살이의 조직화 형태에 드러나 있다.

어떤 시대의 중심적인 환상을 논리적 오류의 측면에서 요약 서술하는 것은 적절하지 않다. 하지만 개념적인 측면에서 경제주의적 오류는 그 본성상 논리적 오류 이외에는 달리 기술할 수가 없다. 논리적 오류는 흔한 것이고 악의적인 것도 아니다. 즉, 우리는 자신에게 친숙한 종種적인 부류의 현상을 광범위하고 일반적인 현상과 동일시하곤 한다. (이 잘못은 경제적이라는 용어의 근본적인 모호함 때문에 더욱 조장되었을지 모른다. 이 점은 뒤에 다시 언급하겠다.) 어쨌든 이 오류 자체는 명백하다. 인간 욕구의 신체적 측면은 인간 조건의 일부이며, 어떤 사회도 일정한 실체적 경제substantive economy를 갖지 않고는 존재할 수 없다. 반면에 (통상적으로 시장이라 불리는) 공급-수요-가격기구는 구체적인 구조를 가진 비교적 현대의 제도이며, 이 제도는 확립하는 것과 계속 운용하는 것 둘 다 쉬운 일이 아니다. '경제적'이라는 속屬적 개념의 영역을 [종적 개념인] 시장현상으로 제한하는 것은 인간 역사의 가장 많은 부분을 역사의 현장으로부터 제거하는 것이다. 다른 한편 모든 경제적 현상을 포괄하도록 시장 개념을 확대하는 것은 시장현상에 동반되는 독특한 특성을 모든 경제적인 것들에 인위적으로 부과하는 것이다. 이에 따라 우리의 사고는 손상을 받을 수밖에 없다.

　현실주의 사상가들이 경제 일반과 그것의 시장적 형태를 구별하려 했으나 허사였다. 이 구별은 경제주의적 시대정신으로 인해 계속 희미해져 갔다. 현실주의 사상가들은 '경제적'이라는 말의 실체적 의미를 강조했다. 그들은 경제를 영리보다는 산업과, 허례보다는 기술과, 소유권보다는 생산수단과, 금융보다는 생산적 자본과, 자본보다는 자본재와 동일시했다. 간단히 말해서 그들은 경제를 시장화 형태나 시장화 용어보다 실체적 경제와 동일시했다. 그러나 상황은 논리보다 더 강력했다. 역사의 강력한 힘의 작용으로 상이한 이 개념들이 결합해 하나가 되었다.

I. 경제와 시장

경제라는 개념은 공급·수요·가격기구라는 시장 제도가 출현하던 바로 그 시기에 프랑스 중농학파에게서 탄생했다. 변동하는 가격의 상호 의존이라는, 그 이전에는 전혀 목격되지 않았던, 이 새로운 현상은 대다수 사람들에게 직접적인 영향을 미쳤다. 이렇게 발흥한 가격 세계는 시장보다 훨씬 오래되었고 시장과는 독립적인 제도인 교역이 비교적 최근에 일상생활의 구석구석까지 퍼진 결과였다.

가격은 물론 이전에도 존재했지만, 결코 자신의 고유한 체계를 이루지는 못했다. 성질상 가격의 작용 범위는 교역과 금융에 제한되었다. 왜냐하면 상인이나 은행가만이 화폐를 규칙적으로 사용했으며, 경제의 대부분이 농업이어서 사실상 교역이 없었기 때문이다. 즉, 장원제하의 방대하고 관성적인 지방 생활에도, 가계에도 재화는 그리 많지 않았다. 실제로 도시의 시장은 화폐나 가격을 알고 있었지만, 이 가격을 제어하는 원리는 가격 안정을 지속화하는 것이었다. 가격이 우발적으로 변동하지 않고 압도적 안정성을 지니게 됨에 따라, 교역에서 얻는 이윤을 결정하는 데 가격은 점차 중요한 요인이 되어 갔다. 왜냐하면 이런 이윤은 지역 시장의 변칙적 가격 변동보다 원격지 간의 비교적 안정된 가격차이로부터 나왔기 때문이다.

그러나 많은 제도적 발전이 없었더라면, 단순히 교역이 일상생활에 스며든 것만으로는 새롭고 독특한 의미의 경제가 생겨나지 않았을 것이다. 이후 수많은 제도상의 발전이 뒤따랐다. 무엇보다도 중요한 발전은 대외 교역이 국내시장에 침투한 것이었다. 이로 인해 엄격히 통제된 지역 시장이 어느 정도 자유로운 가격 변동을 수반하는 가격 형성 시장으로 점차 전환했다. 시간이 경과함에 따라, 이 발전에 뒤이어 노동과 토지라는 생산요소의 가격이 변동하는 시장 혁신이 일어났다. 이것은 성질과 결과의 측면에서 가장 급진적인 변화였다. 하지만 이 변화가 얼마 동안 진행되자 이제는 임금과 식량 가격, 지대를 비롯한 다양한 가격에서 어떤 뚜렷한 상호 의존성이 나타났고, 그 결과 그때까지 인식되지 않았던 실체적 현실의 출현을 인간이 수용하게 되는 상황이 조성되었다. 바로 이렇게 출현한 경험 분야가 바로 경제였다. 그리고 우리의 근대 세계를 형성한 정서적·지적 경험의 하나인 이 경제의 발견 덕택에, 중농학파가 하나의 조명등이 되어 철학의 한 분파를 형성하게 되었다. 애덤 스미스는 이 분파에게서 "보이지 않는 손"을 배웠지만, 신비주의의 길을 따라간 케네를 답습하지 않았다. 그의 프랑스인 스승이 몇 가지 수입收入의 상호 의존성과 곡물 가격에 대한 이런 수입의 일반적인 의존성만을 주목하는 데 그쳤던 반면, 봉건 경제가 약화되어 화폐 경제화가 진행되는 영국에 살았던 이 위대한 제자는 임금과 지대를 '가격' 범주에 집어넣음으로써 국부란 시장체제가 다양하게 연출해 내는 통합적 결과라는 전망을 최초로 내놓을 수 있었다. 애덤 스미스가 정치경제학의 창시자가 되었던 이유는 이 다양한 종류의 가격이 경쟁 시장에서 유래하는 한 상호 의존하는 경향이 있음을 어렴풋이나마 인식했기 때문이다.

이와 같이 경제를 시장의 관점에서 자세하게 설명하는 것은 원래 새로운 개념을 새로운 사실에 연결하는 상식적 방법에 불과했지만, 우리로서는 그 이유를 이해하기 어려운 점이 있다. 그것은 왜 몇 세대가 걸려서야 케네와 스미스가 실제로 발견했던 것이 그 당시 자기 모습을 드러냈던 시장 제도와는 본질적으로 독립된 현상 영역이었음을 인식했는가라는 점이다. 그러나 케네도 스미스도 경제를 시장이나 화폐, 가격을 넘어서는 사회적 존재의 한 영역으로 정립할 목표를 가진 적은 없었다. 만약 그런 목표를 가졌다고 한다면 그들은 목표 달성에 실패했다. 알고 보면 그들이 도달한 곳은 경제의 보편성이 아니라 시장의 특수성이었다. 모든 인간사의 전통적인 통합이 여전히 그들의 생각에도 영향을 미쳤다. 이로 인해 실제로 그들은 사회에서 분리된 경제 영역의 개념을 갖는 것을 꺼렸다. 비록 이것이 경제에 시장의 성격을 부여하려는 그들의 생각을 차단하지는 못했지만 말이다. 애덤 스미스는 원시인의 삶터에 영리의 방법을 도입해 자신의 유명한 거래, 교역, 교환의 성향을 에덴동산에까지 투사했다. 경제에 대한 케네의 접근도 스미스에 못지않게 시장주의적이었다. 케네의 경제학은 순생산물의 경제학이었다. 순생산물은 지주의 회계에서는 실제량이지만, 경제를 한 국면으로 포함하는 인간과 자연 사이의 과정에서는 단순한 환영에 불과하다. 케네는 이른바 '잉여'가 토양과 자연력 때문에 발생한다고 보았지만, 그것은 단지 비용에 대해 예상되는 판매 가격의 차이를 "자연의 질서"로 바꾸어 놓은 것에 불과하다. 봉건적 지배계급의 수입이 쟁점이었기 때문에 농업이 우연히도 무대 중앙을 차지했다. 그러나 '잉여' 개념의 배후에는 언제나 고전파 경제학자의 저작이 영향을 미치고 있었다. 순생산물은 마르크스의 잉여가치와 그 파생 개념을 낳은 모체였다. 이로 인해 경제에 그 자신을 형성하는 전체 과정(이는 비용도 이윤도 알지 못하며, 일련의 잉여 생산 활동도 아니다)과는 낯선 관념[순생산물 혹은 잉여]이 주입되었던 것이다. 생리적·심리적 힘은 자신의 필요를 넘어서는 잉여를 확보하려는 욕구에 끌려가지 않는다. 들에 피는 백합도, 공중을 나는 새도, 목초지에서 가축을 돌보고 들판에서 농작물을 가꾸거나 공장의 컨베이어 벨트에서 비행기를 출고하는 인간도, 자신의 생존을 넘어서는 잉여를 생산하지 않는다. 여가나 휴식과 마찬가지로 노동은 살아가는 내내 인간의 자기 충족 과정의 한 국면이다. 잉여라는 구성물은 시장 패턴을 이 생존의 넓은 국면, 즉 경제에 투사한 것에 불과하다.[1]

　'경제 현상'과 '시장현상'을 동일시하는 논리적 오류는 처음에는 이해할 만한 것이었다 해도, 이 같은 동일시는 나중에는 산업혁명의 진통을 거쳐 출현한 새로운 사회와 이 사회의 생활양식에 대한 거의 하나의 실제적인 필요조건이 되었다. 공급-수요-가격기구는 출현하자마자 '경제법칙'이라는 예언적 개념을 낳았으며, 인간 무대에 개입하는 가장 강력한 힘의 하나로 급속히 성장했다. 이전

---

[1] Harry W, Pearson "The Economy Has No Surplus: Critique of a Theory of Development," K. Polanyi, C. Arensberg, and H. Pearson(eds.), *Trade and Market in the Early Empires*, Glencoe, Ⅲ. Free Press and Falcon's Wing Press. 1957.

에는 여러 교역 항구나 증권 거래의 단순한 사례에 불과했던 가격 형성 시장이 한 세대 만에, 즉 해리엇 마티노Harriet Martineau가 말하는 1815년부터 1845년까지의 "30년의 평화"² 동안에, 자신의 놀라운 능력을 보여 주었다. 그것은 인간을 마치 단순한 원재료 덩어리인 것처럼 조직하는 능력과, 이제는 자유로이 매매할 수 있는 어머니 대지의 표토와 마찬가지로 주로 이윤 추구 목적으로 매매 활동에 종사하는 사인私人들의 명령에 따라 인간을 조합해 산업 단위로 만드는 능력이다. 극히 짧은 기간 동안에 노동과 토지에 적용된 상품 허구가 인간 사회의 실체 자체를 바꾸었다. 이로부터 경제와 시장이 실제로 동일시되었다. 인간은 생존 수단을 얻기 위해 자연과 동료들에게 궁극적으로 의존했다. 이런 의존이 이제 시장의 통제 아래 놓이게 되었다. 시장은 최근에 유행하게 된 최고로 강력한 힘을 지닌 제도적 산물로, 시작은 미약했으나 하룻밤 사이에 성장했다. 이제 정확히 시장경제로 표현되는 이 제도적 부속물은 경제의 지배적 힘이 되었다. 그런데 이 힘은 훨씬 더 극단적인 또 하나의 발전으로 이어졌다. 즉, 이것은 자신의 경제 기제 안에 착근된 전체 사회, 즉 시장 사회를 만들어 냈다.

---

2 [옮긴이] 『30년의 평화』The History of the Thirty Years' Peace, 1816-1846는 19세기 초중엽 영국의 저명한 수필가이자 소설가인 해리엇 마티노(1802-76)의 대표적인 역사소설이다. "1815년부터 1845년"은 "1816년부터 1846년"의 오기로 보인다.

이 관점에서 보면, 우리가 여기서 경제주의적 오류라고 부르는 것은 주로 이론적인 시각에서 보았을 때의 오류라는 점을 쉽게 알 수 있다. 실제로, 오늘날 경제는 시장으로 이루어져 있고, 시장이 사회를 포섭하고 있다.

이런 논의로부터 다음 사실도 분명해질 것이다. 즉, 경제주의적 조망의 의의는 자신의 이상理想으로 인식했던 시장과 사회의 동일성을 실제로 실현할 동기와 가치 부여를 통합할 수 있는 능력에 있다. 왜냐하면 어떤 삶의 양식이 인간 내면의 모습과 사회의 성질을 비롯한 모든 관련 국면(이런 국면은 상식적 행동, 적당한 모험, 실행 가능한 도덕 등의 기준으로 구성되는 일상생활의 철학을 포함한다)에서 조직화될 때에만, 혼자 힘으로도 사회를 생성할 수 있거나 한두 세대 안에 기존 사회를 바꿀 수 있는 이론적·실제적 교설의 개요를 우리에게 제공하기 때문이다. 그리고 좋든 싫든 그와 같은 전환은 경제주의의 개척자들이 이룩했다. 이것은 다름 아니라 시장 지향 정신이 모든 가능성과 한계를 가진 문화 전체의 씨앗을, 그리고 시장경제 안의 삶이 유도하는 인간 내면과 사회의 모습을 담고 있었다고 말하는 것이다. 이 모습은 필연적으로 시장을 통해 조직화된 인간 공동체의 본질적 구조에서 비롯된다.

2. 경제주의적 전환

이 구조는 선행 조건과는 크게 단절되어 있었다. 예전에는 고립된 시장이 조금 확대된 데 불과했던 것이 이제 자기 조절적인 시장체제로 전환되었다.

이 같은 [대전환의] 결정적 단계는 노동과 토지의 상품화였다. 즉, 이들은 마치 판매용으로 생산된 것처럼 취급되었다. 물론 이들은 사실 상품이 아니었다. 왜냐하면 이들은 전혀 생산된 것이 아니었거나(토지의 경우), 설령 생산된 것이라 하더라도 판매를 위해 생산된 것이 아니었기(노동의 경우) 때문이다.

그렇지만 일찍이 이보다 더 철저하고 효과적인 허구가 고안된 적은 없었다. 노동과 토지를 자유롭게 매매했기 때문에, 시장기구가 이들에게 적용되었다. 이제는 노동의 공급과 수요가 있고, 토지의 공급과 수요가 있게 되었다. 이에 따라 노동력 사용에 대해서는 임금이라 불리는 시장가격이, 토지 사용에 대해서는 지대라 불리는 시장가격이 나타났다. 이제 노동과 토지는 시장의 도움으로 생산되는 고유의 상품과 마찬가지로 자신의 시장을 갖게 되었다.

우리가 노동은 인간의 별칭에 불과하고 토지는 자연의 별칭에 불과하다는 것을 기억하고 있다면, 이와 같은 [상품화의] 진정한 범위[규모]를 가늠할 수 있다. 상품 허구는 인간과 자연의 운명을 자신의 리듬에 따라 달리고 자신의 법칙의 지배를 받는 자동화 장치의 운용에 넘겨주었다. 이 물질적 복지의 도구는 오직 굶주림과 이 득gain이라는 유인의 통제를 받았다. 좀 더 정확히 말해, 생활필수품 없이 살아가는 것에 대한 공포나 이윤profit에 대한 기대의 통제를 받았다. 무산자가 자신의 노동을 시장에 내다 팔아야 먹고살 수 있고, 유산자가 이를 아무런 제약 없이 가장 값싼 시장에서 구매해 가장 비싼 시장에서 판매할 수 있는 한, 맹목적인 맷돌은 인류의 편의를 위해 점점 많은 양의 상품을 끝없이 생산할 것이다. 굶주림에 대한 노동자의 공포와 이윤에 대한 고용주의 탐욕이 거대한 메커니즘을 계속 돌아가게 하는 것이다.

이 같은 공리주의적 실천의 강요는 인간과 사회에 대한 서구인의 이해를 숙명적으로 왜곡했다.

인간과 관련해서는, 인간의 동기는 '물질적'이거나 '관념적'인 것 가운데 어느 하나로 묘사할 수 있으며, 일상적 삶을 조직하는 유인은 필연적으로 물질적 동기로부터 발생한다는 견해가 수용되었다. 이 경우 우리는, 그와 같은 조건 아래에서, 인간 세계는 오직 물질적 동기들에 의해서 결정되는 것으로 봐야만 한다는 점을 쉽게 알 수 있다. 예를 들어, 만약 누군가가 자신이 마음에 드는 아무 동기나 골라 이 동기를 그 개인의 생산 유인으로 삼아 생산을 조직한다면, 그는 그와 같은 동기에 완전히 사로잡힌 인간상을 도출할 것이다. 그와 같은 동기들은 종교적·정치적·미학적인 것일 수도 있고, 자랑, 편견, 사랑, 질투일 수도 있다. 반면 그 외의 다른 동기들은, 생산이라는 중대사에서 작동할 것으로 기대할 수 없기 때문에, 생산과는 동떨어진 불투명한(관념적인) 것으로 보일 것이다. 선택된 동기가 '실재하는'real 인간을 대표할 것이다.

사실, 인간이 어떤 특정 사회집단의 일부를 이루는 한, 아주 다양한 이유로 노동을 하게 될 것이다. 수도승은 종교적인 이유에서 교역을 했으며 수도원은 유럽에서 가장 큰 교역 시설이 되었다. 우리에게 알려진 것들 가운데 가장 정교한 교환 방식 가운데 하나인 트로브리안드 제도의 쿨라Kula 교역은 주로 심미적인 것을 추구했다. 봉건 경제는 주로 관습이나 전통에 의존했다. ['포틀래치'라는 풍습을 갖고 있었던 아메리칸인디언] 콰키우틀족Kwakiutl의 경우 산업의 주목적은 명예의 문제를 충족시키는 데 있었던 것으로 보인다. 중상주의적 전제정치에서는 산업이 대체로 권력과 번영을 위해 계획되었다. 따라서 우리는 수도승과 서멜라네시아인, 농노, 콰키우틀족, 17세기 정치가들이 각각 종교나 심미, 관습, 명예, 권력정치의 지배를 받았다고 생각하는 경향이 있다. 19세기 사회는 굶주림과 이득만이 개인의 경제생활 참여를 위한 유효한 동기가 되도록 조직화되었다. [하지만] 이렇게 해서 도출된, 물질적 유인에만 지배받는 인간상이라는 결론은 전적으로 자의적인 것이었다.

인간의 경우와 마찬가지로 사회에 관해서도 경제체제가 사회제도를 '결정'한다는 유사한 종류의 교설이 제기되었다. 그리고 시장 메커니즘은 모든 인간 사회에 적용되는 일반 법칙으로서 경제 결정론이라는 망상을 낳았다. 물론 시장경제에서는 이 법칙이 잘 들어맞는다. 정말로 여기에서는 경제체제의 작동이 사회의 나머지 부분에 '영향을 미칠' 뿐만 아니라 실제로 그것을 결정한다. 이것은 마치 삼각형에서 각 변이 각도에 영향을 미칠 뿐만 아니라 그것을 결정하는 것과 마찬가지다.

계급 위계화에서 노동자계급과 고용주 계급은 노동시장에서의 공급[자] 및 수요[자]와 각각 동일했다. 자본가, 지주, 소작인, 중개업자, 상인, 전문직 등 사회 계급은 각각 토지·화폐·자본(의 사용) 시장이나 다양한 서비스 시장에 의해 경계가 정해졌다. 이런 사회 계급의 소득은 시장이 결정했으며, 그들의 지위와 위치는 소득이 결정했다.

사회 계급은 시장기구가 직접 결정했지만, 여타의 제도는 시장기구의 간접적인 영향을 받았다. 국가와 정부, 결혼과 자녀 양육, 과학·교육의 조직화, 종교·인문학의 조직화, 직업 선택, 주택 양식, 거주 형태, 그리고 사생활의 미적 부분에 이르기까지 모든 것이 공리주의적 양식을 따르거나 적어도 시장기구의 작동을 방해하지 않아야 했다. 그러나 진공상태에서 수행할 수 있는 인간 활동은 거의 없으므로(심지어 현자도 사회적 지주를 필요로 한다), 시장체제의 간접적 영향이 사회 전체를 거의 결정하게 되었다. '경제적' 인간이 '실재의'real 인간이듯 경제체제가 '실재의' 사회라는 그릇된 결론을 피하는 것은 거의 불가능하게 되었다.

3. 경제적 합리주의

겉으로 보기에, 경제주의적 세계관은 합리주의와 원자론이라는 자신의 쌍둥이 가정 속에 시장 사회의 토대를 놓는 데 필요한 모든 것을 담고 있는 것으로 보일 수 있다. [여기서] 영향력을 행사했던 용어는 합리주의였다. 그런 사회가 특정한 종류의 합리성의 규칙에 따라 행동하는 인간 원자의 집합체가 아니라면 도대체 무엇이란 말인가? 합리적 행동은 그 자체로서 목적을 수단에 관련짓는 것이다. 특히 경제적 합리성은 수단의 희소성을 상정한다. 그러나 인간 사회는 그 이상의 것을 내포하고 있다. 인간의 목적은 무엇이어야만 하는가? 그리고 인간은 수단을 어떻게 선택해야 하는가? 엄밀한 의미에서 경제적 합리주의는 이 물음에 대해 아무런 답변도 제시하지 못한다. 왜냐하면 이런 물음은, [경제주의적 세계관 속에서는] 논리적으로 거부하기는 힘들지만 [현실 세계에서는] 공허하기 짝이 없는 '경제적'이 되라는 훈계를 넘어서는, 도덕적이고 실제적인 질서에 관한 동기와 가치판단을 내포하기 때문인데, 이리하여 그 공허함이 모호한 철학적 화법에 의해 은폐되었다.

외견상의 통일성을 유지하기 위해 합리적이라는 말에 두 가지 의미가 추가되었다. 목적에 관해서는, 공리주의적 가치척도를 합리적이라고 가정했다. 수단에 관해서는, 효과 검정 척도가 과학에 의해 채택했다. 첫 번째 척도는 합리성을 심미적·윤리적·철학적 대상에 대한 안티테제로 삼았고, 두 번째 척도는 합리성을 마술이나 미신, 명백한 무지에 대한 안티테제로 삼았다. 첫 번째 경우에는 영웅적인 이상보다 빵과 버터를 선호하는 것이 합리적이다. 두 번째 경우에는 환자가 마술사보다 의사를 먼저 찾아가는 것이 합리적으로 보인다. 그 자체만을 놓고 보면 한쪽[과학에 의해 채택된 효과 검정 척도]이 [공리주의적 과학 척도]보다 더 타당할지 모르지만, 합리적이라는 말의 이 두 가지 의미는 모두 합리주의의 원리에 들어맞지 않는다. 고통과 쾌락의 균형이라는 사이비 철학을 가진 경직된 공리주의는 식자층 사이에서 영향력을 상실했지만, 과학적 가치척도는 여전히 최고의 영향력을 행사하고 있다. 따라서 여전히 상업화된 대중의 마약인 공리주의는 윤리로서 점차 퇴색했지만, 과학적 방법은 당당히 자신의 위상을 유지하고 있다.

그럼에도 불구하고 합리적이라는 말이 높은 평가를 받는 유행어가 아니라 이치에 맞는 엄밀한 의미로 사용되는 한, 수단의 과학적인 검증을 합리적이라고 보는 것 역시 공리주의적 목적을 정당화하려는 시도 못지않게 자의적이다. 요약하면 다음과 같다. 합리주의의 경제적 변종은 희소성 요소를 모든 수단·목적의 관계에 도입한다. 더욱이, 목적 및 수단에 대해, 이 변종은 우연히도 특별히 시장 상황에 들어맞았으나, 다른 경우에는 합리적이라고 보편적으로 주장할 수 없는 두 개의 상이한 가치척도를 합리적이라고 가정한다. 그리고 이를 통해 목적의 선택과 수단의 선택이 합리성이라는 최고의 권위 아래 있다고 주장한다. 경제적 합리주의는 이성을 '희소성' 상황에 체계적으로 제한하고, 동시에 인간의 모든 목적과 수단에 그것을 체계적으로 확장하는 데 성공한 것으로, 따라서 경제주의 문화를 거부하기 어려운 논리의 온갖 외양을 통해 정당화하는 것으로 보인다.

그런 토대 위에 세워진 사회철학은 공상적인 만큼이나 급진적이었다. 사회를 원자화하고 모든 개별 원자들이 경제적 합리주의의 원리에 따라 행동하도록 만드는 것은 인간존재 전체를, 그 깊이와 풍요로움 전부를 시장이라는 준거틀 속으로 집어넣는 것이다. 물론 실제로는 그렇게 되지 않을 것이다. 왜 그런가? 개개의 원자는 개성을 지녔으며 사회는 역사를 지녔기 때문이다. 개성은 경험과 교육을 바탕으로 자라며, 행동은 정열과 모험을 내포한다. 삶은 신조와 신념을 요구한다. 역사는 투쟁과 패배, 승리와 구원이다. 이 간극을 메우기 위해 경제적 합리주의는 조화와 갈등을 개인들이 맺는 관계의 양식으로 도입했다. 민족과 계급을 이루는 이런 이기적 원자의 갈등과 동맹이 이제 사회적·보편적 역사를 설명했다.

일찍이 어느 누구도 혼자서 완벽한 교설을 제시한 적이 없었다. 벤담은 여전히 정부를 신뢰하고 있었으며 경제학에 대해서는 확신이 없었다. 스펜서는 국가와 정부에 대해 분석했지만 경제학은 아주 조금밖에 몰랐다. 경제학자 폰 미제스Ludwig von Mises는 앞의 두 사람과 같은 백과전서적 지식이 부족했다. 그럼에도 불구하고 그들에게서 하나의 신화가 창조되었다. 1815년부터 제1차 세계대전까지 백 년의 평화 동안, 심지어는 그 이후 히틀러의 전쟁 시기까지 이 신화는 교육받은 다수 대중들에게 깨고 싶지 않은 달콤한 꿈이었다. 지적인 면에서 이 신화는 경제적 합리주의의 승리를 상징했으며 필연적으로 정치사상의 추락을 나타냈다.

19세기 경제적 합리주의는 18세기 정치적 합리주의의 직계 후손이었다. 정치적 합리주의보다 더 심하지는 않았다 하더라도 경제적 합리주의 역시 비현실적이었다. 역사의 사실과 정치제도의 성질, 이 둘은 똑같이 두 종류의 합리주의에 낯선 것이었다. 정치적 공상가는 경제를 전혀 몰랐고 시장의 공상가는 정치에 아무런 관심도 기울이지 않았다. 결국, 계몽주의 사상가들이 경제적 사실의 일부에 대해 지극히 무관심했다고 한다면, 그들의 19세기 후계자들은 국가와 국민, 권력의 영역에 대해, 심지어 이들의 존재조차 의심할 정도로 완전히 무지했다.

4. 경제 유일주의

그와 같은 경제 유일주의는 시장 심성의 두드러진 특징이었으며, 그에 걸맞은 당연한 이름이었다. 경제적 행동은 인간에게 '자연스러우며' 따라서 자명한 것이었다. 인간은 그렇게 하지 말라는 금지가 없는 한 교환barter을 할 것이며, 따라서 무언가의 방해가 없는 한 시장이 출현할 것이다. 교역은 마치 중력에 이끌리듯이 흘러서 시장에 조직화된 재화의 웅덩이를 생성할 것이다. 그 흐름을 저지하고 웅덩이를 고갈시키려는 정부의 음모가 없는 한 말이다. 고리타분한 일부 도덕가가 금전적 이익에 항의하거나 우매한 폭군이 통화 가치를 떨어트리지 않는 한, 교환이 빈번해짐에 따라 화폐가 등장하고, 모든 것이 교환의 소용돌이로 휘말려 들어올 것이다.

정치적 사고의 이런 퇴조는 이 시대의 지적인 결함이었다. 이런 퇴조는 애초에 경제 영역에서 생겨났다. 하지만 경제가 수요·공급·가격기구 이외에도 제도적 배경을 갖고 있는 한, 이것은 결국 경제 자체에 대한 모든 객관적인 접근을 파괴했다. 경제학자들은 이런 순수 이론적인 시장체제 안에 들어 있는 것이 너무나 안전하다고 느꼈다. 그래서 그들은 국가에 대해 귀찮은 존재 이상의 가치를 부여하는 데 아주 인색했다. 1910년대 영국의 한 정치 저술가는 영리 목적의 전쟁이 채산성이 떨어진다는 것을 입증함으로써 전쟁의 필요성에 반대하는 결정적 논거를 제시했다. 그리고 제네바에서 국제연맹은 금본위제를 구시대 유물로 만들었던 정치적 사실에 대해 최후의 한 시간까지도 전혀 모르고 있었다. 정치의 평가절하는 코브던과 브라이트의 "자유무역 환상"[3]으로부터 스펜서의 유행한 "산업 체제 대 군사 체제" 사회학에 이르기까지 널리 퍼져 있었다. 1930

년대에 이르러 식자들 사이에 데이비드 흄이나 애덤 스미스의 정치적 교양은 거의 아무것도 남아 있지 않았다.

정치의 퇴색은 역사철학의 도덕적 측면에 가장 혼란스런 영향을 미쳤다. 경제학이 이 공백 상태를 파고들었으며, 정치적 행동에 관한 도덕적 옹호를 혹평하는 태도가 자리 잡았다. 이로 인해 역사 서술에서 경제를 제외한 모든 힘은 철저하게 무시되었다. 시장 지향적 심리학marketing psychology은 오직 '물질적' 동기만을 실재적이라 여기고 '관념적' 동기를 무익한 것으로 간주해 망각의 피안으로 쫓아냈다. 이런 태도는 비非시장 사회뿐만 아니라 모든 과거 역사에까지 확대되었다. 대부분의 초기 역사는 이제 단지 채찍 아래 꿇어 엎드린 절망적인 신민을 속일 목적으로 파라오나 신격화된 군주가 내뱉은 정의와 법에 관한 구호의 모음에 불과한 것처럼 보였다. 모든 태도가 자기모순적이었다. 왜 예속 노예 상태의 주민을 감언이설로 속이는가? 그리고 만일 속이는 일이 있었다 해도, 속는 사람에게는 아무런 의미도 없는 약속을 통해 속일 수 있었을까? 그러나 만일 그 약속이 무언가 의미를 갖고 있었다면, 정의와 법은 단순한 말 이상의 것이었음에 틀림없다. 실재의 예속 노예 주민은

---

3 [옮긴이] 19세기 전반(前半) 영국 맨체스터에 근거지를 두면서 곡물법 폐지 이슈를 중심으로 자유무역주의와 경제적 자유주의를 실천하려는 운동이 있었다. 코브던(R. Cobden)과 브라이트(J. Bright)는 그 대표 주자였다.

감언이설로 달랠 필요가 없다는 점, 그리고 정의와 자유는 극소수 사람이 사용하는 미끼가 아니라 모든 사람이 수용하는 타당한 이념으로 인정되었을 것이라는 점을, 마구 혹평하기 좋아하는 대중은 간과하고 있었다. 현대 대중민주주의의 지배 아래에서는 슬로건이 고대 이집트나 바빌론에서는 결코 존재할 수 없었던 정치적으로 조직화하는 일종의 힘이 되었다. 반면에 초기 사회의 제도적 구조에 구현되었던 정의와 법은 시장에 의해 조직화되는 사회에서는 겨우 명맥만 유지되었을 뿐이었다. 인간의 재산과 수입, 소득, 물건 가격은 이제 시장에서 형성된 것이기만 하면 모두 '공정'했다. 그리고 법과 관련해 재산과 계약에 관한 법을 제외하면 어떤 법도 실제로 전혀 중요하지 않았다. 과거의 다양한 재산제도와 이상적 폴리스의 헌정을 구성했던 실체적 법은 이제 연구해 볼 어떤 실체도 갖지 못한 것이 되었다.

경제 유일사상은 정의와 법, 자유에 관한 비실체적인 개념을 낳았다. 고대의 무수한 문헌은 정의의 확립과, 법에 기초한 주장, 관료적 억압이 없는 중앙 경제의 유지가 고대국가의 목적이라고 천명했다. 그럼에도 불구하고 현대의 역사 서술은 정의와 법, 자유에 대한 비실체적 개념 아래 이런 문헌에 대한 신뢰를 완전히 거부했다.

사태의 진정한 실상은 시장 심성과는 너무 동떨어져 있어서 간단한 말로 전달하기가 쉽지 않다. 사실 제도화된 가치로서의 정의, 법, 그리고 자유는 국가 행동의 결과로서 경제 영역에서 맨 처음 모습을 드러낸다. 부족적인 상태에서 연대solidarity는 관습과 전통이 보장하며, 경제생활은 사회의 사회적·정치적 조직에 착근되어 있다. 어떤 경제적 거래도 일어나지 않는다. 그리고 임의로 이루어지는 물물교환 행위barter는 부족적 연대를 해치는 위험으로 여겨 억제된다. 영역적 통치territorial rule가 출현할 때쯤이면 신격화된 왕이 씨족의 이완으로 인해 집단이 붕괴되지 않도록 공동체 생활에서 중심 역할을 한다. 동시에 엄청난 경제적 진전이 가능하게 되는데, 이것은 국가의 도움으로 현실화된다. 즉, 이전에는 경제적 거래가 이득을 추구하는 반사회적 행위라고 금지되어 있었지만, 이제는 정의의 원천인 신격화된 왕의 활동을 통해 이득이 없는 그 때문에 공정하고 법에 어긋나지 않는 것으로 된다. 이 정의justice는 영토 국가territorial state에서 과세와 재분배를 담당하는 궁정이나 사원 기관에 의해 등가성들로 제도화되고, 법령의 형태로 공시되어, 수많은 사례에서 시행되었다. 법치는 교역에서 길드 구성원의 행동을 규제하는 행정적 규정을 통해 경제생활 속에 제도화되었다. 자유는 법을 통해 그들에게 다가간다. 그들이 복종해야 할 어떤 주인도 없다. 그리고 신에 대한 맹세와 길드에 대한 충성을 지키는 한, 그들은 어떤 상급자에게도 책임을 지지 않고 사업의 이해에 따라 행동할 자유가 있었다. 인간을 정의, 법 그리고 자유의 영역으로 인도해 간 이런 각각의 단계는 맨 처음에 경제 분야에서 국가에 의한 조직적 활동의 결과로 나타났다. 그런데 국가의 초기 역할에 관한 이런 인식은 경제 유일사상으로 인해 배제되었다. 이리하여 시장 심성이 지배하게 되었다. 시장 개념이 경제를 너무나 완벽하게 흡수했기 때문에, 사회에 대한 어떤 학문 분야도 그 영향에서 벗어날 수가 없었다. 자기도 모르는 사이에 그런 학문 분야들은 방향을 바꾸어 경제주의적 사유 방식의 요새로 들어갔다.

제2장
'경제적'의 두 가지 의미

I. 형식적 정의와 실체적 정의

경제가 사회에서 차지하는 위치를 명확히 밝히고자 하는 어떤 시
도에서든 출발점으로 삼아야 할 한 가지 단순한 인식이 있다. 이것
은 흔히 인간 활동의 유형을 기술하기 위해 사용되는 경제적이라는
용어가 두 가지 의미를 지닌 복합어라는 사실이다. 그런데 이 두
가지 의미는 서로 무관한 별개의 근원을 지니고 있다. 비록 각각의
의미에 수많은 동의어가 있지만, 이 두 가지 의미의 근원을 확인하
는 것은 그리 어렵지 않다. 첫 번째 의미는 형식적인 의미로서, 절
약하다economizing라든가 경제적이다economical라는 말에서 볼 수 있
듯이 목적·수단 관계의 논리적 특성으로부터 발생한다. 이 같은 형
식적인 의미로부터 경제적이라는 용어에 대한 희소성 정의가 나온
다. 두 번째 의미는 실체적substantive 의미로서, 다른 모든 생물과

마찬가지로 인간도 자신의 생명을 유지하기 위한 토대인 물리적 환경 없이는 단 한 순간도 존재할 수 없다는 기본적 사실을 가리킨다. 이것이 경제적이라는 말에 대한 실체적 정의의 기원이다. 경제적이라는 말의 이 두 가지 의미, 즉 형식적인 의미와 실체적인 의미 사이에는 아무런 공통점이 없다.

따라서 오늘날 사용되고 있는 경제적이라는 개념은 두 가지 의미를 가지고 있다. 거의 어느 누구도 이 사실을 정면으로 부정하려 하지 않는다. 그럼에도 이 같은 사실이 사회과학(항상 경제학은 제외됨)에 대해 지니는 함축을 다루는 경우도 드물다. 사회학이나 인류학, 역사학이 인간의 살림살이와 관련된 문제를 다룰 때에는 언제나 경제적이라는 용어의 사용이 당연시된다. 이 용어는 느슨하게 사용되며, 준거틀로서 어떤 때는 희소성 의미에 의존하고, 또 어떤 때는 실체적 의미에 의존한다. 따라서 경제적이라는 용어의 사용은 서로 무관한 두 가지 의미 사이를 왔다 갔다 한다.

간단히 말해서 실체적 의미는 인간이 자신의 살림살이를 위해 자연 그리고 자신의 동료에 의존하고 있다는 사실에서 나온다. 인간은 자신과 자연환경 사이의 제도화된 상호작용 덕택에 살아간다.[1] 이 과정이 바로 경제이다. 이 과정에서 인간은 자신의 물질적

---

1 [옮긴이] 여기서 인간과 환경의 상호작용은 더 정확히 말해 인간과 자연적·사회적 환경의 상호작용이라고 봐야 한다. 이에 대해서는 폴라니의 다음과 같은 언급을 보라.

욕구를 충족하는 수단을 얻는다. 그러나 우리는 이 말의 의미를 충족해야 할 욕구가 식량이나 주거와 같이 전적으로 육체적인 필요라고 여겨서는 안 된다. 그런 욕구가 인간의 생존에 아무리 필수적이라 해도 이런 의미로 한정하면, 경제 영역이 터무니없이 제한될 것이기 때문이다. 욕구가 아니라 수단이 물질적인 것이다. 유용한 물건을 허기를 채우기 위해 필요로 하는지 아니면 교육이나 군사, 종교의 목적을 위해 필요로 하는지는 상관이 없다. 인간이 충족시켜야 할 욕구가 물질적인 대상을 성취하는 데 달려 있는 한, 그것을 가리키는 용어는 '경제적'이다. 여기서 경제적이라는 용어가 가리키는 바는 '물질적 욕구를 충족시키는 과정' 그 이상도 이하도 아니다. 인간의 살림살이를 연구하는 것은 이 실체적 의미의 경제를 연구하는 것이다.[2] 이 책에서는 처음부터 끝까지 '경제적'이라

"경제적이라는 말의 실체적 의미는 인간이 살아가기 위해서는 자연과 동료들에 의존하게 된다는 사실에서 비롯된다. 즉, 경제적이라는 말은 인간의 자연적·사회적 환경과의 상호작용 — 그것이 인간에게 물질적 욕구 충족의 수단을 제공하는 결과를 낳는 한 — 을 가리키는 것이다"[K. Polanyi, "The Economy as Instituted Process," K. Polanyi et al.(eds.), *Trade and Market in the Early Empires*, Free Press. 1957, p. 243].

2 [옮긴이] 폴라니는 실체적 경제를 논하면서 우선적으로 인간의 욕구에 대해 말하고 있는데 그 중요성은 아무리 강조해도 지나치지 않을 것이다. 물론 이 욕구는 신고전과 형식적 경제학에서 말하는 '경제인'의 무한한 욕망과는 전혀 다르다. 폴라니는 일찍이 1925년에 쓴 "우리의 이론과 실천에 대한 약간의 성찰"이라는 글에서 경제는 자연적 현상이 아니라 '사회적-자연적 과정'이라고 하면서 경제의 구성 요소를 ① 인간의 욕구 ② 인간의 노동과 노력(Arbeitsleid) ③ 생산수단의 세 가지로 제시한 바 있다.

는 말을 바로 이런 의미로 사용한다.

'경제적'이라는 말의 형식적인 의미는 전혀 다른 기원을 지니고 있다. 형식적 의미는 목적·수단 관계에서 발생하기 때문에 보편적인 것이다. 이것이 가리키는 대상은 인간의 어떤 한 가지 관심사로 제한되지 않는다. 이와 같은 종류의 논리적·수학적 용어는 형식적 formal이라고 불리는데, 이는 그런 용어들이 적용되는 특정한 영역과는 대비된다. 이런 의미는 극대화하다maximize, 더 통상적으로는 절약하다economize라는 동사의 토대가 되거나, (전문적인 의미는 덜 하지만 아마 가장 정확한 의미인) "수단을 가장 잘 활용하다"라는 어구의 토대가 된다.

물론 두 가지 의미를 융합해 하나의 통일적 개념으로 만드는 것은 비난한 일이 아니다. 단 우리는 그렇게 만들어진 개념의 한계를 계속 의식해야 한다. 물질적 욕구의 충족을 희소성뿐만 아니라 경제화와 결부해 이들을 하나의 개념으로 통합하는 것은 시장체제

K. Polanyi, "Neue Erwagungen zu unserer Theorie von Praxis," *Der Kampf*, 1925. Reprinted in Gerald Mozetic(ed.), *Austro-Marxistische Positionen*, Wien: Bohlan-Verlag, 1983(4장 "우리의 이론과 실천에 대한 몇 가지 의견들,"『전 세계적 자본주의인가 지역적 계획경제인가』, 홍기빈 옮김, 책세상, 2002). 경제의 구성 요소에 대한 이런 생각은 마르크스가『자본론』에서 '사용가치'를 사상한 이론 구성을 취하고 있는 것과도 대조적이다. 마르크스에서 욕구에 대한 논의는『자본론』보다 오히려 청년기의 저작이나『정치경제학비판 요강』에서 더 잘 볼 수 있다(아그네스 헬러,『마르크스에 있어서 필요의 이론』, 강정인 옮김, 인간사랑, 1990 참조).

하에서, 즉 시장이 지배하는 때와 장소에서는 정당화될 수 있고 또한 합리적일 수 있다. 그러나 만약 "희소한 물질적 수단과 경제화"라는 복합적 개념을 일반적으로 타당한 개념으로 수용한다면, 우리의 사고 속에서 여전히 자리 잡고 있는 전략적 위치로부터 경제주의 오류를 몰아내는 일은 훨씬 더 어려워질 수밖에 없다.

그 이유는 분명하다. 우리가 말하는 경제주의 오류는 인간의 경제를 그 시장 형태와 동일시하는 경향에 있다. 따라서 이 편향을 제거하기 위해서는 '경제적'이라는 말의 의미를 근본부터 명확하게 해야 한다. 다시 한 번 말하지만, 이것은 말의 모호성을 완전히 제거하고 형식적 의미와 실체적 의미를 별개로 분리하지 않는 한 불가능하다. 복합적인 개념의 경우처럼 이들을 통상적으로 사용되는 하나의 용어로 합하면, 그 이중적 의미가 더욱 강화되어 이 오류는 결코 바로잡을 수 없게 된다.

두 가지 의미가 얼마나 강하게 결합되어 있었는지는 현대의 신화적 인물 중에서 가장 논란이 분분한 경제적 인간economic man의 얄궂은 운명에서 추론할 수 있다. 이 같은 과학적 구전 지식의 창조 그 기저에 깔려 있는 공준에 대해서는 정신적·도덕적·방법론적으로 다양한 논란이 있었지만, 경제적이라는 속성의 의미에 대해서는 단 한 번도 심각한 의문이 제기된 적이 없었다. 논란의 핵심은 인간이라는 개념이었지, 경제적이라는 말이 아니었다. 경제적이라는 형용사가 두 속성 가운데 어떤 것 — 동식물처럼 생존을 위해

환경적 조건에 의존하는 자연nature이라는 실체의 속성인가, 아니면 천사는 악마든, 어린이든 철학자든, 이성을 갖는 한 최소 지출로 최대 결과를 얻는 것을 규범으로 따르는 정신mind이라는 실체의 속성인가 ― 을 전달하는지에 대해서는 그 어떤 의문도 제기되지 않았다. 오히려 19세기 합리주의의 정통적 대표인 경제적 인간은 야수적 존재와 극대화 원칙이 신비롭게 조합된 담론의 세계에 살고 있다는 생각이 당연시되었다. 우리의 영웅은 이념적·물질적 통일체의 상징으로서 공격 받거나 옹호 받았으며, 바로 그런 근거에서, 경우에 따라 지지를 받거나 폐기될 것이었다. 어떤 경우에도 이 세속적 논쟁은 잠시라도 방향 전환을 해서 경제적 인간이 '경제적'의 형식적인 의미와 실체적인 의미 중 어느 쪽을 나타내는 것으로 상정되었는지에 대해 고려해 본 적이 없었다.

2. 신고전파 경제학에서의 구별[3]

'경제적'이라는 말의 이중적 근원에 대한 인식은 물론 새로운 것은 아니다. 신고전파 경제 이론은 1870년경 '경제적'이라는 말을 희소성의 측면에서 본 정의와 실체적 측면에서 본 정의로 구별하는 데서부터 형성되었다고 할 수 있다. 신고전파 경제학은 "경제학 본연의 관심사는 부족한 수단을 배분해서 인간의 살림살이를 꾸려 가도록 하는 것이다"라는 칼 멩거의 전제(1871년 저작인 『원리』[『국민경제학의 기본 원리』]*Grundsätze*)를 토대로 정립되었다. 이것은 희소성 공준 혹은 극대화 공준에 대한 최초의 진술이었다. 경제에 관한 합리적 행위의 논리를 간결하게 정식화했다는 점에서, 이 진술은 인간의 지적 성취 가운데에서 높은 평가를 받고 있다. 이 공준의 중요성이 높아진 것은 시장 제도의 현실적인 작동과 아주 잘 어울렸기 때문이었다. 시장 제도는 일상적 활동에서 극대화 효과를 가지고 있기 때문에 자연히 이런 접근에 잘 맞았다.

---

3 [옮긴이] 이 절에서 폴라니는 자신의 실체적 경제학의 사상적 원천으로서 신고전파 경제학을 확립한 사람 중 하나인 칼 멩거의 주저 『국민경제학의 기본 원리』의 유고가 갖는 의미에 대해 논의하고 있다. 이와 별개로 폴라니는 멩거에 대해 별도의 유고를 남겼는데, 이는 그가 '경제적'이라는 말 두 가지 의미에 대해 멩거의 견해를 얼마나 중시하고 그것을 복원하기 위해 애썼는지를 잘 보여 준다. K. Polanyi, "Carl Menger's Two Meanings of 'Economic'," *Studies in Economic Anthropology*, edited by G. Dalton, 1971.

이후 멩거는 사회과학에서 연구가 시작되고 있던 원시사회나 고대사회, 혹은 여타의 초기 사회를 무시하지 않는다는 것을 보여 주기 위해서 자신의 『원리』를 보완하고 싶어 했다. 문화인류학은 인간이 생산 활동에 참가하도록 만드는 다양한 비이윤적 동기를 밝혀 주었다. 한편 사회학은 널리 퍼져 있던 공리주의적 편견의 신화를 반박했다. 그리고 고대사는 시장 제도가 없는 아주 풍요롭고 수준 높은 문화의 사례를 제시했다. 공리주의는 오늘날 우리가 목적-수단 관계의 논리에 부당한 제한을 가하고 있다고 보는데, 어떤 의미에서 멩거 자신은 절약하기economizing의 태도란 이런 공리주의적 가치척도에 국한된다는 입장을 견지했던 것 같다. 이것이 그가 왜 그런 가치척도를 설정할 수 있는 '선진' 국가를 제외한 지역에 대해 이론화 작업을 망설였는지를 설명해 주는 이유 가운데 하나일 것이다.

멩거는 자신의 저작 『원리』를 근대의 교환경제Verkehrsirtschaft에만 엄격히 제한된 것으로 하려 노력했다. 그는 이 책의 초판에 대한 중판과 번역을 허가하지 않았다. 초판을 완전한 책으로 만들 필요가 있다고 보았기 때문이다. 이 일에만 매진하기 위해 그는 빈 대학의 학과장 자리를 사임했으며, 이후 50년 동안 계속해서 이 과업으로 되돌아갔던 것으로 보인다. 이런 노력 끝에 그는 개정 원고를 남긴 채 세상을 떠났다. 이 원고는 1923년에 빈에서 유고집으로 출판되었다. 이 제2판에서는 『원리』가 분석 대상으로 삼았던 교환경제,

즉 시장경제를 비非시장경제, 즉 '후진' 경제와 구별한다. 이 구별은 허다하게 나타난다. 멩거는 후진zuruckgeblieben, 미개unzivilisiert, 저개발unentwickelt 등 다양한 낱말을 사용해 '후진' 경제를 지칭한다.

『원리』의 유고판에는 완전히 탈고한 네 개의 새로운 장이 추가되어 있다. 이중에서 최소한 하나 이상의 장은 이 분야 동시대 학자들의 관심을 끄는 정의와 방법론의 문제와 관련해 이론적으로 가장 중요하다. 멩거의 설명에 따르면, 경제에는 두 가지 '기본적 방향'이 있다. 하나는 수단의 불충분함에서 발생하는 경제화의 방향이며, 다른 하나는 그의 이른바 '기술경제적'technoeconomic 방향으로서 수단의 충분·불충분에 상관없이 생산의 물리적 필요성에서 유래했다.

내가 인간의 경제가 지향할 수 있는 두 방향, 즉 기술적 방향과 경제화 방향을 기본적이라고 지적하는 것은 이런 이유 때문이다. 비록 앞의 두 절에서 말한 두 방향이 현실 경제에서 대개[폴라니 강조] 동시에 출현하지만, 그리고 실제로 따로따로 발견되는 일은 거의[폴라니 강조] 없지만, 역시 이 둘은 본질적으로 상이한 그리고 서로 독립된 원천에서[멩거 강조] 발생한다. 일부 경제활동 분야에서는 이 두 방향이 실제로 별개로 나타난다. 그래서 상상 불가능하지는 않은 몇몇 유형의 경제에서는 실제로 둘 중의 어느 한 방향이 다른 방향이 없이 규칙적으로 나타날 수 있다. …… 인간의 경제가 지향하는 이 두 방향은 상호 의존적이 아니라, 모두 일차적이며 기본적이다. 이들이 현실 경제에서 통상적으로 함께 나타나는 것은, 단지 각각의 방향을 생성하는 인과적 요인들이 우연히도 거의[폴라니 강조] 예외 없이 일치한다는 사정 때문이다.[4]

그러나 이 기본적 사실에 대한 멩거의 논의는 그간 잊혀 왔다. 경제의 두 방향을 구별한 이 유고판은 영어로 번역된 적이 없다. (라이어넬 로빈스의 1935년 저작인 『소론』[5]을 비롯해) 신고전파 경제학으로 공식화된 어떤 연구에서도 이 '두 가지 방향'을 다루지 않는다. 런던 경제대학이 희귀본 시리즈의 하나로 멩거의 저작을 1933년에 간행했는데, 이것은 1871년의 『원리』 초판이었다. 프리드리히 하이에크는 이 '복간판'의 서문에서 [제2판의] 초고를 "단편적이고 혼란스러운" 것으로 폄하해, 멩거의 이 유고판이 경제학자들의 진지한 관심을 받지 못하게 하는 데 일조했다. 그는 "어쨌든 지금으로서는 멩거 만년의 연구 성과는 소실된 것으로 볼 수밖에 없다"라고 결론지었다. 대략 17년이 지난 1950년 나이트F. H. Knight의 서문을 붙여 출간한 『원리』의 영어판도 다시 2판의 절반 분량에 불과한 1판을 채택했다. 더욱이 이 번역판에서는 처음부터 끝까지

---

4 Carl Menger(ed.), *Grundsatze der Volkwritschaftslehre*, Vienna, 1923, p. 77

5 Lionel Robbins, *An Essay on the Nature and Significance of Economic Science*, 2nd edition, London: Macmillan and Co., 1935.

wirtschaftend(말 그대로 '경제활동에 종사함'이라는 뜻이다)를 경제화 economizing라고 옮겨 놓았다.[6] 그러나 멩거 자신에 따르면 경제화의 등가어는 wirtschaftend가 아니라 sparend(멩거가 불충분한 수단의 배분과, 반드시 불충분성을 포함하지는 않는 경제의 또 하나의 방향을 구별하기 위해 자신의 유고판에 특별히 도입했던 용어)였다.

멩거가 개척한 가격 이론의 빛나는 성취로 인해 '경제적'이라는 말에 대해 절약하기라는 새로운 의미 또는 형식적 의미가 유일한 의미로 되고, 더 전통적이지만 얼핏 평범해 보이는 물질성의 의미, 반드시 희소성의 제약을 받지는 않는 의미는 학문적 지위를 잃고 결국 잊혔다. 신고전파 경제학은 이 새로운 의미를 토대로 세워졌고, 그사이 기존의 물질적·실체적 의미는 사람들의 의식에서 점점 희미해져 경제사상에서 정체를 감추었다.

---

6 Carl Menger, *Principles of Economics* , James Dingwall and Bert F. Hoselitz(trans. and ed.) with an introduction by Frank H. Knight, Glencoe, Ill.: The Free Press, 1950. 그리고 Karl Polanyi, "Carl Menger's Two meanings of 'Economic,'" G. Dalton(ed.), *Studies in Economic Anthropology*, Washington, D.C.: American Anthropological Association, 1971 을 참조하라.

3. 상대적 선택과 희소성의 오류

따라서 이론적 분석이 강조되게 되어 그 파장으로 경제 제도의 사회학, 원시 경제학, 경제사 등 똑같이 경제적인 것을 다루며 인간의 살림살이를 연구하는 여타의 분야는 불필요한 것으로 간주되어 철저히 무시되었다. '경제적'이라는 말의 두 가지 의미에서 서로 환원될 수 없는 특이성이 발견되자마자, 형식적 의미에 대한 선호 속에서 실체적 의미는 폐기되었다. 이리하여 경제 분석가의 다음과 같은 함축적인 주장, 즉 경제를 다루는 모든 학문 분야가 진정한 주제로 삼아야 할 것은 물질적 욕구 및 그 충족의 몇 가지 측면이 아니라, 희소한 수단의 용도별 선택이라는 주장이 만들어졌다. 이 복합적인 개념[에 대한 이 같은 주장]은, 그 개념의 실체적 구성 요소가 아무렇지도 않게 잊히고, 선택과 희소성이라는 형식적인 구성 요소로 이 개념을 환원할 수 있다는 가정 아래, 묵인되었다.

우리의 과제가 갖는 어려움은 이제 명백하게 된다. 이 복합적 개념이 두 가지 독립된 의미를 담는 방식을 밝히는 것만으로는 불충분하다. 왜냐하면 우리가 경제라는 복합적 개념에 두 가지 의미를 모두 담으려고 하면서 비전문가와 전문가 모두 안이하게 사용하는 이 복합개념의 모호성을 보여 주는 바로 그 순간, 이 개념은 단지 희소성 정의를 비춰 주는 스크린에 불과하게 되는 반면, 우리가 초점을 맞추고자 했던 경제의 실체적 측면은 경멸스럽게 망각의 피안으로 추방되어 버리기 때문이다.

그러면 '경제적'이라는 말의 유일한 의미는 희소성 정의라고 자신만만하게 주장하는, 얼핏 확고해 보이는 근거를 검토해 보기로 하자. 그런 다음 실체적인 정의를 전개하고자 한다. 우리는 최대한 넓으면서도, 조작적인 검증에 맡기기에 아주 적합하다고 밝혀진 희소성 정의를 공식화하는 데서 논의를 시작할 것이다.

수단을 최대한 잘 이용한다는 것은 논리적으로 '경제적'이라는 말의 형식적 의미에 내포된 규범이다. 이것은 수단의 부족 때문에 선택이 일어나는 상황, 바로 희소성 상황이라 묘사되는 사태를 지칭한다. 이 맥락에서 나타나는 선택·부족·희소성과 같은 말들은 그 상호 관계 속에서 주의 깊게 살펴봐야 한다. 왜냐하면 경제 분석가의 주장이 다양한 형태로 나타나기 때문이다. 그들은 때때로 경제학이 주제로 삼는 것은 선택 행위라 말한다. 또 선택이 수단의 부족을 함축한다고도 하고 수단의 부족이 선택을 함축한다고도 한다. 또 어떤 경우에는 부족한 수단이 희소한 수단이라거나, 심지어 희소한 수단이 경제적 수단이라고도 한다.

이와 같은 주장은 형식적 의미의 범위가 [다양한] 표현으로 나타나는 경제를 모두 포괄한다고 상정하는 것 같다. 따라서 어떤 식으로 제도화되든, 경제를 구성하는 것은, 부족한 수단의 다양한 용도 가운데 어떤 하나를 선택하는 행동을 유발하는 희소 수단이며, 따라서 희소성 정의라는 형식적 관점에서 서술 가능할 것이기 때문이다. 그렇게 되면, '경제적'의 실체적 정의는 불필요하다거나 적어도 무시해도 좋을 정도로 사소하다는 주장이 타당하게 들릴 수도 있다. 상상 가능한 경제는 모두 희소성 정의 아래로 들어올 것이기 때문이다. 그렇지만 엄밀히 말해서 이런 어떤 주장도 타당성이 없다.

우선 가장 폭넓은 의미를 가진 선택이라는 용어부터 살펴보자. 선택은 수단이 충분하든지 그렇지 않든 간에 이루어질 수 있다. 도덕적 선택은 올바른 것을 행하고자 하는 행위자의 의도로 표현된다. 이와 같은 선악의 기로는 윤리학의 주제이다. 반면, 순전히 조작 가능한 기로operational crossroads는 이러할 것이다. 어떤 사람이 길을 따라 여행을 하다 산기슭에 도달한다. 그곳에 길이 두 갈래로 나 있다. 두 길은 서로 다르지만 그의 목적지로 이어져 있다. 이제 두 길 사이에 어떤 차이점도 없다고, 즉 거리도 땅도 경사도 모두 같다고 가정해 보자. 이 경우에도 그는 여전히 둘 중 어느 한쪽 길을 선택해야 한다. 그렇지 않으면 자신의 목표를 완전히 포기하는 수밖에 없다. 도덕적인 기로에도 조작적인 기로에도 수단의 부족은 가정되지 않은 것으로 보인다. 사실 수단이 풍족할 때 선택은 오히려 더 어려워질 수 있다. 선택의 필요성은 조금도 줄어들지 않는다. 선택을 하는 것이 흔히 까다롭거나 심지어 고통스러울 수 있다. 이것은 수단 부족 때문일 수도 있지만 수단이 풍족하기 때문일 수도 있다.

그렇다면 선택이 반드시 수단의 부족을 의미하지는 않는다고 할 수 있다. 그러나 수단의 부족도 선택이나 희소성을 내포하지 않는다. 먼저 후자의 경우를 논의해 보자. 희소성 상황이 발생하려면, 수단의 부족은 물론 이로 인한 선택이 있어야 한다. 그런데 적어도 두 개의 추가적인 조건이 주어지지 않는다면, 수단 부족은 선택을 유도하지 않는다. 우선 수단에 둘 이상의 용도가 있어야 한다. 그렇지 않으면 선택할 용처가 아예 없을 것이다. 그리고 둘 이상의 결과가 존재하고 어느 한쪽이 선호된다는 표시가 있어야 한다. 그렇지 않으면 선택할 방도가 전혀 없을 것이기 때문이다. 따라서 희소성 상황이 발생하려면, 수단의 부족 이외에도 수많은 조건이 주어져야 한다.

그러나 설령 이런 조건이 충족된다 하더라도, 희소성 상황과 경제 사이에는 단지 우연적 연관만이 존재할 것이다(이 점은 아주 중요하다). 앞에서 살펴보았듯이, 선택의 규칙은 실제적actual이고 관습적인 목적-수단 관계의 모든 분야에 적용된다. 그 관계가 현실적이든 상상적이든 상관이 없다. 왜냐하면 수단은 난방용 석탄처럼 자연적 성질을 지닌 것이든, 부채 상환을 위한 달러 지폐처럼 관습적인 규칙에 따른 것이든 유용한 것이기 때문이다. 또한 목적에 대한 선호도의 토대가 기술적인지, 도덕적인지, 과학적인지, 미신적인지, 완전히 자의적인지도 중요하지 않다.

따라서 부족한 수단을 합리적으로 사용해 최대 만족을 얻는 과제는 결코 인간의 경제에만 국한되지 않는다. 이 과제는 다음과 같은 경우에도 적용된다. 장군이 전투를 위해 군대를 배치하는 경우나, 장기를 두는 사람이 말을 희생시키는 작전을 세우는 경우, 변호사가 의뢰인을 변호하기 위해 증거를 수집하는 경우, 예술가가 색채를 안배하는 경우, 신자가 가능한 최상의 구원을 받기 위해 기도와 선행을 하는 경우, 또는 핵심에 더 가깝게는 알뜰한 주부가 한 주 동안의 구매 계획을 세우는 경우에 적용된다. 군대, 장기판의 말, 증거, 예술적 배색, 신실한 행위, 한 주의 지출 등 부족한 수단은 다양하게 사용할 수 있다. 하지만 일단 한 가지 용도에 이 수단을 사용하고 나면, 다른 용도에는 사용할 수 없다. 그리고 선택하는 사람도 둘 이상의 목적을 마음에 두고 가장 좋아하는 목적을 달성하기 위해 수단을 사용해야 한다.

이처럼 부족한 수단을 합리적으로 사용해 최대 만족을 얻는 사례들은 얼마든지 있지만, 그와 같은 사례들을 더 많이 모을수록 희소성 상황이 상당히 많은 분야에 존재하고, '경제적'의 형식적 의미와 실체적 의미 사이의 관계가 실제로 우연에 불과하다는 것은 더욱 분명해진다. 욕구 충족의 '물질적' 성격은 극대화 여부와 관계없이 주어진다. 그리고 극대화는 수단과 목적이 물질적이든 아니든 주어진다.

행동 규칙에 대해 말하자면, 이들은 똑같이 보편타당성을 지닌다. 전체적으로 행동 규칙도 둘로 나누어진다. 하나는 "수단을 목적에 연계하라"라는 규칙으로 합리적 행동 논리의 전체 범위에 적용된다. 두 번째 규칙은 형식적 경제학, 즉 합리적 행동 논리 중에서 희소성 상황과 관련돼 있다. 이 규칙은 다음과 같다. 즉, "선호 척도에서 높은 서열의 목적을 달성할 준비를 먼저 하고 그 다음에 낮은 서열의 목적에 대비할 수 있도록 희소 수단을 배분하라." 쉽게 말해서, "바보 같은 짓은 하지 말라"라는 것이다. 여전히 형식적 경제학은 정확히 이런 내용만을 지닌다.

이리하여 경제적이라는 말의 근원적인 두 가지 의미는 각각 다른 세계에 속한다. 그래서 형식적 의미는 결코 실체적 의미를 대체할 수 없다. 경제적인economical 또는 경제화는 부족한 수단을 대안적 용도 사이에서 선택하는 것을 지칭한다. 반면에 실체적 의미는 선택이나 부족을 둘 다 내포하지 않는다. 인간의 살림살이는 선택의 필요성을 내포할 수도 있고 그렇지 않을 수도 있다. 관습과 전통은 대체로 선택을 배제한다. 그리고 설령 선택이 존재한다고 해도, 그것이 수단의 '희소성'이 제약하는 효과가 작용한 결과일 필요는 없다. 공기나 물의 이용 가능성 또는 아이에 대한 자애로운 어머니의 사랑과 같이, 삶의 자연적·사회적 조건 중에서 가장 중요한 것은 대개 그다지 제한적이지 않다. 전자의 경우에 설득력이 있는 논리가 후자의 경우에서는 다르다. 이것은 삼단논법의 힘이 중력의 힘과 다른 것과 마찬가지이다. 중력의 힘은 자연의 법칙인 반면, 삼단논법의 힘은 마음의 법칙이다.

4. 희소성과 부족

그렇다면 형식적 경제학은 어떻게 경험적인 상황에 조금이라도 적용이 되는가? 만약 수단이 원래 부족하지 않다면, 수단의 부족은 어떻게 검증받을 수 있을까? 또한 '희소성'이 수단의 부족과 구별된다는 것이 드러난 이상, 이제 희소성의 존재를 어떻게 확정할 수 있을까?

다음의 테스트가 부정적으로 나오면, 수단이 부족하다. 목적의 순서를 정하고 각각의 목적을 합당한 수단과 짝지어라. 만약 최종 목적에 도달하기 전에 수단이 다 떨어져 버리면, 수단은 부족하다. 이와 같은 테스트를 [실제로] 시행하는 것이 곤란하거나 물리적으로 불가능하다면, [머릿속 실험으로 각각의 목적에 대한 각각의 수단을] '배정'해 보는 것도 좋다. 즉, 이와 똑같은 조작을 사고 실험으로 해보라. 그래서 수단을 한 단위씩 각각의 목적에 '할당'하라. 만약 최종 목적에 도달하기 전에 수단이 고갈되면, 수단은 부족하다.

이 예에서, 단순히 부족한 수단이 아니라 희소한 수단에 대해 말하는 것 ― 이는 오늘날의 일반적 관행이다 ― 은 정확하지 않고 혼란만을 초래한다. [이 예에서] 부족한 것으로 밝혀진 수단은, 만약 충분한 것으로 밝혀졌다면 그것이 주어진 목적에 배분될 방식과 동일한 방식으로만, 배분될 수 있다. [그런데] 이 같은 수단을 희소하다고 말하는 것은 수단의 부족에 의해 선택이 유도되었음을 암시할 것이다. 하지만 이는 사실이 아니다. 이 같은 조작상의 기준을 무시하는 것은 희소성 정의의 핵심을 완전히 무시하는 것이며, 부족한 수단을 배분하는 어떤 독특한 방법, 이른바 '더 경제적인 방법'이 존재한다는 환상을 창출하는 것이다. 그러나 수단의 부족은 그 자체로 '희소성'의 상황을 낳지는 않는다. 만일 충분한 수단을 얻지 못했다면, 우리는 부족한 상태에서 견디어 나가야 한다. 선택이 이루어지려면, 수단은 부족할 뿐만 아니라 대안적 용도를 가지고 있어야 한다. 그리고 수단에 결부되는 선호의 척도뿐만 아니라 둘 이상의 목적이 있어야 한다.

수단의 부족, 수단의 대안적 용도, 목적의 다양성, 선호의 척도 등과 같은 이런 조건은 각각 경험적인 검증을 거쳐야 한다. 따라서 어떤 주어진 상황에서 '희소성'이라는 말이 과연 해당 수단에 어울리는지 아닌지는 사실로 따져 봐야 할 문제이다. 이로 인해 경제를 비롯한 어떤 분야에서나 '경제적'의 형식적 정의나 희소성 정의를 적용하는 데 분명한 한계가 존재하게 된다.

물질적 욕구 충족을 희소성과 융합한 현시대의 복합적인 경제학 개념은 물질적인 모든 것의 부족을 가정하고 있는 것과 다름이 없다. 그 최초의 선언은 홉스의 『리바이어던』에서 나왔다. 홉스는 인간이 굶주린 이리떼처럼 뿔뿔이 흩어져 제멋대로 노는 것을 막기 위해 국가에 절대 권력이 필요하다고 추론했다. 실제로 그의 의도는 세속적 정부의 강력한 힘으로 종교전쟁을 막는 것이었다. 그러

나 이 은유에 반영된 세계는 다음과 같았을지 모른다. 그 세계에서
는 중세 왕국이 상업혁명으로 해방된 세력에게 자리는 내주고, 부富
에 도취된 자들의 약탈 경쟁이 공동체적 촌락 토지를 통째로 집어
삼키고 있었다. 한 세기 후 시장은 실제로 '희소성' 상황을 통해 작
동하는 틀 안에서 경제를 조직화하기 시작했다. 그리고 흄은 홉스
의 격언을 반복했다. 어디에나 있는 선택의 필요성은 보편적으로
사용되는 수단―화폐―의 부족 때문에 생겨났다. 화폐로 구입할
수 있는 것이 부족한지 아닌지는 여기에서 문제가 되지 않았다. 문
화적으로 결정되는 각 개인의 필요와 화폐의 범위가 주어지면, 이
런 수단이 모든 필요를 충족시키기에 부족하다는 것은 부정할 수
없다. 실제로 이 상황은 우리 경제의 조직상의 특성에 불과하다.

　이제, 양이 충분한 것은 아무것도 없다는 보편적 믿음이, 때로
는 공급의 제한적 성질에 관한 상식적인 명제로서, 또한 때로는 개
인의 욕구wants와 필요needs가 무한하다는 철학적으로 무모한 공준
으로서 역설되었다. 그런데 둘 중 어느 경우에나 그 같은 주장이 경
험에 근거한 것처럼 말하지만, 사실 그것은 자의적 정의와 특정한
역사적 상황을 포괄하는 독단적인 단언에 불과했다. 일단 인간이
'시장 속의 개인'으로 제한되게 규정되면, 방금 우리가 암시했던 명
제는 쉽게 실체화될 수 있다. 인간의 욕구와 필요는 화폐로 시장에
제공된 것을 구매함으로써 충족할 수 있는 것만이 중요했다. 그리
고 욕구와 필요 그 자체는 고립된 개인의 욕구와 필요에 국한되었

다. 따라서 정의상 시장에서 충족되는 욕구와 필요 이외의 것은 아무것도 인정받을 수 없었고, 고립된 개인 이외에는 어느 누구도 인간으로 받아들여질 수 없었다. 쉽게 알 수 있듯이, 여기서 검증을 받고 있는 것은 인간의 욕구와 필요의 성질이 아니라, 시장 상황이 희소성 상황이라는 서술에 불과하다. 달리 말하면 시장 상황은 원리상 개인이 표현하는 욕구와 필요밖에 모르며, 여기서 욕구와 필요는 시장에서 충족될 수 있는 것으로 제한되기 때문에, 인간 욕구와 필요의 성질에 관한 어떤 논의도 일반적으로 실체substance가 없다. 욕구와 필요의 관점에서는 시장에서 작용하는 고립된 개인들의 공리주의적 가치척도만이 고려되었을 뿐이다.

예전에 우리는 자세히 살펴보면 문제를 정의하는 게 아니라 단지 말을 늘어놓은 것에 불과한 다음과 같이 잘 알려진 논의를 접한 적이 있다. 경제적 인간은 실재하는 인간이었는가? 그러나 '경제적'이라는 말의 의미는 자명한 것으로 간주되었으며, 따라서 이 질문에 대해 적절한 답을 얻을 가능성은 완전히 배제되었다.

그러나 이 문제에 관해 정식화된 사유가 막 나타나던 여명기에 아리스토텔레스는 희소성 정의를 거부했다. 교역에서 생기는 이윤의 원천에 관한 견해를 비롯한 그의 일부 논의는 맥락상의 일탈이나 왜곡이 있어 보인다. 다른 논점, 예컨대 노예제에 대한 그의 생각은 오늘날의 신념과 어울리지 않는다. 그러나 더욱 놀라운 것은 오늘날까지도 우리의 마음을 곤혹스럽게 하고 있는 문제에 관한 그의 통찰력이다.

아리스토텔레스는 『정치학』에서 인간의 살림살이가 그 자체로는 희소성의 문제를 야기하지 않는다는 주장으로부터 자신의 논의를 시작한다. 솔론의 시의 한 구절은 부富에 대한 강력한 충동을 잘못 칭송했다. 즉, "인간들 사이에 (이 충동에 대한) 어떤 한계도 설정되어 있지 않다"라고 노래했다. 이와 반대로 아리스토텔레스는 가정이나 국가의 진정한 부는 저장과 보존이 가능한 생활필수품이라고 말했다. 그것들은 목적에 이르는 수단에 불과하며, 다른 모든 수단과 마찬가지로 본질적으로 목적에 따라 제한되고 결정된다. 생활필수품은 가정에서는 삶의 수단이며, 폴리스에서는 좋은 삶의 수단이다. 그러므로 인간의 욕구와 필요는 솔론의 말이 암시하는 것처럼 무한한 것이 아니다. 솔론의 이런 오류는 아리스토텔레스의 주요한 표적이다. 동물은 날 때부터 자신의 환경에서 생존에 필요한 것을 찾아내지 않는가? 그리고 인간도 생존에 필요한 자양분을 모유에서 찾아내고, 나아가 수렵민이든 유목민이든 농경민이든 자신의 환경에서 그것을 찾아내지 않는가? 현물 교환이 실행되는 한 교역조차도 이 자연적 패턴에 따라 이루어진다. 생활필수품sustenance을 제외하고는 어떤 필요도 자연적인 것으로 간주되지 않는다. 희소성이 '수요 측에서' 생겨나는 것으로 보이는 한, 아리스토텔레스는 이를 점점 더 많은 물질적 재화와 쾌락을 향한 욕망으로 기울어져 있는, '좋은 삶'에 대한 그릇된 관념 탓으로 돌린다. (하루 종일 극장에서 소일하기나 배심원 직무 수행, 선출직 공무 수행, 성대한 축제 놀이, 전투, 또는 해전의 전율과 고상한 기분 등) '좋은 삶'이라는 특효약은 저장하거나 물질적으로 소유할 수 없다. 실제로 좋은 삶은 시민에게 폴리스의 일에 헌신하기 위해 자유 시간을 갖도록 요구한다(이것은 '일반적으로 인정받는다'). 앞에서 살펴보았듯이, 이 요구를 충족하기 위해 부분적으로는 노예제가 필요하고 또한 부분적으로는 공적 의무를 수행하도록 시민에게 보수를 지급할 필요가 있다(그렇지 않고서는 수공업자들은 결코 시민권을 인정받을 수 없다). 그러나 희소성이 아리스토텔레스에게 문제가 되지 않는 또 다른 이유가 있다. 경제 ― 이는 우선적으로 가정의 문제다 ― 는 가정이나 다른 '자연적' 단위(예컨대, 폴리스)와 같은 제도를 구성하는 '인간들' 사이의 관계와 관련이 있다. 여기서 아리스토텔레스의 경제 개념은 생활필수품을 확보하는 하나의 제도화된 과정을 가리킨다. 따라서 그는 인간의 욕구와 필요가 무한하다는 그릇된 관념이 다음 두 가지 상황으로부터 비롯된다는 사실을 밝혀낼 수 있었다. 첫째는 상업적 교역인의 식량 획득이다. 이로 인해 무제한적인 돈벌이 활동이 가정과 폴리스의 요구 ― 그렇지 않았더라면 제한적이었을 ― 와 연결되었다. 둘째는 좋은 삶에 대한 그릇된 이해이다. 이것은 좋은 삶을 물질적 쾌락의 공리적인 축적으로 보는 이상한 사고이다. 아리스토텔레스는 오이코스(가정)나 폴리스와 같은 올바른 제도가 갖춰지고, 좋은 삶에 관한 전통적인 이해가 주어진다면, 인간의 경제에 희소성 요인이 들어설 여지가 전혀 없다고 보았다. 그는 이 사실을 노예제나 유아 살해, 안락한 생활에 대한 자신의 거센 혐오감에 연결시키는 것을 결코 잊지 않았다. 이런 실재의 사실이 없었더라면, 희소성에 대한 아리스토텔레스의 부정은 우리 시대의 경제적 형식주의와 마찬가지로 독단적이었으며 경험적 연구에 부적합했을지 모른다. 그러나 이 최초의 리얼리스트 사상가는 우리가 인간의 경제에서 희소성의 역할을 탐구하기에 앞서, 먼저 경제적의 실체적 의미를 고수해야 함을 최초로 인식한 사람이기도 했다.[7]

---

7 M. L. Finley, "Aristotle and Economic Analysis," *Past and Present*, Number 47, May 1970, pp. 3-25 참조.

5. 실체적 경제: 상호작용과 제도[8]

희소성 정의만이 '경제적'의 의미를 정당하게 대표한다는 주장은 면밀하게 검토해 보면 유지될 수가 없다. 그런 정의는 사회학자와 인류학자, 경제사가가 어느 시대 어느 장소의 경제를 깊숙이 탐구하는 과제에 직면할 때 아무런 도움이 되지 않는다. 이 과제를 수행하기 위해서 사회과학은 '경제적'의 실체적 의미로 되돌아가야 한다.

물질적 욕구를 충족시키기 위한, 제도화된 상호작용 과정이라는 의미에서 경제는 모든 인간 공동체의 필수 부분이다. 이런 의미의 경제가 없다면, 어떤 사회도 잠시라도 존속할 수 없을 것이다.

실체적 경제는 두 층위에서 성립된다고 이해해야 한다. 하나는 인간과 환경의 상호작용이다. 다른 하나는 이 상호작용 과정의 제도화이다. 사실 이 둘은 분리할 수 없지만, 일단 구별해서 다룰 것이다.

---

8 [옮긴이] 여기서 폴라니는 자신이 말하는 실체적 경제를 위치 이동(locational movement)과 전유 이동(appropriational movement)이라는 두 가지 개념을 통해 해명하고 있다. 주된 이론적 원천은 멩거와 베버로 보인다. 이에 대해서는 폴라니가 생산을 위치이동에, 분배를 전유 이동에 이분법적으로 배속시켰다는 비판이 있다(R. H. Halperin, *Cultural Economies: Past and Present*, University of Texas Press, 1994, pp. 34-84). 이런 비판적 지적에도 불구하고 위치 이동과 전유 이동을 두 축으로 하는 실체적 경제의 상호작용론은 의미를 잃지 않는다는 것이 역자의 생각이다.

상호작용은 생존의 관점에서 물질적 결과를 설명하는 것이다. 이것은 두 종류의 변화, 즉 위치의 변화와 전유의 변화로 나누어 볼 수 있다. 그런데 이 둘은 동시에 일어날 수도 있고 그렇지 않을 수도 있다. 전자는 장소의 변화로 이루어지고, 후자는 '주인'hands 의 변화로 이루어진다.

위치의 이동에서는 말 그대로 재화가 공간적으로 이동한다. 전유의 이동에서는 재화를 처분하는 사람(들)이나, 그들의 재화 처분권 범위가 변화한다. 위치의 이동은 운반과 생산에서 가장 분명하게 드러나고, 전유의 이동은 거래와 처분에서 가장 명백하게 예시된다.

인간이 여기에서 가장 중요한 역할을 수행한다. 인간은 노동의 형태로 힘을 소비한다. 그리고 스스로 여기저기 이동하며 자신의 생존 목적을 달성하는 과정에서 자신의 소유물과 활동을 처분한다. 생산은 필경 가장 두드러진 경제적 위업을 대표한다. 이는 삶의 소비 단계를 향해 모든 물질적 수단을 질서 있게 펼치는 것을 의미한다. 이 두 종류의 이동이 결합해서 경제가 하나의 과정으로 완성된다.

위치의 이동은 수렵, 원정과 침략, 삼림 벌채와 관개 사업, 그리고 국제적인 해운·철도·항공 수송 체계로 이루어진다. 초기 시대에는 운반이 생산보다 훨씬 압도적인 비중을 차지한 것으로 보인다. 심지어 이후에도 운송은 생산에서 커다란 역할을 수행한다. 생산은 가장 커다란 물품에서 가장 작은 물품에 이르는 크고 작은 물건의 위치 이동으로 환원될 수 있다고들 주장해 왔다. 곡식이 씨앗에서부터 자라나는 것은 공간을 통한 물질의 이동이다. 이것은 호황 때 고층 건물이 급증하는 것과 마찬가지다. 그러나 나중에 보겠지만, 생산의 경제적 성격이란 위치 이동이 다른 재화와 특정한 방식으로 결합된 노동을 내포한다는 사실에서 나온다. 이 문제에 대해서는 앞으로 더 살펴볼 것이다.

전유는 막스 베버[9] 덕택에 광의의 현실적인 용어가 되었다. 이 용어는 원래 재산의 법적 취득을 의미했다. 이제 이 의미가 확장되어 소유할 가치가 있는 어느 것이든지 그 전부 또는 일부에 대한 실제적 처분을 내포하게 되었다. 그것은 물리적 대상이든, 권리이든, 위신이든, 단지 유리한 상황을 이용하는 우연한 기회이든 상관이 없었다. 전유의 변화는 '주인'hands의 이동으로 발생할 수 있다. 여기서 '주인'은 소유 능력을 가진 사람이나 집단을 의미한다. 이것은 상호작용 과정을 수반하는 재산 영역 내의 변동을 분명히 드러낸다. 재화와 인간은 부분적으로 또는 전면적으로 하나의 전유 영역에서 다른 한 전유 영역으로 이동한다. 경영과 관리, 재화의 유통, 소득 분배, 공납과 과세 등은 모두 똑같이 전유의 분야이다. '주인'의 변화를 가져오는 것은 어떤 물건 전체일 필요는 없으며,

---

9 Max Weber, *Wirtschaft und Gesellschaft*, Tubingen: 1922, Chapter 1, Part 10, p. 73 ff.; *The Theory of Social and Economic Organization*, trans. A. M. Henderson and Talcott Parsons, ed. Talcott Parsons, New York: The Free Press, 1947, p. 136 ff.

단지 그 물건의 부분적인 사용일 수도 있다.

전유의 이동은 무엇이 이동하는가의 문제뿐만 아니라 이동의 성격에 따라서도 달라진다. 거래상의 이동은 쌍방적이며 '주인' 사이의 이동으로 일어난다. 그리고 처분상의 이동은 한 '주인'의 일방적인 행동이며, 관습이나 법률이 이 행동에 명확한 법적 효과를 부여한다. 과거에는 이 이동의 구별을 대부분 '주인'의 유형과 관련지을 수 있었다. 즉, 사적인 개인이나 기업은 거래를 통해 전유의 변화를 수행한다고 간주된 반면, 공적인 '주인'은 처분에 의해 전유의 이동을 수행한다고 믿어 왔다. 그러나 오늘날에는 이 구별을 기업과 국가 모두 무시하는 경향이 있다. 국가가 매매를 하는 반면, 사적 기업이 관리나 처분을 수행한다.

재화의 결합combination of goods이라는 말을 보통 생산이라 부르는 경제 과정의 상호작용 부문에 적용하는 것은 이상해 보인다. 그렇지만 실체적 경제의 기본적인 사실은 이러하다. 즉, 물질이 유용한 것은 결합을 통해 직접적으로나 간접적으로 어떤 필요를 충족시키기 때문이다. 생산의 근원에는 칼 맹거가 도입한 '낮은' 순위의 재화와 '높은' 순위의 재화 사이의 이런 구별이 존재하고 있는 것이다.[10] 심지어는 일반적 희소성의 상태에서도 '높은' 순위의 재

---

10 Carl Menger, *Principles of Economics,* pp. 58-59[맹거는 재화를 인간의 욕구 충족에 가까운 정도에 따라 높은 순위 재화와 낮은 순위 재화로 구분했다. 그에 따르면 1차

화—최우선적으로 노동—없이는 생산이 이루어질 수 없다. 반면에 풍부하든 않든 노동이 주어져 있다면, 생산은 이루어질 것이다. 필요를 충족시킬 수 있는 어떤 '낮은' 순위의 재화도 이용할 수 없는 조건에서도 말이다. 따라서 멩거의 유고집에서 분명하게 드러났듯이, 생산 현상이 재화의 어떤 일반적 희소성에서 기인한다고 보는 것은 잘못이다. 오히려 생산은 '낮은' 순위의 재화와 '높은' 순위의 재화 사이의 차이—이는 실체적 경제의 기술적 사실이다—에서 유래한다. 이런 사고의 전개 과정에서 노동이 생산요소로 현저하게 드러나는 것은 노동이 '높은' 순위의 모든 재화 중에서 가장 일반적인 대표자agent이기 때문이다.

따라서 상호작용의 수준에서 볼 때 경제는 자연을 무언의 방해자나 촉진자로 포함하며, 동시에 인간을 채집·재배·운반 수행자 또는 유용한 물건 제작자로 포함하고 있다. 또한 가장 미세한 규모에서 가장 큰 규모에 이르기까지 일어나는 일련의 물리적·화학적·생리적·심리적·사회적 사건에서 이루어지는 인간과 자연의 상호작용도 경제에 포함된다. 이 과정은 경험적이며, 그 부분은 조작적으로 정의할 수 있으며 직접 관찰할 수 있다.

재는 욕구 충족에 직접 사용할 수 있는 재화, 즉 소비재이고, 2차재는 1차재의 생산에 사용되는 재화, 3차재는 2차재의 생산에 사용되는 재화 등등이다. 자세한 것은 다음을 참조. 칼 멩거, 『국민경제학의 기본 원리』, 민경국 외 옮김, 자유기업원, pp. 47-68].

하지만 이런 과정에는 유리되어 존재하는 것이 하나도 없다. 상호작용의 실은 갈라지고 다시 맞물리면서 하나의 망을 형성할 수 있다. 그러나 단순하든지 복잡하든지 간에 인과관계의 그물눈은 배후에 있는 생태적·기술적·사회적 조직으로부터 물리적으로 떼어낼 수 없다. 이것은 마치 생명 과정을 동물이라는 유기체에서 떼어낼 수 없는 것과 똑같다.

현실 경제의 다양한 부분을 일관성 있게 파악하기 위해서는, 있는 그대로의 상호작용 과정이 추가적인 일련의 속성을 얻어야 한다. 그런 속성이 없이는 경제가 존재한다고 좀처럼 말할 수 없기 때문이다. 만일 인간의 물질적 생존이 단지 순간적인 인과관계 고리의 결과에 불과하다면, 즉 시간이나 공간 내의 특정한 위치(즉 통합성과 안정성)와 영구적인 참조점(즉 구조), 전체와 관련된 특정한 행동 양식(즉 기능), 사회적 목표로 인해 영향을 받는 방식(즉 정책적합성)을 갖지 못한다면, 그런 생존은 인간의 경제로서 결코 위엄과 중요성을 얻지 못할 것이다. 통합성과 안정성, 구조와 기능, 역사와 정책이라는 특성은 제도적인 얼개를 통해 경제에 부가된다.

이렇게 하여 사회에 물질적 수단을 제공하는 기능을 수행하는, 제도화된 상호작용 과정이라는 인간 경제 개념에 토대가 만들어지는 것이다.

제3장
통합의 형태와 지지 구조[*]

I. 서문

여러 경제들을 경험적으로 분류하는 방법 가운데 가장 우선해야
할 것은, 전체 사회에서 경제가 차지하는 위치라는 문제로부터 제
기되는 중요한 논점에 대해 편견을 갖지 않도록 하는 것이다. 그
논점이란 곧 경제 과정이 전체 사회의 정치적·문화적 영역과 맺고
있는 관계에 관한 것이다. 이런 논점에 대해 편견을 갖지 않도록
하기 위해 우리는 경제를 각각의 지배적 통합 형태에 따라 분류할

---

[*] [옮긴이] 폴라니는 2장에 이어 3장에서 이 책『인간의 살림살이』는 물론이고 자신의
실체적 경제학 체계를 구성하는 가장 중요한 기초 개념과 이론을 제시하고 있다. 이
들 개념과 이론은『거대한 전환』이 출간된 이후 형성된 것으로, 1957년에 쓴 "제도화
된 과정으로서의 경제"라는 글(『초기 제국에서의 교역과 시장』에 수록)에서 처음 제
시되었는데,『인간의 살림살이』에서 폴라니는 이를 대폭 확대, 보완하고 있다.

것을 제안한다. 통합은 경제 과정에서 달리 나타난다. 즉, 공간, 시간 및 점유상 차이의 영향을 극복하는 재화 및 인간의 이동은, 그 이동 속에서 상호 의존을 낳도록 제도화되는 정도에 따라 통합 형태가 달라진다. 그래서 예컨대 한 영토 안의 지역적 차이, 파종과 수확 간의 시간차, 그리고 노동의 특화, 이런 것들이 농산품·공산품의 이동에 의해 극복되며, 노동은 이 분배를 더욱 효과적으로 만든다. 통합 형태란 이렇게 경제 과정의 제 요소, 즉 물적 자원 및 노동에서부터 재화의 운반, 저장 및 분배에 이르기까지를 연결하는 제도화된 이동을 가리킨다.

인간의 경제에서 주요한 통합 형태는 지금까지 우리가 본 바로는, 호혜reciprocity,[1] 재분배 그리고 교환이다. 우리는 이 용어들을 기술記述적으로 사용한다. 즉, 가능한 한, 어떤 동기나 가치 평가와 관련성 없이 제시하고 있다. 그렇다고 이들 통합 형태가, 그 형태 하에서 경제가 사회의 정치·문화 영역과 관련을 맺는 방식에서 아무 차이도 없다는 말은 아니다. 여기서 중요한 것은 우리가 말하는 통합 형태가 문제되고 있는 해당 문화의 이념과 양식으로부터 상대적으로 독립되어 있듯이, 통치의 목적과 성격으로부터도 독립되

---

[1] [옮긴이] '상호성'으로 번역하는 경우도 있지만 폴라니에서는 여러 가지 의미의 상호성 중에서도 공동체주의적인 상호성을 가리키기 때문에 '호혜'(互惠)라는 번역어를 택했다.

어 있다는 사실이다. 통치 정책 및 문화적 가치의 도덕적·철학적 의미에 대해 중립적 태도를 갖는 것은, 실제로 경제 과정이 사회 전체의 정치·문화적 영역에 대해 갖는 변화하는 관계를 객관적으로 조사할 때 언제나 필요한 태도다. 현실의 경험적 경제에 대한 우리의 분류가, 동기나 가치 평가에 대한 관련성으로부터 자유롭지 못하다면, 우리가 내리는 결론은 증거로부터 추론해야 할 것을 암암리에 미리 가정하는 것이 되어 손상을 입게 될 것이다.

장소의 변화든 전유의 이동이든 또는 이 모두든 간에, 우리는 통합 형태를 경제에서 재화와 인간의 이동이 만들어 내는 유형을 보여 주는 그림으로 생각해 볼 수 있다. 통합의 한 형태로서 호혜는 재화와 서비스가 대칭적으로 배열된 서로 마주 보는 점 사이에서 이동(또는 그 처분)을 나타낸다. 재분배는 대상물이 물리적으로 이동하든 처분권만 변화하든 간에, 중앙을 향한 움직임과 중앙에서 다시 밖으로 향하는 움직임을 나타낸다. 교환도 이와 유사하긴 한데, 이것은 어떤 점이든 체제 내에 분산된 또는 임의의 두 점 간의 이동을 나타낸다. 그림으로 표시하면, 호혜는 하나 또는 몇 개의 대칭적으로 배열된 점들을 잇는 화살표로 나타낼 수 있을 것이다. 재분배는 별모양의 그림이 필요할 텐데, 어떤 화살표는 중앙을 향하고, 다른 화살표는 중앙에서 나오는 모양이 될 것이다. 그리고 교환은 임의의 점을 잇는 화살표가 각기 상대방을 향하고 있는 식으로 그려 볼 수 있을 것이다.

확실히 이 그림은 형식적 목적 이상으로 별 도움을 주지는 못한다. 이들은 표시된 이동이 사회 속에서 어떻게 일어나는지도, 일단 일어난 후 이 이동이 어떻게 통합의 효과를 발휘하는지도 설명해 주지 못한다. 그런 효과가 발휘되려면, 정말 그런 이동이 일어나기라도 하려면, 이상의 이동은 사회 속에 명확한 구조의 존재를 필요로 한다.

이 대목에서 통합 형태, 지지 구조 그리고 개인적 태도를 구분하는 것이 중요하다. 그런데 곤란한 점은 호혜, 재분배, 교환이라는 용어의 통상적인 사용법에 있다. 이들 용어는 여기서 제시한 통합 형태를 지칭하는 데 사용되기도 하지만, 때로는 개인적 태도 유형을 지칭하는 데 사용되기도 하기 때문이다. 그렇지만 이 둘은 아주 다른 문제다. 통합 형태의 효과적인 기능은 명확한 제도적 구조의 존재에 달려 있다. 그런 구조를 모종의 개인적 태도의 결과로 보는 것은, 오랜 동안 여러 사람들을 유혹해 온 가정이었다. 아마도 애덤 스미스가 말한 '거래, 교역, 교환 성향'이 가장 유명한 예일 것이다. 그러나 개인적 행위나 태도가 그저 합쳐져서 통합 형태를 떠받치는 제도적 구조를 창출한다는 것은 진실이 아니다.

지지 구조, 그 기초 조직 그리고 그 정당화는 사회적 영역으로부터 생겨난다. 재분배의 경우는 바로 알 수 있는데, 재분배가 이루어지는 확고한 중앙 없이는 이 운동은 진행될 수 없다. 재분배는 결코 개인적 행동 패턴이 아니다. 소규모로 시작된 경우라 해도 재분배는 먼저 인정된 중앙의 존재에 달려 있다. 호혜와 교환의 경우도 본질적으로 양상은 같다. 이 둘 역시 개인적 태도와 행동, 상호의존과 거래의 종류를 나타내고 있기는 하다. 그러나 분산된 개인들의 상호 의존이나 거래의 행동에는 사회적 차원에서 이루어지는 효과 및 지속성의 본질이 결여되어 있다. 사회적 차원에서는 호혜나 교환이나 모두 그에 앞서 구조적 패턴이 존재하지 않고는 불가능하다. 이 패턴의 존재는 상호 의존이나 교역 활동의 결과가 아니며 그럴 수도 없다. 호혜의 경우를 보면, 이는 둘 또는 그 이상의 대칭적으로 배치된 집단의 존재를 내포하고 있다. 그 집단의 성원들은 경제문제에서 서로 유사하게 행동할 수 있다. 이런 대칭성은 쌍대성duality에 한정되는 것은 아니므로, 호혜 집단은 결코 상호 의존의 태도에 따른 결과를 필요로 하지 않는다. 교환의 경우도 개인들 간의 임의의 교역 활동이 발생한다 해도, 그것이 가격이라는 통합적 요소를 낳을 수는 없다. 여기서 다시 호혜의 경우를 보면, 정당화 및 조직화의 요인은 개인으로부터 나오는 것이 아니라 구조화된 상황 속에 있는 여러 사람들의 집단적 활동에서 나오는 것이다. 통합의 한 형태로서 교환은 시장체제라는 제도 유형의 존재에 의존한다. 통속적 가정과는 반대로 이 제도 유형은 임의의 교환 행동에서 유래하는 것이 아니다.

경제 제도의 사회학에 대해 관심을 가진 학자들이 몇몇 있다. 이들 가운데 특히 뒤르켐이나 베버, 파레토 같은 사람들은 그들의 저서에서 대체로 개인의 상이한 행동 유형의 사회적 전제 조건 쪽에 관심을 기울였다. 그러나 우리가 아는 바로는, 호혜라는 개인적 태도와 (그것과는 독립적으로 주어진) 대칭적인 제도 사이의 경험적 관계에 대해 최초로 주목한 사람은 1915년 뉴기니 바나로족의 혼인제도를 연구한 리하르트 투른발트Richard Thurnwald(1869~1954)였다.[2] 말리노프스키Bronislaw Malinowki는 투른발트가 언급한 것의 중요성을 인식하고, 면밀한 조사를 통해 인간 사회에서 호혜적 상황은 언제나 대칭적 형태의 기초 조직에 입각한다는 사실이 밝혀질 거라고 예측했다. 그는 트로브리안드 섬의 가족제도와 쿨라 교역에 대한 서술을 통해 이 같은 점을 명확히 했다. 이로부터 한 걸음만 내디디면 우리는 호혜를 여러 통합 형태들 가운데 하나로서, 그리고 마찬가지로 대칭성을 여러 지지 구조들 가운데 하나로 일반화할 수 있게 된다. 이것은 전자의 범주에 재분배와 교환을, 후자의 범주에 중심성과 시장을 추가함으로써 달성되었다. 이런 관찰은 주어진 사회적

2 Richard Thurnwald, "Banaro Society: Social Organization and Kinship System of a Tribe in the Interior of New Guinea," *Memoirs of the American Anthropological Association* Vol. 3 No. 4, 1916[투른발트는 빈 태생의 독일 사회학자이자 인류학자로 솔로몬 군도, 뉴기니 등을 현지 답사해 인류학에 귀중한 문헌을 남겼다. 말리노프스키의 기능주의적 입장에 서면서도 역사적 입장을 중시해 미개사회를 유형적으로 이해하려고 노력했다. 저서로 『원시공동체의 경제학』*Economics in primitive communities*(1932), 『동아프리카의 흑인과 백인』*Black and White in East Africa*(1935) 등이 있다].

조건이 존재하지 않는 경우, 왜, 어떻게 개인의 태도가 그렇게 자주 사회적 효과를 발휘하는 데 실패하는지를 밝히는 데 도움을 준다. 대칭적으로 조직된 환경에서만 호혜적 태도는 모종의 중요성을 갖는 경제 제도를 낳을 것이다. 먼저 중앙이 확립되어 있는 곳에서만 개인들의 협력적 태도는 재분배 경제를 낳을 수 있다. 그리고 그런 목적으로 제도화된 시장이 존재할 때에만 개인의 교역 태도가 공동체의 경제활동을 통합하는 가격을 낳게 될 것이다.

2. 호혜와 대칭성

다시 호혜로 되돌아가 보자. 호혜에 기반을 두고 관계를 조직하기로 결정한 집단이 그 목적을 달성하려면, 성원들을 서로 알아볼 수 있는 대칭적인 하위 집단들로 나누어야만 한다. 그때 집단 A의 성원은 반대 측 집단 B의 상대편과 직접적 상호 의존관계를 확립할 수 있으며, 그 역도 성립된다. 또 셋, 넷 또는 더 많은 집단이 둘 또는 그 이상의 상대 축에 관해서 대칭적일 수도 있으며, 이들 집단의 성원들은 자기들끼리가 아니라 유사한 관계에 있는 제3의 집단의 상대 성원과 거래할 필요가 있다. 원형으로 배열된 오두막에 사는 수많은 가족들은 호혜의 무한한 고리 속에서 직접적인 상호 의존없이 오른편 이웃을 도와주면서 왼편 이웃으로부터 도움을 받을 수도 있다.

최상의 진정한 호혜 체제는 트로브리안드 섬에 관한 말리노프스키의 서술 속에서 볼 수 있다. 트로브리안드에서 남자는 그의 누이의 가족에 대해 일정한 책임을 지는데, 그렇다고 그 대가로 누이의 남편으로부터 도움을 받지는 않는다. 그보다는 그가 결혼했을 경우 그의 처남들이 그를 도와준다. 즉, 유사하게 배치된 제3의 가족 성원으로부터 도움을 받는다. 트로브리안드 섬에서는 생활에 필요한 농경 작업이 호혜 관계에 기초를 두고 있을 뿐만 아니라, 해안 마을과 내륙 마을 사이에 '생선과 얌[참마]yam'을 제공하는 것 역시 호혜의 기초 위에서 이루어진다. 생선과 얌이 생산되는 시기는 각각 다르다. 그리고 이때 교환 당사자는 친족 집단이 아니라 마을 전체다. 그러나 트로브리안드 섬에서 이런 종류의 제도 중 최대의 것은 쿨라다. 여기서도 교환의 파트너십은 존재하지만, 교환 행위는 쿨라와 분리되어 있다. 선물[증여]gift과 답례countergift는 시간차를 두고 이루어지며, 모두 등가 개념을 무시하도록 의례화되어 있다. 또한 실용품의 교역은 쿨라와는 별개로 이루어질 뿐만 아니라, 쿨라 교역과는 아주 대조적이다.

상대방으로부터 적당한 반응을 경험함으로써 만족을 얻는 인간 감정의 기원이 무엇이든, 여기서 적당함adequacy이라는 말이 갖는 의미는 그 말이 적용되는 상황에 따라 매우 다르다. '정의'에 대한 우리의 감각은 상과 벌의 견지에서 적당함을 구하지만, 재화의 호혜적 운동은 선물과 답례의 견지에서 적당함을 필요로 한다. 이 경우 적당함은, 무엇보다 사리에 맞는 인간the right person이 사리에 맞는 기회에 사리에 맞는 종류의 물건을 되돌려 주어야 함을 의미한다. 사리에 맞는 사람이란 물론 대칭적으로 배치된 인간이다. 그러나 정말로 그와 같은 대칭성이 없이는 호혜 체제에 내포된, 복잡한 주고받기 관계는 작동할 수 없었다. 적당한 행동은 흔히 공평하고 사려 깊은 행동이며 적어도 그것의 외관적 표징이다. 그것은 『베니스의 상인』에서 1파운드의 살肉에 대한 샤일록의 주장과 같이 고대 법에서 말하는 법적으로 엄격한 태도stricti juris는 아니다. 우리는 어디에서도 호혜적 선물의 관행이 엄격한 협상의 관행을 수반하는 경우를 보지 못한다. 엄격함stringency보다 공평함을 더 선호하는 융통성의 이유가 어디에 있든, 그것은 확실히 호혜의 주고받기 관계에서 경제적 사익 추구가 나타나는 것을 저지하는 경향이 있다.

3. 재분배와 중심성

재분배는 어떤 집단 내에서 재화(토지·천연자원을 포함)가 분배될 때, 이들 재화가 일단 한 곳에 수집되고 관습이나 법 또는 그때그

때 중앙의 결정에 의해 분배되는 경우에 나타난다. 이렇게 해서 특화된 노동들의 재통합이 이루어진다. 이 체제는 단지 재분배를 수반한 저장뿐인 경우도 있다. 또 때로 '수집'이 단지 처분적일 뿐인 경우, 즉 재화의 실제적 장소 변화 없이 전유권의 변화만 일어나는 경우도 있다. 재분배는 여러 이유와 수준에서 이루어진다. 즉, 원시 수렵 부족에서부터 고대 이집트, 수메르, 바빌로니아, 페루 등의 거대한 저장 체제에 이르기까지 여러 가지다. 수렵의 경우라면, 재분배 아닌 어떤 다른 분배 방식도 호드나 밴드[3]의 붕괴를 초래할 것이다. 그런데 오직 사냥꾼들의 '분업'만이 수확을 보장할 수 있기 때문에, 그때그때 사냥물의 분배가 이루어져야만 한다. 영토의 규모가 큰 경우에는 토양과 기후의 차이가 노동의 재통합을 필요로 할 수도 있다. 그렇지 않은 경우, 노동의 재통합은 수확과 소비 사이의 시간차 때문에 필요할 수도 있다.

재분배 체제에서 수집의 방법은, 포획물의 단순 공유제에서부터 정교한 현물 과세 제도에 이르기까지 매우 다양하다. 트로브리안드의 추장은 여러 명의 아내를 둘 수 있는 특권을 가지고 있었다. 그는 그 섬들의 40개 하위 집단으로부터 40명의 아내를 맞이

---

3 [옮긴이] 호드(hord)는 유목민들의 느슨한 사회집단을 가리킨다. 호드에서 점차 유대가 강한 관계로 발전한다고 간주된다. 밴드(band)는 50-150명 정도의 집단인데, 부족 경제는 몇 개의 밴드로 구성된다.

할 수 있었다. 그리고 처남들을 통해 모든 마을로부터 추장의 창고로 다량의 생산물이 조달될 수 있도록 보장을 받았다. 이리하여 추장은, 일부다처의 특권을 연결 고리로, 부족의 혼인 관습을 기반으로 삼아, 정치적 기능을 발휘했다.

공적인 삶은 훨씬 나중의 서구 사회들보다 몇몇 미개한 민족에서 더욱 고도로 발달했다. 축제, 의례적인 식량 분배, 종교의식, 장례식, 공식 방문, 추수 등의 행사가 식량이나 심지어 제조품을 대규모로 재분배할 기회를 끊임없이 제공했다. 추장의 중요한 기능은 이 부를 그와 같은 의례적 기회 때 수집하고 분배하는 것이었는데, 이는 곧 그의 수중에 수집되고 저장되는 생산물의 재분배를 의미했다. 규범에 의한 수집의 승인은, 친족 관계든 봉건적 유대든 정치적 관계든 또는 직접적 조세든 간에 아무 차이가 없었다. 즉, 결과는 똑같이 재분배를 동반한 저장이었다. 몇몇 아프리카 토착 왕국에서처럼 서양인의 눈에는 전제적 조세나 무자비한 인민 착취로 비칠 수도 있는 상황들이 이 재분배 과정의 단순한 하나의 국면인 경우가 많다.

재분배는, 물리적이든 처분적이든 간에, 중앙을 향한 이동과 이에 따른 밖으로의 이동이 이루어지게 하는 매개물 없이는 성립할 수가 없다. 따라서 일정 정도의 중심성이 불가피하다. 중앙 조직은 정치적으로뿐만 아니라 경제적으로도 필수적이다. 트로브리안드 섬에서 초창기 국가는 방위나 계급 통치를 위한 기관이라기보다는 재분배를 위한 기구였다.

근대국가들에서 조세체계는 재분배의 또 다른 형태에 지나지 않는다. 이런 구매력의 재분배는 그 자체로, 즉 사회적 이념이 추구하는 목적에 따라 평가될 것이다. 그러나 통합 원리는 똑같다. 즉, 수집과 중앙으로부터의 재분배이다.

또 재분배는 가정이나 장원처럼 사회보다 작은 집단에도 적용할 수 있다. '가계'의 가장 잘 알려진 사례로는, 중앙아프리카의 크라알kraal[울타리를 둘러친 아프리카 전통 마을], 북서아프리카의 카스바Kasbath,4 히브리인의 가부장제 가족, 아리스토텔레스 시대 그리스의 영지, 로마의 파밀리아familia,5 중세의 장원, 그리고 생산물이 일반적으로 시장화되기 이전 세계 도처에서 볼 수 있는 전형적인 소농민의 가정 등이 있다.

가계는 고대 그리스어에서나 게르만어에서나 자기 집단의 식량 조달을 지칭하는 데 사용된 말이었다. 그리스어의 오이코노미아Oikonomia는 경제economy라는 말의 어원이다. 독일어의 하우스할퉁Haushaltung은 이 말과 완전히 일치한다. '자기 조달'의 원리는 그

---

4 [옮긴이] 아프리카 북부 아랍 여러 나라에서 볼 수 있는, 술탄이 있는 성 또는 건물. 그 주변 주거 지역까지도 포함한다. 본래 아랍어로는 '성새'(城塞)를 뜻한다.
5 [옮긴이] 로마의 가족 단위로서 남편, 아내, 이들의 미혼 자녀를 비롯해 집에 함께 거주하는 노예들을 포괄하는 개념이다. 가부장(paterfamilias)이 가정의 모든 재산에 대한 권한뿐만 아니라, 가솔들에 대한 생살여탈권까지도 갖고 있었다. 그러나 실제로는 가족회의를 통해 가정의 중요한 문제를 결정했다고 한다.

'자기'가 가족이거나 도시이거나 장원이거나 똑같다. 그것은 전통적으로 경제생활의 근원적 형태로 간주되곤 했다. 야만 사회의 참으로 특이한 성격에 최초로 주의를 기울인 카를 뷔허Karl Bücher조차도 '개인적인 식량 물색'의 규칙을 인류사의 전前 경제적 단계로 제시하는 오류에 빠졌던 것이다.[6]

그러나 가계는 결코 경제생활의 초기 형태가 아니다. 인간이 그 자신과 그의 가족을 돌보는 데서 삶을 시작했다는 관념은 그릇된 것으로 내버려야 한다. 인간 사회의 역사를 저 위로 멀리 거슬러 올라가면 갈수록 우리는 경제적인 일에서 자신의 개인적 이익을 위해 활동하는 인간, 자신의 개인적 이해를 쫓아가는 인간을 찾아보기 힘들다. 오직 농경 사회의 비교적 선진적인 형태에서만 가계는 실제적인 것이 되고 그때 꽤 일반화된다. 그 이전에는 음식을 조리하는 몇몇 경우를 제외하면, '소가족' 제도는 널리 경제적으로 제도화되지 않았다.

------

6 Karl Bücher, *Die Entstehung der Volkswirtschaft*, Tübingen: 1893; *Industrial Evolution*, Toronto: University of Toronto Press, 1901, 3장[뷔허(1847~1930)는 독일 신역사학파의 대표자로 경제발전 단계를 생산과 소비의 관계를 기준으로 폐쇄적 가족경제·도시경제·국민경제의 세 단계로 나누었다. 고대 경제의 성격에 대한 논쟁에서 현대주의자(modernists)에 대항해 원시주의자(primitivists)의 입장을 제시한 것으로 유명하다. 자세한 것은『초기 제국에서의 교역과 시장』 1장 "경제 원시주의에 관한 장기 논쟁"을 참조하라].

4. 교환과 시장

교환이란, 각자가 결과적으로 얻게 될 이득을 목표로 사람들 간에 이루어지는 재화의 쌍방향 이동이다. 좀 더 단순한 형태로서 물물교환은 각자가 최선을 다한다는 가정 위에 재화를 교환하는 사람들의 행동이다. 이 경우에 흥정higgling과 절충haggling은 본질적이다. 왜냐하면 각 개인들이 거래에서 최대한 많은 이익을 얻도록 보장해 줄 수 있는 어떤 다른 방법도 없기 때문이다. 이 경우 흥정은 인간의 어떤 결함 때문이 아니라, 시장기구가 논리적으로 요구하는 행동 패턴이다.

교환하는 사람들의 의도가 효력을 갖게 해주는 시장 형태가 존재하지 않는 한, 임의의 교환 행위 그 자체가 가격을 발생시키지는 않는다. 그렇지만 통상 사람들은 이 사실을 이해하지 못하고 있다. 이런 의미에서 교환은 호혜 및 재분배와 아주 흡사하다. 행동의 원리가 효력을 가지려면 어떤 제도적 구조의 존재를 필요로 한다. 시장 형태는 결코 개인들의 단순한 '거래, 교역 또는 교환'을 향한 욕망에서 나오는 것이 아니다. 그 기원은 우리가 이제 살펴볼 다른 방향에서 찾아야 한다.

5. 통합 형태와 발전 단계

통합의 형태들이 반드시 '발전의 각 단계'를 나타내는 것은 아니다. 여러 종속적 형태들이 지배적인 형태와 병존할 수 있고, 또 지배적 형태는 일시적으로 소멸했다가 다시 나타날 수도 있다. 부족사회는 호혜와 재분배로 통합되어 있는 반면, 고대사회는 어느 정도 교환의 여지를 갖고 있지만 압도적으로 재분배로 통합되어 있다. 대부분의 부족 공동체에서 지배적인 역할을 담당했던 호혜는 재분배적 고대 제국들에서, 종속적인 역할이기는 했지만, 중요한 특성으로 살아남 았다. 고대 제국들에서 대체로 대외무역은 여전히 호혜성의 원리에 따라 조직되어 있었다. 호혜성의 원리는 20세기 비상시에 무기 대여 라는 명목 아래 다시 대규모로 도입되었는데, 이것은 시장 매매와 교환이 지배적인 사회 사이에서 이루어진 경우다. 재분배는 부족사회 나 고대사회의 통합 방식으로서 여기서 교환은 단지 미미한 역할만 할 뿐이다. 이 재분배는 후기 로마제국에서 성장해 점차 중요성을 띠게 되었고, 오늘날 근대 산업국가들에서 실제로 그 비중이 커지고 있다. 역으로 교환의 지배를 19세기 서양 경제와 엄격히 일치하는 것으로 보는 것도 역시 잘못일 것이다. 인류 역사의 긴 흐름 속에서 시장이 경제를 통합하는 데 중요한 역할을 한 적은 여러 번 있었다. 물론 그것이 영역적 규모로 이루어진 것은 아니었고, 19세기 서양 에 필적할 만큼 포괄적인 것도 아니었지만 말이다. 그러나 다시 한 번 경쟁이 축소되고 시장이 19세기의 정점으로부터 후퇴를 개시한, 금세기에 일어나고 있는 하나의 변화에 우리는 주목해야 할 것이다.

그럼에도 불구하고 지배적 통합 형태에 따라 여러 경제들을 분류하는 것은 밝혀 주는 바가 많다. 역사가들이 전통적으로 '경제체제'라 불러 온 것, 즉 봉건제나 자본주의라는 특정 유형으로 경험적으로 존재했던 경제의 경우가 이 유형에 속한다. 이제 우리는 사회에서 토지와 노동의 역할에만 관심을 가지면 되는데, 지배적 통합 형태는 본질적으로 이 두 가지 요소에 달려 있다. 부족 공동체는 친족 간 유대를 통해 토지와 노동이 경제에 통합되는 것으로 특징지어진다. 봉건사회에서는 충성이라는 유대가 토지와 이에 부착된 노동의 운명을 결정한다. 치수治水 제국에서 토지는 대개 사원이나 궁전에 의해서 분배(때로 재분배)되었다. 적어도 종속적인 형태로는 노동도 그랬다. 근대에 시장이 경제의 지배적인 힘으로 대두한 것은, 토지와 식량이 교환을 통해 동원되는 정도, 그리고 노동이 시장에서 구입할 수 있는 상품으로 전화된 정도에 주목함으로써 추적할 수 있다. 이것은 마르크스주의에서 전통적으로 주장하는 노예제, 농노제, 임금노동이라는 경제체제의 분류(그 밖에는 거의 유지될 수 없다)의 타당성을 설명하는 데 도움을 줄지도 모른다. 이런 구분은, 경제의 특성이 무엇보다 노동의 지위에 의해 결정된다는 확신에서 나온다. 그러나 토지가 경제에 통합된 것도 확실히 노동 못지않게 결정적으로 중요한 요인으로 봐야 한다.

B. 제도

경제적 거래의 출현
부족사회에서 고대사회로

제4장
사회에 착근된 경제

I. 서언

19세기 경제체제의 특성은 그것이 사회의 다른 부분과 제도적으로 구별된다는 점에 있었다. 시장경제에서 물질적 재화의 생산과 분배는 시장이라는 자기 조절 체제를 통해 이루어진다. 그리고 그것은 이른바 수요-공급의 법칙이라는 자기 법칙에 의해 지배되며, 최종적으로 굶주림의 공포와 이득을 가질 희망이라는 두 가지 단순한 유인에 의해 작동된다. 이 제도적 장치는 이렇게 친족 조직이나 정치나 종교 체제 등 사회의 비경제적 제도로부터 분리되어 있다. 혈연적 유대, 법적 강제, 종교적 의무, 충성의 서약 또는 마술 등 그 어떤 것도 경제체제에 개인들의 참여를 보장하는 사회학적으로 정의된 상황을 창출하지는 못했다. 그런 상황은 오히려 순수한 경제적 유인 위에서 작동하는 생산수단의 사적 소유 그리고 임금 체제와 같은 제도의 산물이었다.

물론 우리는 이런 사태를 잘 알고 있다. 인간의 살림살이는 경제적 동기를 통해 활성화되고 경제적 법칙에 의해 지배되는, 그런 경제 제도에 의해서 보장된다. 제도, 동기 그리고 법의 특성 또한 경제적이다. 전체 체제가 공적 기관, 국가 또는 정부의 의식적인 개입 없이 그 자체로서 작동하는 것으로 상상할 수 있다. 굶주림으로부터의 보호나 합법적 이득 이외의 어떤 다른 동기도 존재할 필요가 없으며, 소유의 보호와 계약의 강제 이외에 어떤 다른 법적 요청도 필요가 없다. 그러나 선호에 대한 개인들의 척도와 함께 자원 및 구매력의 분배가 주어진다면, 그 결과는 욕구 충족의 최적 조건으로 간주될 것이다. 이것이 19세기에 확립된, 경제의 사회로부터 '분리'separateness 상황이다. 이제 우리는 좀 덜 익숙한 경우, 즉 경제의 사회 속의 '착근'embeddedness의 경우를 살펴보기로 하자. 여기서 우리는 앞으로 밝혀져야 할 많은 의문들에 부딪히게 될 것이다.

우리는 이 문제의 간략한 역사를, 먼저 신분과 계약의 견지에서, 이어 보다 최근의 문화인류학의 견지에서 제시하고자 한다.

2. 신분과 계약

먼저, 헨리 메인Henry Maine 경(1822~80)[1]의 발견에서부터 시작해 보자. 그의 저서 『고대법』*Ancient Law*(1861)에 의하면, 근대사회의 여러 제도는 계약의 토대 위에 서있는 반면, 고대적 사회는 신분을 기초로 하고 있었다. 출생, 즉 가문이나 가족 내의 지위에 의해 정해지는 신분이 각 개인의 권리와 의무를 결정한다. 다시 이 권리와 의무는 친족(또는 입양), 토템 및 기타의 원천에서 유래한다. 이런 신분제도는 봉건제 아래에서 지속되어, 19세기에 평등한 시민권이 확립될 때까지 다소 수정되면서 존속해 왔다. 그것은 점차 계약으로, 즉 합의에 기초한 거래를 통해 설정되는 권리와 의무로 대체되고 있었다. 메인은 이 사실 자체를 로마법을 연구할 때 처음 기록해 두었다가, 비시장경제의 예로서 마르크스도 언급한 바 있었던 동인도 촌락 공동체에 관한 연구에서 더욱 발전시켰다.

메인의 영향이 대륙에까지 미쳐 독일의 사회학자 페르디난트 퇴니에스Ferdinand Tönnies가 이를 지지했다. 퇴니에스의 생각은 『공동체와 사회』*Gemeinschaft und Gesellschaft*(1888)[『공동사회와 이익사회』]

I [옮긴이] 영국의 법학자로 로마법·인도법 등의 법제사·비교법 연구의 성과인 『고대법』에서 독일의 역사 법학에 진화론 사상을 가미해 영국 역사 법학을 수립했다. '신분에서 계약으로'라는 법 진화의 법칙을 제창한 것으로 유명하다.

라는 그의 저서 제목에 요약되어 있다. 이 용어는 일견 혼란스럽게 보일지 모르지만, 기본적으로는 그렇지 않다. 공동체는 '신분 사회'에, 사회는 '계약 사회'contract society에 대응하는 것이다.

메인, 퇴니에스 그리고 마르크스는 막스 베버를 통해서 대륙의 사회학에 깊이 영향을 미쳤다. 베버는 시종일관 퇴니에스적인 의미에서 공동체와 사회라는 용어를 사용했는데, 계약 형태의 사회에는 '게젤샤프트', 신분 형태의 사회에는 '게마인샤프트'라는 용어를 사용했다.

메인과 퇴니에스 사이에는 한편으로 신분 또는 공동체라는 말, 다른 한편으로는 계약 또는 사회라는 말에 포함된 정서적 함의에서 상당한 차이가 있었다. 메인은 인류의 계약 이전 상태를 부족주의의 암흑시대로 간주하고, 계약의 도입으로 부족에 종속되어 있는 개인들이 해방된 것이라 생각했다. 이와 반대로 퇴니에스는 사회의 비인격적인 영리적 관계에 거부감을 가졌고 오히려 공동체의 온정에 더 공감했다. 그는 '공동체'를 이상화해, 그것을 인간이 공동 체험의 끈에 의해 함께 맺어진 상태로 보았다. 이에 반해 '사회'는 시장의 비인격성으로부터, 그리고 토마스 칼라일이 '금전 관계'cash nexus라고 부른 바 있는, 시장 연계로만 맺어진 사람들 간의 관계로부터 결코 빠져 나올 수가 없었다.

퇴니에스의 이상은 공동체의 복원이었다. 그러나 그것은 사회가 전 산업적 단계로 돌아감으로써가 아니라, 우리가 오늘의 문명을 계승해 공동체의 좀 더 고차원적인 형태로 나아감으로써 복원하는 것이었다. 그는 그것을, 삶의 총체성을 회복하면서, 기술 진보와 개인적 자유의 이점을 확보하는 일종의 문명의 협력적 단계로 생각했다. 그의 입장은 어느 정도 로버트 오언의 입장,[2] 그리고 현대 사상가로는 루이스 멈포드를 닮았다. 우리는 월트 휘트먼의 『민주주의적 전망』*Democratic Vistas*(1871)에서도 이 견해와 예언적 유사성을 발견할 수 있을 것이다.

인류 문명의 진화에 대한 메인과 퇴니에스의 통찰은 근대사회의 역사를 해명하는 열쇠로서 많은 학자들에게 널리 수용되어 왔다. 그러나 그들이 만들어 놓은 길에 따른 진전은 오랫동안 이루어지지 않았다. 메인은 이 주제를 인도의 고대 촌락에 존속하던 공동체 형태를 포함해 법제사의 하나로 다루었다. 퇴니에스는 고대와 중세 문명의 개요를 '공동체-사회'라는 이분법을 이용해 재구축했다. 그렇지만 그들 중 어느 누구도 이 구분을 교역, 화폐, 시장이라는 경제적 제도의 실제 역사에 적용하는 시도를 하지는 않았다.

---

2 [옮긴이] 칼 멩거가 폴라니 사회경제학의 형성에서 경제(적)의 실체적 의미에 대해 이론적 원천을 제공했다면, 로버트 오언은 사회의 실체적 의미를 제공했다고 할 수 있다. 사회의 발견자로서 오언에 대한 폴라니의 언급은 『거대한 전환』, 특히 14장 "시장과 인간"을 참고하라. 여기서는 폴라니가 퇴니에스의 견해를 오언과 유사하다고 보고 있는 점에 주목할 필요가 있다.

3. 인류학의 공헌

이런 방향을 따른 이론적 발전에서 최초의 중요한 발자취는 인류학이라는 인접 분야에서 이루어진 발견들, 즉 프란츠 보어스Franz Boas,[3] 브로니슬라브 말리노프스키 그리고 리하르트 투른발트 등에 의한 발견들에서 찾아볼 수 있다. 그들의 통찰은 고전 이론의 이른바 '경제인'economic man에 대한 비판을 내포하고 있으며, 원시 경제학 분과를 문화인류학의 한 갈래로 확립시켰다.

제1차 세계대전 동안 노련한 한 인류학자가 자신의 '현지 조사 지역'에 갇혀 있었다는 것은 역사의 장난이라고 할 수 있다. 그 인류학자는 말리노프스키였는데, 그는 오스트리아 사람이어서 기술적으로는 재류 적국인으로 뉴기니 남서단의 오지에서 미개인들과 생활하고 있었다. 영국 정부는 2년간이나 그의 귀국 허가를 거부했다. 말리노프스키는 마침내 트로브리안드 제도에서 『트로브리안드 제도인의 원시 경제에 관한 연구』*The Primitive Economics of the Trobriand*

---

3 [옮긴이] 독일 태생의 미국 문화인류학자(1858~1942). 북아메리카인디언에 관한 집약적 현지 조사를 통해 많은 업적을 남겼다. 역사주의적인 입장을 중시하면서 문화를 통합적 전체로서 고찰했으며, 문화 영역·주변 영역·부족 유형 등의 개념을 고안해 후일의 기능주의적 연구의 선구적 역할을 했다. 저서로는 『원시인의 마음』*The Mind of Primitive Man*(1911), 『인종·언어·문화』*Race, Language, and Culture*(1940) 등이 있다.

Islanders(1926), 『서태평양의 원정』The Argonauts of the western Pacific (1922), 『미개사회의 범죄와 관습』Crime and Custom in Savages(1922), 『산호초밭과 그 주술』Coral Gardens and Their Magic(1935) 등의 기반이 되는 자료 뭉치를 안고 귀국했다. 그는 1942년 미국에서 사망했다. 그의 저작은 인류학 연구뿐만 아니라 경제사의 시각과 방법에도 영향을 미쳤다. 베를린 대학교의 리하르트 투른발트의 현지 조사 지역은 뉴기니였는데, 1916년 바나로족에 관한 보고를 『미국 인류학』American Anthropology에 발표했다. 그가 영미 세계에 끼친 영향은 주로 말리노프스키에게 준 충격을 통해 감지되었다(인류학자로서 명성을 얻기는 했지만, 투른발트는 막스 베버의 제자였다).

말리노프스키의 설명을 통해 독자들은 문자를 사용하지 않는 공동체의 성원들도 대체로 우리가 이해할 수 있는 방식으로 행동한다고 확신하게 되었다. 외견상 이색적으로 보이는 그들의 행동은, 우리의 일상적 행동 동기와는 다르지만, 다른 측면에서 보면 우리에게 그리 낯설지 않은 동기를 유발하는 제도의 관점에서 설명될 수 있다. 생계에 대해서 보면, 그곳에는 호혜의 광범위한 실천이 있었다. 즉, 어떤 집단 성원들이 다른 집단 성원들에 대해 행동하는 방식은 그 집단 또는 제3의 집단 성원들이 그들 자신에게 해주기를 기대하는 그런 행동 양식과 똑같았다. 예컨대, 마을의 하위 친족의 남자는, 그의 누이가 대개 자기 남편의 마을에 살고 있다 해도, 또 설사 간혹 아주 먼 곳에 산다 해도 누이의 가족에게 자기 밭의 수확물을 제공했다. 이런 방식은 부지런한 오빠들로 하여금 많은 양의 비경제적 도보 여행을 하게 했다. 물론 그들이 결혼하는 경우에는 그의 가족들에 대해 그의 처남들로부터 유사한 봉사가 주어질 것이다. 또 누이의 가족에 대한 이런 실질적인 원조와는 별개로, 경제적 이익과는 단지 간접적으로만 관계될 뿐인 호혜적으로 선물을 주고받는 체계가 존재했다. 이 경우 지배적 동기는 비경제적 동기였는데, 그것은 자신이 오빠 또는 채소 재배자로서 시민적 덕을 공적으로 인정받는 데 대한 자긍심이었다. 호혜라는 기제는 식량 제공이라는 비교적 단순한 문제에 효과적이었을 뿐만 아니라, 국제 무역의 심미적 형태인 고도로 복잡한 쿨라 제도도 설명해 주었다. 쿨라 교역은 군도群島 의 거주민들 간에 이루어지고 있었다. 멀리 떨어진 파트너 섬들 사이에서 여러 해 동안, 안전하지 못한 먼 바다를 건너 수많은 물건들이 선물로 교환되었다. 전체 제도가 경쟁과 갈등을 최소화하고 선물을 주고받는 기쁨을 극대화하는 작용을 했다.

말리노프스키가 기록한 이런 사실들 가운데 특별히 새로운 것은 없다. 비슷한 사례들이 다른 여러 지역에서 수차례 관찰된 바 있었다. 쿨라는 외관상으로는 콰키우틀족 인디언의 포틀래치potlatch 와는 좀 다르긴 하다. 그렇지만 고의적인 파괴를 속물적으로 과시하는 포틀래치에 비하면 그다지 특별한 것은 아니었다. 포틀래치는 미국의 유명한 인류학자 프란츠 보어스가 발견한 것으로,『콰키우

틀 '포틀래치' 비밀 결사의 사회조직』*The Social Organization of the Secret Societies of the Kwakiutl Potlatch*(1895)에 완벽하게 묘사되어 있다.

그런데 민속학자나 인류학자들의 전통적 접근 방식 속에 무의식적으로 잠재해 있는 '경제인'이라는 개념에 대한 말리노프스키의 훌륭한 공격은, 원시 경제학에서 경제사가들의 최대 관심사가 된 사회인류학이라는 새로운 분야를 탄생시켰다.

신비스런 '개인주의적 야만인'individualistic savage은 이제 그 정반대인 '공산주의적 야만인'communistic savage과 마찬가지로 죽고 매장되었다. 야만인의 마음이 아니라 그 제도가 우리의 것과 다르다는 것이 확실해졌다. 인류학자의 현미경을 통해서, 광범한 공동 소유라는 것조차 이제까지 생각했던 것과는 다르다는 것이 드러났다. 토지가 부족이나 씨족 조직에 속해 있었던 것은 확실하지만, 개인적 제 권리의 네트워크의 존재 또한 밝혀져서 '공동소유'라는 말이 가진 실질적 내용 대부분이 사라졌다. 마거릿 미드Margaret Mead[4]는 토지가 인간에게 귀속되었다기보다 인간이 한 조각의 토

---

4 [옮긴이] 미국의 문화인류학자(1901-78)로 루스 베네딕트와 함께 미국 문화인류학에 심리학적 방법을 도입, 발전시켰다. 특히 인격 형성 과정에서 문화의 영향을 중시하는 입장에서 연구를 수행하고, 각국의 국민성에 관한 비교 연구에서도 중요한 업적을 남겼다. 저서로는 『사모아의 성년(成年)』(1928), 『마누스족 생태 연구』(1930), 『세 미개사회의 성(性)과 기질』(1935), 『남성과 여성』(1949), 『권위에 대한 소비에트인의 태도』(1951) 등이 있다.

지에 '귀속'되었다는 말로 이 상태를 묘사했다. 인간들의 행태는 개인에게 주어진 처분권에 의해서가 아니라, 오히려 개인이 구획된 토지를 경작하는 데 투신하는 바에 의해 좌우된다. 토지가 개인 소유인지 공동소유인지를 구분하는 것은, 소유 개념 자체가 적용될 수 없는 곳에서는 거의 무의미한 것으로 보인다. 트로브리안드 제도의 주민들 사이에서 분배는 주로 선물을 주고받음으로써 이루어졌던 것이다.

일반적 결론을 내리자면, 물질적 재화의 생산과 분배는 비경제적인 사회관계 속에 착근되어 있었다고 말할 수 있다. 제도적으로 분리된 어떤 경제체제—경제 제도의 네트워크—도 존재한다고 말할 수 없을 것이다. 노동도, 물품의 처분이나 분배도, 경제적 동기에 의해, 즉 개인적 이득이나 수입을 얻기 위해서라든지 또는 굶주림에 직면한 공포 때문에 이루어지지는 않았다. 만약 경제체제economic system라는 말이 굶주림과 이득이라는 개인적 동기에 자극된 행동 특성 전체를 의미하는 것이라면, 그곳에는 경제체제라고는 전혀 존재하지 않았다. 그러나 만약 그 용어가 경제사에 적절한 단 하나의 의미, 즉 물질적 재화의 생산 및 분배에 관련된 행동 특성을 의미한다면, 우리는 경제체제는 물론 존재했으나 제도적으로 분리되어 있지는 않았음을 알 수 있다. 실제로 그것은 다른 비경제적 제도들의 작용에 의한 하나의 부산물에 불과했다.

개인적 동기를 유발하는 기본 사회조직의 역할에 주목하면 우리는 그런 사태를 더 쉽게 이해할 수 있을 것이다. 리하르트 투른발트는 뉴기니 바나로족의 친족 체제에 대한 연구에서 복잡한 교환혼 제도를 발견했다. 적어도 네 쌍 이상의 남녀가 같은 때에 혼인으로 맺어져야 했는데, 이때 각자의 파트너는 호혜 집단의 다른 성원과 특정 관계에 있는 사람이었다. 이런 체제가 작동하려면 집단으로 이미 분화가 이루어져 있고 씨족이 인위적으로 하위 씨족으로 분할되어 있지 않으면 안 된다. 이 목적을 위해 '귀신의 집'goblin hall(또는 남자의 집)은 관습적으로 분할된다. 오른편에 정주定住하는 자Bon와 왼편에 정주하는 자Tan는 교환혼 제도의 목적에 따라 하위 부문을 형성했다. 투른발트는 다음과 같이 말했다.

'귀신의 집'의 구도에서 대칭성은 호혜 원리의 표현이다. 즉, 그것은 '은혜에는 은혜로 원한에는 원한으로'라는 원리, 또는 '보복이냐 보답이냐'라는 원리다. 이것은 심리학적으로 인간에 뿌리 깊은 '적절한 반응'adequate reaction이라고 알려져 있는 태도에 기인하는 것 같다. 사실 이 원리는 미개인들의 사고 속에 널리 펴져 있고 흔히 사회 조직으로 표현된다.[5]

---

5 Thurnwald, "Banaro Society."

이와 같은 언급은 말리노프스키의 『미개사회의 범죄와 관습』에서도 이루어진다. 그는 리하르트 투른발트가 '귀신의 집'에서 본 바와 같은 사회 내의 대칭적인 하위 구분이 미개인들 간에는 호혜의 기초로서 도처에 존재할 것이라고 시사했다. 통합의 형태로서의 호혜와 대칭적 조직화는 함께 진행되었다. 이것이 사회조직에서 잘 알려진 쌍대성에 대한 올바른 설명일지도 모른다. 실제로, 우리는 기록을 남길 줄 몰랐던 문자 사용 이전의 사회에 대해 다음과 같은 물음을 던질 수 있을 것이다. 만일 사회조직이 기성의 대칭 집단(대칭적인 두 집단의 구성원들은 상대방에 대해 똑같은 방식으로 행동한다)을 제공해 적절한 양보와 절충을 하지 않았다면, 어떻게 서로 입장이 다른 여러 사람들이 그렇게 오랫동안 호혜 관계를 실행할 수 있었을까? 그것이 시사하는 바는 사회 조직화 연구에 중요한 함의를 지닌다. 즉, 그것은 무엇보다 복잡한 친족 관계의 역할을 설명해 주는데, 미개사회에서 자주 발견되는 그와 같은 친족 관계는 사회 조직화의 담지체 기능을 하고 있었다.

분리된 경제조직이 존재하지 않고, 경제체제가 사회적 관계 속에 착근되어 있기 때문에, 노동의 분업, 토지의 처분, 작업 조직, 상속 등과 같은 경제생활의 여러 국면을 다루는 정교한 사회적 조직이 있어야만 한다. 친족 관계가 복잡해지는 경향이 있었는데, 이는 분리된 경제조직의 역할을 대체할 수 있는 사회조직의 기초를 제공해야 하기 때문이다. (이와 관련해 투른발트는, 분리된 정치·경제조직이 발전되면서 친족 관계는 단순해지는 경향이 있다고 말했다.[6] 왜냐하면 "더 이상 복잡한 친족 관계가 필요하지 않기" 때문이라는 것이다).

오늘날 우리 사회에는 제도적으로 분리된 경제체제가 존재한다. 그리고 우리 경제에서 중요한 통합의 개념은 상호 교환 가능한 경제단위의 집합이라는 개념이다. 여기서 경제생활의 양적 위상이 드러난다. 만약 우리가 10달러를 가지고 있다고 할 때, 우리는 일반적으로 이를 각기 다른 명칭의 열 장의 달러로 생각하지 않고 한 장을 다른 한 장으로 대용할 수 있는 단위들로 생각한다. 그런 양적 개념 없이는 경제의 개념은 거의 의미를 잃는다.

이런 양적 개념은 원시사회에는 일반적으로 적용되지 않는다고 인식하는 것이 중요하다. 예를 들어, 트로브리안드의 경제는 지속적인 주고받기 관계를 기초로 조직되어 있다. 그러나 수지 균형을 맞춘다거나 저장 기금fund이라는 개념을 사용할 가능성은 없다. 다양한 '거래들'은 경제적 견지, 즉 물질적 욕구 충족에 영향을 미치는 방식으로는 분류할 수가 없다. 비록 '거래'의 경제적 중요성이 크기는 해도, 그런 중요성을 양적으로 측정하는 방법은 존재하지 않는다.

이 사실을 결론적으로 보여 준 것이 말리노프스키의 또 하나의

---

6 Ibid.

이론적 업적이다. 첫째, 그는 경제적으로 중요한 주고받기 관계의
여러 종류를 — 한 극단인 순수 증여free gift(우리가 표현하는 한에서)
부터 다른 극단인 보통의 상업적 거래(이 역시 우리가 그렇게 표현하
는 한에서)까지 — 열거했다. 둘째, 그는 이런 다양한 주고받기 관계
들이 일어날 수 있는 조건이 되는 사회학적으로 정의된 관계들을
분류했다. 그런 다음 그는 증여, 지불, 거래 같은 유형들을 이들 관
계와 연관지었다.[7]

말리노프스키는 '순수 증여'의 범주를 거의 예외적이거나 이례
적인 것으로 보았다. 자선은 필요하지 않았고 장려되지도 않았다.
그리고 증여의 관념은 반드시 답례 증여counter gift의 관념과 연결
되어 있었다. 따라서 명백한 '순수' 증여조차도 대개 받는 자가 제
공한 모종의 서비스에 대한 답례 증여로 여겨진다. 가장 중요한 것
은 "원주민은 틀림없이 순수 증여가 모두 똑같은 성질을 갖고 있
는, 하나의 부류라고 생각하지는 않고 있다"[8]는 사실을 그가 알았
다는 점이다. 명백히 그런 태도는 개인이 기금을 유지하거나 늘린
다는 의미의 경제적 활동 영역을 내포한 증여 개념을 갖는 것을 불
가능하게 했을 것이다.

증여를 등가 형태로 갚아야 하는 거래군에서 말리노프스키는

---

7 Bronislaw Malinowski, *Argonauts of the Western Pacific*, New York: E.P. Dutton, 1961, p. 176 ff.

8 Ibid, p 178.

한 가지 놀라운 사실에 부딪혔다. 분명히 그 거래군은 우리의 관념으로 보면 등가물의 교환과 너무 가까워서 실제적으로 교역과 구별할 수 없을 정도였다. 그러나 결코 그렇지 않다! 같은 물건은 거래당사자 간에 매우 자주 교환되며, 그래서 그 거래에는 보통 상정할수 있는 경제적 관념이나 의미가 빠져 있다. 실제로 이 단순한 고안물로서의 등가는 경제적 합리성을 향한 일보 진전을 나타내기는커녕, 오히려 공리주의적 요소가 거래에 침투하는 것을 막는 보호판이다. 교환의 목적은 당사자들 서로를 친밀하게 하고 그 유대를 강화하는 데 있었다. 이 목적은 혈연관계에 있는 사람들 사이에서 이루어지는 식량을 둘러싼 흥정과도 비슷하지 않음이 분명하다.

트로브리안드 제도 주민들 사이에서 실제로 이루어지는 물물교환과 교역은 어떤 다른 형태의 증여와도 구별된다. 생선이나 얌의의례적 교환에서는 등가라는 상호적 감각이 지배하지만, 그것들을물물교환할 때는 흥정이 있게 된다. 이런 유용품의 물물교환의 경우는 의례적인 형태나 특정한 교환 상대가 없는 것이 특징이다. 제조품의 경우, 물물교환은 개인적 가치를 가질 수도 있는 중고품은제외하고 새 물품으로만 제한했다.

일반적으로, 물물교환을 제외한 모든 형태의 교환에서 서로 주고받는 물건의 양과 종류는 가족, 씨족clan, 하위 씨족sub clan, 촌락공동체 구역district 또는 부족 등과 같이 여기에 수반된 사회적 관계의 유형과 특정한 방식으로 관련되어 있다. 이들 각각은 용어 그리고 토착적 사고방식에서 구별되고 분리되어 있다. 이런 조건에서는 기금, 수지 균형, 득실과 같은 집계 개념은 확실히 적용될 수 없다.

원시사회의 이 같은 모든 특성 때문에, 경제는 그 각 요소들이 착근되어 있는 사회관계와 구별되는 실체entity로서 조직화될 수 없었고, 그런 생각조차 할 수 없었다. 그렇지만 경제를 그렇게 조직할 필요도 없었다. 왜냐하면 사회의 비경제적 제도에 통합된 사회적 관계가 자동적으로 경제체제를 관리하기 때문이다. 부족사회에서 경제 과정은 친족 관계 속에 착근되어 있으며, 이것이 조직화된 경제활동이 생겨나는 상황을 정식화한다. 그 사회에서 재화의 생산과 분배는 생산적 서비스의 조직화와 마찬가지로 친족에 의해 제도화되어 있음을 알 수 있다. 다양한 집단들이 수렵, 어로, 덫 놓기, 채집 등을 위해 토지, 그리고 목초지 및 경지를 관리하고 처분한다. 기본 물자staple의 저장 행위는, 전시 상태든 의례적 축제든, 친족의 단체 활동의 일부를 이룬다. 재보財寶는 지위에 따라, 종교 또는 군사적인 필요에 의해 유통된다. 동일한 물리적 단위로 된 토지, 수목, 삼림을 여러 계층의 친족들이 부분 부분 점유했기 때문에 재산의 관념도 분절화된다. 공리주의적 필요를 위해서는 자주 재화의 소유가 아니라 오히려 서비스 요청이 필요한 경우가 있다. 가격이 존재하지 않을 때 교환 행위에는 양적 접근에 본질적인 조작적 특성이 존재하지 않게 된다. 그 대신에 '가치 있는 것'이라는 위신상의 그리고 질적인 영향력이 주목을 받는다. 이에 따라 생활의 준거를 경제 영역 밖에 두는 생활양식에서는 인간의 실제적인 지향은 '경제적' 초점에 의해 조장되기보다는 오히려 저지될 것이다.

따라서 공통의 경제적 운명에 내재된 사회화의 힘을 충분히 활용하는 한편, 굶주림과 이득의 분열적 효과를 중화시키는 작용을 하는, 경제의 조직화를 통해 부족의 연대가 달성되었다. 경제를 그 속에 착근시킨 사회적인 관계는 토지와 노동의 처분을 적대적 감정의 부식 효과로부터 보호하고 있었다. 이리하여 인간과 자연이 경제에 통합되는 방식은 대체로 사회의 기본 조직의 작용에 맡겨졌고, 또 자연스럽게 이 기본 조직은 집단의 경제적 필요를 거의 그 본래의 모습대로 처리한 것이다.

물론 이 모든 것은 단지 경제에 대한 주관적 인식과 관련되어 있다. 객관적 과정, 즉 실제로 전개되는 과정은 참가자들의 어떤 개념적 인식과도 별개로 주어진다. 왜냐하면, 생필품의 이용을 가능하게 하는 그와 같은 인과관계의 연쇄는, 인간이 자신의 존재를 어떻게 개념화하든 관계없이, 실존하기 때문이다. 계절은 긴장과 이완을 반복하면서 수확 시기가 돌아오게 한다. 전쟁 같은 교역은 준비 및 집합의 리듬을 동반하면서 마침내 모험자가 돌아오는 종결의 엄숙성을 같이 갖추고 있다. 카누든 장식품이든 온갖 종류의 가공품이 여러 인간 집단에 의해 생산되고 최종적으로 사용된다. 가정의 부엌에서는 매일매일 음식이 준비된다. 그럼에도 불구하고,

이 모든 경제활동의 통일성과 일관성을 그 참가자들은 알아채지 못할 수도 있다. 인간과 자연환경 사이의 일련의 상호작용은, 그것이 재화의 물적인 이동에 집중되든 처분의 변화에 집중되든 간에, 원칙적으로 의미를 동반하며 의존관계를 낳게 되는데, 경제적인 것은 그중 하나에 불과하다. 비록 경제적인 것이 때때로 돌출해서 나타나는 경우가 있다 해도, 제도화된 운동이 일관된 전체를 형성하는 것을 저지하는 대항력이 작용할 것이다. 요컨대 그런 대항력이 존재하는 것이 원시사회에 '경제적인 것'이라는 개념이 존재하지 않는 주요한 이유이다.

제 5 장
경제적 거래의 출현

I. 부족사회에서 고대사회로

경제적 거래의 출현을 연구하기 위해, 우리는 문명화의 부족적 배경에서 출발해 문명사회 초기에 매우 일반적인 고대적 조건에 이르는 시기를 선택할 수 있다.

물론 절대적 잣대로 보자면 여러 사회는 각기 다른 시간대에 문명 단계에 도달했는데, 여기서 문명 단계란 씨족의 유대가 이완되기 시작하고 이제 집단이 역사의 입구에 도달한 시기를 말한다. 그러나 대상이 극동, 서유럽, 바빌로니아든 멕시코 문명이든 간에, 이전에 연속성을 유지해 오던 사회제도는 명확한 구분선을 통해 부족사회와 고대사회로 분리되게 되었다.

경제적 거래의 출현을 인류 초기 시대를 중심으로 연구할 때 봉착하는 최대의 장애물은, 사회의 통일성과 일관성이 그 어떤 특정한 경제 제도에도 기초하지 않고 유지되어 온 조건 아래에서 경제 과정을 식별해 내기가 어렵다는 점이다. 초기 사회에서 경제 과정은 혈족, 국가, 마법, 종교 등과 같은 비경제적인 영역에 부속되어 있는 것으로 나타난다. 이런 비경제적 영역들은 또 신분 체계status system의 원조이기도 한데, 경제적 거래들은 결과적으로 그런 신분 체계로부터 "떨어져 나가게"peel off 되어 있다.

고대사회를 부족이나 씨족 단계와 구분 짓는 명확한 경계는 국가의 출현으로 설명할 수 있다. 전쟁과 교역은 보통 씨족이나 부족에게 자신들을 방어할 보다 우월한 힘을 갖추도록 만드는 활동인데, 이를 위해서는 수단, 즉 남성[인간], 가축, 그리고 물질적 수단 등이 필요하다. 이런 수단의 수집과 조작은 전혀 새로운 제도를 낳게 되는 사회의 운동을 일으킨다. 그러나 이것이 제도적 수준에서 아무리 새롭다 해도, 실제 토지와 인간, 재화와 서비스는 고대적 단계에서 더 진전된 형태로 재편되기 이전에 이미 씨족이나 부족의 맥락 안에 존재했음에 틀림없다. 논의의 현 단계에서 볼 때, 토지와 노동이 씨족적 삶의 비경제적 제도에 착근되어 있는 양식이 이후 고대적 사회에서 그 제도들이 출현한 형태에 모종의 영향을 미쳤던 게 분명한 것 같다.

부족적 상태를 고대적 상태와 간략히 비교해 보는 것이 문제의 성질을 분명히 해줄 것이다. 본질적으로 두 상태의 차이는 '생활양식', '신분'status, 또는 '행운재'goods of fortune와 같은 일반적 용어로 묘사되었던 사회구조에 착근된 상태로부터 벗어나면서 경제적인 것이 점진적으로 출현한다는 데 있다. 이런 용어들은 경제적인 것이 좀 더 광범위한 사회적 단위 가운데 하나의 구별되는 측면이 될 여지를 아직은 주지 않고 있다. 그렇긴 해도 이런 '생활양식'으로부터 인간의 '직업'(그의 경제적 역할)이 조금씩 변해 간다. 토지·가축·노예 등의 전유적 이동을 포함한 포괄적인 신분적 거래status transactions로부터, 이른바 '경제적' 거래가 분리된다. 세 가지 '행운재', 즉 생명·명예·신분이라는 서로 다른 부분들로부터, 생명과 신체의 안전에 대한 욕구 및 재보treasure보다 부wealth에 대한 욕구들이 점차 분리되어 간다. 그 과정은 본질적으로 제도적 수준에서 일어난다. 경제활동이 삶의 일반적 과정으로부터 분화되지 않는 한, 토지가 그것을 가진 사람의 지위 변화와는 별개로 남의 수중에 넘어갈 수 없는 한, 더 이상 명예가 부와 동일시되거나 부가 명예와 동일시되는 일이 중단되지 않는 한, 그리고 부와 권력이 없는 것이 배상금이나 벌금을 낼 수단의 부족으로 나타날 수밖에 없는 곳에서 부나 명예가 인간을 살리는 힘의 단순한 부속물에 지나지 않는 한, 사물의 경제적 측면은 자신의 모습 그대로를 스스로 드러낼 수가 없다.

고대사회의 전부는 아니라 해도 그 몇몇의 경우 우리는 새로운 사태의 전개를 보게 된다. 이런저런 형태로, 새로운 이해관계가 새로운 종류의 거래에 집중되면서 나타난다. 부족에 의해 이루어지는 신분적 거래와 함께, 인간의 신분보다는 재화 그 자체의 중요성과 관계된 거래가 출현한다. 입양, 결혼, 신분 해방 또는 부역 계약에 더해, 오직 토지나 가축의 처분 그 자체에만 관련된 거래가 나타난다. 오랫동안 신분적 거래와 경제적 거래는 너무나 밀접하게 결합되어 있어서 쉽게 분리되는 것은 아니지만, 그 발전의 결과는 의문의 여지가 없었다. 고유한 경제적 거래의 출현은 개인들에게 사회에서 이용 가능한 경제적 수단을 보다 자유롭게 이용할 수 있게 해주며, 그리하여 공동체 전체에 걸쳐 거의 무한한 물질적 진보의 가능성을 열게 할 것이다.

우리가 이미 언급했듯이 이것이 고대적 진보의 유일한 방향은 아니었다. 수메르[1]의 도시국가, 그리고 그 거대한 복제판이라 할 파라오의 제국[2]에서도, 경제적 거래는 여전히 전적으로 종속적 상태에 머물러 있었다. 고대 이집트 신왕국[3]의 경제적 위업과 프톨레마이오스조[4]의 이집트의 번영도 원래 재분배 경제의 정교한 운영

---

1 [옮긴이] 티그리스·유프라테스 두 강으로 형성된 지방으로 기원전 5000년경부터 농경민이 정주해 기원전 3000년경에는 동방 세계 최고(最古) 문명을 창조했다. 지금의 이라크 지방에 해당한다.

2 [옮긴이] 파라오는 고대 이집트의 정치적·종교적 최고 통치자다. 파라오(Pharaoh)라는 말의 어원은 '페르-오'로, 본래 '성스러운 권좌'를 의미하는 것이었으나 시간이 지나면서 '페르-오' 자체가 통치자를 의미하는 말로 변화했다. '페르-오'라는 발음이 고대 그리스와 로마로 전해지며 오늘날과 비슷한 '파라오'로 변했다.

3 [옮긴이] 고대 이집트의 제18-26왕조기(기원전 1567-525)를 가리킨다.

4 [옮긴이] 기원전 305년부터 기원전 30년 로마공화정에 의해 멸망할 때까지 약 3백 년

방식에 기초한 것이었다.

그러나 메소포타미아는 그것이 가진 재분배 경제의 성격에도 불구하고, 커다란 경제적 의미를 갖는 거래 및 처분 방식을 도입했다. 표면상으로 이는 그리스의 고대 도시국가에서 사용된 시장적 방식과 유사했다. 비시장적인 바빌론과 아테네의 아고라에는 아주 다른 방식이기는 하지만, 신분적 거래가 경제적 거래에 의해 보완되고 있었다.

이 중대한 발전은 어떻게 시작되었는가? 또 동양과 서양이 각기 다른 방향으로 발전한 요인은 무엇인가? 이것이 우리의 물음이다.[5]

에 걸쳐 이집트를 다스린 헬레니즘 계열의 왕가를 말한다. 파라오를 칭했고, 기존 이집트의 전통과 연속성이 있기 때문에 이집트 제32왕조라고도 불린다. 남자 통치자들은 모두 프톨레마이오스로 불렸고 여성 통치자들은 클레오파트라, 아르시노에, 베레니체로 불렸다.

5 [옮긴이] 이 대목에서 우리는 칼 폴라니가 『인간의 살림살이』 전체에 걸쳐, 동양과 서양 모두에 대해 두루 관심을 보이면서 서구 중심주의적 편견에 사로잡히지 않고 경제 문명사의 풍부한 다양성에 대해 서술하고 있는 점에 주목할 필요가 있다. 그는 일찍이 한 편지에서 "내 삶은 '세계적' 삶이었지. …… 내 작업은 아시아와 아프리카, 새로운 민족들을 위한 거야"라고 쓴 바 있다. 이 책 서두에 수록된 일로나 두친스카 폴라니의 글 가운데 마지막 부분을 참조하라.

2. 고대사회의 공동체적 연대

인류 초기의 경제 제도의 발전을 지배하는 모든 기본 원리 가운데 가장 우위에 있는 것은 공동체적 연대communal solidarity를 유지할 필요성이다. 대내 관계와 대외 관계는 지극히 대조적이다. 즉, 한쪽에서는 연대가, 다른 한쪽에서는 적의가 지배한다. '그들'은 적대, 퇴치, 노예화의 대상이지만, '우리'는 하나이며 우리의 공동생활은 호혜, 재분배 그리고 등가물의 교환이라는 원리에 의해 지배된다.

'우리'와 '그들'의 행동 원리는 많은 점에서 서로 만나고 중첩되지만, 차이를 없애려 하기보다 오히려 강조하려는 경향이 있다. 혼인과 교역은 침략raid과 전쟁에 따른 준평화적인 파생물로, 외래 관습이 '우리' 문화 속에 침투되게 만든다. 그렇게 지속적이고 밀접한 접촉으로부터 결국에는 문화변용이 일어날 수도 있다. 그러나 부족 경제의 경우 훨씬 결정적으로 중요한 것은 내부 통합을 유지하는 것이다. 이런 목적을 위해 집단 내의 적대와 다툼을 막고 연대감을 조성하는 통합 수단이 사용된다. 호혜는 사회의 중심점을 공리주의적 자기 이익의 요소로부터 서로 경의를 표하는 이웃과의 접촉에서 생기는 훈훈한 경험과 만족감으로 옮긴다. 우리는 이런 이웃들과 객관적인 신분 및 개인적 친밀이라는 특정한 관계로 맺어져 있다. 재분배는 사람들에게 가능한 온갖 심리적 수단을 동원해 내부의 공동체적 유대를 강화시킨다. 권력 및 권위에 대한 자기 동일시, 중앙 권력에 대한 공포 및 꺼림이 뒤섞인 친애와 경외, 공동체 부의 과시에 의한 대리적 향유, 신분 및 지위의 동등한 권리에 대한 향유, 잔치 음식 '주고받기'와 결부된 각종 축제 참가 ― 이 모든 것들이 사회적 감흥을 고취시키고 공동체의 결속을 보다 공고하게 해준다.

이 모든 것들은 경제적 거래가 번창하는 환경에 대해서는 유해한 것이다. 부족적 연대와 경제의 착근성은 부패하기 쉬운 식량을 중앙에 비축하게 하고 저장된 생산물을 다시 그 구성원들에게 내주게 하는 관행뿐만 아니라 선물 수수 형태의 관계에도 달려 있다. 따라서 경제적 영역에서의 연대는 식량을 다툼 없이 거래하도록 보장하는 제도들을 통해 유지된다. 그 당연한 논리적 결과로서, 준準금기가 나타난다. 이것은 섹스에 관한 법률을 어기거나 수장 및 성직자의 권위에 도전하는 것을 관장하는 일과 흡사하게, 사회의 보호적이고 재분배적인 기능들을 구현한 것이다. 이 같은 금기는 식량이 이득을 추구하는 거래의 대상이 되는 것을 막았다. 바로 이와 같은 공동체의 실존이 연대를 향한 부단하고도 지극히 강력한 힘의 작용, 즉 의례와 마술, 종교적 제제를 통해 지지되었기 때문에, [공동체의] 생존에 기반을 둔 이 같은 최고의 지침에 반하는 엉뚱한 행동은 용인될 수 없었다. 따라서 경제적 이기주의라는 강한 압력이 출현하는 일은 거의 없었지만, 설사 출현한다 해도, 앞서 서술한 것처럼 용인될 수 없었다. 일단 신분과 인정이라는 보상이 주어지면, 자긍,

명예, 그리고 허영은 경제적 이익 동기와 마찬가지로 인간의 이기심을 유발하는 데 효과적이다.

이런 이유 때문에, 몇몇 고대사회에서 경제적 거래가 왜 출현했는지를 설명하는 것이 한층 더 중요해진다. 이 문제에 대해 경제주의적 심성을 가진 이들에게는 준비된 대답이 있다. 즉, 이윽고 마술에 대한 미신이 사라져 계몽된 생각이 활동할 여지가 생기자마자 부족적 금기의 지배력이 약화되고 인간 본래의 탐욕적 본능이 드러났다는 것이다. 불합리한 공포의 속박에서 벗어난 개인은 자연적 이기심의 길을 따라 이득을 추구하는 교환 행위를 시작했다는 것이다. 리카도의 사슴과 늑대의 예는 이 이야기의 나머지 부분을 마저 채워 준다.[6] 금전 관계의 심성에 지배된 철학자들은 멈추지 않고 다음과 같은 명백한 질문을 제기했다. 그러면 이 도덕 감정상 원자화된 공동체가 기본 요소들로 해체되는 것을 저지한 것은 무엇일까?

경제적 거래가 어떻게 해서 출현했는가 라는 질문에 대답하고자 할 때 가장 중요하게 고려해야 할 것은 무엇보다 고대사회에서 부족적 연대도 그 재분배 기구도 소멸하지 않았다는 점이다. 소멸하기는커녕 새로운 문명은 그 막강한 지속력을 바로 이와 동일한

---

6 David Ricardo, *The Principles of Political Economy and Taxation*, London: J. M. Dent & Sons Ltd., 1911, p. 6.

원천에서 끌어냈다. 초기 아시리아와 함무라비 왕 당시의 바빌로니아에서 영토의 통치에 결정적으로 중요했던 종교적 인준은, 각각의 사례에서, 부족 단계를 넘어선 재분배 활동의 증대와 결합되어 있었다.

[경제적 거래의 출현에 대한] 올바른 설명은 19세기의 경제적 합리주의가 제시한 것과는 정반대이다. 즉, 인간의 유대 방식 가운데 가장 불안정한 것이었던 교환은 공동체의 인준이 있을 경우에만 그 경제 속으로 확산될 수 있었다. 사실상, 경제적 거래는, 그것이 이득이 없는 것이 되었을 때, 가능하게 되었다. 동료의 식량을 희생시켜 이기적 이득을 취하는 것과 같이 공동체의 연대성을 위태롭게 하는 행위들은, 그와 같은 교환에 내재하는 불공평한 요소들을 제거함으로써 우선적으로 일소되었다. 이것은 신의 대리인의 이름으로 등가에 대한 포고를 시행함으로써 달성되었다. 교환되는 물건들의 등가성을 확립함으로써 교환 행위는 정당한 것이 되었다. 이를 달성할 수 있었던 메소포타미아 국가들의 이 같은 특성은, 국가에 의해 정의의 원천으로 승인된 이후, 사람들에 의해 줄곧 존중되었다.

이처럼 공동체의 연대와 경제적 거래가 야기하는 반사회적인 위험 사이에서 일어나는 갈등은 아테네나 이스라엘 (일부) 등의 작은 도시국가에서는 소농 경제형이 발전하면서 전혀 다른 해결을 보게 되었다. '철기시대'에 대한 헤시오도스의 비난, 그리고 [구약성서에서] 시장에서 식량을 매매하는[그리하여 폭리를 취하는] 이들에 대한 [예언자] 아모스Amos의 매서운 질타를 보면, 인간의 살림살이 수단으로 이득을 추구하는 거래가 허용된 문명이 존재했음을 알 수 있다. 이런 거래는 곧바로 장터에서 공공연히 이루어지게 되었다. 헤로도토스는 유럽과 아시아의 전쟁에 대한 그의 기념비적 연구에서 두 개의 생활양식 간의 충돌에 초점을 맞추었다. 즉, 시장의 자유 및 이동성 대 시장 없는 정의의 제국의 맹목적 복종과의 대결이 바로 그것이다. 그렇다 해도 아테네의 아고라가 현대적 의미의 시장의 자유를 알고 있었던 것은 아니었으며, 도시국가는 그 성원에 대해 [공동체적 연대를 추구하는] 부족 집단의 모든 특권을 계속 행사하고 있었다. 그럼에도 불구하고 공동체 성원들 사이에 이득 추구적 교환의 원리가 허용되어 왔으며, 그들의 지위에 내재된 불화를 막을 보호막은 제거되었다. 이리하여 아주 빈번히 폴리스는 부자의 도시와 빈자의 도시로 분열되기에 이르렀고 그 분열은 영속화되었다. 또한 이웃한 시장의 경계 때문에 국가의 확대는 좁은 범위로 제한되었다. 모국인 그리스의 폴리스가 빛나고 생동감 넘치는 자유를 획득한 것은 민중의 식량 시장에서 일찍부터 소액 경화가 사용되었다는 사실에 힘입은 바 크다. 그러나 폴리스는 아고라 본래의 영토적 한계를 극복할 수도 없었고, 또 그것에 수반되었던 것으로 보이는 분열적disruptive 계급투쟁을 극복하는 데에도 결코 성공하지 못했다.[7]

이상은 경제적 거래가 인류 초기 사회의 사회적 조직 속에 등장한 양식을 매우 거칠게 묘사한 것이다. 그러나 그것은 그들 사회의 서로 다른 정치적·경제적 발전 경로를 제시해 주고 있다. 고대의 경제 제도들은 어디서나 부족적 단계의 착근된 경제로부터 발전했다. 그리고 이 발전은 사회적 연대라는 지상至上의 요구와 결코 무관하지 않았다.

7 Cf. Karl Polanyi, "On the Comparative Treatment of Economic Institutions in Antiquity with Illustrations from Athens, Mycenae and Alalakh," *City Invincible: A Symposium on Urbanization and Cultural Development in the Ancient Near East*, C. H. Kraeling and R. M. Adams(ed.), Chicago: University of Chicago Press, 1960, pp. 333-340.

제6장

고대사회에서 등가

이상한 일이긴 하지만, 우리의 일상생활을 이루는 교환 방식의 시초는 여전히 안개 속에 가려져 있는 반면, 식량 분배의 다양한 여러 방법 가운데 중앙의 재분배 작용이나 공동체 성원 간의 호혜적 행위에 대해서는 꽤 잘 알려져 있다. 매우 역설적인 일이지만, 이런 상황은 주로 우리의 교환 및 시장 편향에 기인한다. 왜냐하면 교환은 '자연스러운' 것으로 보였고, 따라서 설명할 필요가 없다고 생각했으며, 보편적인 제도로 추정된 시장은 교환의 편재성을 설명하는 것으로 보였기 때문이다. 1776년 [스미스의 『국부론』이 출간된] 이래 인간이 본래부터 거래하고 교역하고 교환하는 성향을 가졌다고들 말하는 것이 교환 행위에 대한 완벽한 설명인 양 간주되었다. 그것은 카를 뷔허가 미개인은 거래 습성이 없을 뿐만 아니라 교환 행위를 아주 꺼린다고 말한 지 한 세기 이상이나 지난 뒤의 일이었다. 덧붙이자면, 뷔허는 식량 교환에 대해 태생적 혐오감을 갖고 있었는데, 이런 혐오는, 우리 조상들이 생각했듯이 시장 관행을 옹호하는 관점에서가 아니라 우리가 여기서 등가(equivalencies)[1]라고 언급한 전혀 다른 일련의 제도들이 존재함을 알게 됨으로써 결국 극복되었다.

등가물 그 자체는 서로 다른 재화 사이에 양적 관계를 설정하는 고안물에 지나지 않는다. 이는, 예컨대 1단위의 곡물과 한 병의 포도주(1대 1), 큰 가축과 작은 가축(1대 10)이라는 식이다. 이 같은 관계를 '가격'이라고 보는 통상적인 생각은 잘못이다. 왜냐하면 앞서 지적했듯이 그렇게 함으로써 등가성의 개념을 시장 교환으로 제한하기 때문이다. 실제로 등가의 범위는 결코 시장 교환 상황으로 제한되지 않는다. 인류 초기 사회에서 기본 식품 및 이와 유사한 물품의 이동을 매개하는 일련의 제도들은 이런 단순한 방식에 의존하고 있었다.

등가성에 대한 조작적인 정의는 이 용어가 어떤 물건의 단위 수를 가리킨다는 사실에 초점을 맞춰야 할 것이다. 등가성에 대한

---

1 [옮긴이] 교환 비율을 뜻하는 이 말은 우리에게는 매우 낯설다. 폴라니는 시장의 수요와 공급에 의해 결정되는 가격과는 다른 방식으로 결정되는 교환 비율을 나타내기 위해 이 "어색한 용어"(awkward term)를 고안했다. 비시장적인 실체적 경제의 세계가 보여 주는 교환 비율이라고 해도 좋을 것이다. 이에 대해서는 다음의 설명을 참조. G. Dalton, "Polanyi's Analysis of Long-Distance Trades and His Wider Paradigm," J. A. Sabloff and C. C. L. Karlovsky(eds.), *Ancient Civilization and Trade, A School of American Reseach Book*, University of New Mexico Press, 1975, pp. 98-99.

조작적 정의는, 다른 물건의 다양한 개수로 대체되는, 어떤 한 물건의 개수를 가리킨다는 사실에 초점을 맞춰야만 하며, 그 결과는 호혜, 재분배, 교환이라는 특정한 작용[의 성격]에는 영향을 미치지 않는다.

선물을 호혜적으로 주고받을 때, 적당한 답례는 대개 관습적인 방식에 따라 이루어진다. 예를 들어, 바닷가 마을의 생선과 호혜적으로 주고받는 내륙 마을의 채소, 여성의 혼인 지참금과 남성의 결혼 자금, 추장의 풍성한 답례 선물과 공동체 주민의 소박한 선물, 또는 그 반대로 군주로부터의 보잘 것 없는 권리 승인과 신하의 봉건적 의무 등 이들 호혜적 주고받기는 관습적 방식을 반영한다.

I. 대체적 등가

재분배 과정에서도, 등가의 역할은 매우 중요하다. 재화가 중앙에 의해 수집되든 아니면 재분배되든, 또 그 물건이 세금이나 봉건적 의무의 대상으로 분류되든 자발적 증여의 대상으로 분류되든, 어떤 재화가 다른 재화로 빈번히 대체되지 않으면 안 되는 부득이한 경우가 있다.

우리는 구약성서의 세계로부터, 대체적 등가의 사례들을 열거해 볼 수 있다. 현물 경제의 경우, 이와 관련된 원리는 도처에서 찾아볼 수 있다. 세금을 지불하든 배급을 청구하든 또는 신전 천역賤役이라는 기묘한 맹세를 이행하든 간에(레위기 27장)[2] 대규모의 기본 물자 재정staple finance 항목은 수지 균형을 이루고, 부채는 청산되며, 중앙정부와 시민 사이에 재화의 교환 체계가 설정되어 있다. 이 모든 경우에, 여러 종류의 재화를 고려해 하나를 다른 것으로 바꿀 필요가 있다. 즉, 속담에서처럼 '사과와 배를 더할' 필요가 있다. 설정된 비율은 이런 조작을 위한 유일하게 가능한 방책이다.

예를 들어, 고대 근동의 관개형 제국의 조세체계는, 실제 지불이 보리나 기름 또는 포도주로 치러지든 양모로 치러지든 간에, 토지 1단위당 고정된 액수의 납부를 규정하고 있다. 이에 따라 배급 청구권은 노동자든 병사든 모두, 보리, 기름, 포도주, 양모 등 여러 필수품 중에서 선택하도록 규정하고 있다. 세금의 경우는, 아무리 엄격하게 특정 생산품 형태로 납부를 요구해도 화폐와 시장이 없는 상황에서는 실행될 수 없을 것이다. 마찬가지로 배급의 경우에도, 선택의 여지가 없으면 종종 실행이 불가능할 것이다. 그런데

---

2 [옮긴이] 구약성서의 '모세 5경' 중 하나인 레위기는 이스라엘인의 종교의식·예배·일상생활 속에서 지켜야 하는 율법을 기록하고 있다. 과거에는 왕이 세금을 거두어 신전을 운영했으나 이제는 야훼 하느님께서 친히 기도자들에게 응답해 야훼 하느님의 살아 있음을 보이고, 서원 제물을 반드시 신전에 바치도록 함으로써, 신전 운영 기금 조성 체제를 친히 작동해 신전을 운영하려는 야훼의 의지를 엿볼 수 있다.

이런 선택은 그 나라의 여러 지역들 사이에 상쇄되기 때문에, 중앙 정부는 대개 이런 선택에 대해 무관심하다. 따라서 우리는 국가 재정의 기초에, 점수제에 의한 배급 규정과 함께 십일조를 포함해 조세의 복잡성을 고려한 등가 체계를 보게 된다.

예컨대, 바빌로니아와 같은 경우에는 농민과 왕실 사이에 재화의 관리적 교환이 이루어졌다. 함무라비 왕 치세하의 부채 청산에 관한 기록에 의하면, 농민들은 왕실 재화와 교환하기를 바라는 잉여생산물을 자유롭게 목록에 올렸던 것 같다. 이 왕실 재화는 아마 외국 수입품이거나, 다른 지역이 바친 조세품 또는 왕실 자체 제조품들이었던 것 같다. 필경 거래가 실행에 옮겨지기까지는 많은 불확실성이 뒤따른다. 농민이 제공하는 재화의 총가치와 왕실로부터 교환을 통해 받는 재화의 총가치는 결국 같아야 할 것이다. 왕실로서는 재화를 농민들이 교환을 바라는 만큼 충분히 갖고 있지 못할 경우도 있을 수 있다(그 재화는 항상 인가된 종류와 품질의 물품이라고 가정되어야 한다). 왕실의 재화와 농민이 바라는 재화를 조정하는 고약한 업무가 조정관에 맡겨졌다(각종 업무를 담당하는 이들 관리들은 농민의 희망을 최대한 만족시켜 주는 비율을 결정하기에 앞서 아마도 자신들의 정보를 수집해서 갖고 있었을 것이다). 이리하여 전체적으로 정부와 농민들 사이에 교환이 이루어지는 경우, 양편의 목록에 있는 여러 품목들 간의 대체가, 등가를 통해 조절되었던 것이다. 양편의 총계가 같게 되기 이전에, '사과와 배'를 합하지 않으면 안 되었을 것이다.

또한 현물 교역에서도 대체적 등가 덕분에 교역인의 보수를 계산하거나 교역인 간의 지불을 청산하는 것이 용이해졌다. 판매turn over에서 생기는 이윤은 등가물의 총계를 기초로 계산된 것이고, 특정 판매 물자와는 관계가 없다. 이런 등가가 존재하지 않는 경우, 채무는 회계 당국에 등록될 수가 없었을 것이다. 이때 회계 당국은 교역인의 길드일 수도 있고, 왕실 재정 부서일 수도 있고, (노예 매매 등의 경우) 왕실 관료일 수도 있다. 이렇게 해서 채권자는 채무자 계정에 부과되는 청산 과정을 통해 권리를 관철시킬 수 있게 되었다. 청산을 통한 지불은 주요 도시나 카파도키아 교역을 통해 규칙적으로 실시되었다. 이는 수많은 중재 결정이 어떻게 실행되었는지를 설명해 준다. 그것은 모두 승소한 원고에게 피고가 지불해야 할 액수를 산정하는 결정이었다. 집행기관이 존재한 증거는 찾아볼 수 없지만, 청구자가 빌려준 액수를 돌려받지 못했다고 고소한 사례는, 기록상 명확하게 존재하는 것은 하나도 없었다.

이런 비시장경제들에서는 관습이나 법에 의해 효력을 갖게 된 대체적 등가에 의거하지 않고서는 위험부담 없는 교역 방법도, 지불 청산의 관행도 이해할 수가 없다.

2. 배급

현물경제에서 배급의 중요성은 수메르나 바빌로니아의 점토 문서
판tablets으로 충분히 확인된다.[3] 이 문자판에는 보리 배급량이 사람
들의 나이와 가축의 사료에 기초해서 표시되어 있다. 배급의 작동
방식은 '필수품'이라는 단어에 담겨 있는 이중의 의미를 반영하는
생필품의 질과 양의 조합을 보여 준다. 이 이중의 의미란 생존에
필요한 식품들의 종류와 생존에 실제로 필요한 양을 말한다. 아리
스토텔레스가 몇몇 '야만적' 민족이 당시까지도 시행하고 있던 필
수품의 의무적 교환에 대해 언급한 것은 바로 이런 의미였다.[4]

주기도문에 나오는 "우리에게 일용할 양식을 주옵시고"라는 빵
배급에 관한 구절에도 동일한 의미가 포함되어 있다. 누가복음 11
장 3절, 마태복음 6장 11절에 인용된 구약성서의 구절은 빵의 일정

---

3 Karl Polanyi, "Marketless Trading in Hammurabis' Time," *Trade and Market in the Early
Empires*, K. Polanyi, C. M. Arensberg and H. W. Pearson(eds.), Glencoe, Ⅲ.: Free Press
and Falcon's Wing Press, 1957, pp. 12-26[여기서 점토 문서판은, 점토를 이겨서 그 위
에 갈대의 줄기 따위로 글씨를 쓴 문서로 고대 동방의 역사 연구에서 가장 중요한 사
료다. 자원이 부족한 메소포타미아에서는 문자를 쓸 때 주로 젖은 점토 위에 갈대로
된 펜을 사용했다. 왕명표(王名表), 경제 문서, 문학, 종교, 과학 등의 내용을 담고 있으
며, 시대적으로는 우루크 후기부터 페르시아 시대에 걸쳐 있다. 지역적으로는 서부
아시아 전역을 비롯해 이집트 에게 해 연안에서도 발견되고 있다].

4 Aristotle, *Politics*, Book Ⅰ, Chapter 9.

한 양, 즉 더도 덜도 아닌, 표준적인 한 덩어리의 빵ton arton을 의미하고 있다. "내가 두 가지 일을 주께 구했사오니 내가 죽기 전에 주시옵소서. 사탄과 거짓을 내게서 멀리 하옵시며, 나를 가난하게도 마옵시고, 부하게도 마옵시고, 오직 필요한convenient 양식으로 내게 먹이시옵소서. 혹 내가 배불러서 하느님을 모른다, 여호와가 누구냐 할까 하오며, 혹 내가 가난해 도적질하고 내 하느님의 이름을 욕되게 할까 두려워하나이다"(잠언 30장 7~9절). 여기서 convenient란 원래 '알맞다, 어울리다, 적당하다'라는 뜻이다. [라틴어를 독일어로 옮긴] 루터의 번역에는 "내 소박한 하루 분의 식사"mein bescheiden Theil Speise로 되어 있다.

그런데 이 bescheiden이라는 말에는 '몫'portion이라는 뜻도 있다. 슐라히터Franz Eugen Schlachter의 번역에는 "내 몫의 빵"mein zugemessenes Brot으로 되어 있다. 양을 측정해서 저울에 단 몫이라는 뜻이다(레위기 26장 26절 이하 참조). 슐라히터의 "몫"Zugemessen은 슈벤츠너가 흑인의 몫Nig. Ba:이라는 말로 사용한 말인데, 여기서 Ba:는 '배급, 몫'이라는 뜻이다.[5] 사해 문서Dead Sea Scrolls와 동시대의 사독 단편집Zadokite Document이 배급에 대해 언급하고 있다.[6]

---

5 Walter Schwenzner, *Das Geschäftliche Leben in Alten Babylonien*, Leipzig: J. C. Hinrichs, 1916.

6 *The Dead Sea Scriptures*, trans. and ed. Theodor H. Gaster, Garden City, N. Y.: Doubleday,

이것은 연대상으로는 신약성서와 레위기 사이에 위치한다. 훨씬 나중에 탈무드의 기도에는 "필요한 양식"이라는 말이 나온다.

기근 때의 배급은 구약성서에서는 그 양을 저울에 달아 배분하는 것으로 되어 있는데, 여호와의 저주에서 "만족스럽지 못한" 양으로 나타나고 있다. "내가 너희 의뢰하는 양식을 끊을 때에 열 여인이 화덕에서 너희 떡을 구워 저울에 달아 주리니 너희가 먹어도 배부르지 아니하리라"(레위기 26장 26절). 엘리아스 비커만은 프톨레마이오스조 이집트의 히브리인 노예에게 배급권이 주어졌음을 밝히고 있다.7 더 조사가 필요한 것은 분명하지만, 배급의 개념이 조작상 실제적으로 중요했던 것으로 보인다.

이 배급의 의미는 양, 질 모두에서 제한된 것이긴 했지만, 고대 사회에서 구성원에 기본적인 경제적 권리였던 것 같다.

지불 또는 채무, 청구 또는 배급이 등가성에 기초한 선택에 의해 이루어지는 한, 그 정의는 공동체를 통해서 보장된다. 재분배에

1956, p. 83[사해 문서는 1947년 이스라엘과 요르단 사이의 사해 근처 쿰란 동굴에서 발견된 구약성서 사본과 유대교 관련 문서를 말한다. 사독 단편집은 보통 다마스커스 문서라고 불리는 초기 기독교 문서다. 사해 문서가 발견되기 50년 전인 1896년에 영국 케임브리지대 교수가 이집트 방문 중 유대교 회당에서 발견했다. 발견 당시에는 문서의 내용을 정확히 파악하지 못했으나 쿰란에서 사해 문서가 발견될 때 동일한 문헌들이 제4, 5, 6 동굴에서 발견되면서 문서의 전모를 알게 되었다].

7 Elias Bickermann, *Die Makkabäer*, Berlin: Schocken Verlag, 1935.

서 이에 못지않게 중요한 또 하나의 측면은, 예산편성과 계획화가 그 효과적인 시행에 필요한 체크 및 통제와 더불어, 등가에 의해서 비로소 가능하게 되었다는 점이다. 여기서 등가성은 가치의 척도 — 현대적 용어를 빌리면 — 로서보다는 '회계'의 수단으로서 기능했다.

3. 교환의 등가

일단 교환이 빈번해지면, 화폐를 매개로 한 간접적 교환이 존재할 경우, 등가는 명백히 가격의 역할을 수행할 수 있다. 그러나 이때 등가의 범위는 결코 식료품이나 귀금속 또는 원재료와 같은 재화에만 한정되지 않는다. 우리가 거래로 간주하는 것과 관련된, 실체적 경제 영역에서 이루어지는 모든 거래 관계는 모두 등가의 법칙의 지배를 받았다. 오직 등가물만이 교환 가능했다. 이 점은, 그 개념이 토지나 노동, 재화나 화폐 또는 이들의 어떤 조합에 대한 것이든, 또 그것이 소유권이나 사용권만을 내포하든, 심지어는 얻게 될 잉여와 같이 조건이 붙어 있는 품목을 내포하든 간에 모두 마찬가지였다.

더 자세히 살펴보면(괄호 안은 현대적 해석을 추가한 것이다), 등가는 재화(가격), 서비스(임금), 화폐 또는 그 대용품의 일정 기간 사용(이자), 나룻배와 사공의 사용(고용), 토지나 가옥의 사용(지대) 등에 관한 기록들에서 나타나 있다. 메소포타미아 세계에서 등가는 이와 같이 토지, 가옥, 인간, 가축, 나룻배 등의 매각 및 대여라는 거래 관계의 거의 전부를 포괄하며, 나아가 은, 보리, 기름, 포도주, 벽돌, 구리, 납 등의 대용품의 거래도 포괄하고 있었다. 현대적 개념들과 매우 다른 점은 임금, 지대, 이자, 이윤 등과 같은 다양한 수입 원천 사이에 아무런 구별도 없었다는 점이다. 거래나 처분에 정당성을 부여하는 하나의 조건은 어느 편이든 착취를 방지하는 것과 등가의 유지를 통해 공정성을 유지하는 것이었다.

교환의 등가는 독립 소농민에게 특히 중요했다. 이웃이 그에게 필요한 '필수품'을 빌려주거나 등가물과 교환해 주거나 하는 경우, 그와 같은 교환의 등가는 소농민이 비상 시기를 넘기는 데 도움을 주었다(신명기 15장 7~8절).

예를 들면, 아리스토텔레스의 『정치학』에 있는 '자연스런 교역'에 관한 논의는, 교역이 다른 교환 형태와 마찬가지로 자급자족의 필요에서 나왔다는 전제를 기초로 한 것이다. 가족 구성원의 수가 늘어나면, 초기의 자급성은 손상되며, 이에 따라 그 성원들은 분가를 해야만 한다. 이전에 "공동으로 보유한 재화를 공동으로 사용했던" 각 가족들은 이제 잉여를 서로 나누어 가져야만 한다. 그 결과로 발생하는 교환—이는 순전히 나누어 갖는 것의 결과이다—을 통해 자급자족이 회복된다. 자연스런 교역이란 이와 같이 이득이 없는 교환이다. 자신의 주장을 옹호하기 위해 아리스토텔레스는 그 당시의 다음과 같은 사실에 기대고 있다.

일부 야만인들은 아직도 이런 교환을 시행하고 있다. 즉, 그들은 생활필수품을 실제로 필요한 만큼만 교환을 통해 주고받으려 하기 때문이다. 예를 들어 곡물을 주고 포도주를 받는 식으로 한 가지를 주고 그 대신 다른 한 가지를 얻으면 그만인 것이다. 이것은 어떤 기본 물자의 경우도 마찬가지다. 따라서 이런 식의 교환 행위는 자연의 순리에 어긋나는 것이 아니었다. 또 그것은 부의 획득을 위해 이루어지는 행위도 아니었다. 왜냐하면 그것은 인간 본연의 자급자족을 회복하기 위해 제도화되었기 때문이다.[8]

따라서 흉년이나 다른 긴급사태가 발생했을 때, 세대주는 이웃으로부터 최소한의 필수품을 공급받을 수 있었다. 거래는 의무적으로 다음과 같은 규율에 의해 이루어졌다. ① 생활에 필요한 기본 물자를 거래할 것, ② 상황에 필요한 양만큼만 거래하며 절대 그 이상을 넘지 않을 것, ③ 거래는 다른 기본 물자의 등가액에 맞춰 할 것,

---

8 Aristotle, *Politics*, Book I, Chapter 9(인용문은 칼 폴라니의 번역).

④ 신용거래를 배제할 것 등이 그것이다. 필요한 재화를 소유하고 있는 세대주에게는 이런 제한된 범위 내의 교환이 강제되었다. 만일 긴급한 일을 당한 세대주가 등가물로 대신 줄 기본 물자를 충분히 갖고 있지 못할 때는, 그 또는 그의 가족은 이 빚을 차차 "노동으로 갚아" 나가야 했다(느헤미아 5장 5절).

이 문제에 관한 구약성서의 율법은 더욱 명료한 배경을 갖고 있다. 율법은 어려움에 처한 부족 구성원에 대한 우선적 처우를 명하고 있다. 여기서도 그 규칙은 ① 현물 부조, ② 필요한 한도를 넘지 말 것, ③ 신용거래('대부')의 액수 제한, ④ 채무자에 대한 사려 깊고 인간적인 배려, ⑤ 대부를 통해 이익을 취하는 것을 엄격히 금지할 것 등의 내용이었다. 여기에는 강제적 교환은 없으나, 최저한의 단기 대부의 명령이 있다. 대개는 담보가 요구되었고 채무를 이행하지 않았을 경우에는 저당물을 몰수했던 것 같다. 그렇지 않으면 그 대신에 채무자(또는 그 아이들)가 부채를 "노동으로 갚아 나가야" 했다.

구약성서에는 등가물에 대한 언급이 드물다. 그러나 등가물의 존재가 전제되어야 한다. 등가물이 없다면 부채 액수에 대한 의문을 풀 수가 없고, 어떤 형태의 이자나 이윤도 엄격히 금지했다는 것도 이해할 수 없게 되기 때문이다.

아리스토텔레스가 당시의 '야만인들'에 관해서 언급한 내용은 우리가 본 바와 같이 현물거래(신용거래 배제)를 명시적으로 주장했다는 점에서 구약성서의 의무와는 어긋난다. 그러나 '필요한' 기본 물자가 질과 양이라는 두 측면에서 '필수품'이라는 의미를 함축하고 있다는 점에서, 그것이 교환되든 대출되든 간에, 이스라엘인과 '야만인들' 사이에는 현저한 유사성이 나타난다. 근대적 용어로 배급rations이라 할 뭔가가 내포되어 있다. 비커만에 따르면 앞에서 인용했듯이 테브투니스 문서Tebtunis document(기원후 46년)에 쓰인 히브리어 pears는 배급이나 식량 급여를 의미한다(가령 homologia trophimou doulikou는 노예에 대한 배급의 승낙으로 풀이된다). 웨스터만은『파울리 위쏘워』*Pauly Wissowa*에 기고한 논문 "노예제도"의 사후 유고판에서, 프톨레마이오스 왕조의 이집트, 그리고 로마에서도 노예는 (생존에 필요한 만큼의 필수품의) 배급을 요구할 권리를 가지고 있었다고 결론지었다. 따라서 '필수품'은 대체로 제한된 양을 의미했다. 등가와 결합된 배급은 고대의 실체적 경제 일반에 유연한 양적 수단을 제공했을 것이다.

[탈무드의 제1부를 구성하는] 미슈나Mishnah를 보면, 부족 구성원들 사이에 이루어지는 거래로부터 나오는 이윤이나 이익을 증오해야 한다고 가르치는 구약성서 내용들로 가득 차 있다. 그 율법은 이윤 증식은, 설사 비자발적이고 우연적인 것일지라도, 도덕적으로 위험한 것이라는 강박관념을 보여 준다. 여기서는 등가물은 이 같은 위험을 막기 위한 안전판으로서 의도적으로 사용되고 있다.

4. 등가의 사회학

우리는 이제 등가가 수립되고 정식화되는 방식의 문제를 다루게 되었다. 원시사회에서 등가는, 예를 들면 티코피아Tikopia[남태평양의 작은 섬]의 우투Uta[9]처럼, 대체로 관습이나 전통의 문제이다.[10] 일정량의 조개가 돼지와 교환될 수 있다. 실에 꿴 조개가 돼지의 코끝에서 꼬리까지의 길이와 같게 되면, 등가가 충족된다. [수메르 문명의] 에슈눈나 법전[최초의 성문법]에는 기름과 포도주의 한 단위에 해당하는 다른 물품의 단위가 정해져 있다. 함무라비법전에는 뱃사공을 고용한 데 대한 보수의 등가 '비용'cost이 자세히 적혀 있다. 중부 수단의 수도 쿠카에서는 실에 꿴 자주 조개와 마리아 테레사 은화Maria Theresa dollars와의 등가가 매주 수요일, 시장터에 공시되었다.

그러나 기원의 문제는 이보다 훨씬 더 광범하다. 여기에는 등가 그리고 그것의 제도화된 방식을 전제하는 거래 유형들이 포함된다.

---

9 [옮긴이] 도덕, 법, 종교, 경제 등 모든 것에 관련되는 근원적인 의미 영역을 가진 말. 배상, 반제에서 복수에 이르기까지 모든 사회적 책무의 이행을 의미하기도 하고, 답례의 지불을 의미하는 경우도 있다.

10 Cf. Richard Thurnwald, *Economic in Primitive Communities*, New York: Oxford University Press, 1932, p. 252 ff.; Marcel Mauss, *The Gift*, trans. Ian Cunnison, New York: W. W. Norton, 1967, p. 8 ff.

기원전 15세기 메소포타미아에서 번창했던 누지Nuzi라는 이름의 도시 사회에서 디텐누투ditennutu라 불리는 주요한 거래 관계 가운데 하나는 토지, 인간, 가축, 화폐, 운반 도구 등과 같은 재화에 대한 사용권을 이들 재화 가운데 하나에 대한 사용권과 자유롭게 교환할 수 있었던 것으로 묘사되어 있다. 이것은 두 거래 당사자의 사용권이 동등한 것으로 간주될 수 있다는 가정에 기초를 둔 것이다. 소유권이 아니라 단지 사용권만이 양도된다. 거래하는 어느 쪽도 이윤을 얻는 것으로는 상정되지 않는다. 원칙적으로, 그 교환은 사용권에 대해서만 이루어지는 것이기 때문에 시간적으로 제한을 받는다. 디텐누투에 포함된 사용이라는 의미는 근대적 용어로는 분명히 용익권, 소작, 임대, 노동 서비스, 이자 또는 이윤으로 표현될 것이다. 그러나 여기서 이 같은 구분은 무시된다. 정당성validity의 결정적인 한 가지 조건은 어느 한쪽을 희생시킴으로써 이익을 얻는 일이 있어서는 안 된다는 것이다. 이 조건은 이득을 완전히 제거한다기보다는 두 거래 당사자에게 똑같은 이윤 또는 이득을 주는 것을 의미한다고 보는 것이 좀 더 정확하긴 하지만, 여기서 가장 중요한 것은 바로 그와 같은 원칙이다. 디텐누투는 미슈나보다 1천 년이나 앞선 시대의 제도이지만, 유대인 사이에 대대로 계승된 이자 금지의 율법서에 내포된 결의론적 생각이 가장 명백히 드러나 있다.

여기서 우리의 관심을 끄는 것은 이득이나 이윤에 대한 디텐누투의 언급이다. 노동력의 사용, 배와 사공의 사용, 토지·가옥·가축의 사용, 그리고 화폐의 사용, 이런 사용들이 디텐누투에 내포되어 있다는 사실을 통해서 우리가 입증할 수 있는 것은, 얻게 되는 수입이 디텐누투라는 거래 관계에서 주고받는 재화에 대한 '사용권'의 일부였다는 점이다. 이리하여 디텐누투는 모든 자발적 교환을 행하는 양 당사자의 주관적 이득을 '똑같게' 할 뿐만 아니라, '객관적' 이득도 마치 회계 방식으로 계산된 듯이 똑같게 한다. 즉, 쌍방의 이익은 공정하기 때문에 합법적이며, 또 등가를 형성하기 때문에 공정하다.

이 고대적 사고방식이 갖는 함축은, '공정가격' ― 이는 가격의 선구자다 ― 제도의 초기 발전을 이해하는 데 결정적으로 중요하다.

상이한 재화 단위들 사이의 등가에는 그 사회에 존재하는 조건들에 기인하는 교환 비율과 함께 그런 조건의 유지에 기여하는 교환 비율을 모두 나타내게 하는 의도가 들어 있는 것이다. 등가에 표현되는 '정의'는 그것을 비추고 있는 사회의 '정의로움'의 반영이다. 사회 내에 통용되는 신분에 따른 보수와 생활수준이 반드시 등가에 반영되어 있다면 어떻게 이를 달리 바꿀 수가 있겠는가? 그러므로 우리가 보통 이득, 이윤, 임금, 지대 및 기타 수입이라 부르는 것들은, 만약 그 수입들이 현존하는 사회적 관계와 가치를 유지하기 위해 필요한 것이라면, 그것은 등가 체계 속에 포함되지 않으면 안 된다. 이것이 중세 학자들이 가정한 '공정가격'의 논리였다. 전통적인 경제학의 고전에서는 공정가격이 '경제적 실재'와는 무관한, 종교적인 경건한 희망 또는 정신적 고양의 표현이라고 믿는 경향이 있었다. 그러나 결코 그런 게 아니다. 공정가격은 하나의 등가 체계다. 그 현실적 액수는 자치도시 당국이나 시장에서 조합원guildsman의 행위에 의해 결정되었는데, 어떤 경우든 구체적인 사회 상황에 적합한 결정 요인들에 의거하고 있었다. 조합원들은 동료의 기준가격을 위협하는 헐값 판매를 거부하고, 또 동료들 사이에서 승인된 수입 이상으로 높은 가격을 받는 것 역시 거부했다. 그들은 이 원리를 유지하기 위해 직접 가격을 고정하도록 요구받았던 자치도시 당국과 마찬가지로, 실효성 있게 '공정가격'을 창출하는 데 협력했다.

5. 등가와 시장

우리는 '등가'라는 제목 아래 몇몇 고대 경제의 근본적인 특징들에 대해 간단히 서술했다. 이제 우리는 등가가 교환 패턴의 발전, 주로 시장과 교환 화폐의 발전에 끼쳤을 영향에 대해 서술해 보고자 한다.

교환 수단으로서 화폐 — 이는 여기서 문제 삼는 유일한 화폐의 용도다 — 는 거래가 등가물의 도움에 의존할 수 있는 상황에서는 거의 필요가 없었을 것이다. 한편 가치척도로서 화폐의 용도는 등가물이라는 고안물에 의해 훨씬 효과적이 된다. 등가물의 도움으로 서로 주고받는 재화를 합산하고, 비교할 수 있게 된 것이다. 또 남는 차액은 현금으로 지불할 수도 있게 된다.

등가물의 광범한 사용이 시장의 발전에 어떤 영향을 미쳤는지는 분명하지 않다. 등가물은 고정-가격 시장을 촉진할 것으로 보일지도 모르지만, 관리 교역administrated trade 형태가 더욱 촉진되어 시장의 발전을 사전에 가로막을 수도 있다. 수요 공급의 변동에 직접적으로 반응하는 변동 가격을 수반하는, 근대와 같은 가격 결정 시장의 기능은 생겨날 수가 없었다. 왜냐하면 그 기능은 주로 가격 형성에 있었기 때문이다. 확신을 갖고 말할 수 있는 것은, 시장이 없었던 복합사회에서는 등가의 수립 없이 교역과 화폐의 작동을 이해하는 것은 거의 불가능했을 것이라는 점이다. 실제로는, 등가의 존재가 알려져 있었던 경우에도 몇몇 사례에서 그것의 붕괴가 가격 결정 시장을 향한 발전을 유발했을지도 모른다. 그러나 충분한 사실 자료 없이는 그런 생각은 다분히 상상에 그칠 수밖에 없음을 강조해 두고자 한다.

제7장
정의, 법, 그리고 자유의
경제적 역할

원시사회 내부에서 식량의 거래는 공동체의 연대를 파괴하기 때문에 반사회적인 것으로 금지되고 있었다. 그러나 다른 금기들(예컨대, 성에 관한 금기)이 명시적인 반면, 식량에 대한 이득 추구 행위의 금지는 부족사회의 조직 그 자체 속에 암묵적으로 들어 있다.

고대사회가 되면서 식량 등의 거래에 대한 금지가 해제되기 시작했으며, 이에 따라 인간의 살림살이 역사에서 가장 주목할 만한 전진 가운데 한 가지 길이 열렸다. 재화와 서비스의 교환은 매매, 임대차, 대차를 불문하고, 경제의 요소들 속에 유연성을 허용하고, 이는 생산과 소비 모두에서 그와 같은 요소들의 유용성을 급속히 증대시킨다. 이와 같은 중요한 변화는 부족사회의 해체와 더불어 주로 두 가지 경로를 통해서 이루어진다. 즉, 하나는 어떤 종류의 거래를 제한하고 엄격히 통제하는 가운데 용인하는 경로이고, 다른 하나는 그런 거래에서 이득 원리를 배제하는 방식이다. 전자는 몇몇 소규모 소농민 사회, 예를 들어 헤시오도스 시대 그리스나 아모스 시대의 이스라엘의 여러 지역 등에서 전형적으로 찾아볼 수 있다. 후자는 바빌로니아와 아시리아의 관개형 제국이 걸어온 방식이다. 이처럼 소농민 사회가 시장 형성의 경로로 나아간 한편, 관개형 제국은 인류 미래에 이에 못지않은 중요성을 지닌 또 다른 경로를 보여 준다. 왜냐하면 바로 이런 발전을 통해, 국가의 창조물로서, 정의, 법, 개인적 자유가 인간 경제의 역사에서 처음으로 결정적 역할을 수행했기 때문이다.

고대 제국들에서 정의의 경제적 역할은, 이득이라는 오명을 그 파괴적인 함축과 함께 제거하고, 그렇게 함으로써 지난날 거래에 대한 부족적 금기를 제거한 데 있다. 그 결과 경제력이 해방되어 관개농업의 노동생산성이 몇 배나 증대된다. 등가의 선포는 고대 왕의 주요한 기능 가운데 하나이다. 그와 같은 포고를 통해 신격의 명령자가 인가한 '율'rate과 '비'proportion에 따른 거래에 대한 반半종교적 승인이 이루어진다. 초기 아시리아의 교역 식민지, 에슈눈나법과 함무라비법전의 시대로부터 미슈나 그리고 약 2,500년 후 바빌로니아의 탈무드에 이르기까지, 나아가 적어도 토마스 아퀴나스의 시대까지 공정가격은 거래에 정당성을 부여하는 유일한 비율로 남아 있었다.

그러나 관개형 제국은 그 이상의 것을 달성했다. 이득 없는 거래를 승인하고 특히 농업에서 내부 개량의 길을 트는 한편, 시장을 향한 그 어떤 발전도 피하면서 그 대신 경제행위의 비거래적 경로를 개척했다. 우리는 이것을 처분적dispositional 경로라고 불렀다. 그것은 법의 통치를 수립함으로써 가능하게 되는데, 여러 거래 활동은 이 법의 통치 방향을 따라 이루어지게 되어 있었다. 요컨대, 교역의 대부분은 이런 처분적 경로를 통해 이루어졌으며 극히 일부분만이 거래적 경로에 따라 진행되었다. 여러 장치들에 의해 이 양자가 혼합되지 않도록 했다.

이득 없는 거래를 가능하게 했던 등가 그리고 위험부담 없는 처분을 교역 체제로 조직화한 법의 통치, 이 둘은 모두 재분배적 통합 형태가 지배한 결과였다. 그러나 과거에 역사가들이 가정했던 것처럼, 이 재분배적 형태가 전제적인 행정적 관료주의의 방식으로 움직였던 것은 아니었다. 시장의 부재 혹은 적어도 시장의 종속적 역할은 육중한 행정 수단이 모두 중앙 관료의 손에 굳게 장악되어 버린 상태를 의미하는 것은 아니었다. 오히려 법에 의해 정당화된 바, 이득 없는 거래와 규제된 처분은 우리가 살펴보았듯이 인간의 경제생활에서 이제까지 알지 못했던 개인적 자유의 영역을 열어 주었다.

C. 교환경제를 구성하는
세 가지 요소
교역, 화폐, 시장의 삼위일체

서장

교역, 화폐, 시장이라는 제도의 모든 영역은 연구방법론상의 문제로 인해 혼동 상태에 있다. 사회학자, 인류학자, 경제사가들은 경제학자가 제시하는 교환경제적 용어의 의미를 파악하는 데, 심지어 그 용어가 적절한지를 판단하는 데서도 많은 어려움 느끼고 있다. 실제로 이런 용어들은 다른 분야 학자들에게는 무용할 뿐더러 종종 유해하기조차 하다. 이제 우리는 아래 세 장에 걸쳐 교역, 화폐, 시장에 대한 세 가지 명제를 제시하고 이들을 상세히 검토하고자 한다.

I. 교역, 화폐, 시장의 별개의 기원

아리스토텔레스로부터 마르크스에 이르기까지, 경제적 전문화나

분업의 전개는 교역, 화폐, 시장의 발전과 전통적으로 동일시되어
왔다. 이 제도들은 경제성장 과정의 단지 다른 측면들에 불과한 것
으로 간주되어 왔다. 교역이란 시장에서 재화의 이동이고, 화폐란
그 이동을 용이하게 하는 교환 수단이라는 것이다. 그러나 지금까
지 밝혀진 사실에 비추어 보면 그와 같은 관점은 더 이상 옹호될
수 없다. 이미 이 책의 서문에서도 언급한 바 있지만, 몇몇 교역 형
태와 다양한 화폐 용도가 경제생활에서 커다란 중요성을 획득했지
만, 이는 시장과는 무관했으며, 또 시장보다 앞서 그러했던 것이다.
가령 시장적 요소들이 실제로 존재한다 해도, 그것이 반드시 수요·
공급·가격기구와 연결되는 것은 아니다. 가격(등가)은 원래는 전통
이나 권위에 의해 설정되고 있으며, 가격 변화도 시장적 방식이 아
니라 이와 같은 제도적 수단을 통해 이루어진다. 고대사 연구자의
견지에서는 고정 가격이 아니라 변동 가격이 나타난다면, 그것이
문젯거리다. 이 모든 것들은 다음 사항들에 대한 기존의 견해가 전
면적으로 재검토되어야 함을 요구한다. 즉, 교역의 초기 조직, 교
역에 종사한 인원의 역할, 여러 시장 형태의 특성, 전통적 거래 조
건이나 가격에 기초해 대규모 교역이 이루어지는 방법, 초기 사회
에서 중개업brokerage의 기능, 여러 화폐 용도의 제도적 기원, 상대
가격을 안정시키기 위한 도량형 변경의 역할, 고대적 조건의 화폐
체계 작동에서 재보 및 저장된 기본 물자가 수행하는 역할, 기타
경제생활의 초기적 형태와 관련된 사항 등이 그런 것들이다.

2. 대내 교역과 대외 교역의 별개의 발전

경제 제도들의 기원에 관한 기념비적 작업을 통해 막스 베버[1]는 대외 교역이 대내 교역에 선행했고, 화폐의 교환 수단으로서의 역할은 대외 교역 영역에서 생겨났으며, 그리고 조직화된 시장은 대외 교역에서 먼저 발전했다고 주장했다. 이어서 리하르트 투른발트가 원시공동체의 경제생활에서 이끌어 낸 사실들에 기초해 이 같은 견해를 뒷받침하며 계승했다. 교역, 화폐, 시장이 공동체 내부보다 외부에서 우선적으로 발전한 것이 일반적 타당성이 있는 현상임은 이제 어느 정도 확실히 말할 수 있는 사실이다. 이런 연구 방향에 따라 다음과 같은 수많은 사실들이 존재함이 확인되었다. 즉, 아테네나 17세기 페르시아의 도시, 18, 19세기 서아프리카 다호메이의 도시 등에서 확인된 대외 시장과 대내 시장의 명확한 분리, 이 두 대내외 시장을 연결하는 중개 제도의 광범위한 역할, 고대에서 근대에 걸쳐 존재하는 '교역항'ports of trade 교역의 관리주의적 운영법, 프톨레마이오스 시대 이집트에서 동지중해 지역의 '세계적 곡물 시장'을 확립하기 위한 곡

---

[1] [옮긴이] 베버의 경제사회학에 대해 폴라니는 전반적으로 매우 높게 평가한다. 특히 고대 경제 논쟁에서 원시적 접근과 근대적 접근 모두를 수용하지 않고, 그 군사적·정치적 지향성에 주목한 것을 높이 평가했다. 또 베버가 경제라는 말을 정의할 때 실체적 의미와 형식적 의미를 결합한 보기 드문 인물이었다고 보고 있다. 그러나 폴라니는 베버가 경제의 형식적 의미를 중심에 둔 한계를 가지고 있다고 비판한다.

물 수출 독점 정책, 아리스토텔레스(추정)pseudo-Aristotle의『경제학』 제2권 가운데 몇몇 사례가 보여 주는 것처럼, 4세기 그리스에서 대외 통화와 대내 통화의 각기 독립적인 역할(이것은 종래 생각해 온 것만큼 예외적 사실은 아니다), 함무라비 시대 바빌로니아에서 대내 교역에 대한 대외 교역의 우세, 기원전 2000년경 시리아 수도였던 바빌론에서 시장은 전혀 없었지만 고도로 조직화된 '교역항'이 존재했던 사실, 그리고 그 팔레스타인 후배지(대개 그 도시에는 시장터가 없었다)와 튀루스[2]의 지중해 엠포리움과의 공존 등 일련의 중요한 사실들이 그것이다.

3. 비시장경제들의 통합

우리의 세 번째 명제는 시장체제가 없는 경우에 교역, 화폐, 시장 요소의 통합에 관한 것이다. 이 문제 영역은 교역, 화폐, 시장의 불가분한 통합이라는 전통적 가정에서는 탐구 대상에서 배제되었다. 그 통합의 가정에 따르면 교역이 존재하는 곳에 시장의 존재가 가

---

2 [옮긴이] 레바논 남쪽에 위치해 있는 지중해에서 가장 오래된 항구도시로 기원전 12세기 무렵 페니키아 지중해 무역의 중심지였다.

정되고 화폐가 존재하는 곳에는 교역이 가정되며 따라서 시장도 가정된다. 이제 경제사 연구가 대상으로 하는 커다란 분야에서 교역, 화폐 사용, 시장의 요소들은 모두 별개로 발생한 것으로 보지 않으면 안 된다. 교역이 곧 시장 교역이 아니며 화폐도 교환-화폐가 아닐 때 문제가 되는 것은 바로 다음과 같은 점들이다. 즉, 그런 경제는 어떻게 기능하는가, 다시 말해 어떤 일정량의 화폐는 교환 수단으로 사용되고 있지 않으면서 어떻게 어떤 화폐는 지불에 사용되며, 또 다른 화폐는 '가치척도'로 사용되는가 하는 문제다. 이에 대한 대답의 일부는 고대사회에서 재보나 저장된 기본 물자의 역할을 앎으로써 얻어질 수 있을 것이다. 비시장경제에서 교역과 화폐의 광범한 기능에 대해서도 유사한 의문이 생긴다. 이런 의문들은 이제까지, 실제로 존재하는 비시장경제의 그런 상태가 부정되거나 무시되었기 때문에 거의 제기될 수가 없었던 것이다.

이 절에서 이루어질 교역, 화폐, 시장에 관한 우리의 증거 제시는 무엇보다 비교환경제에서 일어나는 경제 제도에 대한 연구를 중심으로 이루어질 것이다. 여기에는 두 가지 서로 관련된 경험적 현상의 조합이 포함된다. 첫째로는 신분 사회에서 발견되는 비교환적 통합 형태에 대한 역사가의 기록, 즉 호혜, 재분배(그리고 가정)에 관한 것이며, 둘째는 신분 사회에서 교역, 화폐, 시장이 발생할 때 나타나는 여러 독특한 변형태들이다.

이로부터 얻게 될 결과가 비시장경제학을 넘어서까지 유용하리라 기대하는 것은 현 단계에서는 일종의 형식주의적 사고에 기초한 것이다. 그런 주장은 이제까지 별로 인식하지 못했던 전통적 경제학의 특징에 의거한다. 즉, 시장체제론의 무슨 특정 명제에 의거하는 것이 아니라 그것의 넓은 목적에 의거한다. 시장 지배적인 사회에 대해 적합했던 분석 방법을, 역사적으로나 분석적으로나 교환 이외의 통합 형태가 우세했던 것으로 밝혀진 과거 사회 전체에 대해 적용하려는 시도가 아직도 진행되고 있다.

제8장
교역인과 교역*

I. 조작적 정의와 제도적 정의

조작적 측면에서 정의하자면, 교역이란 현지에서는 입수할 수 없는 재화를 획득하는 방법이다. 교역은 그 집단에게 외부적인 어떤 것이며, 우리가 일상생활과는 전혀 별개 영역이라고 생각하는 활동, 말하자면 수렵, 원정, 해적 행위 등과 같은 것들을 연상시킨다. 이들 활동에서는 모두 원격지로부터 재화를 획득하고 운반하는 것

---

* [편집자] 이 장은 조지 달턴(George Dalton)이 편집한 것인데, 이와 조금 다른 판본이 다음 책에 수록되어 있다. J. Sabloff and C.C. Hamberg-Karlovsky, *Ancient Civilization and Trade*, Albuquerque: University of New Mexico Press, 1975, chapter 3. 이 책에는 달턴이 쓴 분석적 논문, "Karl Polanyi's Analysis of Long Distance Trade and His Wider Paradigm"이 포함되어 있다. [『인간의 살림살이』 유고가 1975년 단행본으로 출간되기 전에 다른 책에 수록, 발간되었다는 내용이다. *Ancient Civilization and Trade*에서는 이 장이 『인간의 살림살이』 12장이라고 언급되어 있으나 실제로는 8장이다.]

이 중요하다. 그렇지만 교역을 이와 같은 여타 활동들과 구별하는 것은 그 쌍무성two-sideness이다. 이 쌍무성으로 인해 교역은 평화적 성격을 확보하며 강탈이나 약탈이 배제된다.

제도적 측면에서 보았을 때, 외부의 영향을 받지 않은 원시적인 상황에서 교역은 수렵, 원정, 침략 등과 같은 조직적 집단 활동과 흡사하다. 교역은 다른 공동체에 속하는 집단과의 만남을 중심으로 한다. 그런 만남의 한 가지 목적은 재화의 교환이다. 잘 아는 바와 같이 교환 비율은 이런 만남에서 결정되는 것이 아니고, 미리 전제로서 주어져 있다. 따라서 개인적 교역인이나 개인적 이득 동기가 개재될 여지가 없다. 추장이나 왕이 '수출'할 재화를 모아 공동체를 위한 교역을 수행하든, 무수한 개인들이 바닷가에서 교역 상대와 만나든, 이는 마찬가지이다. 어떤 경우든 형식적·의례적 요소가 그 절차 속에 혼재되며, 여기에 모종의 사회적·정치적 의미를 부여한다.

원시사회에서는 어느 공동체가 적극적으로 교역에 참여하는지 또는 수동적인 상대인지가 쉽게 드러난다. 교역이 중립 지점에서 이루어지는 경우를 제외하면, 두 당사자 중 한쪽은 방문자가 되고 다른 한쪽은 주인 측이 된다. 방문자는 재화를 실어 오고, 위험을 감수하며, 주도권을 쥐어야 하는 부담을 갖고 있다. 반면 주인 측은 단지 이에 대응하기만 하면 된다. 대체로 교역 당사자들은 이 같은 역할을 번갈아 맡는다. 나중에 고대적 사회 상황 아래서는,

이와 같은 구분은 교역의 총체적 조직화를 수반하는 능동적 교역과 수동적 교역 사이의 명확한 차이로 발전할 수 있다.

여기서 내가 교역의 핵심적 요소로 '원격지로부터 재화의 획득'을 부당하게 강조하는 것처럼 보일지도 모른다. 그러나 그것은 교역의 역사에서 특히 물자를 획득하거나 수입하려는 관심이 결정적 역할을 했음을 좀 더 명확히 하기 위한 것이다. 앞서 보았듯이 그 관심을 만족시키는 데는 평화적 방법과 강제적 방법이 있으며, 서로 대체적인 이 방식들은 역사적으로 국가의 행동 양식뿐만 아니라 국가의 구조 전체에도 영향을 미칠 수 있다.

몽골인이나 아라비아인의 예처럼 유목형 문명의 여러 국면들을 보면 사태를 명확히 알 수 있다. 여기서 우리는 침략과 교역이 소규모로 결합되어 있던 호메로스 시대의 그리스인이나 페니키아인, 또는 구약성서에 나오는 베드윌족과 같은 예와, 그만큼 두드러지지는 않지만 실제로는 훨씬 더 중요했던 대제국의 교역을 서로 구분해야 한다. 후자인 대제국의 경우, 어떤 때는 군사력, 또 다른 때는 원격지 거래를 통해 그 이익을 확보했는데, 제국 자체의 요구가 변화하면 그 대내외 정책도 결정적으로 변화했다. 항상 근저에 깔려 있는 요인은 재화를 획득하거나 수입하고자 하는 관심인데, 그 관심의 대상은 이웃 정주민 사회의 생산물이다. 즉, 그들은 이웃 공동체로부터 들여오는 '필수품'이나, 더 많게는 '사치품'에 의존한다. 필수품으로는 직물이나 일용품 등이 있고, 사치품으로는 금, 노예, 귀금속, 비단, 호화스런 가죽 의상, 화장품 및 장신구 등이 포함된다. 물론 양자의 차이는 보통 생각하는 것보다는 적다. 왜냐하면 우리가 통상 사치품이라 불러 온 것이 부자나 권력자에게는 사실상 필수품에 지나지 않기 때문이다. 그리고 그들의 수입에 대한 관심이 대외 경제정책을 결정했다.

유목민 제국 건설자의 입장에서 보면, 재화의 획득 방식에는 다음과 같이 여러 가지가 있었다. ① 단순한 약탈로, 여기에는 우발적인 침략에서 영구적 정복에 이르기까지 여러 가지가 있다. ② 수동적인 교역의 육성 ③ 약탈 전쟁과 수동적 교역의 결합 ④ 능동적인 교역의 개발 등이 그런 것이다.

그러나 각각의 사례에 따라 '제국'의 성격은 달라질 것이다. 단순한 약탈적 정복의 경우는 어떤 규모든 아틸라 대왕의 훈족[1]이나, 아바르족[2]이 자랑했던 것과 같은 유사 제국 이상을 필요로 하지는 않는다. 그러나 칭기즈칸과 그 후계자들이 지배한 제국처럼, 유목

---

1 [옮긴이] 중앙아시아의 스텝 지대에서 활약하던 유목민족. 4세기 중엽에 유럽에 침입해 게르만 민족의 대이동을 유발했으며, 5세기 전반 아틸라 왕의 전성기에는 아시아에서 유럽에 걸친 대제국을 건설했다. 아틸라 왕은 훈족 최후의 왕으로 유럽 훈족 가운데 가장 강력한 왕이었다.

2 [옮긴이] 5-9세기에 중앙아시아, 동유럽, 중유럽에서 활동한 몽골계 유목민족. 판노니아(지금의 헝가리 서부)를 중심으로 서쪽으로는 엘베 강, 북으로는 발트 해, 동으로는 흑해에 이르는 대제국을 건설하고 프랑크왕국, 동로마제국과 싸워 승리했다.

민족이 이룩한 대제국은 광범위한 교역로를 포괄하고 대규모로 조직된 수동적 교역을 통해 수입을 했다. 이 경우에 군사력은 단지 교역의 보조적 역할을 했을 뿐인데, 대상로의 치안을 유지하고 판로를 확보했으며, 제국을 위해 교역하는 자에 대해서는 이웃 공동체의 재화에 접근할 수 있게 이웃에 강제력을 발동했다. 또 외국 상인을 위한 숙박 시설망과 대륙을 횡단하는 대규모 우편 서비스 체제를 제국의 수중에 장악함으로써 계속 수입 물품을 확대해 나갔으며, 이를 통해 영역 내의 부의 증대를 도모했다. 그 결과, 몽골인들이 적극적으로 교역에 참여하지 않았음에도, 끝없이 확장되는 제국의 교역로를 통해 온갖 국적의 대규모 상인들과 교역인들을 통해 대대적인 규모의 교역이 이루어졌다. 중국 대륙에서 원나라(몽골)가 멸망해 몽골의 추장들이 조상들의 고향으로 돌아갈 수밖에 없게 되자 칭기즈칸 제국에서 번영했던 수동적 형태의 교역은 영원히 종말을 고했다. 이 상황은 재화 획득 방식의 대안에 대해 중요한 사례를 제공했다. 초원에 퍼져 있던 칭기즈칸 제국은 오랜 기간 동안 서양형의 봉건적 대지주와 동양형의 칭기즈칸적 군주 사이의 내전을 겪었다. 이후 후자가 승리를 거두게 됨에 따라 칸의 영토 전체에 걸쳐 그 패권이 확립되었는데, 이는 다음과 같은 이유 때문이었다. 즉, 오직 그들만이 이웃 영토에 약탈적 침입을 감행하거나 또 때로 정규적 상업 관계에 종사하기도 하는 식으로 번갈아 이중적 과업을 수행할 수 있는 중심 권력이 될 수 있었던 것이다.

역사가 블라디미르쵸프가 강조한 바에 따르면, 이 제국에서 약탈과 교역이라는 모험사업이 어느 것이든 성공하려면, 전리품이나 수입품인 재화를 공동체 중심 쪽으로 수집할 뿐만 아니라, 중앙에서 '분배'도 해야 했다.[3] [그러나] 몽골인들은 결코 적극적으로 교역에 투신하지는 않았다. 이에 반해 아랍 제국들은 출신은 아주 유사한 유목민족인데도 그들의 보다 민주적인 경향 때문에 약탈적 방식에 의존하지 않고, 마침내 능동적 교역을 통해 충분한 수입품을 제공할 수 있는 광범한 상인 계층이 나타났다. 이렇게 능동적 교역을 할 수 있는 능력을 갖고 있었기 때문에, 이슬람 제국들은, 수동적 교역 체제밖에 갖지 못해 과도적 단계에 있었던 몽골의 한국汗國에 대해 결정적인 역사적 우월성을 가졌던 것으로 볼 수 있을 것이다.[4]

---

3 Boris Vladimirtsov, *The Life of Ghengis Khan*, trans, D. S. Mirsky, Boston anad New York: Houghton, Mifflin, 1930.

4 [옮긴이] 폴라니는 여러 제국들의 살림살이 방식에서 원격지 교역의 위치에 대해 주목하면서 그것이 수동적 교역인가 능동적 교역인가에 따라 고대 제국의 성쇠가 좌우되었다고 보고 있다. 이는 『인간의 살림살이』 전체에 걸쳐 매우 흥미롭고 중요한 대목이다. 이 부분에서 폴라니는 오늘날 제도 경제학에서 말하는 "제도 능력"과 "제도적 다양성" 개념을 이미 선취하고 있는 것처럼 보이기도 한다. 그는 "능동적 교역 능력"(capacity for active trading)이라는 말을 쓰고 있다.

2. 교역의 제도적 특징

교역 활동에서는 어떤 사람이 어떤 물건을 일정 거리만큼 운반해야 하는데, 이 활동은 쌍무적으로 진행된다. 그 때문에 ① 인원 ② 재화 ③ 운반 ④ 쌍무성이 필요하다. 우리는 교역이 갖는 이런 제도적 특징 전반을 사회학적 또는/그리고 기술적 기준에 의거해 분류해 볼 수 있다. 이를 통해 우리는 아래와 같이, 역사적으로 존재해 왔던 매우 다양한 교역 형태와 조직을 분석할 수 있게 된다.

1) 인원

① 팩토르와 메르카토르: 신분 동기와 이윤 동기

'원격지로부터의 재화 획득'은 두 가지 동기에 의해 이루어질 수 있다. 하나는 교역인의 동기가 자신의 사회적 신분에 기초하는 경우, 즉 원칙적으로 의무와 공적 봉사의 요소를 포함하고 있는 경우(신분 동기)이고, 다른 하나는 매매 거래에서 생기는 이윤을 얻기 위해 이루어지는 경우(이윤 동기)이다. 신분 동기에 기초하는 교역인의 전형적인 예는 팩토르factor이며, 이윤 동기의 대표적인 예는 메르카토르mercator이다.

　비록 이 둘이 다양한 방식으로 결합될 수는 있지만, 의무와 이득은 서로 확연히 구분되는 기본 동기이다. 설사 '신분 동기'가 물질적 이득에 의해 강화된다 해도, 원칙적으로 교환으로 얻는 이득의 형태를 취하지는 않으며, 그보다 주인이나 군주로부터 보수로 받는 선물 또는 수익성 있는 토지의 형태로 나타나는 경우가 많다. 또한 이런 상황에서, 거래로 얻는 이득은 매우 보잘 것 없어서, 주군이 위험을 무릅쓰고 나선 교역인에게 주는 풍부한 양의 부와 비교할 수 없다. 그래서 의무와 명예를 위해 교역하는 자는 부유해지는 반면, 부정한 돈을 위해 교역하는 자는 여전히 가난하다. 이것은 고대사회에서 이윤 동기가 표면에 드러나지 않는 또 하나의 이유였다.

역사가들의 입장에서 보면, '신분' 동기와 '이윤' 동기를 구분하는 것이 지닌 유효성은 큰 의미가 없어 보일 수도 있다. 왜냐하면, 우리 시대에 앞선 대부분의 사회는 대체로 신분 사회였고, 이런 사회에서 이윤 동기를 지닌 가난한 교역인이 활약할 여지는 없어 보이기 때문이다. 그러나 이는 '신분'의 두 가지 다른 기능, 즉 권리와 의무의 기원을 의미하는지, 그것들의 내용을 의미하는지에 따라 달라지는 두 기능을 혼동하는 것이다. 신분 사회에서는 모든 집단의 권리와 의무가 출신에 의해 결정되며, 권리나 의무 자체에는 아무런 명예도 부여되어 있지 않다. 고귀한 신분의 집단은 대체로 의무, 책임, 자존감 등의 명예적 동기에 따라 행동할 것으로 기대되지만, 낮은 신분의 사람들은 당연히 멸시받고, 거의 자신의 품위를 지키지 못하는 돈 버는 일에 몰두할 수밖에 없었을 것이다. 그리고 그들은 아무래도 자신의 품위를 지킬 수는 없었을 것이다. 예를 들어, 고대 그리스에서 거류 외인metic 교역인의 신분이 이것을 말해 준다. 표면적으로는 근대의 비신분 사회에서도 몇 세기 동안이나 이윤을 추구하지 않는 교역인의 모습이나, 자신이 아니라 회사를 위해 거래하면서 이윤이 아니라 승진preferment이 곧 성공을 의미하는 대리인이나 팩토르를 볼 수가 있다.

그러나 이런 모든 것은 팩토르와 메르카토르 간의 기본적인 구분에 영향을 미치지 않는다. 어디까지나 후자는 거래에서 이윤을 얻고자 교역을 하며, 전자는 일반적인 의무와 책임의 일부로서 그 일을 수행한다.

② 상류계급, 하층계급, '중간'계급의 생활수준

생활수준의 사다리에서 교역인이 차지하는 지위는 사회별로 그 차이가 매우 컸다. 심지어 동일한 사회에서조차 그 지위는 시대에 따라 달랐다. 몇몇 사회들에서, 이 문제는 더욱 복잡한 경우도 있었는데, 이는 한 사회에서 교역 활동에 참여하는 사람들이 둘 이상의 계층에서 동시에 나오는 경우도 있었기 때문이다.

고대사회에서는 수장이나 왕, 그리고 그의 측근들만이 교역의 권한을 가지고 있었다. 즉, "원격지로부터의 재화 획득"은 크든 작든 그들의 정치권력에 의한 군사적·외교적 사업으로 이루어졌다.

침략해 조약을 맺는 교역은 그것들이 별개로 이루어지든 동시에 이루어지든 정부 관할에 속했다. 그들의 교역은, 이오니아 해의 군도에 살던 타포스인의 전설의 왕 맨테스처럼 왕이 직접 사업을 이끌거나, 아니면 아프리카 북부 키레네의 대왕 알게시라오스처럼, 이미 이루어진 사업을 사후 감독하는 식이었다. 그러나 수장이나 왕의 교역은 결코 권력자의 개인적 활동은 아니었다. 이들은 실제로 수백 또는 수천 명의 교역인들을 자신의 대리인이나 '왕의 상인'으로 고용하지 않을 수 없었다. 동원되는 자들 중에는 왕족도 있었고 요새나 성 또는 광대한 영지를 가진 귀족이나 영주도 있었다. 또 단지 궁정 신하였을 뿐인 그 밖의 인물들도 왕의 하사금에서 수입을 얻거나 수입의 대부분을 왕실 신디케이트의 교역 이윤에 참여하는 특권으로부터 얻고 있었다. 어떤 경우든 '왕의 상인'은 군대의 장군이나 시장, 나라의 고위 관리에 속해 있는 자들이었다.

7세기 이후의 고대 그리스나 군주제 시행 후의 로마와 같은 소농경제형 사회에서는 왕이나 귀족의 교역이 모습을 감춘다. 대외 교역은 로마에서처럼 중단되거나 수동적 교역으로 변화한다. 6세기의 그리스에서 솔론은 상인으로 불렸으며, 페이시스트라토스 가의 사람들이나 알크메오니다이 가의 사람들이 적어도 이따금씩은 대규모 대외 교역 사업에 종사했던 것이 분명해 보인다. 그러나 이는 예외적인 일이었다. 솔론 자신은 아테네가 식량 공급을 기본적으로 외국의 곡물 상인에 의존하고 있다고 생각했다. 한편 이스라엘의 경우는 다윗 왕의 지도하에 국내 영역에서 왕의 교역이 번창했고, 솔로몬 왕 치하에서는 상당한 수준에 달했다. 그러나 왕국이 분열된 뒤로는 전적으로 수동적 교역에만 의존하게 되었다. 이들 셋 중에서 오직 그리스만이 카펠로이kapēloi(지방의 식량 소매상)에서 하층계급의 교역인 그리고 나우클레로이naukleroi[교역선장]라는 거류 외인 계급을 탄생시켰다. 그런데 이들 가운데 누구도 중간계급으로 상승하지는 못했다. 아리스토텔레스가 매우 이상화했던 중간계급은 지주계급이었지, 상인계급은 결코 아니었다.

19세기의 상인적 중간계급은 서양 사회 발전에서 후일의 산물이다. 부르주아burgesses라는 특권적 상류층을 형성하는 상인계급 그리고 광범위한 계층에 걸친 직인 및 교역인들이 전형적인 중세 도시 사회의 구성원이었다. 이들이 함께 도시 공동체를 구성했다. 그들 위에 장원 농촌의 토지 귀족들이 있었다. 유럽에서 가장 선진적인 상업 사회였던 18세기 영국에서조차 성공한 상인 부르주아는 지주계급으로 상승했고, '교역인'은 사회의 훨씬 하층으로 밀려나 있었다. 1832년의 선거법 개정 이전까지 상인적 중간계급은 영국에서 사회적 지위를 얻지 못했다.

고대에는 상류계급이나 하층계급 이외의 계층에 속하는 교역인은 없었다. 전자는 통치나 정부와 연계된 자들이었고, 후자는 육체노동에 생계를 걸고 있는 사람들이었다. 이 점을 명확히 하기 위해서 가장 중요한 것은 고대의 교역 형태와 조직을 이해하는 일이다.

③ 탐카룸, 거류 외인, 외국인: 고대 세계의 교역인 유형

고대의 전형적인 교역인은 탐카룸tamkarum,[5] 거류 외인, 그리고 외국인이다. 탐카룸은 수메르 시대 초기부터 이스라엘의 발흥에 이르기까지 3천 년 이상에 걸쳐 메소포타미아 지역을 지배했다. 나일강 유역에도 아프리카의 다호메이 왕국과 마찬가지로, 이런 유형의 교역인만 존재했다. 거류 외인 교역인이 사상 최초로 뚜렷이 나타난 것은 아테네에서였고 이는 헬레니즘 시대에 이르러 하층계급 상인의 원형으로 발전했다. 이것은 인더스 강 하류에서 [지브롤터 해협 어귀의] 헤라클레스의 기둥에 이르는 지역에서 볼 수 있다. 실제로 (이때는 해상이 아니라 육상으로부터) 유랑민과 비슷한 하층 상인의 무리가 있었는데 서유럽의 부르주아 상인계급은 이들로부터 유래했다. 세 번째 유형의 교역인은 외국인인데, 우리는 물론 이들을 어디서나 볼 수 있다. 그들은 '수동적 교역'의 담당자이며 이방인이다. 이들은 그 공동체에 '소속'되어 있지 않았고, 외인 거주자resident alien라는 중간적 신분조차 얻지 못했다. 그들은 완전히 다른 별개의 공동체 성원이었다. 동양과 아프리카의 위대한 문명에서 상업적 삶을

---

5 [옮긴이] 탐카룸은 인류학에서 오랫동안 '상인'으로 번역되고 그렇게 이해되어 왔다. 폴라니는 이를 비판하면서 탐카룸의 역할에 대해 새로운 해석을 제시했다. 더 자세한 것은 이 책 10장 4절을 참조하라. 또 『초기 제국에서의 교역과 시장』 2장 "함무라비 시대의 시장 없는 거래"도 같이 참고하라.

선도해 나가는 존재는 탐카룸이었으며, 헬레니즘 문명에서는 거류 외인이었다. 그러나 이들 두 문명 속에 파고든 외국인의 수는 적다. 우리는 이런 간략한 서술의 배경 위에서만 진정한 고대 교역인의 상을 명료하게 그려 낼 수 있지만, 아직도 그 배경에 대해 엄청나게 다양한 역사상을 반영하려면 많은 수정이 필요하다.

탐카룸은 팩토르형의 상인에 속했다. 그들은 세습적으로 아니면 왕이나 사원 또는 '위대한 분'의 임명에 의해 탐카룸이 되었다. 탐카룸으로서 그들은 신분을 가지며 그 신분에는 특권과 의무가 따랐다. 이 의무에는 여러 것들이 포함되어 있었는데, 짐을 나르는 작업에서부터 조직적인 대상隊商이나 선대船隊의 업무까지를 포함하는 재화의 운반 임무, 모든 상업적 교섭, 정보 수집, 외교, 매매 준비, 가격 교섭, 원격지 교역에 관계된 문제들의 결정 등이다. 또 탐카룸은 중개업자, 경매인, 보관물의 관리인, 공식적인 결제·대부·선불의 대리인, 공무 관리 등의 일도 해야만 했다. 그들의 생계는 그들이 종사하고 있는 상거래에 의존하지 않았다. 생계는 신분에 따른 수입에 의해 보장되고 있었다. 그 대부분은 토지에서 얻거나, 적어도 궁전이나 사원 저장고로부터 그들의 신분에 따른 수당을 청구할 권리를 통해 얻은 것이다. 만약 다호메이의 예처럼, 수입이 특수한 상업 특권에서 얻어지는 것이라면, 특권을 통해 부를 손에 넣는 거래는 탐카룸으로서의 업무와는 제도적으로 구분되었다. 길드 조직이 있는 경우에는 상인이나 교역인은 신분에 따라 거기에 소속되었을 것이고, 수입이나 신분 모두 대체로 길드 체제를 통해 제도화되었을 것이다.

거류 외인형 교역인은 공동체 안에 거주하는 외국인이다. 그들은 거처를 잃어 떠도는 인구에서 나왔다. 즉, 추방자나 정치적 망명자, 유민, 도망 범죄자, 도망 노예, 포로가 된 용병 등의 무리이다. 그들의 직업은 소교역인 또는 작은 배의 선주이며, 또 장터에서 작은 점포를 내어 환전상이나 고리대금업자 일을 하기도 했다.

주로 항구에 거주한 아테네의 거류 외인은 때로는 직인 또는 수공업자이기도 했다. 그러나 대개는 교역에 종사해 재화의 매매로부터 이득을 얻어 생계를 유지했다. 또 선주나 교역인 일 이외에 거류 외인은 '은행가'로서 시장에 있는 의자 뒤에서 주화를 감정하거나 환전하는 천한 일에 종사하고 있었다. 환전상의 수수료는 당국에 의해 규제되었다. 그들 중에는 곡물 상인도 있었는데, 이 또한 엄격한 감독을 받았다. 또한 선주의 경우도 이윤을 규제하는 많은 거래 제한을 받아야만 했다. 그러나 일반적으로 그들은 이윤을 추구할 수 있었으며 그런 동기는 하급 신분에 어울리는 것으로 간주되고 있었다. 선주의 생활은 단조롭고 고달픈 작업의 연속이었다. 괴로운 해상 생활에 찌든 격심한 육체노동이 그들의 삶이었다. 게다가 그 보수로 부를 얻는 것도 기대할 수 없었다. 그들은 토지나 가옥의 소유가 금지되어 있었으며 저당권도 갖지 못했다. 그 결과 부라고 할 만한 것은 아무것도 갖지 못했다. 예외적인 거류 외인의 경우 상당한 돈을 모을 수가 있었지만 생활수준에는 아무런 변화도 가져오지 못했다. 토지나 가옥을 갖지 못한 존재였으므로, 그들은 가령 말을 기른다든지 주연을 베풀거나 저택을 지을 수도 없었다. 소수의 부유한 거류 외인조차 아무런 즐거움도 없는 삶을 살아가고 있었다.

④ 대중적 교역인

교역에 종사에는 모든 공동체에 꼭 전문적 교역인이 있었던 것은 아니다. 어떤 공동체는 공동체 전체가 교역 활동에 종사했는가 하면, 어떤 공동체에는 전문 교역인이 있어서 이들은 특별한 사회 계급에 속하는 자로 간주되었다. 또 달리 어떤 공동체에는 일반 대중이 활발한 교역 활동을 하고 있었는데 이 수도 결코 적지 않았다. 여기서 우리는 이 마지막 형태의 사람들을 대중적 교역인으로 부르고자 한다.

분명히, 교역이 존재한다고 해서 꼭 교역인이 존재한 것은 아니다. 또 설사 전문적 교역인이 있다 해도 그들의 공동체 내의 위치는 사회에 따라 매우 달랐을 것이다.

앞서 보았듯이 원시사회에서 교역은 원칙적으로 집단적 작업이었으며 수장이나 성원 전체의 참여에 의해 이루어졌다. 후자의 경우는, 교역 상대방과 해변에서 여러 번 만나거나 그 지역에서 생산된 식량 또는 공예품을 이웃 섬으로 운반하거나 하는, 어디서나 볼 수 있는 관습에 따라 교역을 했다. 그래서 원시사회에는 대개 교역인이나 상인에 해당되는 전문직 종사자들을 찾아볼 수 없다.

고대사회에 와서야 비로소 전문적 교역인이 출현한다. 이런 맥락에서 우리는 이미 소농형 사회와 제국형 사회를 구분했고, 또 제국형 사회에서도 유목민형과 관개농업형을 구분한 바 있다. 소농형 사회에서는 왕실이 군주제의 몰락과 함께 대개 소멸될 운명에 놓인 교역인 집단을 고용하는 경우가 있다. 아마 고대 그리스의 참주정치 직후와 초기 로마 사회가 이런 예에 속할 것이다. 관개농업형 제국에서는 탐카룸이 신분상의 권리를 갖는다. 몽골의 유목민형 제국에서는 교역이 전적으로 수동적인 형태를 취한다. 교역인도 상인도 계급으로서는 등장하지 않았다. 상인계급은 아프리카의 베르베르인이나 초기 아랍인의 유목민형 제국에서도 나타나지 않았다.

대중적 교역인은 이상의 어느 것과도 아주 다른 존재다. 그들과 함께 비로소 교역이 집단적 살림살이의 원천으로 등장했다. 물론 대중 교역인들 간에도 중요한 부분에서 큰 차이가 있었다. 우리가 본래의 대중적 교역인이라 부르는 사람들은 그 전 생계를 교역에 걸고 전원이 교역에 직·간접적으로 관계하고 있는 사람들이다. 다른 유형에 속하는 사람들—이들이 대다수를 차지한다—에게 교역은 인구 상당 부분이 때때로 종사하는 여러 일 가운데 하나에 지나지 않는다. 예를 들어 짧든 길든 재화를 가지고 외지로 돌아다니는 경우가 그것이다.

본래의 대중적 교역인의 예로는 페니키아인, 로도스인, 서바이킹 등이 있으며 이들은 모두 해상에서 교역 활동을 했다. 사막에서는 베드윈족이나 투아렉족이, 강을 따라서는 동바이킹이나 나이저 강의 케데족이 있었다. 서아프리카의 하우사인, 듀아라 인, 만딩고인들은 정기적으로만 교역 활동을 했고, 말라위인들도 그랬다. 또한 아르메니아인이나 유대인과 같은 유랑민들도 대중적 교역인의 예에 속한다.

2) 재화

먼 곳에서 재화를 입수하고 운반해 오는 것을 결정하는 것은 분명히 긴급한 필요, 그리고 재화의 획득 및 운반의 난이도에 달려 있다. 또 그 필요성이 교역 사업을 효율적으로 조직할 수 있는 정치적·기술적 수단을 가진 사람들에 의해 인식되어야 한다. 어떤 재화를 먼 곳에서 입수하는 결정은 필경 다른 재화를 다른 곳에서 입수하는 것과는 전혀 다른 구체적 조건에서 내려질 것이다. 이 때문에 고대적 교역은 주로 불연속적인 업무로서 특정한 기획 사업에 한정되어 있었고 계속적인 사기업으로 발전하지는 않는다. 예를 들면 로마의 소시에타스societas[징세를 위한 조합]나 이후의 코멘다commenda[6]는 한 가지 사업에 국한된 교역 파트너십이었다. 근대 이전에는 항구적인 교역 결사체에 대해 알려진 바가 없다. 고대의 교역 사업은 입수하고 운반해야 할 재화의 종류에 따라서 달라졌으며, 각기 다른 교역 부분들을 형성하면서 각각에 특정적인 운영 방식과 조직을 갖고 있었다.

이상과 같은 사실들은 너무 잘 알려져 있어서 굳이 언급할 필요가 없어 보인다. 그러나 비시장 교역의 뚜렷한 특징을 올바르게 해석하려면 다음 사실을 상기하는 것이 좋다. 우선 '교역 일반'과 같은 것은 존재하지 않는다는 것이다. 모든 교역은 취급하는 재화에 따라 원래부터 각기 고유하다. 자기 발로 걸어가는 노예나 가축을 수송하는 것은 그 자체 하나의 고유한 사업이다. 이 일과 거대한 바위나 나무둥치를 험한 길을 통해 수백 마일이나 운반하는 일은 전혀 별개의 사업이다. 때로는 마부나 목동과 함께 노새, 말, 양 등이 징발되어 상당히 복잡한 사회문제가 발생한다.

고대 교역의 특이함은 수출입 역시 비시장적 조건하에서 별개의 관리체제로 운영되어야 하는 필요성 때문에 증대된다. 흔히 수출할 재화를 수집하는 과정은 수입 상품이 '배분'되는 과정과는 다

---

6 [옮긴이] 항해를 수행할 목적으로 결성된 중세 무역 조직의 한 형태. 상품의 생산자나 수출업자는 상품을 해외로 가져가 팔 사람에게 넘겨주고 이윤에 대한 배당을 받는다. 항해 비용은 협정된 비율에 따라 양측이 분담하고, 최초의 화주가 항해 중에 발생하는 위험을 전부 부담한다.

르다. 전자, 즉 수집은 공납이나 징세, 봉건적 증여, 그 밖에 명칭이야 어떻든 재화의 중심으로의 집중이며, 후자인 '배분'은 전혀 다른 과정에 따른 위계적 경로를 따라간다. 러시아의 키에프 공국은 모피, 아마, 벌꿀 등을 제후나 대귀족이 그들 신민으로부터 공납으로 거두게 해서 수출했다. '수입품'은 비잔틴제국의 값비싼 비단, 모직물, 보석과 같은 아름다운 장식품이었다. 로마제국에서는 속주로부터 수도로 유입되는 식량 및 안노나annona와 같은 기타 필수품이 순수하게 정치적 의미를 갖는 '수입'품을 대표하고 있었다. 이 물품들에는 대가가 지불되지 않았다. 이 경우, 수입품은 로마로 수송되기 이전에 속주 자체에서 조달해야 했다. 1,500년 후에 유럽 특허회사에 의한 아프리카 무역과 동·서인도 무역이 이런 식이었는데, 유럽으로 수출되는 공납품은 현지 제후나 유럽인 자신에 의해 현지인으로부터 징발하는 방식으로 교역이 이루어졌다.

3) 수송

재화의 경우와 마찬가지로 수송에서도 시장은 땅을 평평하게 하는 기능을 한다. 시장은 모든 차이를 없앤다. 자연이 구별 짓는 것을 시장은 동질화시킨다. 재화와 그 수송 간의 차이도 없어진다. 한쪽은 상품 시장 또 한쪽은 운임 시장이라는 식으로, 모두 시장에서 매매될 수 있기 때문이다. 어느 쪽에나 수요가 있고 공급이 있다. 그리고 마찬가지로 가격도 결정된다. 각종 수송 서비스도 시장이라는 연금술이 부산물caput mortuum로 낳은 비용이라는 측면에서 다양한 재화들을 공통의 척도로 잴 수 있게 된다.

이 동질성은 잘 살피기만 하면, 나쁜 편견을 가진 경제사만 없었다면 좋은 경제 이론을 구축하는 데 기여했을 것이다. 시장 속에서 실종된 경제의 실체적 특성들이야말로 역사의 기본적 재료이다. 우리가 살펴보았듯이 여러 종류의 재화는 고대 교역에서 여러 상이한 갈래들을 형성했다. 상이한 신분의 사람들이 교역 재화를 필요로 했고 그들의 이해관계는 상이한 방법으로 표현되었다. 그들은 자신들의 목적을 달성하기 위해 각기 다른 수단을 갖고 있었고 그래서 발전된 교역 유형들 사이에는 어떤 조직적 공통성도 없었다. 노예나 가축 같이 이동 가능한 재화 그리고 돌, 목재 같이 이동 불가능한 재화 사이의 차이를 무시해 버리면 초기 교역사를 이해할 수 없게 된다.

수송의 경우, 즉 재화를 원격지로 운반하는 경우에, 여행 경로나 운반 수단 또는 운반 양태는 어느 것이나 아주 중요하다. 그리고 재화의 경우와 마찬가지로 이때도 지리적·기술적 문제가 사회 구조와 얽혀 있다. 교역 조직은 자연적·인위적인 위험이나 장애에 대처할 수 있어야 한다. 예를 들어 항해의 경우에는 어떤 한 가지 선박 유형이 자연이나 전쟁 등 돌변사에 대처하는 것으로 사용되었다. 이런 화전和戰 양쪽 용도의 상선商船과는 별개로, 전투용 배가 따로 발달하게 되는 것은 훨씬 나중의 일이다. 이런 점에서 볼 때 군함의 승무원은 '상선'의 승무원의 한 변종에 불과하다. 따라서 선박 승무원의 충원 방식은 선박이 어떤 사업을 하는지의 문제와 는 별 관계가 없었다. 이 점은 교역사를 이해하는데 또 한 가지 중 요한 요점이다.

해적이나 강도의 위험에 대해서 살펴보자면 육로와 연안 해로 는 거의 같은 정도로 위험했다. 단지 공해상에서만 해적의 위험이 별로 없었다(물론 이것은 해로가 더 빈번히 사용되는 후세에는 달라진 다). 초기 제국들(이는 관개라는 정치적 필요에서 바로 생겨났다)을 제외하면 모든 사회에서 육로의 보전이 가장 중요한 존재 조건이었 다. 바빌로니아도 이집트도 중국도 육로를 따라 생겨난 것은 아니 었다. 그들의 수송로는 주로 하천 줄기였다(아카드어로 교역지라는 말은 '항구'를 의미한다). 그러나 터키나 몽골, 아랍, 베르베르 등의 유목 제국은 대륙을 잇는 대상로隊商路를 따라 제국을 확대해 갔다. 그들의 목적은 통상로를 '소유'하는 것이었고 이는 수입품의 유입 을 의미했다. 그 일부는 통행료나 조세, 안전보장의 대가인 현물 지 불로 이루어졌고, 또 달리는 피정복민으로부터 공납으로 받는 원료 품의 교환, 유입으로 이루어졌다.

대상隊商은 제국 건설 이전부터 존재했다. 그들 조직은 경찰력 이 없는 지역을 통과할 필요 때문에 만들어졌다. 틀림없이 초기의 대상은, 왕의 교역이나 전사의 교역이라는 범위 내에서 그들 공권력의 업무를 위해 편성되고 무장된 것이다. 어느 경우든 교역인은 탐카룸의 유형에 속했을 것이다. 그러나 초기 대상 이후에 독립적 대상이 나타났다. 이들은 흔히 예전부터 있던 육로를 빈번히 왕복하는 성곽burgess 상인들로 이루어졌는데, 그들도 소규모로 여기저기 교역하며 돌아다니는 처지였고, 약탈을 일삼기도 하며 크고 작은 마을들을 누비고 다녔다. 이처럼 일정 영역에 정착하지 못한 대상은 옛 도로만을 걸어 다녀야 했고 주변 지역을 지날 때는 절대로 한눈을 팔아서는 안 되었다. 그들 자신도 대체로 그들이 통과하는 지역에 대해 거의 알지 못했다. 그것은 마치 꽉 짜인 예정에 따라 움직이는 현대의 여행자가 비행기로 호텔에서 호텔로 날아갔다 돌아오는 것과 같았다. 대부분의 고대적 노예무역은 이런 대상들에 의해 이루어졌다. 정치적 국경을 가로질러 대규모 노예 수송을 하는 데는 무장 대상과 함께해야 했고 소수 개인적 교역인은 충분한 '통과세'를 물어야만 허용되었다. 이렇게 노예 수송을 할 때는 각 국경에서 그 지역 권력자에게 세금을 바쳤다. 적도 아프리카 서안에는 특히 18세기의 콩고 삼각주에 포르투갈인이 나타난 이후, '강을 따라' 수백 마일에 걸쳐 대량의 노예 매매가 이루어졌는데, 그 비밀에는 필경 위와 같은 비대상형 교역 형태가 있었을 것이다. 이후 19세기가 되면 나이저 강 유역 케데인 식민자들이 그런 비대상형의 하천 유역 교역이라는 목적에 따라 출현했다. 노예를 수송하는 그들의 카누가, 사람이나 짐승을 삼키는 보아뱀이 맹위를 떨치는 구불구불한 강줄기를 누비고 다녔다.

또 다른 측면에서 보면 대상은 군사적 발전의 중요한 기원 가운데 하나였다. 로스토프체프의 지적에 의하면 헬레니즘 시대의 군대는 그 시대 가장 특색 있는 산물의 하나였는데, 그 경제적 가치는 아무리 강조해도 지나치지 않다.7 물론 그는 제국 내의 유동적 부를 형성한 수만에 달하는 종군 상인이나 수공업자 집단 그리고 엄청난 가축 무리에 대해 서술하고 있다. 그것은 괴물처럼 거대화된 몇몇 군사 거점망에 편입된 시장의 미로였다. 사실상 이 군대는 다름 아닌 영광스러운 대상隊商이었다. 그것은 거대한 규모의 자위自衛적 이동 인원 집단을 만들어 내려는 시도의 결과 출현한 최초의 무장 집단이었다. 이것이 셀레우코스 왕조[알렉산더대왕의 영토 중에서 헬레니즘을 계승한 제국]의 스케우에skeue였다. 그런데 이것은 로스토프체프에게 커다란 인상을 주긴 했지만 약 2천 년 후에 자랑스러운 인도의 도시로부터 대산맥 지대까지 하계 대원정을 감행한 대 무갈제국에 비하면 별로 보잘 것이 없다. 타베르니에의 기술에서 보듯이, 무갈제국이 해마다 하는 이 원정에는 쇠퇴한 델리 시의 모든 시장 인구를 포함해 약 50만 명이 따라가 야영을 했다.

---

7 M. Rostovtzeff, *The Social and Economic History of the Hellenistic World*, Oxford: Clarendon Press, 1941, vol. I, pp. 144 ff.

그들은 마치 괴물이 손발을 뻗은 것처럼 산과 들로 퍼져 나가 매일 밤 새로운 땅에서 야영을 했다. 야영지는 정말 훌륭해서 마치 임시로 만든 도시와도 같았다.[8]

4) 쌍방향성

공동체 자체적으로 조달할 수 없는 물품을 입수하는 일은 필경 그 공동체로 하여금 대외 관계를 갖게 한다. 그런 획득의 전前 교역적 형태는 수렵, 원정, 침략이다. 이 경우 재화의 이동은 일방적이다. 사냥, 채석, 벌채, 절도 등 일정량의 재화를 입수하는 일들이 그 행동의 일부가 된다. 나머지 일들이란 수송, 운반, 기타 획득물을 운반하는 일이다. 그러나 지금까지 보았듯이 교역이란 평화적이고 쌍방향적인 활동이며 그 질을 보증하기 위해서는 특정한 조직 형태가 필요하다. 쌍방향적 원리에 입각한, 세 가지 주요 교역 형태로는 증여 교역, 관리 교역 또는 조약 교역, 그리고 시장 교역이 있다.

증여 교역의 경우에는, 초대 친구, 쿨라 파트너, 또는 방문 교역인 등과 같이, 서로가 호혜 관계로 맺어진다. 이 경우의 교역 조직은 대체로 의례적인 것이며, 선물 교환이나 사절 교환, 수장 또는

---

8 Jean Babtiste Tavernier, *The Six Voyages of Jean Babtiste Tavernier*, London, 1678.

왕들 간의 정치적 협상 등이 이에 해당한다. 여기서 취급되는 재화는 대개 재보, 즉 노예나 금, 말, 상아, 의상, 향료 등의 고급 유통품이다. 그렇지만 방문객이 인접 지역border 사람들일 경우에 재화는 보다 '민주적'인 성격을 띤다. 증여 교역은 적대적인 보복 조치를 피할 다른 공인된 방법이 없는 부족사회 사이에서 널리 찾아볼 수 있다. 그리고 1천 년 이상 이어져 온 제국 간의 교역도 증여 교역으로 이루어져 왔다. 이 경우 어떤 다른 쌍무적 원리도 상황의 요구에 들어맞지 않을 것이다. 제국들은 '야만인'으로부터 증여를 통해 이익을 확보했고, 또 약한 쪽 교역 상대자는 강한 쪽의 환심을 사기 위해 더 좋은 선물을 하려고 한다. 그렇게 해서 공물을 바치는 것을 회피한다.

관리 교역 또는 조약 교역은 특허회사와 같이, 비교적 안정되고 조직화된 정치체 또는 반半 정치체의 존재를 전제 조건으로 한다. 이 경우에는 다소 공식적인 성격의 조약 관계가 확고한 기초로 존재한다. 전통적이거나 관습적인 관계가 그러하듯이, 이 경우에도 서로 간에 암묵적인 이해가 있을 것이다. 그런데 권력 집단 사이의 대규모 교역은 비교적 초기 단계에서도 명시적인 조약의 존재가 전제된다(예컨대 기원전 6세기 에트루리아인 시대의 로마와 카르타고 사이의 교역이 그렇다). 조약 교역에서는 수입의 이해득실이 쌍방에 결정적인 요인이다. 이 때문에 교역은 정부 또는 정부 통제 아래 있는 채널에 의해 조직된다. 대개 이 조직은 수입되는 재화의 분배와 동시에 수출품의 수집도 수행하는데, 이 양 측면 모두 국내 경제의 재분배 영역에 속한다. 따라서 모든 교역 업무가 관리적 방식으로 운영된다. 이것은 다음과 같이 거래가 이루어지는 방식을 포함하고 있다. 즉, 교환 비율의 검토, 중량 측정, 품질 검사, 재화의 실제적 교환, 저장, 보관, '지불'의 관리, 신용, 가격차이 및 교역에 종사하는 인원의 관리 등에 관한 일이다. 교역의 대상이 되는 재화는 질, 포장, 중량 또는 달리 쉽게 알 수 있는 기준에 따라 분류된다. 이런 분류 가능한 '교역품'만이 교역 가능하다. 등가는 원칙적으로 '어떤 물품 1단위량' 대 '다른 물품 1단위량'이라는 형식으로 간명하게 설정된다.[9]

홍정은 교역 절차의 일부는 아니다. 그렇지만 상황 변화에 대응하기 위해 불가피한 것으로, '가격'을 제외하고, 크기, 품질, 지불수단, 이윤 등에 대해 홍정이 이루어질 수도 있다. 절차상의 기본은 물론 등가 체계를 바꾸지 않는 것이다. 비상 상황과 같이 현실의 공급 상황에 긴급히 적응하지 않으면 안 될 때가 있다 해도, 2대 1이라든가 2.5대 1, 또는 우리가 100퍼센트 이윤 또는 150퍼센트 이윤이라 부르는 방식의 틀 안에서만 홍정이 가능했다. 이 안정된 '가격'에 따른 이윤의 홍정 방식은 고대사회에서는 상당히 일반적이었

9 Cf. Karl Polanyi, in collaboration with Abraham Rotstein, *Dahomey and the Slave Trade*, Seattle and London: University of Washington Press, 1966, pp. 146-154.

을 것이다. 중부 수단 지방에는 19세기까지 이 방식이 존재했던 사실이 확인되고 있다.[10]

일단 한 지역에서 관리적 교역 형태가 확립되면 이 형태는 이전에 아무런 다른 조약이 없었다 해도 시행될 수 있다. 모든 관리된 대외무역에서 고유하게 나타나는 제도이자 장소가 바로 '교역항'이다.[11] 이것은 비시장경제하의 대외무역에 고유한 기관이며, 대개 해안, 사막의 경계, 하구, 또는 평원과 산악 지대가 만나는 곳 등에 위치해 있다. 한 정부와 교역 상대의 대표(대개는 특허회사나 정부)가 접촉할 때 사용하는 외교적·관리적 방법은 경쟁을 배제하는 것이다. 교역항의 기능에는 다음과 같은 것이 포함된다. 즉, 교역인 측에 군사적 안전을 보장하는 일, 그리고 외국 교역인에게 그들의 권리 보호, 숙박, 양륙, 상품의 저장 등의 편의를 봐주는 일, 법적 권위를 가진 당국자의 수립, 교역할 재화에 대한 합의, '종합 상품 목록'에 포함되는 상이한 교역품의 '비율'에 관한 합의를 할 수 있게 해주는 것 등이다.

교역 방식의 세 번째 전형적인 형태가 시장 교역이다. 이 경우

---

10 Ibid., p. 148.

11 Cf. Karl Polanyi, "Ports of Trade in Early Societies," *The Journal of Economic History*, 23, 1963, pp. 30-45; reprinted in *Primitive, Archaic, and Modern Economics: Essays of Karl Polanyi*, G. Dalton(ed.), Garden City, N.Y.: Doubleday, 1968, Chapter 10.

는 교환이 당사자 서로를 맺어 주는 통합 형태가 된다. 바로 이것이 물질적 부를 서유럽과 북아메리카 쪽으로 분출시킨 비교적 근대적인 교역 형태이다. 이제는 후퇴하고 있는 듯하지만 이 형태는 여전히 가장 중요한 교역 형태이다. 이 경우 교역 가능한 재화—상품—범위는 사실상 끝이 없다. 조직은 수요·공급·가격기구에 따라서 생겨난다. 시장기구는 단지 재화만 취급할 뿐만 아니라, 운임, 보험, 단기신용, 자본, 창고, 은행 시설 등에 대한 특별 시장을 형성함으로써 교역 자체의 모든 요소, 즉 저장, 수송, 위험, 신용, 지불 등도 취급한다.

시장 교역은 물론 교역과 시장이라는 두 요소의 존재를 전제로 한다. 우리는 앞서 교역이 시장과 별개의 독자적 기원을 가진다는 점에 대해 서술한 바 있다. 다른 한편 시장도 반드시 교역에서 유래하는 것은 아니다. 나중에 10장에서 보게 되겠지만, 지역 시장은 분명히 자신의 독자적 기원을 갖고 있다. 따라서 시장과 교역을 어떤 동일한 경제적 에너지로부터 각기 정적인 형태와 동적인 형태로 나타난 것으로 보는 교환경제적catallactic 사고는 잘못이다.

경제사가에게는 교역이 언제, 어떻게 시장과 맺어졌는가 하는 것이야말로 가장 핵심적인 문제다. 어떤 상황에서 시장이 교역 운동의 추진자가 되는가? 그리고 어떤 때와 장소에서 우리는 그 결과인 시장 교역과 만나게 되는 것일까?

이 물음에 대해 우리는 10장에서 대외 시장과 대내 시장을 구분해 각각 검토하게 될 것이다. 대외 시장의 문제는 교역항과 통상적인 국제시장으로 발전해 가는 그 조건들을 단지 시각을 달리해 바라본 것에 불과하다. 공동체 내부 시장의 문제에 대해서는, 엄격한 관리와 규제 아래 놓인 폴리스의 아고라나 동방 세계의 다양한 바자bazaar와 같은 제도가 전환해 외국 교역인들의 자유로운 거래 장소로 되어 간 과정을 검토할 것이다. 나중에 보겠지만 오직 교역만이 두드러지게 경제 제도의 발전에서 일반적인 특징 ― 대외적 발전 경로와 대내적 발전 경로의 양극화 ― 을 보여 준다. 교역의 경우 대외적 교역 경로가 우선했다는 것은 매우 분명하다.

제9장

화폐 물품과 화폐의 용도

I. 의미론적 체계로서 화폐

인류학적으로 볼 때, 화폐는 언어, 쓰기, 또는 도량형과 동일한 의
미론적 체계로 정의되어야 한다.[1] 이런 체계들은 주로 쓰이는 목적
과 사용하는 기호signs에 따라 다르다. 언어와 쓰기는 개념의 전달
이라는 목적을 갖고 있고 도량형은 양적·물리적 관계의 전달이라
는 목적이 있다. 기호의 경우, 언어는 음성을, 쓰기는 표의문자나
가시적인 문자를, 그리고 도량형은 그 상징의 기초로서 물리적 물
품을 각각 사용한다.

---

[1] Cf. Karl Polanyi, "The Semantics of Money-Uses," *Explorations*, October 1957; re-
printed in *Primitive, Archaic, and Modern Economics*, G. Dalton(ed.), Garden City, N.Y.:
Doubleday, 1968, with and appendix, "Notes on Primitive Money."

화폐는 이들 중 어느 것과도 비슷하면서 또 다른 점이 있다. 화폐는 여러 목적으로 사용되는데, 그것은 지금까지 지불수단, 가치척도, 계산 수단, 부의 저장 수단, 교환 수단 등으로 이야기되어 왔다. 이런 말들이 갖는 정확한 의미에 대해서는 나중에 설명할 것이다. 여기서 새삼스레 우리가 이런 전형적인 '화폐의 용도'에 대해 거론하는 것은 그것들이 의미론적 체계로서의 화폐의 '목적'을 대표함을 보여 주기 위해서다. 이런 용도들이 설사 시장경제의 화폐이론에서 나온다고 해도, 우리는 초기 사회의 조건에서는 이런 상이한 화폐 용도들이 확연히 서로 독립적이었다는 사실을 보일 것이다.

이렇게 정의하면 화폐는 물리적 물품에 대해 상징이 부여된다는 점에서 도량형 체계와 흡사하다. 그러나 화폐는 도량형과는 목적에서 차이가 있다. 분명히 화폐는 계산 수단의 역할을 한다. 그렇지만 계산 대상이 되는 것은 얼마만 한 길이, 부피, 무게냐 하는 것이 아니라, 어떤 특정한 상황에서 그것이 우리에게 얼마만 한 중요성을 갖는가 하는 것이다. 이 경우 가장 중요한 용도는 가치척도 또는 계산 수단으로서 화폐다.

언어 및 쓰기 체계에 대해서 보면, 화폐의 상징은 말하기처럼 음성에 부여되거나, 쓰기처럼 가시적 문자에 부여되는 것이 아니라, 대개 금속이나 조개껍질 또는 인쇄된 종잇조각과 같이 물리적 물품에 부여된다는 점에서 다르다. 그러나 말이나 암호로 표시되는 '가공의 단위'와 같은 추상적 기호가 화폐에도 사용될 수 있다. 그리고 이런 사실은 초기 사회에서는 자주 일어나기 때문에 무시해서는 안 된다.

그러나 단지 형식주의적 시각에서 보면 화폐는 언어나 쓰기와 놀랄 만큼 비슷하다. 화폐, 언어, 쓰기는 모두 정교한 의미론적 체계다. 이 세 가지는 어느 것이든 그들 체계의 요소로서 음성, 문자 또는 물리적 물품의 올바른 용도를 만들어 내는 규칙의 코드에 의해 조직되어 있다. 또 세 가지 모두 수많은 용도를 통괄하기 위한 특정 원칙에 따라서 일정한 수의 '전 목적'all-purpose적인 기호를 사용한다. 그러나 화폐의 경우 이런 성격은 오직 현대 화폐에만 해당된다. 이 현대 화폐와 대조할 때 원시사회와 고대사회에서 화폐의 특성이 명확히 드러난다.

초기 사회에는 '전목적'의 화폐는 존재하지 않는다. 서로 다른 화폐의 용도는 통상 서로 다른 상징적 물품이 담당한다. 따라서 어떤 한 가지 물품도 초기 사회에서는 화폐로 불릴 만한 내용을 갖고 있지 않다. 오히려 화폐라는 말은 작은 일군의 물품들에 적용된다. 사실상 여기서 우리는 '특정 목적'의 화폐를 보게 되는 것이다. 이에 따라 다음과 같은 사실이 나타난다. 현대사회에는 원칙적으로 교환 수단으로 사용되는 화폐가 다른 모든 기능들도 동시에 수행하기 때문에 화폐의 다양한 용도 간의 구별은 학술적인 문제에 지나지 않는다. 그런 반면에 초기 사회에서 사태는 근본적으로 다르다. 예컨대 노예가 가치척도나 계산 수단으로서 실질적 부와 대량의 물품을 한꺼번에 계산하는 데 쓰이는가 하면, 또 조개는 단지 소액 계산에만 사용되고 있는 경우를 볼 수 있다. (그리고 실제 노예들이 여러 가격으로 팔리고 있음에도 불구하고, 단위로서 '노예'는 하나의 계산 단위를 대표하면서 통상적 가치를 나타내는 것으로 사용될 수 있다.) 여기서 노예는 외국 군주에게 바치는 공납의 지불수단인 반면, 조개는 대내적 지불수단으로 사용된다는 것도 알 수 있을 것이다. 그리고 귀금속 같은 경우는, 거의 화폐로 사용되는 일이 없고 설사 사용된다 해도 대외무역에서만 사용될 뿐이고, 주로는 부의 축적용으로 쓰인다. 시장 관행이 어느 정도 널리 퍼져 나가면, 이제 화폐는 그 이상으로 대외무역에서 교환 수단으로 사용되고, 이전에는 화폐가 아니었던 몇몇 교역품들이 이 목적을 위해 화폐로 사용된다. 이런 상황의 수많은 조합들이 생겨나게 된다. 많은 물품들 사이에 분산되어 있는 화폐 용도가 하나의 물품에 일반화되지 않으면, 보편적으로 적용될 수 있는 하나의 규칙 같은 것이 나올 수가 없다. 그런 상황에서 다양한 화폐 용도 간의 차이를 조사하는 일은 초기 사회의 화폐제도를 이해하는 데 매우 중요하다.

이를 현대 화폐 조직과 비교해 보면 참으로 다르다. 다른 의미론적 체계와 대비시켜 보면, 말하는 경우의 음성의 분절이나 표기의 경우 알파벳의 문자는 모든 단어에 사용될 수 있지만, 원시 화폐에서는 극단적인 경우, 한 물품은 지불수단으로, 다른 물품은 가치척도로, 또 다른 물품은 부의 저장에 그리고 또 다른 것은 교환 목적으로 각기 달리 사용하는 식이다. 이는, 언어로 비유하면 마치 동사, 명사, 형용사, 부사 등을 구성하는 문자군이 각각 별도로 있는 것과 마찬가지다.

지금까지 말한 '원시적' 화폐 체계에 대한 시론적 서술에는 또 하나의 중요한 대비점이 내포되어 있다. 초기 사회에서 교환 수단으로서 화폐 사용은 화폐의 기본적인 용도가 아니다. 어떤 한 가지 화폐 용도가 다른 것들보다 기본적이라 해도 그것은 교환 수단으로서의 화폐 용도가 없는 공동체에서 볼 수 있는 여러 용법들 가운데 하나이며 결코 교환 수단으로서 용도는 아니다. 현대사회에서는 다양한 화폐 용도의 통합 경향이 분명히 교환 수단으로서의 용도를 기초로 일어나고 있는 반면에, 초기 공동체에서는 독립적인 화폐 용도들이 별개로 제도화되어 있음을 보게 된다. 화폐 용도들 사이에 상호 의존성이 존재하는 경우에는, 지불수단이나 계산 화폐 또는 저장 수단으로서의 용도가 교환 수단에 선행하고 있음을 보게 된다.

원시 화폐를 결코 의미론적 체계로 간주해서는 안 된다고 주장할지도 모른다. 왜냐하면 그것은 체계라고 부를 수 있을 만큼 '체계적'이지 않았기 때문이다. 그러나 우리는 언어나 쓰기가 체계를 갖추어 가기까지 그것들 역시 여러 상이한 원천들에서 나온 것이었다는 점을 상기해야 한다. 마술적 주문, 야생 짐승의 소리와 비숫한 사냥꾼의 고함, 또는 아이들의 '숫자 세기' 노래 등과 같이 여러 상이한 분절 음성들의 역할을 생각해 보라. 이 경우 음성이 언어의 원재료를 만드는 데 기여한 것으로 알려져 있지만 그 전부가 최종적으로 언어에 편입된 것은 아니었다. 그 음성 중의 몇몇은 원래의 생각 전달에서 갖는 기능상 중요성을 줄임으로써 비로소 언어로 편입될 수 있었다. 이와 꼭 마찬가지로 주술용 또는 장식용으로 쓰인 화폐의 초기 기능은 현대 화폐 형태에서는 대체로 제외되었다. 그리고 화폐의 다른 모든 속성들은 지배적인 한 가지 용도, 즉 교환이라는 용도에 종속되어 버렸다.

이리하여 현대 화폐는 교환의 상징을 모든 다양한 용도를 위해 사용하면서, 언어 및 쓰기와 거의 완전히 일치하는 체계로 출현하게 된다. 그러나 넓게 보면 언어, 쓰기와의 유사성은 원시 화폐나 고대 화폐의 경우에도 적용된다. 원시 화폐나 고대 화폐가 현대 화폐와 다른 점은 상징체계가 통일화된 정도에 있을 뿐이다.

2. 화폐의 제도적 분석

그러나 인류 초기 사회의 경제 제도를 공부하는 학도는 화폐에 대해 주의 깊은, 보행자식 접근을 취해야 한다. 조개껍질이나 깃털 또는 쇳조각 등의 물적 매체에 주의를 기울이지 않으면 길을 잃을 위험이 있다. 이런 모든 것을 위해 철학자가 하듯이 기능적 정의를 시도하지 않으면 안 된다. 왜냐하면 어떤 물품도 그 자체로서 화폐는 아니지만, 또 어떤 물품도 특정의 적합한 조건 아래서는 화폐로서 기능할 수 있기 때문이다. 특정 물품이 어떤 용도의 화폐로 사용되는지를 결정하려면 그 물품이 어떤 상황에 사용되는지, 어떤 효과를 갖고 있는지를 밝혀야 한다. 화폐의 기능적 정의의 출발점은 널리 화폐로 지정된 정량화 가능한 물품이 무엇인지, 그리고 이들 물품으로 이루어지는 작용은 무엇인지에 있다. 이제부터 우리는 화폐의 작용이 이루어지는 상황과 그 상황 조건들 아래서 그것이 어떤 소기의 효과를 낳고 있는지에 대해 살펴보려고 한다. 우리는 우선 화폐 물품이 어떤 것인지, 그리고 그것으로 어떤 일이 이루어지는지에 대해, 또는 좀 기술적으로 말해서 물품의 물리적 측면 및 작용의 조작적 측면에 주의를 기울이고자 한다. 어떤 측면이든 화폐의 기본 용도의 기원을 밝히려면, 문자 사용 이전의 사회에 대한 연구로 소급해 올라가야 한다. 문자 사용 이전 사회의 경우, 경제문제의 해결을 위해서는 수량화할 수 있는 물품을 사용하는 조작적 고안물operational device이 필요했다.

인간은 쓰기를 발명하거나 수학적 기호의 사용을 배우기 전에, 당시로서는 자신의 지적 기술의 범위 밖에 있는 복잡한 수량적 문제들을 간단한 손놀림으로 처리할 수 있는 수단을 고안해 냈다. 이런 조작적 고안물이 고대 생활에서 재치 있는 소도구들이었다. 예컨대 주판과 같이 계산을 손쉽게 하는 교묘한 기구들이 그런 것이다. 주판은 여러 상자에 색칠한 구슬을 꿰어 넣어 통계적 계산을 할 수 있게 한 것이다. 그 밖에 수량적 문제를 해결하는 무수한 (이따금 아주 천재적인) 처리법들이 있는데, 이런 신기한 고안물이나 장치에 힘입어, 복잡하고 시간을 잡아먹는 계산을 피할 수 있었던 것이다. 그 두드러진 한 예로서 다호메이의 군사상, 민간 행정상의 정교한 이중 체제를 들 수 있다. 여기서는 대칭성이 거의 모든 관료적 차원에서 점검과 통제를 위한 운영 기구 역할을 하고 있다. 또 다호메이에서는 돌멩이를 적절한 상자에 넣고 매년 센서스를 작성하는 천재적인 방법도 볼 수 있다.[2]

이런 고안물device이 없이는 행정이나 경제도 작동할 수 없었다. 이들 고안물은 기술적 의미에서는 현대에 비해 뛰어나지 않지만, 개념적 노력 없이 생각의 힘을 현실화시킬 수 있기 때문에 그 의미론적 가치는 높다. 이후의 의미론적 체계가 기호의 도움을 빌어 달성한 것을, 이 조작적 고안물은 손놀림으로써 성취한 것이다.

그러나 기호와 소도구 사이의 유사점, 대비점 모두 너무 지나치게 강조해서는 안 된다. 수학과 같은 의미론적 체계가 행렬식과 같

---

2 Karl Polanyi, in collaboration with Abraham Rotstein, *Dahomey and the Slave Trade*, Seattle and London: University of Washington Press, 1966, pp. 41-43, 53 ff.

은 조작적 고안물을 이용하듯이, 계산자와 같은 조작적 고안물이 기호를 사용할 수 있다.

그렇지만 의미론적 체계가 조작적 고안물보다 높은 수준에 있다는 것은 대체적으로는 옳은 이야기다. 소리나 몸짓에 의한 언어, 필기, 도량형, 수학, 예술 등은 우리에게 낯익은 의미론적 체계의 대부분을 차지하고 있는 반면, 조작적 고안물은 그 수가 훨씬 많은데도, 극소수만이 정교한 체계의 수준에 도달해 있을 뿐이다. 일단 쓰이는 기술이나 수학, 도량형 등의 체계가 발달하게 되면, 이런 고안물의 대부분은 문명화된 상태에서는 계속 살아남지 못한다. 문명 단계에 도달하면 조작적 고안물은, 그것이 원시적 상황에서 확실히 중요한 것이었다 해도, 쓰기나 계산의 조잡한 대용품이 되어 버린다. 조작적 고안물들은 고대 정치와 경제가 달성한 많은 것들 — 쓰기나 수량계산 방법 없이도 어떻게 그토록 완벽한 조직화가 가능했는지 — 을 이해하는 열쇠가 된다.

화폐 사용의 기원과 발달의 문제에 대해서는, 화폐 물품과 그것을 기반으로 이루어지는 작용 간의 관계가 결정적으로 중요하다. 화폐 물품의 주요한 특징은 계량이 가능하다는 데 있다. 이 성질이 있기 때문에 화폐는 여러 용도를 가진 고안물로 기능할 수 있다. 화폐의 각각의 용도는 특정한 기준에 달려 있다. 기준이란 그 용도에 대한 필요를 낳는 사회적·문화적 상황, 물품에 대한 조작상의 특정한 취급, 그리고 그 상황에서 야기되는 효과 등을 말한다. '상황'은 일반적인 사회학적 사실이고, '취급'handling은 조작상 규정되는 것이며, '효과'는 필요가 충족되는 양태다.

상호 교환 가능한 물리적 단위(대체 가능물res fungibiles)가 지금부터 서술할 용도들 중 어느 한 가지 기능을 수행할 때, 우리는 이것을 화폐로 간주할 수 있다. 대체 가능물은, 중세법에서는 '거래에서 계량이 가능한 물품'res quae numero pondere ac mensura consistunt으로 순전히 조작적인 방식으로 정의되고 있다. 조개껍질, 주화, 깃털, 계산 수단으로서 보리, 은행권, 또는 다른 수많은 교환 가능한 물품들이 아래에서 서술하는 용도로 사용되면 우리는 이를 화폐로 간주한다.

I) 지불

지불이란 계량 가능한 물품(대체 가능물)을 넘겨줌으로써 채무를 이행하는 것이다. '넘겨줌'이란 하나의 실행이고 '채무 결제'란 기대하는 효과다. 그런데 누군가가 '채무를 진' 상황에서 이런 작용과 효과가 필요할 때 화폐 사용의 필요성이 생겨난다. 물론 채무의 성질상 같은 수단으로 결제할 수밖에 없는 상황도 있을 것이다. 그때는 계량 가능한 물품을 넘겨줌으로써 이루어지는 '채무 결제'가 반드시 화폐 지불의 형태로 이루어질 필요는 없다(채무 상환이 '현물'로 이행될 때가 그런 경우다).

2) 가치척도

화폐의 가치척도 용도에서는 여러 상이한 종류의 대상에 대해 '사과와 배 더하기'와 같은 산술적 조작이 필요한데, 이 경우에 특정한 물리적 단위가 준거로 사용된다. 단위를 '다룬다'는 것은 적어도 하나의 단위에 수량적인 가치를 '부여하는' 조작이다. 이렇게 해서 '사과와 배'가 '척도'로 연결되어 더해질 수가 있다. 또 그렇게 함으로써 물물교환도 용이해진다. 왜냐하면 어느 쪽 물품이든 가치를 매길 수 있고 더할 수 있기 때문이다. 기본 물자 재정의 경우도, 원칙적으로 사과나 배처럼 상이한 기본 물자의 수량적 가감이 필요하다. 따라서 하나의 '척도'를 필요로 한다.

3) 부의 저장

부의 저장은 계량 가능한 물자의 비축으로서, 그 목적은 ① 장래의 처분이나 아니면 ② 단순히 재보에 있다. 저축의 '사회학적 상황'이란 사람들이 ⓐ 자신들이 가지고 있는 물자를 현재 소비하지 않거나 파괴하기를 택하는 상황, 또는 ⓑ 특히 권력, 특권 및 거기서 발생하는 영향 등을 보유하는 데 따른 이익을 택하는 상황을 말한다. 거기에 포함되는 '조작'에는 보유, 저장, 관리가 있다. 이는 후일 사용하기 위한 것이거나, 그 물품의 소유 또는 과시를 통해 소유자 및 그가 속한 집단의 명성을 높이기 위한 것이다.

4) 교환 수단

교환 수단으로서 화폐의 용도는 계량 가능한 물자를 간접 교환할 때 사용하는 것이다. 이 조작에는 화폐 물품을 매개로 한 두 개의 연속적 교환 행위가 포함된다. 그러나 일단 간접 교환이 받아들여지면 그 연쇄는 화폐로 시작되어 더 많은 화폐로 끝난다.

예외적으로, 화폐라는 말이 물리적 단위 이외의 다른 것에 적용되는 경우도 있다. 그런 '가공架空 단위'는 화폐 용도로 사용되는 쓰기 기호, 말하기 어휘, 기록된 행위 등이다. 그 '조작'은 대개 물리적 단위와 비슷한 효과를 갖는 가공 단위로 부채 계정을 표시하는 것이다. 고대사회에서는 초기 아시리아나 후기 이집트의 기본 물자 재정staple finance에서처럼 가끔 '가공 단위'가 결제 수단으로 사용된다.

이와 정반대되는 예외로, 화폐 용도로 사용되는 물리적 단위가 비화폐 용도로 쓰일 수도 있는데, 어린 아이에게 산수를 가르치는 데 주화를 사용하는 경우가 그런 예다. 그 물리적 단위들은 이미 실제로 화폐 용도로 사용되고 있으므로 확실히 화폐이지만, 이 경우는 통계적 목적이나 단순히 중량, 표식, 증표 등과 같이, 단순한 조작상의 목적으로 사용될 수가 있다.

3. 교환 수단으로서의 화폐

전통적인 화폐 이론에서는 화폐를 주로 교환 수단으로 본다. 이는 최초에 물물교환이 있고 그것을 촉진하는 행위가 존재하는 것을 가정한다. 즉, 필요한 재화를 입수하기 위해 그것과 교환할 화폐를 얻는다는 의미이기도 하다. 이것이 경제학자가 말하는 '간접적 교환'이다. 오늘날 시장경제에서 화폐는 주로 이 용도와 동일시되고 그밖의 용도는 모두 이 한 가지 기본 용도에 종속되어 있다. 이 가정은 현대 경제사상의 전 분야에서 가장 강력한 가정 가운데 하나다.

스미스나 리카도뿐만 아니라 사회학자인 스펜서나 뒤르켐, 모스, 짐멜 등도 역시 분업이 교환을 내포한다는 시장주의적 오류에 희생됐다. 그리하여 화폐를 교환 수단으로 정의하는 치명적 과오는 인류학자들에 의해 문자 사용 이전의 사회로까지 확대 적용되었다. 레이먼드 퍼스가 말한 바와 같이 "어떤 경제체제에서도, 그 것이 아무리 원시적이라 해도, 어떤 물품이 하나의 공통적인 교환 수단으로서 기능할 때, 즉 다른 종류의 재화를 획득하기 위한 편리 한 디딤돌로서 기능할 때에만 그 물품을 진정한 화폐로 볼 수 있 다"[3]라고 말할 지경이 되었다. 퍼스 교수는 나중에 그 입장을 완화 했지만, 화폐에 대한 이런 편협한 정의는 화폐의 성질에 대해 왜곡 된 이미지를 낳았고, 결국 비시장경제를 분석함에 있어서 거의 극 복하기 어려운 장애물이 되었다.

이런 대표적 견해에 따르면 화폐의 교환 수단적 용도야말로 그 본질적 기준이 된다. 그것은 현대사회에서뿐만 아니라 원시사회에 서도 그렇게 된다. 원시 상태에서조차 화폐의 네 가지 용도는 분리 불가능하다는 것이다. 이 견해에서는 교환 수단으로 기능하는 계 량 가능한 물품만이 화폐로 간주된다. 지불수단이라든가 가치척도, 부의 저장 수단 등의 기능은, 그것이 교환 수단적 용도를 내포하지 않는 한, 화폐가 갖는 성격으로서는 중요성이 없다. 교환 수단이 화폐의 다양한 기능들을 일관되게 연결 짓게 하고 그래서 체계 전 체를 논리적으로 통합하는 용도라고 주장된다. 이 용도 없이는 진 정한 화폐란 있을 수 없다는 것이다.

---

3 Raymond Firth, "Currency, Primitive," *Encyclopaedia Britannica*, 14th edition.

그러나 우리는 이런 식의 정의가 너무 현대주의적인 접근 방법을 취했다는 점에서 오류를 범하고 있다고 생각한다. 이렇게 된 데는 원시 화폐의 성격에 관해서 아직 부분적으로 불분명한 점이 불식되지 않고 있는 점도 책임이 있다. 화폐의 용도에 관한 초기 역사를 보면 화폐를 주로 교환 수단으로 보는 견해를 지지하는 사실은 아주 적다는 것이 명백하다. 그러나 이를 단순한 정의상의 문제로 본다거나, 개념상의 문제에 불과하다고 보는 것도 모두 잘못이다. 화폐의 다양한 용도가 서로 분리·독립되어 제도화되어 있었다는 것은 곧 초기 사회의 작동 기제 및 구조를 포함한 사실에 대해 문제를 제기하는 것이 되며, 이것은 화폐의 교환 수단 이외의 용도에 대한 검토에서 드러날 것이다.

4. 지불수단으로서의 화폐

현대적 의미의 지불이란 수량화된 단위를 넘겨주고 채무를 결제하는 것이다. 화폐를 동반하는 지불 관계와 경제적 거래에 따른 채무 관계 이상으로 이것을 명료하게 보여 주는 것은 없다. 그러나 지불의 기원은 거래에 따른 채무이행을 위해 계량화된 물품을 사용하기 이전의 시간으로 소급된다. 경제사에서 지불과 채무의 다양한 형태를 보기 위해서 우리는 전前 경제적·전 법률적 기원을 추적해볼 필요가 있다.

지불은 민법, 형법, 종교법sacral 간의 구별이 이루어지기 전에도 이미 존재했다. 이 사실에 의해 지불과 형벌, 그리고 채무와 범죄 간의 근친성이 부분적이긴 하지만 설명될 수 있다. 그러나 그 발달이 단선적이었다고는 가정할 수 없다. 오히려 채무는 범죄와는 다른 기원을 가지고 있었을 것이다. 형벌도 종교적 기원과는 다른 곳에서 나왔을 것이다. 또 지불은 형벌과는 전혀 다른 조작상의 요소를 내포하고 있다. 그러나 역사적으로 보면 민법이 형법의 뒤를 잇고, 형법이 종교법의 뒤를 이은 것은 대체로 사실인 것 같다. 그래서 지불이란 죄인, 부정한 자, 약자, 신분이 낮은 자에게 주어지는 책무였다. 그것은 곧 신, 신관, 명예가 있는 자, 강자 등에 대한 책무였다. 형벌도 역시 책무 위반의 경우처럼 종교적·사회적 관점에서 내려졌다. 형벌은 육체적 파괴로만 그치지 않고 그 존엄성이나 위신, 신분의 실추라는 결과를 초래했다.

채무의 형태에 대해서는 그 위배가 법적으로 어떤 결과를 초래하는지를 통해 알아볼 수 있다. 그러나 많은 채무들은 관습에서 생기며, 채무를 이행하지 못하는 경우에만 범죄가 된다. 어떤 경우든 수지 균형의 회복이 곧 지불을 동반할 필요는 없다는 점에 주목해야 한다. 왜냐하면 채무란 대개 특정적이고 그 이행은 양적인 것이 아니라 순수하게 질적인 일이며, 그 때문에 거기에는 지불이라는 필수 요소가 빠져 있기 때문이다. 종교적·사회적 책무의 위반은 그것이 신에 대한 것이든, 아니면 부족, 혈족, 토템, 촌락 공동체, 연령집단, 카스트 또는 길드에 대한 것이든 간에, 지불에 의해 보전되는 것이 아니라 합당한 때, 합당한 방법에 의해, 합당한 일을 함으로써만 보상되는 것이다. 구혼, 결혼, 인내, 춤, 노래, 몸치장, 연회, 한탄, 고충, 그리고 때로는 자살 등과 같은 행위로 채무에서 해방되는 경우가 있다. 그러나 그것들은 결코 화폐적 의미의 지불은 아니다.

그렇지만, 이런 점에서 화폐의 지불수단적 용도의 한 가지 요소로서 계량 가능성이 나타난다. 형벌이 지불과 비슷할 때가 있는데, 채찍질, 빌면서 절구 주위 돌기, 단식 등으로 위반 사실을 소멸시키는 경우처럼, 죄의 면제 과정이 계량화되어 있는 경우에 그러하다. 그러나 형벌이 '지불 의무'로 되어 있음에도 불구하고, 위반은 계량 가능한 물품의 양도에 의해서가 아니라 아직도 계산할 수 있는 생명의 가치나 종교적·사회적 신분의 상실로써 보상되고 있다.

채무를 진 사람이 결제에 사용한 단위가 물리적 물품인 경우 이제 비로소 화폐의 완전한 지불수단적 용도가 나타난다. 예컨대 제물로 바치는 짐승이나 노예, 장식용 조개, 일정 분량의 식량 등이 그런 것이었다. 그러나 이런 경우도 지불 방식에 변화가 있을 뿐 이행하는 채무의 성질에는 변함이 없다. 그 채무는 여전히 압도적으로 비경제적이다. 벌금 지불이나 합의금, 세금, 공납 등과 같은 경우, 또 선물이나 답례, 신이나 조상 또는 죽은 사람에게 제물을 바치는 경우도 그러하다. 하지만 여기에는 중대한 차이가 있다. 수취인은 지불인이 잃은 것을 얻는다는 점이다. 이 과정은 갚아야 할 의무의 법적 개념에 정확히 들어맞는다.

그러나 지불의 주된 효과는 이전과 마찬가지로 지불인에게 권력의 실추나 신분 격하를 초래한다는 점에 있을 것이다. 고대사회에서는 희생자를 정치적으로 파멸시킬 정도로 터무니없는 벌금을 부과해서 파산시키는 일은 없었다. 이런 식으로 권력과 신분은 오랫동안 경제적 소유 그 자체보다 우월한 성격을 유지했다. 축적된 부의 정치적·사회적 중요성은 부자가 자기 신분을 무너뜨리지 않으면서 지불 능력을 갖고 있다는 점에 있었다. 고대 문명이 시작되었을 때는 바로 이런 상태였다. 그런데 갑자기 재보가 가공할 정도로 정치적 중요성을 띠게 되었다. 부가 직접적으로 권력으로 전화했다. 짧은 역사적 기간 동안에 그것은 자기 완결적인 제도가 되었다. 부자는 힘이 있고 명예도 있었기 때문에 지불을 받았다. 타인을 고문하거나 살육하는 힘을 사용하지 않아도 증여 그리고 수수료가 그의 수중에 흘러들어 왔다. 그렇지만 그의 부는 증여의 기금으로 사용되면서 권력의 능력을 보장해 주었다.

그러나 일단 화폐가 사회 속에서 교환 수단으로 확립되면 당연히 지불수단으로 사용되는 범위도 훨씬 확대된다. 시장체제가 도입되면 새로운 형태의 채무가 경제적 거래의 법적 형태로서 출현하게 된다. 지불은 이제 거래에서 생긴 이익에 대응해서 나타난다. 화폐는 이제 교환 수단이기 때문에 지불수단이 된다. 지불의 독자적인 기원이라는 관념 자체가 사라진다. 그리하여 지불이 경제적 거래가 아니라 종교적·사회적·정치적인 책무로부터 직접적으로 생겨난, 저 천 년에 걸친 인류 문명이 망각되어 버렸다.

5. 저장 수단으로서의 화폐

화폐의 또 하나의 용도, 즉 부의 저장은 부분적으로는 지불의 필요에 그 기원을 두고 있다. 지금까지 보았듯이 지불이란 주로는 경제적인 용어가 아니다. 부 또한 그러해서, 초기 사회에서 부는 대개 재보로 이루어져 있었다. 지불과 마찬가지로 부의 축적도 생존의 범주라기보다 사회적인 범주다. (지불의 경우와 마찬가지로) 부를 인간 생존이라는 의미로 보면, 그것은 소, 노예, 그리고 기타 통상적 소비 대상이 되는 내구재 형태로 저축하는(그리고 지불도 하는) 것이 된다. 확실히 부를 저장하는 것, 그 저장된 것으로 지불을 이행하는 것 모두 생존이라는 측면에서 볼 때 중요하다. 그러나 이것은 지불이 대체로 여전히 비경제적 이유에서 이루어진다고 하는 한계 내에서만 옳다. 이는 부를 저축하고 있는 부자 또는 저축물을 지불에 사용하는 일반 신민民民들 모두에 해당된다. 부를 가진 자는 종교적·정치적·사회적 이유에 따른 벌금이나 합의금, 세금 등을 지불할 수가 있다. 그가 신분 고하의 종자로부터 받는 지불은 세금, 지대, 증여로서, 즉 경제적 이유가 아니라 사회적·정치적 이유에 근거해서 이루어진다. 그 이유는 보호에 대한 순수한 감사나 훌륭한 하사품에 대한 칭송에서부터, 노예로 전락하거나 죽임을 당할 것에 대한 두려움에 이르기까지 다양하다.

일단 화폐에 교환 수단으로서 용도가 생겨나면 곧바로 부의 저장 수단의 속성도 지니게 될 것임은 부정할 수 없다. 그러나 여기에는 지불의 경우와 마찬가지로, 계량 가능한 물품이 교환의 매개 수단으로 확립되어 있을 것이 전제된다.

6. 가치척도 또는 계산 수단으로서의 화폐

가치척도로서의 화폐는 지불이나 저장의 경우보다 교환 수단으로서의 용도와 더 밀접한 관계가 있는 것 같다. 교환은 가치척도에 대한 필요가 생겨나는 두 가지 다른 원천 중의 하나이다. 다른 하나는 중앙 관리다. 교환에는 물물교환이 포함되며 중앙 관리에는 저장이 포함된다. 얼핏 보면 둘 사이에는 별 다른 공통점이 없다. 전자는 개인적 교환 행위이고 후자는 중앙 관리의 행위다. 따라서 둘은 아주 대조적이다. 그러나 물물교환이나 저장 모두, 어떤 가치척도 또는 계산 화폐가 없이는 효율적으로 이루어질 수가 없다. 계산 화폐에 의한 산정의 도움 없이 어떻게 일정 면적의 토지가 전차나 마구, 당나귀, 수소, 기름, 옷, 기타 작은 물품들과 교환될 수 있을까. 고대 바빌로니아에는 교환 수단 없이 다음과 같이 물물교환이 이루어진 유명한 예가 있다. 은 816세겔shekels⁴짜리 토지는 전차 100세겔, 마구 여섯 세트 300세겔, 당나귀 130세겔, 당나귀구䴁 50세겔, 수소 30세겔과 교환되었다. 나머지는 자잘한 물품들이었다.

교환이 없는 경우, 광대한 궁전 및 사원 창고의 관리에 대해 동일한 원리가 적용되었다. 관리인이 생필품을 취급할 때는, 부득이 여러 각도에서 그것들이 갖는 중요도를 가늠해야만 했다. 바빌로니아의 유명한 회계상의 원칙은 "은 1단위는 보리 1단위와 같다"는 것이었는데, 이는 에슈눈나법의 첫머리 2개 조문, 그리고 마니스투수Manistusu의 기념비에 기록되어 있다.

원시사회 및 고대사회의 자료들을 분석해 보면, 교환수단으로서 화폐의 용도가 다른 화폐 용도를 낳았다고 단언할 수 없음을 알

---

4 [옮긴이] 고대에 널리 사용된 무게 단위로 1세겔은 11.4그램이다. 세겔이라는 히브리어 자체가 원래 '무게를 달다'는 뜻이다. 나중에는 화폐단위로 사용되어 그리스의 4 드라크마에 상당하는 은화로 통용되었다.

게 된다. 그 반대로, 지불, 저장, 계산 수단으로서의 화폐 용도는 각기 별개의 기원을 가지며 상호 독립적으로 제도화되었다.

7. 화폐 용도에서 재보와 기본 물자

구매 용도로 사용할 수 없는 화폐를 가지고 지불 용도로 사용할 수 있을 것으로 생각하는 것은 거의 자가당착적인 것처럼 보인다. 그러나 화폐가 교환 수단으로는 사용되지 않더라도 지불수단으로는 사용되는 경우가 있었다는 우리의 주장은 바로 이런 의미의 주장이다. 초기 사회의 두 가지 제도, 즉 재보와 기본 물자가 이에 대해 일부 설명을 제공한다.

재보는 다른 축장된 부의 형태들과는 구별해야 한다. 이 차이는 주로 생존의 문제와 관련된다. 용어의 정확한 의미로 보면 재보財寶란, 위신재威信財로 이루어진다. 이는 단지 소유 자체만으로 사회적 무게, 권력, 영향력 등을 부여하는 '귀중품'이나 의례품을 포함한다. 재보는 줄 때나 받을 때 모두 위신을 높인다고 하는 기묘한 성격이 있다. 재보가 소지자를 바꾸며 유통되는 데는 나름의 목적이 있는데, 이는 주로 그 적절한 사용을 위한 것이다. 심지어 식량이 '재보화'될 때조차도, 생존이라는 관점에서는 아무리 어리석게 보인다 해도, 성원 간에 식량이 오고 간다. 그러나 식량이 재보로 기능하는 경우는 드물다. 왜냐하면 고급 식량(예를 들면 도살된 돼지)은 보존될 수 없고, 보존될 수 있는 식량(보리나 기름)은 매력이 없기 때문이다. 다른 한편 귀금속은 거의 보편적으로 재보로 통용되지만, 생존을 위해서는 쉽게 교환되지 않는다. 왜냐하면 아프리카의 황금해안이나 리디아처럼 특별히 금이 많이 나는 지역을 제외하면, 서민이 황금을 과시하는 것은 무례하게 여겨졌기 때문이다.

그럼에도 불구하고 재보는 다른 권력 원천들과 마찬가지로 커다란 경제적 중요성을 가질 수 있다. 왜냐하면 신이나 왕 또는 추장은 재보를 주는 자신들의 뜻대로 신민들을 봉사시킴으로써, 간접적으로 자신들에게 식량, 원료, 노동 서비스 등의 대량 확보를 실현할수 있기 때문이다. 결국 이 간접적인 처분의 권력은 징세에 관한 중요한 권력도 내포하는데, 그것은 물론 재보를 받는 자가 그 부족 내지 일반 민중에 대해 큰 영향력을 갖고 있는 데서 유래한다.

8. 고대 그리스에서 재보와 권력

고대 그리스에서 재보, 즉 위신재인 물품kat' exochen은 오직 소수 사람들 사이에서만 유통되는 부의 형태였다. 그것은 금이나 은으로

된 도구 화폐tool money ─ 솥이나 접시 ─ 의 형태를 취했다. 그것은 다른 재보에 대한 답례품으로서 쓰이기도 하고, 신 및 신관 또는 왕, 추장, 지방 군주 등과 가까워지기 위한 위신재로 쓰이기도 했다. 금 이외의 재보, 즉 말, 상아, 숙련 노예, 예술 작품, 고급 의상 등이 답례로 주어질 때는 그 상대 물품도 그런 위신재여야 했다. 세계의 어떤 지역에는 수수를 아무리 많이 주어도 한 명의 노예나 한 필의 말도 구할 수 없고, 또 은으로는 한 사람의 장군도 매수할 수가 없는 곳이 있다. 그런 일에는 황금이 필요하다. 이와 같이 귀족 간의 위신재의 유통은 많은 고대사회에서 볼 수 있는 현상이지만 그리스가 특별히 두드러진 예를 제공한다.

고대 그리스에서 재보는 이동 가능한 권력 형태라 할 만한 것이었다. 그것을 소유하고 있다는 사실에서 나오는 효과는 직접적이었다. 누구든 재보를 소유하는 자는 단지 그 사실만으로도 강력한 존재가 된다. 즉, 명예를 얻고 타인이 두려워하는 대상이 된다. 분명히 위신에 의해 주어진 힘은 흔히 장기적인 경제적 이익을 기대할 수 있는 것이었다. 그러나 정치적 힘과 경제적 힘을 확연히 구분하려는 것은 가공적이다. 인력에 의한 여러 서비스가 중요한 경제적 자원이 되어 있고, 또 이 특별한 자원에 대한 처분권이 친족 관계, 피보호 관계, 또는 반봉건적 종속 관계로 조직되어 있는 세계에서는, 그런 차이는 거의 의미를 갖지 못한다. 봉건사회가 충분히 발전되기 이전에는 토지 소유에 따른 정치적 이익과 경제적 이익이 두 종류의 하위 서비스의 제도적 분화로 구별되어 있지 않았다. 그 이전에는 재보의 소유에 의한 경제적 이익조차 통상 정치적 권력 속에 내포되어 있었다. 그럼에도 불구하고 토지나 소와 같은 부의 형태는 다른 물자에 비해 훨씬 더 직접적으로 경제적인 것이었다. 이렇게 분명히 경제적인 소유물의 경우에도 그 경제적·정치적 편익은 확연히 분리하기 어렵게 서로 밀접히 얽혀 있었다.

이처럼 명예와 효용이라는 두 가지 동기가 뒤섞여 있었음에도 불구하고 재보의 이동에 따른 경제적 효과는 특별했다. 정말 고대 사회에서 중요한 경제적 사업, 특히 노동을 대량 동원하는 것과 같은 사업의 본질을 알 수 있는 열쇠는 재보의 역할에서 찾아야 한다.

기원전 6세기경 그리스의 어지러운 역사는 알크메오니다이 가문의 융성, [솔론의 개혁 이후 혼란기에 참주가 된] 페이시스트라토스 가문에 의한 추방, 클레이스테네스[5] 지도하의 국가 영광의 부활 등을 포함하고 있는데, 우리는 여기서 재보 사용의 완벽한 사례를 볼 수 있다. 이 일들은 거의 두 세대에 걸쳐 일어난 일들이었다. 사건의 전 과정에 걸쳐 경제적 성취가 두드러진다는 점이 특징적이다.

---

5 [옮긴이] 모든 시민에게 평등한 참정권을 주는 행정구역을 만들고, 참주의 출현을 막기 위해 도편추방제를 도입하는 등 아테네 민주정의 초석을 마련했다.

I) 알크메오니다이 가

알크메오니다이 가家의 재산은 그리스 세계에서 전설적인 것이었다. 그것은 다음과 같이 해서 이루어졌다.

알크메오니다이 가는 옛날에도 아테네에서 유명한 가문이었지만 알크메온의 시기, 그리고 메가클레스의 시기에 와서 융성하게 되었다. 이 두 사람 중 첫 번째 인물, 즉 알크메온은 메가클레스의 아들로서, 리디아의 크로이소스 왕이 델포이의 신탁을 받기 위해 그 수도 사르디스에서 사신을 보냈을 때 그 사신들을 기꺼이 잘 보살펴 임무를 완수하도록 도와준 인물이다.[6]

알크메오니다이 가는 그들의 정치적 영향력을 신神과 거래했는데, 실망하는 일이 없었다.

크로이소스 왕은 때로 신전에 사신으로 갔던 리디아인들로부터 알크메온의 친절함을 전해 듣고 그를 수도 사르디스로 초대했다. 알크메온이 사르디스에 왔을 때 크로이소스 왕은 그에게 선물을 주려고 했는데 그것은 황금을 한 번에 최대한 많이 가져갈 수 있게 한 것이

---

6 Herodotus, *The Persian Wars*, VI. 125.

었다. 이렇게 황금이 자기에게 선물로 주어질 것을 안 알크메온은 꾀를 내어 다음과 같이 이것을 받아 갈 준비를 했다. 그는 허리 부분을 커다란 자루처럼 만든 옷을 헐렁하게 걸치고는, 자신이 아는 한 가장 넓은 바닥으로 된 장화를 신고 안내인을 뒤따라 보물 창고로 들어갔다. 거기서 그는 황금 더미 위에 앉아 우선 장화와 발 사이에 최대한 많은 금을 집어넣은 다음, 옷 사이에도 금을 가득 채웠다. 그리고 머리털 사이에도 뿌리고, 입에도 조금 머금고 창고 밖으로 나왔다. 그 모습은 사람 같지 않아서, 거의 발을 끌 수가 없었고 입속도 가득 차고 몸은 모든 곳이 불룩불룩했다. 크로이소스 왕은 크게 웃음을 터트렸다. 그리고 그 모든 금을 다 가져가게 했을 뿐만 아니라, 다시 그만큼의 금을 더 선물로 주었다.[7]

헤로도토스는, 이런 식으로 이 가문이 대부호의 대열에 낄 수 있게 되었다고 결론 내린다. 알크메온은 건축계약을 하면 기한 전에 이행함으로써 델포이 신에 대해 답례를 표시할 수 있었으며, 아폴로의 무녀를 매수해서 스파르타인에 대한 신적인 영향력을 얻어 그들로부터 전차 경주마를 확보해 올림피아에서 월계관까지 차지했다. 그것은 전통적으로 국내에서 최대의 영향력을 확보하는 가

---

7 Ibid, VI, 125

장 가까운 지름길이었다. 스파르타인과 같은 일급의 외국 군대를 등에 업고 있다면 특히 그러했다.

이것은 알크메오니다이 가가 아테네로 개선한 간략한 이야기이다. 알크메오니다이 가는 페이시스트라토스가 마침내 권력을 회복하자 아테네에서 도망쳤다. 그 뒤 그들은 몇 번이나 고향 수복을 기도했지만 허사로 끝났다. 알크메오니다이 가가 아티카에 쌓은 요새였던 립쉬드리움Lipsydrium을 마침내 페이시스트라토스에게 빼앗겼을 때, 그들은

아무 계책도 쓰지 않았으면 성공을 가져다줄지도 모르는 상태에서 과감히 탈출할 것을 결심하고, 암피크튜온 회의의 대의원들과 현재 델포이에 짓고 있는 신전의 건립을 계약했다. 그 당시는 신전이 없었다. 이리하여 대부호가 되고 고대의 뛰어난 가문의 일원이 되었으며, 나아가 계획된 것 이상으로 웅장하고 화려한 신전을 건설하기로 했던 것이다. 그들이 한 일 중에는, 계약에는 조잡한 석재를 쓰도록 되어 있었지만 파로스 섬의 대리석으로 벽면을 마무리한 것도 포함된다.[8]

---

8 Ibid, V, 62.

이 대목에서 우리가 말하고 싶은 것은 그들이 건축계약의 이행에 화폐를 사용했다는 것이다. 그러나 이는 금전적 이득을 최대한으로 얻기 위해서라기보다 공적 관계를 개선하기 위한 투자였다. 그렇게 사려 깊고 관대한 행위에 의해 그들은 헬레니즘 세계의 갈채를 받아 정치적 영향력을 증대시켰다. 그 다음에, 헤로도토스의 서술은 알크메오니다이 가가 아테네에서 권력을 회복하기 위해 벌인 서사적 투쟁의 결정적인 단계로 들어간다. 여기서 재보는 권력의 이동을 훨씬 더 직접적으로 설명해 준다.

우리가 아테네인의 말을 믿는다면, 알크메오니다이 가의 사람들이 델포이에 머무르고 있을 때 이들은 아폴로의 무녀에게 뇌물을 주어 설득하기를, 스파르타인이 신탁神託을 구하러 오면 언제든, 개인 사업, 국가사업을 막론하고 아테네를 해방시켜야 한다고 전하라 일렀다. 그래서 스파르타인들은 무녀로부터 이외에 다른 대답이 나오지 않는 것을 알고는 아스텔의 아들 안키모리오스를 아테네 원정군 사령관으로 삼아 페이시스트라토스 가를 몰아내도록 파견했다.[9]

보통 때 같으면 수사적인 어구를 반복하는 것을 꺼렸을 아리스

---

9 Ibid, V, 63.

토텔레스도 스파르타군의 도움을 받은 알크메오니다이 가의 부활 이야기의 요점을 다음과 같이 확인해 주고 있다.

> 어떤 방법으로든 실패하자 그들[알크메오니다이 가]은 델포이 신전을 재건하는 계약을 체결했다. 스파르타인의 지원을 확보하기 위해 그들이 가진 부를 사용한 것이다. 이에 따라 무녀는 신탁을 받으러 온 스파르타인에게 아테네를 해방시켜야 한다고 계속해서 명했다. 마침내 스파르타인들이 그렇게 하도록 성공할 때까지…….[10]

그러나 이것만으로는 금과 명예와 안전이 유통되는 과정에서 크로이소스 왕[11]이 수행한 역할이 간과될 수 있다. 건축계약에 의해 델포이 신전에서 알크메오니다이 가에 지불한 금은 3백 탈렌트나 되는 거금이었다. 그 대부분은 크로이소스 왕의 재보로부터 지출되었다. 알크메온은 분명 아폴로 신과 리디아 왕 사이의 충실한 중개업자였다. 그러나 크로이소스 왕은 자신의 할리스 강[12] 도하가

---

10 Aristotle, *The Constitution of Athens*, 19.

11 [옮긴이] 고대 서아시아 리디아 왕국의 최고 전성기를 이루었던 국왕.

12 [옮긴이] 리디아 제국의 동쪽 경계에 있었으며 북쪽의 흑해로 흐른다. 오늘날 키질 이르마크 강으로 불리는 터키의 가장 큰 강이다. 리디아의 크로이소스 왕이 아폴로 신전에 페르시아 공격에 대해 물었을 때 그는 "할리스 강을 건너면 당신은 위대한 제국을 멸망시킬 것이다!"라는 예언을 듣는다. 이 예언은 "위대한 제국"이 정확히 어떤 것

낳을 결과에 대한 무녀들의 불길한 예언을 이해하지 못했다. 크로 이소스가 그녀들에게 준 막대한 양의 선물은 헤로도토스가 자기 눈으로 확인하고 있었다. 그가 신전을 찾아보았을 때 그것이 아직 도 신전을 장식하고 있었기 때문이다. 그러나 그 책임이 누구에게 있든, 페르시아의 왕 큐로스가 크로이소스 왕을 멸망시켰는데, 그 것으로 거래가 중단되지는 않았다. 신이 큐로스의 행위를 정당화 했기 때문이다. 아폴로 신이 불을 끌 비를 내리게 했을 때는, 이미 큐로스가 포로인 크로이소스를 태워 죽일 불을 다 지폈을 때였다. 핀다로스의 송가가 무녀를 칭찬하는 전설에서 보듯이, 이는 우리 로 하여금 크로이소스의 '천재성과 관대함'을 회상하게 한다.

이렇게 해서 재보는 소수인들 사이를 맴돌았다.

2) 페이시스트라토스 가

페이시스트라토스 가의 재보의 기원과 그 사용 방법도 유사한 특 징을 보여 준다. 세습 귀족의 혈통인 페이시스트라토스 가는 그 경

을 지칭하는지 애매모호한 내용이었지만 크로이소스는 자신에게 유리하게 해석해 군대를 소집해 할리스 강을 건너서 동쪽으로 진군했다. 그러나 그는 패배해 결국 포로 로 붙잡히는 신세가 되었다(헤로도토스, 『역사』, 천병희 옮김, 숲, 2002, pp. 72-79).

쟁자인 알크메오니다이 가처럼 아폴로 신의 가호를 받지는 못했지만 귀족층과 호혜적 관계를 누리고 있었다. 페이시스트라토스의 두 번째 추방 직후에, 권력의 부활을 시도한 가족회의가 열렸다.

첫 번째 조치는 그들에 채무를 진 나라들로부터 금을 징수하는 것이었다. 이리하여 몇몇 나라들로부터 다량의 금을 징수했다. 특히 테베인들로부터는 다른 어떤 나라들보다 훨씬 많은 액수를 거두었다.[13]

국가가 페이시스트라토스 가에 진 부채는 아마 페이시스트라토스 가가 이전에 여러 나라들에 준 선물에 기인한 것으로 거기에는 호혜적인 관계가 함축되어 있다. 『오뒷세이아』에 나오는 아주 오랜 옛날 장면 중에 여신 아테나가 죽을 운명의 멘토르로 변장하고 네스토르의 친절한 제의를 거절하는 장면이 있다. 그때 그녀는 "나는 너그러운 카우코네스인이 있는 곳으로 가려고 합니다. 그곳에는 오래된, 상당한 액수의 받을 빚이 있습니다"라고 말한다.[14]

오래되고 큰 액수의 부채만이 '유효'한 것으로 간주되었다. 액수가 적거나 최근에 발생한 것은 지불할 필요가 없었다. 페이시스트라토스 가와 스파르타인 사이의 크세니아xenia적[15] 끈이 증여 교

---

13 Herodotus, *The Persian Wars,* I, 61.

14 Homer, *The Odyssey,* III, 366-368.

역에 의해서 유지되었고, 그래서 델포이의 신탁이 페이시스트라토스 가에 대한 개전을 명령했을 때 스파르타인들은 오랫동안 망설였던 것이다.

페이시스트라토스의 부는 대부분 재보로 되어 있었다. 가문의 영지는 라우리온 지방에 가까운 아티카의 브라우론에 있었다. 이곳에는 은광이 있었는데 그가 실제로 그 광산을 개발했는지는 ― 사실 그 광산이 그 시기 가동되었는지조차 ― 알기 어렵다. 그러나 그의 오랜 추방 기간 중 어느 시기엔가 트라키아 지방의 판가에우스에 있는 풍부한 광산 지역에서 재산을 획득한 것은 분명하다.

페이시스트라토스가 어떻게 재산을 모았는지는 같은 지방에 남아 있는 비교 가능한 증거들로부터 추측할 수 있다. 기원전 5세기 페르시아의 다리우스 1세는 다뉴브강 다리의 파괴를 막아 페르시아군을 구해 준 데 대해 밀레토스의 지배자 히스티아이오스에게 응분의 답례를 해야 한다고 고심하고 있었다. 그리하여 히스티아이오스는 뮤르키노스 시市를 요구해 그것을 얻었다. 뮤르키노스는 트라키아의 해안을 따라 스트류몬 강변에 있던 도시였는데, 판게우스 광산 지역이었다. 트라키아에 있던 페르시아의 장군 메가바조스는 히스티아이오스가 이 시의 성벽을 둘러싸고 있다는 말을

---

15 [옮긴이] 고대 그리스에서 이방인이나 손님 등 낯선 사람에 대한 사랑을 뜻하는 말이다.

듣고 다리우스 왕을 다음과 같이 비난했다.

폐하, 이 무슨 망녕이시옵니까? 현명하고 교활한 그리스 놈들에게 트라키아를 넘겨주다니요. 그곳에는 배를 만들 목재가 풍부하고 노도 풍부하고, 은광산이 있습니다. 그 주위에는 그리스인과 외국인들이 많이 살고 있사옵니다. 그들은 언제라도 히스티아이오스를 수령으로 받들 수 있으며 밤낮으로 그의 명령에 따라 활동할 수 있을 것이옵니다.[16]

이 말은 투퀴디데스가 고대 그리스에서 부의 결정적 역할을 분석하고 있는 것을 상기시킨다. 그는 다음과 같이 서술하고 있다. "원래 탄타로스의 아들 펠로프스가 힘을 얻는 것은 아시아로부터 그 가난한 나라에 거대한 부를 가져왔기 때문이었다."[17] 거대한 부와 천부의 재능을 갖춘 사람은 자기보다 가난하거나 후진적인 사람들을 쉽사리 추종하게 할 수 있으며, 수장이나 신을 동맹자로서 매수해 자기 명령에 따르도록 할 수 있었다. 페이시스트라토스의 트라키아 체류에 대해 아리스토텔레스는 "이리하여 그는 부를 얻었고 용병을 고용했다"라고 간결하게 언급하고 있다.

---

16 Herodotus, *The Persian Wars*, V, 23.

17 Thucydides, *The Peloponnesian War*, I, 9.

다른 한편, 생존 경제의 제도로서 부의 축장은 기본 물자staples
의 수집과 비축으로부터 시작된다. 재보와 재보의 재정finance은 대
개 생존 경제에 속하지 않는다. 그런데 기본 물자의 비축은 생존재
를 축적하는 대표적인 예이며, 이 경우는 대체로 지불수단으로서
화폐의 용도도 발견된다. 왜냐하면 일단 사원이나 궁전 또는 대영
지에 기본 물자의 대규모 비축이 이루어지면 이에 따라 지불수단
으로서의 화폐 용도도 등장하기 때문이다. 이리하여 재보 재정은
기본 물자 재정으로, 즉 기초적인 화폐 및 신용 재정으로 대체된다.

대부분의 고대사회는 어떤 형태든 기본 물자 재정의 조직을 갖
고 있다. 거대한 규모로 비축된 기본 물자의 계획적인 이전과 투자
의 틀 속에서 회계상의 고안이 발달했으며, 이는 오랫동안 고대 제
국의 재분배 경제의 특징이었다. 이런 제국에서 화폐 재정이 기본
물자 재정을 능가한 것은 기원전 5, 6세기에 그리스에서 주화가 도
입된 이후 한참 뒤의 일이었다. 그리고 그것이 상당히 확고해진 것
은 로마공화정에서였다. 프톨레마이오스 시대의 이집트의 경우는
비할 데 없이 효율적인 기본 물자 재정의 전통이 계속되고 있었다.

초기 사회의 통합 형태로서 재분배는 그 사회의 중심에서 재화
의 비축을 수반하며, 이 중심으로부터 재화가 분배된다. 지불을 통
해 중앙에 수집된 재화는 다시 지불을 통해 처분되어 유통 과정에
서 빠져나간다. 이런 재화는 임금, 병사의 급료 및 기타 형태로 지
불되어 군대, 관료제, 노동력 등을 유지한다. 사원의 인원들이 현

물 형태 지불의 큰 부분을 사용한다. 또 군대의 장비, 공공사업, 정부 수출 등을 위해서 원재료가 필요하며, 보리, 기름, 포도주, 양모, 대추야자, 마늘 등이 분배되고 소비되었다. 그렇게 해서 지불수단이 소비되고 없어진다. 또 그 가운데 얼마만큼은 수취인에 의해 사적으로 교환되기도 한다. '보조적 유통'은 시작할 때는 이 정도였지만 나중에는 지역 시장의 원천이 된다.

　　재보와 기본 물자가 화폐로서 어떻게 사용되었는가 하는 물음에 대한 대답은 이렇다. 즉, 시장체제가 없는 사회에서는 이들은 여러 화폐 용도로 기능했다는 것이다. 재보재財寶財는 아마 지불에도 사용되었을 것이다. 그것은 단지 재보의 비축량을 늘리는 데만 기여할 뿐, 반드시 경제적 교환의 연쇄에 편입된 것은 아니다. 비시장 경제에서 훨씬 더 큰 지불수단 부문으로는 물론 생존재가 있다. 그런 계량 가능한 물품이 채무 결제에 쓰일 때에는 재분배에 함축된 중앙으로부터의 지불에 의해 취급된다. 이리하여 재보와 기본 물자, 그들 간의 관계가 초기 사회의 조건이 제기하는 문제에 대해 일반적 해답을 제공하는데, 초기 사회에는 지불수단이 교환 수단의 화폐 용도와는 독립적으로 존재했다고 할 수 있다.

　　관개형 제국의 경우는 교환 수단으로서의 화폐가 없었기 때문에 계산 수단으로서의 화폐 사용이 촉진되었다. 또 이에 따라 일종의 은행 업무(사실상 기본 물자 재정을 수행하는 대영지 관리)가 현물 이전이나 현물 결제를 촉진하기 위해 발달했다. 유사하게 대사원의 관리도 은행업과 같은 방식으로 이루어졌다고 할 수 있다. 이렇게 해서 결제, 장부상의 이전, 양도 불능 수표nontransferable checks 등이 먼저 발달했다. 그러나 이는 결코 교환경제상의 편의를 위해서가 아니라, 오히려 재분배를 보다 효율적으로 수행하기 위한 관리상의 고안이었다. 그러므로 시장적 방법의 발달은 불필요했다.

9. 화폐와 신분

신분 상태와 통합 형태는 서로 강화하는 효과가 있었는데 이 효과는 초기 사회구조에 활력을 불어넣는 원천이 되었다. 신분은 사회 통합 형태를 받쳐 주는 바로 그 제도들에 의해 뒷받침되었다. 예를 들어 화폐, 가격, 교역 등의 제도들이 계급의 위계화에 기여했다. 고대 화폐는 특권을 창출하고 유지하는 역할을 했으며, 엘리트의 유통과 빈자의 화폐 간의 분화를 통해 부와 빈곤을 분리시켰다. 계층화는 사회적 에너지를 끌어내는 데 그치지 않았다. 사회구조의 일반적인 구조적 안정성tenacity으로부터 교환 비율의 안정이라는 현상까지도 생겨났다.

　우리는 화폐제도를 크게 두 그룹으로 구분해야 한다. 첫째 그룹은 지금까지 보아 왔듯이 '대체물fungibles을 화폐로 전화시키는' 화폐 용도들이다. 이 용도들에서는 현대 화폐처럼 세 가지 용도를 모두 겸하는 전全 목적 화폐all-purpose money가 있는가 하면, 어느 하나에만 쓰이는 특정 목적 화폐special purpose money가 있다. 두 번째 그룹은 신분을 규제하기 위해 의도적으로 만들어진 화폐제도다.

고대 바빌로니아에서 화폐는 흔히 볼 수 있는 현상이었다. 그러나 그것은 특정 목적의 화폐였다. 즉, 곡물은 예컨대 임금, 지대, 조세 등의 지불에 널리 쓰인 대체물이었다. 또 은은 물물교환과 기본 물자 재정에 보편적으로 사용되는 가치척도였다. 교환에서는 대부분의 기본 물자가 고정된 등가율로 사용되었고, 은을 특별히 선호했던 것은 아니었다.

신분과 관련되어 화폐제도가 분화된 것은 사회의 초기 단계에서였다. 화폐 내부의 서열에 대해서는 폴 보해넌이 [아프리카] 베니에강 계곡에 사는 티브족의 사례를 보고하고 있다.[18] 여기서는 각종 대체물이 통화로서 사용되고 있었는데 대체물들이 서열에 따라 평가된 만큼 신분을 나타내는 효과가 있었다고 할 수 있다. 그중에서 식량과 수공예품의 서열이 최하급이었다. 가축, 노예, 청동제 봉棒이 그 위의 서열에 있었다. 아내로 소유할 수 있는 여자가 최상급에 해당되는데,

---

18 Paul Bohannan, "Some Principles of Exchange and Investment Among the Tiv," *American Anthropologist*, 57, 1955, pp. 50-70. 또한 Paul and Laura Bohannan, *Tiv Economy*, Evanston: Northwestern University Press, 1968도 참조.

아내는 그 기원에서 남성이 권리를 갖고 있다. 이로부터 거래에서 두 개의 상이한 도덕적 범주가 생겨난다. 하나는 어떤 재화가 같은 서열의 재화와 교환되는 거래('컨베이언스'conveyance)이며, 또 다른 하나는 상급 서열의 재화와 교환되는 거래('컨버젼'conversion)이다. 전자의 경우 '화폐 용도'는 도덕적으로 중립적이다. 후자의 경우, 거래를 하는 사람에게 강한 힘이 있음을 입증하고 그 신분을 높이는 역할을 한다. 물론 당연히 반대 방향의 교환도 볼 수 있는데 이는 부양해야 할 가족에 대한 의무의 이행으로 합리화된다. 이것은 도덕적으로는 정당한 일이지만 개인적 위신은 높아지지 않는다. 교환 연쇄의 측면에서 보면, 티브족의 사회는 다중심적이었다고 할 수 있다.

더 선진적인 사회 발전 수준에서도 서열화된 화폐 관념을 찾아볼 수 있다. 이븐 바투타Ibn Batūtah는 1352년, 중부 나이저 강가에 위치해 있는 고고Gogo(흑인 제국 말리의 한 도시)[Gawgaw, KawKaw 등으로도 표기되며, 현 지명은 가오Gao]에서 일정 중량의 가는 구리선과 굵은 구리선이 함께 통화로 사용되고 있는 것을 발견하고 기록해 두었다. 가는 구리선은 가난한 사람의 화폐였는데 숯이나 수수가 그것과 교환되었다. 굵은 구리선으로는 무엇이든 살 수 있었다. 즉, 말, 노예, 황금 할 것 없이 명성을 뒷받침해 주는 모든 고급재elite goods를 살 수 있었다. 호메로스 시대의 그리스에서는 고급재 선물을 교환하는 관습이 있었는데, 그 교환은 화폐와는 무관하게 이루어지고 있었다. 상류계급 간의 유통은 신분을 만들어 내는 뚜렷한 형태를 갖고 있었으며 이는 고대 교역의 한 가지 특징이었다. 예컨대 빨리 달리는 말, 귀금속, 보석, 숙련 노예, 가보家寶 등은 오직 동등한 부류의 재화하고만 교환되었다. 17세기 인도의 경우 다이아몬드는 금하고만 교환되었고 은과는 교환되지 않았다. 서아프리카에서도 말은 노예하고만 교환되었다. 화폐에 보다 가까운 사례로는 메소포타미아에서 사원에 의한 대부의 관행이 있었다. 여기서는 빈농에게는 보리가, 자유 시민에게는 은이 대부되었다. 이 사실로부터 이중 이자율이라는 수수께끼를 풀 수 있는데, 은으로 지불되면 20퍼센트, 보리의 경우는 33.3퍼센트가 각각의 이자율이었다. 이 경제적 수수께끼에 대한 해답은 아마도 채무자 신분이 달랐다는 것, 그래서 은은 보리로 살 수 없다는 사실에서 찾을 수 있을 것이다. 알라크의 도시국가에서는 농민과 수공업자의 경우는 통상적으로 정해진 소액의 대부를 받을 수 있었음에 반해, 일부 '가문'에 속한 사람들에게는 특별히 고액의 대부가 허용되었다. 서아프리카의 다호메이 왕국의 왕족에게는 짝수에 1을 더한 액수의 대부를 받을 권리가 있었는데, 이 권리는 바빌로니아의 유력자의 특권에서도 볼 수 있다. 또한 요르바족 계통의 오요 왕국의 왕은 다호메이의 왕에 승리를 거둬 패자에게 한 상자 당 41개의 마스케트총[구식 소총]을 담은 상자를 매년 41개씩 공납으로 바치게 했다. 또 왕위 계승시에 다호메이의 왕은 201개의 자주 조개로 사람들로부터 그 국토를 상징적으로 '구입'했다. 또한 알라크 왕실의 경우 농민에게 해준 대부는 10~20

세겔이었지만, 상류계급에게는 41, 51세겔 또는 61세겔이라는 액수로 대부되었다. 이처럼 '1을 더하는'plus one 관습은 시리아의 대도시 알라크에서 다호메이 왕국의 수도 아보메까지 수천 년의 풍상을 겪으면서 이동해 갔다. 초기 사회구조에는 화폐적 교환 비율이 놀랄 만큼 안정되어 있는데, 이 관습도 그런 불가사의한 문화적 특징을 설명해 주는 것들 중의 하나일 것이다. 다호메이에서는 1온스의 금이 3만 2천개를 이은 자주 조개와 등가다. 이것은 우리가 가진 역사적 기록을 아무리 거슬러 올라가도, 즉, 3백 년에 걸친 다호메이 왕조의 존속기간을 통해 줄곧 그러했다. 오늘날 화폐의 도입은 경제의 유동성 및 불안정성의 경향과 결부되어 있다. 그런데 이와 반대로 고대사회에서 화폐의 도입은 관료제적 통제를 불필요하게 하는 안정의 원천이었다.

가격 및 교역에 관한 그 어떤 논의도 생각하지 못했던 여러 다른 화폐제도들이 나타난다. 그래서 화폐 비율의 형성, 고정된 이윤, 기본 척도가 되는 물품을 여러 특정 목적 화폐에 연결시키는 '가공단위' 등이 늘 새로운 모습으로 나타난다. 이에 따라 기초적인, 불변의 지역 단위와 대내 교역용 화폐 간의 간극이 깨진다. 이런 것들의 대부분은 '교환 수단으로서의 화폐'라는 공식 아래 필경 우리에게 보이지 않은 채로 덮여 있었다.

I0. 요약

이상에서 살펴본 것처럼 각기 독립적인 의미를 갖는 화폐의 지불, 가치척도, 부의 저장, 교환의 기능은 별개의 제도적 기원과 독자적인 목적을 가지고 생겨났다. 우리는 이제 이들에 대해 상당히 확고한 지식을 얻었다.

지불은, 초기 사회에서는 주로 신부값, 몸값, 벌금 등의 제도와 관련해 생겨난다. 이런 채무를 진 사람은 계량 가능한 물품을 넘겨주지 않으면 안 되는데, 항상 그렇지는 않지만 대개 그것은 (통상 다른 채무의 이행에도 사용되는) 유용한 물건들이다. 고대의 법전들을 보면 합의금, 손해배상, 그리고 벌금은 대개 수소나 양 또는 은과 같이 동일한 종류의 물리적 단위로 표시되어 있다. 채무에 관한 이 주요한 세 가지 원천은 고대사회를 통해 존속했을 뿐만 아니라, 조세, 지대, 공납의 도입을 통해 엄청나게 확대되었다. 이는 채무를 결제하는 더 많은 지불 기회를 제공했고 부의 저장 수단으로서 (사회적·정치적인) 화폐 사용의 기회도 만들어 냈다.

화폐의 가치척도로서의 용도는 대규모 저장 경제storage economy를 수반하는 기본 물자 재정에서 결정적이다. 가치척도가 없으면 세금을 매기고 징수하는 일, 대영지를 가진 가계의 예산 수립과 수지 타산, 각종 재화를 다루는 합리적 회계 등이 불가능하다. 이때 계산하는 것은 재화의 수량이 아니라 그 가치다. 그 때문에 여러 기본 물자를 서로 연관 짓는 비율 설정이 요구된다. 그 비율을 나타내는 숫자는 거의 모든 고대사회에서 실제로 사용되었다. 관습이든 성문법이든 포고령이든 간에, 생활필수품들이 교환되는 비율을 지정하는 고정된 등가물이 존재했다. 오늘날과 같이 화폐의 가치척도적 기능이 당연시될 수 있는 것은 오직 가격이 시장에서 결정되게 된 때(비교적 최근)만이다.

교환은 대개 조직화된 교역과 시장의 틀 안에서 발달한다. 그 틀 밖에서는 간접적 교환은 아주 드물게만 일어난다. 따라서 화폐의 교환 수단으로서의 용도는 완전히 원시적인 상태에서는 거의 중요성을 갖지 못한다. 수메르, 바빌로니아, 아시리아, 히타이트 또는 이집트와 같은 고도로 계층화된 고대사회에서도 저장 경제가 압도적이었다. 가치척도로서의 화폐 사용은 상당한 규모로 발견됨에도 불구하고 간접적 교환에 화폐가 사용된 적은 거의 없었다. 그리스 세계가 아직 가난하고 반半 야만상태에 있으면서도 많은 아름다운 주화를 만들고 있던 그 시기에, 바빌로니아나 이집트의 대문명에 주화가 전혀 없었다는 사실은 이로써 설명할 수 있을 것이다.

초기 화폐제도의 비교 연구에서 출발점이 되어야 할 사실은, 근대 화폐가 '전全 목적' 화폐로서, 즉 교환 수단이 다른 화폐적 용도로도 사용됨에 반해, 원시적·초기적 화폐는 '한정 목적'의 화폐로서, 즉 상이한 화폐 물품이 서로 다른 용도로 사용된다는 점이다. 그러므로 한쪽의 근대 서구 사회의 화폐제도와 다른 한쪽의 초기 비서구 사회의 그것은 전혀 다른 역할을 갖고 있다. 전全 목적 화폐는 사회조직이 보다 동질적인 형태인 경우에 사용된다. 이와 대조적으로 한정 목적의 화폐는 화폐화가 훨씬 저차원에 머물러 있는 사회에서 사용되는데, 그럼에도 불구하고 사회의 계층화, 특히 친족이나 계급 구조의 분화를 풍부하게 하는 데 기여한다. 따라서 초기 화폐는 현대사회의 화폐보다 훨씬 특수화된 제도 형태를 나타낼 것이다. 화폐 발달사의 연구는 이상의 사실을 지지한다.

호혜도, 재분배도 서로 다른 재화들 간에 타당한, 모종의 '비율' 없이는 작동하지 못한다. 이 수준에서 '비율'은 조작상의 필수품이다. 한 차례의 사냥에서 잡은 동물의 분배도 동물 몸뚱어리에서 자른 각 부분 간의 어떤 분배 비율 없이는 불가능하다. 분배가 엄격히 평등한지(1대 1), 그렇지 않은지(예컨대 3대 1)에 관계없이 비율은 필요하다. 동시에, 유통이 고급재 간의 교환(엘리트 유통)에 한정되어 있으면, 고급재 사이의 비율은 자동적으로 그 계급의 높은 지위를 유지시킨다. 또 낮은 계급의 [낮은] 신분은, 그들의 화폐(가난한 사람의 화폐)를 통해 질 낮은 식량 및 최저한의 생필품을 구매하도록 한정함으로써 유지된다. 그것은 자신들의 화폐(가난한 사람의 화폐)로 사도록 허용되어 있는 저질 식량 및 최저한의 생필품의 소비에 한정된다. 이런 고안물은 또 기근이 들었을 때 공식적 교환 비율에 따라 가난한 사람에게 식량을 배급해 주는 데도 기여한다. 화폐의 표준적 용도는 등가들이 없이는 불가능하기 때문에 여기서는 등가들이 절대적으로 필요하다. 화폐제도가 다양하고 자주 세밀하게 분절되어 있어서 노골적인 힘을 사용하지 않고도 신분 특권의 통합 및 안정화를 돕는다. 이는 기근에 대비해 식량을 보존하거나, 또는 쓰기를 대체하는 조작 가능한 고안물의 범위를 확대하거나 한다. 또 이로 인해 대규모 징세와 더불어 기본 물자 재정이 가능해진다. 화폐가 교환 수단이 되는 문자 사회로 오면, 이런 고안물의 대부분은, 원시 및 고대 공동체의 다양한 화폐 및 화폐 사용 관습과 함께, 낡게 되고 마침내 망각된다.

제10장
시장의 여러 요소들과 기원

I. 서론

시장은 인류만큼 오래된 것은 아니고 인류 역사에서 그 고유한 기원을 갖고 있지만, 시장 제도의 기원은 난해하고 감추어져 있는 주제이다. 이 기원이라는 측면에서 볼 때, 시장이란 가장 단순하고 원초적인 인간 공동체에서조차 보이는 약간의 교역 및 소량의 화폐 사용과는 무관한 것이라 할 수 있다. 원격지로부터 재화의 입수, 즉 교역이라 불리는 몇몇 쌍무적인 행위들은 결혼 신청 선물이나 결혼 지참금처럼, 보편적인 족외혼에 수반되는 현상과 분리 불가능하다. 몸값이나 벌금 지불을 위해서 계량 가능한 물품, 즉 화폐라는 단위가 지불수단 또는 등가물로 사용된다. 그래서 교역과 화폐는 항상 우리와 함께 존재했다고 해도 좋다. 그러나 시장의 경우는 그렇지 않다. 시장은 아주 나중에야 발달한 제도이다. 그렇지만 지금부터 보게 되겠지만 시장의 기원을 추적하는 것은 어려운 일이다.

이런 관찰은 시장에 현재 통용되는 두 가지 의미(이들은 아주 다르다) 중 어느 쪽에도 유용하다. 우선 첫 번째 의미는 시장은 장소 place라는 것이다. 그 전형은, 주로 식량 또는 식료품 등 생활필수품이 소량으로, 원칙적으로 고정 가격으로 팔리는 공개적인 장소side이다. 두 번째 의미는 시장이란 수요-공급-가격기구라는 것이다. 이를 통해 교역이 이루어지지만, 그 기구 그 자체는 반드시 특정 장소와 결부되거나 식량의 소매에 한정되거나 하는 것은 아니다.[1]

경제조직을 연구하는 역사가에게 이 두 가지 사실은 별개로 동떨어져 있다. 전자의 경우 역사가가 볼 수 있는 경험적 현상은 사람들이 교환을 목적으로 만나는 하나의 물리적 장소이다. 그런데 후자의 의미에 따르면 역사가는 특정한 기구를 통해 이루어지는 다양한 교역을 탐구하게 된다. 후자도 역시 경험적 현상이긴 하지만 너무 무형적이고, 또 너무 통계적인 사항과 관련되어 쉽사리 역사 연구 대상이 되기는 어렵다. 시장터라면 고고학자의 영역이지만 시장기구쯤 되면 그들의 가장 정교한 삽으로도 파낼 수가 없다. 과거 어떤 시대에 사람들이 서로 만나 재화를 교환한 공개 장소를 찾

---

1 Cf. Walter Neale, "The Market in Theory and History," *Trade and Market in the Early Empires*, K. Polanyi, C. M. Arensberg, and H. W. Pearson(eds.), Glencoe, Ⅲ.: Free Press and Falcon's Wing Press, 1957, Chapter 17.

아내기란 비교적 쉽지만, 그 사람들의 행동 결과 교환 비율이 변동했는지 어떤지, 그 비율의 상대적·절대적 부침에 따라 재화의 공급이 변동했는지 어떤지 여부를 확인하기란 그리 쉽지 않다.

분명히 장소로서의 시장이 어떤 수요-공급형의 경쟁 기구보다도 먼저 생겼다. 서유럽에서 가격 형성 시장이라는 자기 조정적 체제가 발달해 전 지구 대부분의 지역으로 퍼진 것은, 동지중해에서 곡물 분배를 용이하게 하는 기구로서 시장이 최초로 뚜렷한 모습으로 출현한 지 약 2천 년 뒤의 일이었다. 여기서 특히 강조해야 할 것은 그런 자기 조정 체제—여기서 우리는 이 말을 자유 자본주의에 대해 사용한다—가 결코 교역의 단순한 한 변종은 아니었다는 것이다. 자본주의에서 교역에 내포된 교환의 원리는 원격지로부터 재화의 입수와는 전혀 다른 의미로 사용되게 된다. 완전한 시장체제는 사회 전체를 포섭한다. 여기서는 토지와 노동이 수요-공급-가격기구를 통해 배분된다. 위험부담도 하나의 시장 기능으로서 조직된다. 은행 업무하에 통괄되는 모든 복잡한 서비스뿐만 아니라 화폐와 신용의 공급도 시장을 통해 이루어진다. 마침내 적어도 한동안은 시장이 서구 사회의 근본적인 제도로 되는 것이다.

당연히 우리 시대에 관심은 19세기를 지배한 자기 조정적 시장체제로 향한다. 그러나 여기서는 시장경제의 출현에 대해 아주 불충분한 검토밖에 할 수가 없다. 우리는 이제야 이 체제에 관한 새로운 전망을 열 유리한 지점에 서있다. 역사적으로 시장경제는 단

순한 시장 교역보다 훨씬 앞선다. 이는 시장 교역 자체가 그 원시적 기원보다 앞선 것과 마찬가지다.[2]

이 지점에서 연구 방법에 관해 한 가지 경고를 해두어야 한다. 우리 시대에는 시장경제를 약 3천 년에 걸친 서구 사회 발전의 자연적인 도달점으로 간주하고 싶어 하는 유혹이 엄청나게 강하다. 지역 식량 시장이나 시장 교역과 같은 제도에 대해, 서구적 사고로서는 이를 결국 전 세계를 포섭하기에 이른 근대 경제의 작은 기원으로 보는 이외에 달리 이해할 방도가 없다. 이보다 더 큰 오류는 있을 수 없을 것이다. 시장 교역 자체 그리고 마침내 출현한 근대의 시장경제는 작은 기원으로부터 성장해 온 과정의 결과가 아니라, 원래 별개이며 독립적인 발전들이 합쳐진 결과였다. 그 발전들은 그것을 형성하는 제도적 요소들의 분석을 떠나서는 이해할 수가 없다. 이런 목적론적 함정에 빠지지 않기 위해서는 지금까지 교역 및 화폐에 대해 논의했던 것처럼, 제도적이며 조작적인 접근 방법이 가장 적절하다.

제도적 의미에서 볼 때 시장이라는 말은 반드시 수요-공급-가

---

2 [옮긴이] 원문은 다음과 같다. Historically, that economy lies as far ahead of mere market trade as market trade itself was ahead of its primitive origins. 그런데 시장경제가 단순한 시장 교역보다 앞선다는 폴라니의 서술은 그의 본의와는 다른 것이어서, 잘못 정리된 문장으로 보인다. 시장 요인이 시장 교역보다 먼저였다고 썼어야 할 것 같다.

격기구를 전제하는 것은 아니다. 시장은 우리가 시장 요소라 부르고자 하는 특정의 제도적 특성들의 결합체이다.[3] 그 요소들이란 장소, 물리적으로 현존하며 입수할 수 있는 재화, 공급자 다중, 수요자 다중, 관습 또는 법, 그리고 등가等價 등이다. 따라서 시장이라고 하면, 제도적 견지에서는 단지 교환 상황을 가정하고 있을 뿐이다. 여기서 교환이란 말은 시장경제적 의미가 아니라 순전히 조작적인 의미다. 관습, 행정, 법에 의해서, 또는 시장 제도 그 자체에 의해서 결정되는 교환 비율에 따라 재화가 '주인들'hands 사이로 이동하는 것, 단지 그것을 의미할 뿐이다. 시장 요소들이 서로 결합해 수요·공급·가격기구를 형성하게 될 때만 우리는 가격 형성 시장에 대해 말할 수 있다. 그렇지 않으면 공급자와 수요자 간의 만남은 고정된 등가에 의한 교환을 하는 것이며, 이것은 비-가격-형성 시장이 된다. 수요·공급·가격기구가 없으면 우리는 시장에 대해 말할 수 없으며, 단지 교환 상황이 나타내는 시장 요소들의 여러 조합에 대해서만 말해야 한다. 예를 들어 경매의 경우는 공급자 다중은 없고 수요자 다중만 있다. 이와는 다른 상황으로 전쟁하는 군대에 재화를 공급하는 상인들의 경우도 많은 시장적 요소를 지니고 있다.

---

3 [옮긴이] 이 진술은 폴라니가 시장에 대해 자신의 제도 경제학적 관점에서 정의를 내리고 있는 대목으로서, 이하에서 서술되고 있는 시장 발달의 기원론과 함께, 이론적으로나 역사적으로『인간의 살림살이』전체에 걸쳐 매우 주목해야 할 부분이다.

마찬가지로 교역항의 작동, 재분배형의 몇몇 동방 경제에서 볼 수 있는 '성문 입구에서 재화를 공급하는' 제도, 그리고 바자 제도도 그러하다. 그런데 이 모든 것들은 시장 요소를 갖고 있긴 하지만 그 어떤 것도 고유의 시장은 아니다.

　시장 제도의 발달에는 두 가지 서로 다른 기원이 있다. 하나는 공동체 외부적인 발전이고 또 하나는 내부적인 발전이다. 대외적 발전은 외부로부터의 재화 획득과 밀접히 관련되어 있고, 내부적 발전은 그 지역에의 식량 분배와 관련이 있다. 또 후자는 두 가지 아주 다른 형태를 취했다. 첫째는 관개형 제국에 일반적인 것으로, 기본 물자를 중앙에 집중 비축하고 그것을 분배하는 형태이다. 둘째는 소농 공동체 및 삼림형 공동체에서 일찍부터 볼 수 있는 형태인데, 이것은 싱싱한 식료품이나 이미 조리된 음식의 지역 판매가 중심이었다. 이처럼 다양한 원천들이 시장 제도화의 상이한 구성 요소로서 기여했다.

2. 지역 시장

지역 시장의 한 가지 유형은 고대 그리스·로마 사회에서 식량―음식 재료이건 조리된 음식이건―의 소매가 이루어진 방식에서 찾아볼 수 있다. 우리는 이 상행위 장소를 간단히 아고라로 부르고자 한다. 그리고 이를 관개형 제국에서 볼 수 있는 성문 그리고 바자 등의 유사한 제도와 대비하면서 살펴보려고 한다.

아고라형의 지역 시장은 본래 사람들에게 음식을 제공하던 장소였다. 신선한 우유, 계란, 신선한 야채, 생선, 고기가 판매되었다. 대개 그 음식들은 조리가 된 것이었다. 원칙적으로 아주 먼 곳으로 부터 운반을 해와야 하는 재화는 배제됐다. 일반적으로 팔려고 내놓는 물품은 그 이웃 지역의 생산물로 소농 사회에서는 대개 여자들이 머리에 이고 시장까지 운반해 와서 공급했다.

시장에 식량을 구하러 오는 고객은 돌아갈 집이 없는 가난한 노동자나 여행자들이었다. 먼 곳에서 온 교역인이나 부유한 주민들은 처음에는 지역 시장에 별로 오지 않았다. 지역 시장은 보통 사람들의 필요에 부응하고 있었던 셈이다.

시장을 통한 식량 분배를 둘러싼 찬반 다툼은 아테네에서는 주로 당파적 정치 문제로서 일어났다.[4] 그리스의 민주적 기구는 약점을 갖고 있었는데, 대영지의 소유자가 이웃이나 식객에게 무료로 식사를 제공하는 관습이 있었기 때문이다. 귀족의 지도자인 키몬이 유명하게 된 것은 이런 정치적 환대 때문이었다. 그런데 키몬의

---

4 [옮긴이] 이 문제에 대해 폴라니는 별도로 이 책의 12장 "지역 시장: 폴리스와 아고라의 정치경제"에서 매우 자세히 논의하고 있다.

반대편이자 민주파인 페리클레스는 균형을 잡기 위해 시장 관행을 장려했다. 공공사업으로 모든 시민에게 매일 소액의 수당을 지급해 그것으로 시장에서 먹을 것을 사 먹고 그날그날을 지내도록 한 것이다. 우리가 아는 한, 이런 식의 식량 시장에 관한 위로부터의 지도력은 다른 곳poleis에서 유사한 예를 찾아볼 수가 없다. 그러나 아테네의 경우는 분명히 그러했는데, 이제부터 이에 대해 살펴보기로 하자.

1) 용병을 위한 시장

아티카의 바깥, 특히 소아시아의 그리스어권에서는 그리스 군대가 시장의 주된 추진자였다. 이들은 분명히 용병이었는데, 모험사업이 확대되면서 그 수는 점점 더 늘어났다. 기원전 5세기 말경, 즉 펠로폰네소스전쟁이 끝나면서 자비로 무장한 중장 보병이 원정용 군대로 변화되고 있었다. 이전에 이들은 그리스에서 보내오는 보릿자루를 지니고 짧은 원정에 종사했을 뿐이었다. 이 원정용 군대는 간부만이 스파르타인이나 아테네인으로 구성되고 나머지는 용병으로 충당되었다. 이렇게 용병을 고용하게 되면, 특히 우방友邦을 지나가는 경우는 이제까지 없었던 병참兵站상의 문제가 야기된다.

지금까지 고대사가들은 놀랍게도 이 문제, 즉 군대와 시장의 관계 문제를 무시해 왔다. 투퀴디데스와 크세노폰을 대략적으로 살펴보면, 군대가 시장 또는 시장 요소 발전의 엄청난 추진력이었음을 시사하고 있다. 이 발전 가설이 어디까지 전개될 수 있을지는 별 문제로 해도, 이 연구는 고대 시장의 운영과 일반적 성격에 대해 커다란 중요성을 갖고 있다.

그리스 군대가 경제적 자극을 받았다는 사실은 두 가지 다른 각도에서 분석할 수 있다. 하나는 군대가 획득한 전리품의 처분이고, 다른 하나는 군대의 보급 문제다. 전자는 수요 다중의 증대에, 후자는 공급 다중의 증대에 크게 기여했다.

우리는 이미 다른 곳에서 양적인 면에서 전리품이 갖는 중요성에 대해 언급한 바 있다. 여기서는 전리품이 필경 고전고대 시기 부자가 되는 최대 수단이었을 것이라는 언급 정도로 충분하다. 초기에 가문은 좋았지만 빈궁했던 키몬이 군사적 약탈로 막대한 부를 얻게 된 사례도 볼 수 있다. 약 한 세기 후 용병 사업은 부를 얻는 통상적인 수단이 되었다.

호메로스 시대의 전리품은 재보, 가축, 노예 등이었다. 이들은 상류계급 사이에서 직접 사용되거나 유통되었다. 아마 노예의 중요성이 커진 것을 제외하면 고전고대의 전리 품목에는 거의 또는 전혀 변화가 없었던 것으로 보인다. 그러나 그 처리 방법에는 상당한 변화가 있었다. 노예나 가축, 재보 등의 보관이나 이동, 분배에서 야기되는 관리상의 문제들이 커졌음에 틀림없다. 도망이나 질병으로 인한 손실의 위험도 못지않게 컸다. 더 크고 중대한 문제는 전리품의 보관이나 수송이 야기하는 전술상의 문제, 또 흔히 전략과도 관계된 문제였다. 대외 교역이나 시장 요소들이 성장했기 때문에 전리품 매매를 직접 다루는 데서 오는 위험은 피할 수 있었다. 즉, 전리품은 곧 매각되고 그 대신에 화폐가 분배되었다. 투퀴디데스의『역사』에 나오는, 포로가 노예로서 팔리는 몇몇 사례들을 통해 알 수 있는 것은 이것이 포로를 처분하는 통상적인 방법이었다는 사실이다.5 이 관행은 펠로폰네소스전쟁 말기에는 다소 혐오스런 것이 되었고, 기원전 411년에는 이전부터 노예였던 자(와재화)만을 포획하고 자유민은 그대로 내버려 두었던 예를 볼 수 있다.6 그 이후 기원전 223년의 만티네이아 전쟁7에 이르기까지는 이 원칙을 일반적으로 볼 수 있는 것 같다.8 모든 가능성을 고려해 볼 때, 그리스인을 노예로 삼는 것도 여전히 전시에는 합법화되어 있었고 단지 도덕적으로만 금했을 뿐이었다. 그리스인의 노예화는 고상한 성향을 심각하게 모독하는 것이었다. 그 때문에 그런 일이

---

5 Thucydides, *The Peloponnesian War*, I, 55; I, 98; IV, 48; V, 116; V, 31; VI, 62; VII, 85.

6 Ibid, VIII, 62.

7 [옮긴이] 기원전 362년 네 번째 펠로폰네소스 원정 중에 벌어진 전투다. "기원전 223년"은 착오로 보인다.

8 Polybius, II, 56-58.

일어나면 노예가 된 인물은 "그리스인과 야만인의 혼혈"이라는 식으로 얼버무렸다.[9] 5세기 후반에 이르면 주민을 팔지 말지 여부는 장군에게 맡겨졌던 것으로 보인다.[10]

전리품 매매의 실제 기술에 대해서는 투퀴디데스보다 크세노폰의 설명이 더 상세하다. 투퀴디데스는 아테네인이 시칠리아의 북방 해안에 있는 마을 힛카라를 점령했을 때, 주민을 노예로 잡아 카타네 도시로 보냈다고 쓰고 있다. 카타네에는 아테네의 주력함대 기지가 있었고 노예들을 120탈란트에 팔았다고 한다.[11] 노예나 다른 전리품을 엠포리움으로 수송하는 것이 더 선호하는 방법이었던 것 같다. 그래서 크세노폰은 우리에게 다음과 같이 전한다. 그의 군대가 보스포로스 해협 입구에 가까운 크리소폴리스의 엠포리움에 도착했을 때 그들은 "전리품을 매각하는 이레 동안 그곳에 머물렀다."[12] 그보다 조금 전에 그들은 흑해 연안의 케라스라고 하는

---

9 Xenophon, *Hellenica*, II, 1(기원전 405년의 일이다).

10 Ibid, I, 6.

11 Thucydides, *The Peloponnesian War*, VI, 62[탈란트는 고대 서아시아과 그리스에서 무게와 화폐단위로 쓰였다. 그리스어 '탈란톤'(talanton)의 번역어다. 고대 바빌로니아와 수메르에서는 1탈란트는 60미나(마네)이고, 1미나는 60세겔인 체계를 사용했다. 고대 로마에서는 1탈란트는 1백 파운드였는데, 1파운드는 1미나보다 작다. 화폐의 단위로 사용될 때의 탈란트는 금 1탈란트의 가치를 말한다. 전문가들에 의하면 1탈란트는 약 20~40킬로그램이었으며, 보통은 33킬로그램이었다고 한다].

12 Xenophon, *Anabasis*, VI, 6.

시노페인의 식민지에 열흘간 머물렀다. 그곳에서 자기들의 사상자 수를 세고 부대를 재편성하는 한편 "포로를 팔아 번 돈을 분배했다."[13] 위 구절의 문맥에서 볼 때, 노예들이 그곳에서 판매된 것은 확실한 것 같다. 스파르타인의 왕이자 용병 대장이기도 했던 아게실라오스는 그의 친구가 부자가 되도록 변칙적인 수단을 사용해 물의를 일으켰다. 기원전 396년 피기아 원정에서 막대한 부를 얻은 그는 현지에서 전리품의 매각을 명령했다. 그러면서 그의 친구들한테는 곧 전리품을 비싸게 팔아넘길 수 있는 해안 지방으로 전진할 것이라고 알려 주었다. 군대의 경매인들은 상품을 위탁 판매하도록 명령을 받았고 구매자의 명단만 기록해 두게 되어 있었다. 그래서 아게실라오스의 친구들은 해안에서 그 상품을 전매할 때까지 대금을 지불하지 않아도 되었다. 이 방법으로 "그의 친구들은 막대한 이득을 챙겼다"[14]라고 크세노폰은 쓰고 있다. 그런데 전리품을 바로 현지에서 파는 것은 스파르타군의 통상적인 처분 방식이었다. 스파르타의 관습법으로는 싸움터에서 전리품을 얻은 자는 누구나 그것을 공인된 전리품 장사laphyropolai[15]에게 가져가도록 되어 있었다. 전리품 장사는 물건을 가져온 사람의 이름을 확실하게

---

13 Ibid, V, 3.

14 Xenophon, *Agesilaus*, I, 18 ff.

15 Xenophon, *Constitution of the Lacedaemonians*, XIII, 11.

기록한다. 이런 기록에는 상당한 명예가 따른다. 이 사실은 스파르타 장교들이 대량의 전리품을 경매인에게 넘기는 영예를 차지하기 위해 소아시아에 있던 아게실라오스의 주요한 일부 동맹자들로부터 전리품을 가로챘을 때, 그 동맹자들이 모욕 때문에 도주했다는 기록에서도 볼 수 있다.[16] 경매인은 자주 전리품을 현지에서 병사들이나 따라온 상인들에게 팔아야만 했다. 예를 들면 크세노폰의 군대가 소 6마리, 양 4천 마리, 노예 120명이라는 급여를 현물로 받은 것이 그런 경우다.[17]

시장 관행의 발달과 함께 전쟁 규모가 커지고, 따라서 군대의 전통적인 식량 공급 방식이 전면적으로 수정되었다. 펠로폰네소스 전쟁 초기에 스파르타인들은 각자 자기 양식을 가지고 아티카에 침입해 그것이 다 떨어지면 철수했다. 그 이듬해에도 같은 방식이 되풀이되었다.[18] 이 방식은 분명히 만족스럽지 못했다. 우리는 아테네인들이 시칠리아 원정에서 실패했을 때 식량 조달 문제를 두 가지 방법에 의존했음을 볼 수 있다. 원정 도중에 그 지역 주민들의 시장에서 식량을 구입하든지, 아니면 군대를 따라온 종군 상인으로부터 구입하든지 한 것이다. 분명히 전자가 더 좋은 방법이긴 했지만 전

---

16 Xenophon, *Hellenica*, IV, 1.

17 Xenophon, *Anavasis*, VII, 7.

18 Thucydides, *The Peloponnesian War*, III, 1.

적으로 그것에만 의존할 수는 없었다. 왜냐하면 중립지나 적지에는 늘 시장을 이용할 수가 없었고 까다로운 외교 교섭상의 문제들이 개재되었기 때문이다. 그래서 군대 지휘관들에게는 시장 이용 교섭 건이 주된 책임 사항이었다. 우리는 크세노폰의 『아나바시스』[19]에서 이 상황에 관한 가장 명확한 서술을 볼 수 있다. 퀴로스가 죽자, 그를 위해 수고를 아끼지 않던 그리스인 용병들은 고국으로 돌아가길 원했다. 페르시아 왕은 해만 끼칠 수 있는 이 용병 집단들을 자기 나라에서 쫓아내고 싶어서 고국으로 돌아가도록 허락했다.

만약 너희들이 우리에게 맹세한다면, 너희들이 돌아가는 도중에 지나갈 나라들에서 안전을 보장할 것이고, 배반당하지 않고 헬라스로 돌아갈 수 있게 해줄 것이며 시장을 마련해 줄 수도 있다. 그리고 너희들이 물건을 구입할 수 없는 곳이면 어디든 그 지역에서 양식을 조달할 것을 허락하노라. 너희들 쪽에서는 우호적인 지역에서 손해를 끼치지 않고 지나갈 것을 서약해야 한다. 오직 시장을 마련할 수 없는 곳에서만 음식과 물을 조달할 것이다. 시장이 있으면 너희들은

---

19 [옮긴이] 페르시아제국의 아르타크세르크세스 2세 시기 동생 키루스가 그리스인 용병과 결탁해 반란을 일으켰는데, 왕은 동생을 죽이고 그리스 용병을 패주시켰다. 크세노폰은 키루스 반란군의 그리스인 용병으로 참가했었다. 『아나바시스』는 패배 후 그리스 용병 1만 명이 고국으로 돌아오는 여정을 담은 기록이다.

그 대가를 지불해야 양식을 얻을 수 있을 것이다.[20]

이런 협정에서 등가 설정이 — 그리고 필경 도량형의 설정도 — 안 되어 있을 리는 없다. 얼마 후 크세노폰은 다음과 같은 질문을 던지면서 협정의 파기를 주장했다.

이미 그들은 지불할 돈이 없는데 그들의 양식 시장에서 소량을 고가로 구입한다는 것이 맞는 일인가? 그렇지 않으면 정복자의 권리로 원하는 양을 마음대로 갖는 것이 옳은가?[21]

그리스 용병대가 마크로네스국에 왔을 때의 일인데, 그들은 자신들의 목적이 단지 바다로 빠져나가기 위해 이곳을 통과할 뿐임을 보여 주기 위해 창을 맡기며 휴전을 교섭했다. 이에 화답해 마크로네스인도 평화의 징표로서 자신들의 창을 맡겼다. "담보물이 교환된 후에"라고 하면서, 크세노폰은 이렇게 서술하고 있다.

마크로네스인들은 열심히 나무를 베어 넘어뜨리고 그들의 통행을 도울 도로를 건설했다. 그들은 그리스인과 기꺼이, 우호적으로 어울

---

20 Xenophon, *Anabasis*, II, 3.

21 Ibid., III, 2.

리며 최대한 양호한 시장을 제공해 사흘 동안이나 그 행진을 안내해 주었다.[22]

트라페주스의 도시도 역시 시장을 제공했다. 자신의 그리스 용병대가 약탈을 했다고 시노페가 비난한 데 대해 크세노폰은 변호를 하고 있다.

트라페주스에서는 시장을 제공해 주었다. 거기서 우리는 식량을 구입하고 공정한 시장가격을 지불했다. 그들이 우리에게 보인 경의에 대해 우리 또한 최대의 경의로써 응답했다. …… 그러나 우리는 가는 곳이 외국이든 그리스든 식량을 조달할 시장이 없는 경우는, 횡포를 부리기 위해서가 아니라 우리의 필요 때문에 우리 자신을 돌봐야 했다. 그들은 카르드키아인이나 타오키아인 또는 칼데아인의 부족들로서, 유력한 왕 밑에 종속되어 있지는 않았지만, 독립된 부족 못지않게 무서운 사람들이었다. 그래서 우리는 이들 부족들을 무력으로 우리 편으로 만들 수밖에 없었다. 그들이 시장 제공을 거절했기 때문에 양식을 얻기 위해서는 부득이한 일이었다. 다른 한편, 마크로네스인과 같이 본래는 야만족이지만 우리 편으로 간주하고 있던 부

---

22 Ibid, IV, 8.

족이 사는 지역에서는, 최선의 시장을 마련해 주었고 우리는 어떤 것도 힘으로 빼앗지 않았다. 그러나 당신들 편 사람이라고 주장하는 코티오인의 경우는, 만약 우리가 무언가를 빼앗았다면 그 책임은 그들 쪽에 있다. 왜냐하면 그들이 우리를 친구로 대해 주지 않았고, 우리 면전에서 성문을 닫았기 때문이다. 그들은 우리를 환영하지도 않았고 시장도 제공하지 않을 작정이었다.[23]

확실히 시장의 위치 또한 중요한 문제다. 대개 중립 또는 적대적인 도시는 병사들을 성문 안으로 들여보내지 않기 위해 성 밖에서 시장을 제공한다. 어떤 때는 헤라클레아라는 도시가 용병대의 요구를 듣고 분노한 나머지 "밖의 시장을 폐쇄해서 안으로 옮기고 성문을 닫아 버린" 적도 있다.[24] 시칠리아 원정 때는 시장을 문밖으로 옮기는 방법이 통상적이었다. 예를 들어 시칠리아 섬의 레기온시나 멧세나시는 모두 아테네인이 시내에 들어오는 것을 금지하고 문밖에서 시장을 제공했다.[25] 때로는 시장을 싸움터 바로 옆으로 옮겨 오는 경우도 있었다. 이리하여 시칠리아 측의 시라쿠사 인들의 함대는 아테네의 함대가 밥 먹을 기회를 갖기 전에 공격해 중

---

23 Ibid, V, 5.

24 Ibid, VI, 2.

25 Thucydides, *The Peloponnesian War*, VI, 44.

요한 해전에서 승리를 거두었다. 시라쿠사 인은 이웃의 도시들을 다음과 같이 설득해 시간을 벌었던 것이다. "최대한 빨리 판매 시장을 바다로 옮겨라. 모든 사람들에게 뭐든 먹을 것을 그리로 가져가 팔게 하라. 그렇게 하면 적함의 지휘관은 승무원을 상륙시켜 배 가까이에서 밥을 먹게 할 것이다. 그리고 같은 날, 곧바로 아테네 인이 예기치 못한 틈을 타서 공격하라."[26]

지역 주민들이 제공하는 시장의 유형에는 상당히 큰 차이가 있었다. 한 극단에는 마크로네스인이 제공한 조잡한 식량 시장이 있었는데, 이에 대해 크세노폰은 야만인으로서는 최고의 것이라고 말했다. 또 다른 극단적인 예로는 아게실라오스의 군대를 위해 에 페소스 시가 제공한 시장이 있었다.

거기에는 훈련을 하는 전사들의 무리가 있는 연병장이 보였다. 경마장에는 군마를 타고 위풍당당하게 행진하는 기병대가 있고, 사수나 창병이 과녁을 향해 쏘거나 던지고 있었다. 뿐만 아니라 그가 있는 도시 전체가 장관이었는데, 장터는 사람들로 꽉 차서 흘러넘칠 듯했고 온갖 무기, 갑옷, 말들로 들어차서 모든 물품이 팔렸다. 여기에는 구리 세공사, 목수, 주물쟁이, 신발공, 화가, 장식업자 등이 모두 한결같

---

26 Ibid, VII, 39, 40.

이 바쁜 전쟁에 필요한 도구들을 만들고 있었다. 따라서 제삼자에게는 에페소스 도시 전체가 마치 거대한 무기고처럼 보였을 것이다.[27]

크세노폰의 경험으로 볼 때 분명한 것은 현지 주민들이 제공해 주는 시장에 전면적으로 의존하는 것은 군대로서는 크게 위험한 일이라는 사실이다. 따라서 가능한 곳에서는 다른 방법이 강구되어야 한다. 예를 들어 큐로스가 원정을 개시했을 때 그의 아시아군에는 소아시아의 뛰어난 소매상인이나 리디아인들에 의한 이동 식량 시장이 따라다녔음을 볼 수 있다. 그 시장은 그리스 용병대에게도 식량을 제공했다.[28] 그러나 큐로스는 또 곡물과 포도주를 실은 수레 4백 대를 끌고 가서 용병대에게 나누어 주고 "원정 도중 긴급한 경우"에 쓰도록 했다.[29] 식량을 직접 분배하는 방법은 긴급 수단으로 남겨 놓았다. 사실 종군 상인들의 이동 시장은 아주 통상적인 것이었다. 위에서 말한 사건에서 티모테우스[아테네의 장군이자 정치가(기원전 378~355)]는 군대용으로 청동 주화를 발행했는데, 전리품을 매입한 바로 그 종군 상인이 같은 때, 같은 장소에서 음식 소매상 노릇도 하고 있었음이 분명하다.[30]

---

27 Xenophon, *Agesibaus*, I, 25 ff.

28 Xenophon, *Anabasis*, I, 5.

29 Ibid, I, 10.

기원전 415년, 아테네의 시라쿠사 원정은 고대 시기 최대 규모의 해군 원정이었는데, 이것은 주로 현지 시장에 의존했기 때문에 시장 확보가 주요한 전술적 문제였다.[31] 원정 함대에는 곡물을 실은 30척의 수송선이 포함되어 있었다. 거기에는 식량 급여 작업에 부릴 목적으로 데려온 제빵공이나 제분공이 있었는데, "모든 도시가 우리 같이 많은 인원을 먹일 수는 없기 때문에, 악천후로 고립되었을 때 군대에 양식이 부족하지 않도록" 준비한 것이었다.[32] 이 기술로 볼 때 필경 곡물과 그 밖의 식량이 국가 위임을 받은 대리인에 의해 원정 군인들에게 고정 가격으로 팔렸으며, 또 빻은 곡식 가루나 구운 빵이 역시 고정 가격으로 제빵공에 의해 판매되었던 것 같다.

———

병참상의 기술은 기원전 5세기 말부터 4세기경의 그리스, 시칠리아, 소아시아에 걸쳐 시장의 증대를 설명해 주는 두드러진 증거가 된다. 군대는 현지 시장에서 확실히 시장이 열린다는 보장 없이는,

30 Pseudo-Aristotle, *Oeconomica*, II, 1350a.

31 Thucydides, *The Peloponnesian Wars*, VII, 14.

32 Ibid, VI, 44, 23.

식량 구입을 거의 기대할 수가 없다. 동시에 전쟁 규모의 확대는 식량 조달 그리고 특히 전리품 판매의 양면에서 틀림없이 시장을 더욱 발전시키는 자극제가 되었다.

이 문제를 원인-결과라는 측면에서 분석하는 것은 단지 머릿속의 상상에 지나지 않을 수 있다. 그러나 이 시기 시장의 성격에 대한 우리의 몇몇 추론은 강화된다. 투퀴디데스와 크세노폰의 기록에서 볼 때 시장(아고라)이라는 말은 언제 어디서나 식량 시장을 의미하고 있었던 것이 아주 분명한 것 같다. 그리고 시장이 부지, 장소, 권위, 재화와 관련해 가지고 있는 특정한 속성이 다음과 같이 명백히 드러난다. 즉, 시장은 경우에 따라 성문 안으로 혹은 밖으로 이동한다. 또 해안을 따라 이동하기도 한다. 또 시장에는 특정한 군대의 입장이 허가되거나 거부되거나 한다. 그리고 시장은 일정 기간 동안 열린다. 특히 흥미로운 일은 교역이 시작되기 전에 외교적 교섭이 필요했다는 것이다. 때와 장소를 정하는 조약이 맺어져야 했다. 즉, 구매자는 어느 곳으로 입장해야 하며 어느 곳은 못 가는가 하는 문제가 있었다. 교역조건 역시 결정되어야 했다. 교역조건의 문제는 소아시아 원정의 경우 특별히 중요한 것이었음에 틀림없다. 그곳에는 이질적인 도량형이나 주화 제도가 존재하고 있었기 때문이다. 원정 군대를 위해 제공된 식량 시장에서 우리는 외국인에게 시장을 제공하면서도 최대한 그들을 도시 영역 내에 들여놓지 않기 위해 만들어진, 서아프리카의 교역항 같은 특성을 찾아볼 수 있다.

2) 성문

매우 오랜 또 하나의 시장 형태로 성문이 있다. 그렇지만 이것은 지역 내에서 기능하는 것으로서 시장을 재분배적 제국의 식량 분배 방법에 연결시킨다. 여기서 시장은 본질적으로 다른 제도 형태의 한 갈래이며 그 제도 형태는 후에 거의 전면적인 변환 과정을 겪는다. 초기 수메르 제국이나 이후의 메소포타미아에서와 같은 재분배용 저장에 대해 생각해 보자. 이들 관개형 고대 제국에서는 중앙 정부[의 필요]와 대규모 곡물 재배가, 사원, 궁전, 도시 등의 성문에서 정교한 저장 체계를 만들었다. 저장의 필요는 기아에 대한 공포에서 비롯되었다. 또한 홍수, 관개, 치수에 대처하기 위해 궁전이나 사원이 조직하는 병사나 노동자 집단을 위한 식량 준비를 위해서도 저장이 필요했다. 성문에는 출입을 감시하기 위한 높은 탑이 있으며, 때로 아스팔트를 발라 격리시켜 놓은 건조 저장용의 거대한 지하 창고가 있다. 또 예식이나 신하들의 회합을 위해 바깥쪽 성문 앞에 광장이 설치되어 있다. 때로 바깥쪽 성문 뒤에 정규 통로, 즉 두 성문 벽을 잇는 좁은 통로가 나 있는 경우도 있다. 성문으로 두세 가지 기본 물자(보존해야 할 필수품)를 주고받는다. 대개는(은과 같은) 어떤 고정적 등가물이 사용되며 그것으로 계산이 이루어진다. 또는 등가물이 현물인 경우도 있다. 바빌로니아의 경우를 보면, 곡물 1구르gur가 기름 10카ka와 등가라고 하는 식이다. 곡물, 기름,

포도주, 양모와 같은 단순한 등가는 기본 물자의 상호 교환을 가능케 해준다. 세금이나 지대의 지불, 노동자나 병사에게 주는 배급 등이 이 도움을 받아 처리되었다. 음식이 분배되고는 있지만 '공급자와 수요자의 만남'이 없기 때문에, 이는 식량 시장은 아니다.

3) 바자

바자에서는 그와 같은 공급자와 수요자의 만남이 존재했다. 그러나 그것은 식량 시장이 아니라 제조품, 특히 수공업자의 제품을 위한 시장이었다. 또한 바자는 어떤 품목도 단일 가격이 존재하지 않고, 조직 자체에 의해 경쟁이 배제된다는 점에서 어떤 근대적 시장과도 다르다. 판매는 '바깥'에서가 아니라 점포 안에서 이루어졌다. 여기서는 직인 가족의 장이 중개업자 역할을 한다. 직인들은 원칙적으로 타관 사람이다. 그들은 피정복자의 일부로 와서 살게 되었거나 조약에 의거해 정주한 사람들이다. 물리적으로 말하자면, 바자는 지붕이 있는 장소다. 숙박 시설이 없기 때문에 성벽으로 둘러싸인 도시의 골목이 이 끝에서 저 끝까지 지붕으로 덮여 있었다. 그러나 바자에서 본질적인 특징은 처음부터 시장에 특징적인 요소, 즉 단일 가격이 없다는 점이다. 단일 가격 또는 등가는 법이나 관습 또는 권위에 의해 결정되든지 아니면 근대의 가격 형성 시장처럼, 공급자와 수요자의 상호작용에 의해 결정되든지 하는데, 바자에는 이런 단일 가격이 없다.

성문과 바자는 모두 우리 문명의 기원인 동방에서 실로 오랫동안 일상생활의 필수품을 분배하는 제도적 장치 역할을 했다. 그러나 이후 바자의 기능에는 현저한 변화가 생겨났다. 그 변화 요인들로는, 먼저 길게 펼쳐 있는 해안 지역 쪽으로 폴리스가 진출한 것을 들 수 있다. 또 아시아 대륙의 터키 영향권 내에는 대영주가 생겨났다. 마지막으로, 이슬람이 취한 '상인 계급'에 대한 자유화 조치가 공동체 중심에 재화를 수집하는 저장 체계를 해체시키는 경향을 낳아, 이를 여러 방식으로 바자에 융합시켰다. 어느 새 수공업자의 바자에는 그 지역 식량 시장 기능이 부가되었는데, 때로 이 기능이 바자라는 새로운 제도의 주된 특징이 되기도 했다. 이런 식량 시장 기능은 오늘날에도 아직 중앙아시아나 중부 수단 지역의 시장에서 뚜렷이 찾아볼 수 있다. 바자는 마침내 교역항이 세계시장의 발전으로 인해 영향력을 잃었을 때 그 외국 상품의 판매 기능을 인수하게 되었다.

3. 시장 교역: 대외 시장[33]

수요-공급-가격기구에는 생산 그 자체는 아니라 해도 적어도 공급을 통제하는 변동하는 가격이 내포되어 있다. 그런 체제는 어디에 그 기원이 있는 것일까? 또한 교역은 전적으로 원정, 증여-답례, 그리고 관리적 토대 위에서 발달한 거대한 범위와 영향력을 가진 천 년의 역사적 제도인데, 이것은 언제, 어떻게 시장과 결부된 것일까? 교역은 언제, 어떻게 자신의 전 역사에 그토록 이질적인 방법에 기초하게 된 것일까?

수요-공급-가격기구의 기원을 살필 때, 고대사가에게 유일하게 가능한 방법은 교역의 자취를 추적하는 것이다. 과거의 시장기구의 발자취는 우리에게 잡히지 않는다. 도서관에 소장된 자료는 드물고 또 정확성이 결여되어 있다. 오늘날조차도, 기업인이라면 너무 잘 알고 있듯이, 어떤 특정 재화의 시장이 있는지 없는지는 이따금 명확히 단정하기 어렵다. 더구나 멀고 먼 과거에 대해 그것을 확정하는 것은 거의 가망이 없는 일이다. 교역은 시장과는 또

---

33 [옮긴이] 여기서 폴라니는 교역과 시장의 이분법을 넘어서 그것들 사이의 다양한 역사적 결합 형태에 주목한다. 교역이 인원, 재화, 등가, 거래의 복합체인 만큼 교역의 각 구성 요소들이 어떻게 변화하면서 관리 교역에서 시장 교역으로 이행하게 되는지를 살펴보고 있다.

다른, 전혀 별개의 사항이다. 교역 종사 인원, 교역 재화, 경로, 운반 용구 등의 존재는 명백하다. 교역이 이루어진 곳에는 어디서나 재화의 수로(말하자면 재화 흐름의 원천과 귀착점)를 찾아볼 수 있다. 만약 교역이 재화와 재화 사이에서 얻게 되는 가격차이에 의해 결정되는 것을 보게 된다면, 바로 그것이 시장 교역이다.

가격 형성 시장의 기원을 찾는 방법에 대해서는 이 정도로 하자. 그러나 설사 증거가 보여 주는 이상으로 가격 형성 시장이 널리 퍼져 있었다고 가정하더라도, 이전과는 전혀 다른 식으로 조직된 교역이 어떻게 이처럼 새로운 형태로 대규모로 재편되었는지 하는 문제가 남는다.

우리는 여기서 다시 목적론적인 논의에 빠질 수 있는 유혹을 경계해야 한다. 돌이켜 보면 알 수 있지만 목적론은 곧 무엇이든 그것으로 설명하게 되고 중요한 의문의 대부분을 사라지게 한다. 즉, 목적론적 유혹에 빠지면 이런 식으로 생각하게 된다. 교역의 발전은 불가피하게 시장기구의 망에 편입되게 된 게 아니었을까? 일단 교역과 시장기구의 결정적 연계가 형성되면, 시장 교역의 견고한 망이 경제를 뒤덮는 것은 단지 시간문제가 아니었을까?

언제나 그렇지만 목적론은 행복한 도취감을 일으킨다. 연구자는 시간과 환경이 불가피한 결과를 초래한다는 논리에 의존한다. 그러나 시장기구와 교역 사이에 그런 자연적 친화성이 있다고 가정하는 것은 순전히 자의적인 단순화이며, 이 둘 모두가 갖고 있는 복잡성을 무시하는 것이다. 시장의 경우, 우리는 사회과학자들 덕분에 얼핏 명백한 그 기구 속에도 미묘한 심리적인 함축이 내포되어 있다는 사실을 알게 되었다. 교역의 경우는, 어떤 형태로 이루어지든, 그것은 반드시 인원, 재화, 등가, 거래 등으로 이루어진 일정한 집합체이며 그 하나하나가 독자적인 역사와 논리를 갖고, 기술적·사회적으로 규정된 조건 속에 착근되어 있다. 따라서 시장기구와 교역의 결합은 아주 독특한 발달 형태이다. 양자의 결합은 결코 관념적으로 추론될 것이 아니라 반대로 오직 사실의 탐구에 의해서만 파악될 수 있는 역사적·제도적 조건들로부터 도출되어야 한다.

시장 교역의 출현이 지역 식량 시장보다 역사적으로 더 이후의 일이긴 하지만 그 기원에 관해서는 확실하지가 않다. 그것은 처음에는 어떤 한 지역에서 발생한 것이 틀림없다. 또 어떤 특정 유형의 재화를 중심으로 생겨난 것도 틀림없다. 더욱이 보다 결정적인 것인데, 교역의 한 구성 요소가 다른 요소들에 영향을 미치면서 점차적으로 출현한 것이 틀림없다. 그리하여 우리는 매우 다종다양한 발전의 모습과 마주하게 되는 것이다. 그러나 앞으로 보겠지만 제도적 분석에 의거하면 비교적 단순하게 논의할 수가 있다.

다시 말하지만 교역은 인원, 재화, 등가, 거래의 복합체로 볼 수 있다. 이들 각 구성 요소에 대해, 우리는 관리 교역에서 시장 형태의 교역으로의 이행을 논할 수 있다. 우리는 이런 이행 과정에서 이들 제 구성 요소가 각기 어떻게 변화하는지 하는 문제를 살펴볼 것이다. 그러나 역사적 자료를 이용하는 경우, 불가피한 왜곡이 발생함을 항상 염두에 두면서 비교사적·발달사적 측면에서 제도상의 문제들을 살펴보고자 한다. 이렇게 해서 우리가 시장 교역의 출현과 관련해 발생하는 제도적 문제들에 대해 가까이 다가갈 수 있을 것이다.

4. 인원, 등가, 거래

탐카룸이라는 말은 수메르 시대 이래 메소포타미아나 고대 동방에서는 이 말 자체로서 어떤 신분을 나타내는 명칭이었다. 그리고 이 신분을 중심으로 교역과 재정 조직이 작동하고 있었다. 이 용어는 세 그룹의 주요 문헌 자료에 공통적으로 나온다. 그 문헌 자료들이란 기원전 2400년경의 우르카기나 왕 시대 수메르의 라가슈에 있었던 바우 사원, 그 후의 아시리아의 이른바 카파도키아의 문자판이라 불리는 것, 그리고 이와 거의 같은 시대 바빌로니아의 함무라비법전을 말한다. 문맥으로 볼 때 탐카룸의 활동은 우리가 중매인factor, 대리인agent, 중개업자, 경매인, 보관인, 은행가, 재산관리인, 중재인, 행상, 공식 노예 취급관, 세리, 왕실 재정 집사 등등으로 부를 수 있는 모든 활동을 의미한다. 탐카룸이라는 말은 아무 구별 없이 이들 전부를 가리키는 말로 쓰였다. 바로 알 수 있듯이 이들 활동 중 몇몇은 전통적인 상업 체계와 아주 잘 어울린다. 따라서 시장의 존재를 전제로 하게 되면 탐카룸을 민간 상인으로 보는 현대 학자들의 오해가 쉽게 생겨날 수 있다. 그러나 메소포타미아 문명에는 시장 제도 같은 것이 없었음을 알고 나면 탐카룸에 대한 이런 이해는 재고되어야 하며, 이는 메소포타미아 경제의 전 영역의 자료를 재해석하게 만드는 중대한 결과를 가져온다.

이런 점에서 함무라비법전이나 중부 아나토리아에 있었던 '카파도키아'의 정주定住 교역지에 관한 풍부한 문헌 자료를 어떻게 해석하는가가 결정적으로 중요하다.[34] 전통적인 해독법에 의하면 함무라비법전에 나오는 탐카룸은 상인을 가리킨다. 그리고 카파도키아의 정주지는 아시리아의 상인이나 교역인으로 구성되어 있었는데, 이들은 원시-히타이트계 토착민과 멀리 떨어진 도시 아슈르 사이의 중개 역할이라는 통상적인 방법으로 돈을 벌고 있었다. 그밖에도 시간, 장소, 조건 및 방언의 차이가 있어서, 함무라비법전의 탐카룸의 모습을 카파도키아 문서상의 모습과 동일시할 수 없을 것이다.

---

34 Cf. Karl Polanyi, "Marketless Trading in Hammurabis' Time," *Trade and Market in the Early Empires*, Chapter 2.

카파도키아 문서로 돌아가 보면 우리는 대안적 해석을 가져 볼 수 있는데, 이는 시장 없는 교역의 가정에 기초한 것이다. 즉, 그 시장 없는 교역은 등가비율에 기초한 현금 매매로 이루어지고 있고, 교역인의 수입은 위탁된 상품에 대해 아시리아인 수출업자— 이는 도시 아슈르 그 자체일 것이다—로부터 징수하는 수수료에서 얻어지는 것이다.

전문 지식이 부족한 사람들에게는 주의해서 봐야 할, 무척 혼란스런 사실이 한 가지 있다. 이는 카파도키아의 정주지의 교역인들이 개인 이름으로 불렸지 결코 탐카룸이라고는 불리지 않았다는 사실이다. 다른 한편, 업무상 그들 교역인에게 중요한 도움을 주는 한 사람의 탐카룸이 또 있는데, 그는 오히려 개인 이름을 갖고 있지 않았다! 그는 언제나 변함없이 '탐카룸'이라고만 언급된다. 이 수수께끼에 대한 완전히 만족스런 답은 아직도 주어지지 않고 있다. 앞서 말했듯이 우리는 함무라비법전에서 탐카룸에 대한 많은 언급들이 있음을 볼 수 있는데, 이 탐카룸의 역할은 교역이지만 그 전체 활동은 결코 충분히 밝혀져 있지 않은 상태다. 법전에 나오는 탐카룸과 카파도키아 문서상의 익명의 탐카룸을 동일한 인물로 보아서는 안 되는지 하는 의문이 생긴다. 카파도키아 식민지가 확실히 특수한 조건을 가진 곳이었다는 것, 그리고 그곳의 활동적인 교역인은 결코 탐카룸으로 불리지 않았다는 사실은 별도로 하고 말이다. 그렇다면 메소포타미아 경제에는 시장이 없었다는 가정이 함무라비법전과 카파도키아 문서에서 똑같이 나오는 탐카룸의 수수께끼를 푸는 데 도움을 줄 수 있을 것이다. 바로 여기에 법전에 나오는 탐카룸의 신분과 활동을 파악하는 열쇠가 있을 것이다. 또 우리에게 아직도 모호한 바빌로니아의 사업 활동의 조직 형태를 이해하는 열쇠도 있을 것이다.

여하튼, 여러 상황에서 탐카룸의 구체적 활동이 어떤 것이든 간에, 그의 주된 특징은 일반적으로 어떤 신분적 인물이 가진 특징으로, 즉 그 기능이 교역이나 사업 활동상 공적 의무와 결부되어 있는 것으로 볼 수 있다. 이것은 매매 가격차이로 생계를 꾸리는 근대 상인과는 전혀 다르다. 근대 상인이란 가격상의 위험부담과 커다란 부채를 지고 있으며, 공적 권위에 의해 행동하는 것도 아니고, 또 토지나 재보를 지니고 있으면서 상행위 부담을 지고 있는 것도 아니다.

이런 사실로 볼 때, 우리는 교역과 상인의 존재 형태가 어떤 상황에서 다른 상황으로 이행해 간 것은 아닐까 하는 의문을 갖게 된다. 왜냐하면 우리 시대에 이르기 바로 얼마 전에 탐카룸의 존재가 상인과 비슷한 존재로 대체되었다는 사실만은 아주 분명하기 때문이다. 여러 가지 변화 경로를 생각해 볼 수 있다. 어떤 경우는, 탐카룸이 그 주된 기능은 유지하면서 특정 종류의 재화나 또는 어느 일정 규모 이상의 상품 교역에 대해서는 사적 교역을 해도 좋다고 허락을 받았는지 모른다. 그렇지 않으면 기존의 공적 이익을 제도적으로 유지하는 가운데 별개의 변화가 나타났는지도 모른다.

이에 대한 몇 가지 예들을 인류학이나 역사학에서 찾아볼 수 있다. 서아프리카의 아샨티인은 최근까지 관습적으로 40콜라의 열매를 정부에 바쳐야 했고, 그 이상의 수익은 그의 개인적 이득이 되었다.[35] 동투르키스탄에 진출한 중국인 대상隊商들은 낙타를 소유한 엄청난 수의 상인들로 이루어진 대상의 일원이었을 것이다. 최고 18마리를 돌보게 되어 있는 낙타를 모는 사람은 그중 여섯 마리까지 개인적으로 소유할 수 있었고, 낙타를 돌보는 보수를 받을 수 있었다. 거기다가 그는 수체soo-che, 즉 자기 짐을 가져갈 수 있었다. 편도일 경우는 낙태 반 마리 분, 왕복일 경우는 한 마리 분의 화물을 운반할 수 있었다. 또 여섯 마리 이상을 소유하고 있으면 낙타를 돌보는 데 대한 보수는 따로 받지 않는다. 만약 그가 선취특권에 의해 18마리 이상을 가지고 있다면, 그는 대상의 독립적 파트너가 되어 제 경비에 대해 자기 몫을 분담한다.[36] 약 4천 년 전 카파도키아의 상인은 베울라톰이라 불리는 젊은 피용자에게 이자 없이 일정량의 재화를 그들에 맡겨 개인적 이익을 얻게 해주었다. 이는 그들이 제공한 여행 중 서비스에 대한 보수가 되었으며, 이로 인해 그들은 어느 정도 독립성 있는 신분으로 상승할 수 있었다. 또 다른 증거를

---

35 Robert S. Rattray, *Ashanti Law and Constitution*, Oxford: Clarendon Press, 1929.

36 Owen Lattimore, *The Desert Road to Turkestan*, Boston: Little Brown, 1929.

보면, 한 상인이 정부가 독점하고 있는 재화의 거래(교역인에게 위탁된 재화)와 자기 이름으로 자유로이 할 수 있는 재화의 거래를 동시에 수행하고 있음을 보여 주는 경우도 있는 것 같다. 유사한 관행은 17세기에 페르시아에서 유럽을 향한 수출무역의 특징이기도 했다. 비단의 거래는 정부 독점이었으며 정부 계정으로 아르메니아 교역인들에 의해 외국에 판매되었다. 그렇지만 그 밖의 재화들은 교역인들 자신이 자유로이 수출하고 있었다.[37]

또 하나의 출현 경로는 중개업과 경매였을 것이다. 이 두 가지 활동은 고대사회에 널리 펴져 있다. 함무라비법전보다 앞선 에슈눈나의 빌라라마 왕의 법전에는 상업이 금지된 종교적으로 고귀한 신분의 인물들이 중개업자를 끼고 맥주를 판매하고 있는 것이 보인다(제45조). 이것은 종교인을 교역이 초래할 수 있는 타락으로부터 지키기 위한 수단이었을 것이다. 이 중개업자는 직업적으로 전문화되어 있었다. 중부 수단의 몇몇 최대 규모 시장의 경우를 보면, 생활필수품의 공급이 모자라 합당한 등가가 깨어질 우려가 있을 때, 중개업자가 문제의 상품을 할당해 더 이상의 혼란을 피하는 일을 한다. 이렇게 해서 가난한 사람들에게도 최저한의 식량 공급이 보장된다. 그렇지 않으면 상품은 부자의 수중에 집중될 것이다.[38]

---

37 Jean Babtiste Tavernier, *The Six Voyages of Jean Babtiste Tavernier*, London, 1678.

38 Heinrich Barth, *Travels and Discoveries in North and Central Africa*, New York: Harper

시장을 독점하거나 압도해 장기적 공급을 혼란시킬 수 있는 침입자를 제어하는 일도 중개업자의 일이다. 그렇지만 중개업자는 질서 있게 등가가 조정되도록 협력을 요청받기도 한다. 여기서 경매의 원리, 즉 가장 높은 값을 부른 입찰자에게 판매하는 방식이 등장한다. 전前 시장적 교역은 상품을 공개해 가장 높은 값을 부른 입찰자에게 판매하는 방법을 취한다. 중개업자가 하는 일은, 좋은 경매 가격을 확보하기 위해 시장 부근의 후보 구매자들을 찾아다니며 설득해서 고정 가격 시장의 통상적 등가 판매를 보완하는 역할이다. 이리하여 흔히 경매는 중개업과 결합되었다. 주의해야 할 점은 등가 교환의 조건하에서는 재화는 '가격' 그대로, 즉 그 이하도 이상도 아닌 값에 팔리게 되어 있다는 점이다. 길드 동료든, 보다 일반적인 원료 공급자든, 생산자의 이익을 지킨다는 입장에 따라 싸게 파는 것조차 금지되어 있었다. 중세의 '공정가격' 경제의 의무를 상기하면, 이런 규칙의 엄격성을 이해할 수 있을 것이다. 그렇다 해도 점차 가격 교섭을 선호하게 되면서, 경매와 결합된 중개 제도가 시장 교역의 보다 정비된 형태로 되어 간다.

또 다른 변화 경로가 있는데, 그것은 이른바 은행가에 의해 개척된 듯하다. 원래 은행업은 전前 시장적 활동이다. 물물교환이 일

---

and Brothers, 1859.

반적이었던 시대에 화폐가 단지 지불수단과 가치척도로만 쓰였던 곳에서는, 우선적으로 지불을 위해, 그리고 채무를 처리하기 위해 특별한 서비스가 필요하게 된다. 물물교환이 매일매일의 거래로 이루어지기란 매우 어렵다. 고정적인 등가가 없고, 재화의 교환에 시간적인 간격이 있었기 때문에 재화 거래의 양 당사자 간에 불일치가 생기기 쉽다. 고정적 등가가 없는 경우에는 차액 결제가 이루어지며, 교환의 시간적 간격이 있으면 채무가 발생한다. 지불이 현물로 이루어지든 일정 무게의 은으로 이루어지든, 또 이후처럼 여러 주화로 이루어지든, '차액'을 메우고 채무의 만기 지불을 이행하기 위해서는, '구술 문명'에서는 그 일에 대한 모종의 전문적 감시가 필요하게 된다. 기원전 5세기 아테네의 은행가는 미리 채무자가 예금해 놓은 금액을 채무자가 같이 있는 데서 채권자에게 지불했다. 이보다 더 단순한 방식으로는, 화폐 검사인이나 환전상이 그런 기능을 당국의 위탁을 받아 자신의 작업소에서 (통상 노예가 그 일을 했다) 수행한 경우를 볼 수 있다.

원시사회에서 신용은 부채가 공식화되는 방식인데, 이는 원래 씨족이나 근린 집단 내부에서 이루어지는 호혜 관계로부터 제공된다. 고대 국가에서는 사원과 궁전이 수확과 관련된 신용을 제공하는 주된 제공처였다. 카파도키아의 교역 식민지에서는 장기신용이 움메아눔ummeanum이라는 곳에서 이루어진 것으로 보인다. 그 장소는 필경 아슈르 시였을 것이며, 또 대부는 상황에 따라 탐카룸에 의해 이루어졌을 것이다. 함무라비법전에 의하면 시민-농민에게 수확물의 가치만큼을 담보로 잡고 신용을 제공하는 것도 탐카룸의 의무로 되어 있다. 한편 전前 시장 시대의 화폐 검사, 환전, 지불 및 신용공여는, 조작적으로는 이후 시대의 그것과 아무런 차이가 없지만, 지금 우리가 다루고 있는 문제의 시각에서 볼 때는 거의 전적으로 다르다. 가격 형성 시장이 출현하고 나서는 지불과 신용이 새로운 성격의 기능들을 포함하게 되는 한편, 화폐는 주로 교환 수단으로 사용된다. 신용은 이제 재화의 교환 과정과 생산과정의 부산물이 된다. 지불의 지체는 더 이상 교환되는 재화 가치의 차이 때문에 발생하는 것은 아니다. 더더욱 신용은 친족이나 촌락 내부 또는 궁전이나 사원 내부의 호혜 관계로부터 발생하는 것이 아니다. 근대 은행업이 되면, 고대 은행업처럼 시장을 필요로 하지 않기는커녕, 오히려 수중에 갖고 있는 재화의 단순한 교환을 넘어 시장체제를 확대하는 수단이 된다. 결국, 메소포타미아에서 은행업 자체가 실제로 관리 교역에서 시장 교역으로 변화하는 경로였음을 보여 주는 증거는 많지 않다. 신新 바빌로니아의 상인적 은행가는 직접 농업일을 취급했다. 한편 로마의 은행업은 거의 아테네의 수준에는 도달하지 못했다. 중세 후기에 이르러서야 비로소 원격지 간의 도매 교역이 더 좋은 투기 기회를 노리는 자본의 원천이 된다. 그리하여 보호된 도시경제 영역preserves을 잠식해 들어가게 된다.

제2부

고대 그리스에서
교역, 시장, 화폐

서장

오늘날 우리에게 잘 알려져 있는 그리스 역사를 전통적인 시각과
는 다소 다른 시각에서 살펴보면, 특이한 상황이 뚜렷하게 드러날
것이다. 즉, 시장에 기초한 경제체제와 과학적인 전체적 계획에 기
초한 경제체제 둘 다 그 기원을 헬레니즘 시대에 두고 있다는 점이
다. 우리 시대가 마주하고 있는 문제는 바로 이 두 체제 사이에서
나타나는 경쟁 관계와 결합의 가능성이다.[1]

거의 상업적 정신을 갖고 있지 못했던 아테네와 스파르타의 시

---

[1] [옮긴이] 폴라니가 이 책 "서문"에서 하고 있는 다음 진술을 상기할 필요가 있다. "초
기 수천 년 동안 인간이 겪어 온 삶의 문제들을 재검토해 보면, 매우 중요한 정책적
경향이 절실히 다가온다. 우리 세대에 고유하며 숙명적인 것으로 보였던 갈림길 ─
자유 대 관료제, 계획 방식 대 시장 방식 ─ 이 역사에서 반복되어 온 인간적 상황의
변형된 논제로 인식되는 것이다. …… 우리가 사는 근대 세계는 인간의 살림살이라
는 견지에서 보면 우리의 생각보다 훨씬 더 역사가 짧을지 모르지만, 자유와 중앙 집
중, 자발성과 계획성이라는 인류의 커다란 문제는 분명히 우리의 예상보다 더 오래
지속되어 온 난제임을 알 수 있다"(이 책 60-61쪽).

민들이 이 주목할 만한 사실에 기여한 바는 별로 크지 않다. 오히려 이 사실은 헬레니즘이 만개하던 비교적 짧은 기간 동안 그리스어와 그리스 문화가 지중해 동부에 거주하던 인종적으로 그리스인이 아니었던 사람들에 확산된 데 기인한다.

명백한 사실은 다음과 같다. 한편으로, (주로 작은 동전을 사용해 이루어진) 교역과 화폐는 아테네 아고라의 시장 요소와 연결되어 있었다. 다른 한편으로는 얼마 지나지 않아 그리스 지배하의 이집트에서 고대 파라오로부터 물려받은 저장 방식과 재분배 방식이 정교한 경제계획의 차원으로 승격되었다는 점이다.

그 자체로도 중요하지만, 이런 발전은 로마의 형성과 궁극적으로는 유럽 전역 및 북아메리카의 형성에 미친 영향으로 말미암아 그 중요성이 훨씬 더 커진다. 심지어는 초기 바빌로니아와 고대 이집트의 제도들 역시 거의 헬레니즘 문명을 통해서만 지중해 서부로 전파되었다. 결과적으로 에트루리아와 카르타고에서 유래한 몇몇 특성을 제외하면, 10여 세기에 걸친 로마의 경제사는 헬레니즘의 시장화 방식 아니면 헬레니즘의 중앙 계획 방식의 특성을 가지고 있었다고 말할 수 있다. 우리의 정치와 철학, 과학, 예술을 만들어 낸 공로로 천재성을 이미 인정받았던 고대 그리스인들이 또한 모든 선진적인 인간 경제의 선도자였다는 결론은 거의 부인할 수 없다.

물론 그리스 사람들은 단지 선도적인 역할만 했을 뿐이라고 주장할 수 있다. 왜냐하면 현대 이전에는 시장이 결코 부차적 요소 이상이 되어 본 적이 없었기 때문이다. 그럼에도 불구하고 그 옛날에도 시장 요소들이 경제 전반에서 수행했던 역할은 중요했다.

어떤 상황들이 결합해, 식량 시장도 환전상들도 그리 대단한 규모가 아니었던, 전사와 소농들의 국가 아테네가 이 발달 과정에서 중요한 역할을 수행하게 되었는지는 결코 분명하지도 단순하지도 않았다.

정말이지 기원전 7세기 초에도 그리스에는 시장이 발달할 조짐이 결코 없었다. 적어도 그 이전의 1천 년 동안 메소포타미아, 소아시아, 시리아, 이집트의 대륙 제국들과 우가리트와 크레타의 선원들은 화폐를 교환 수단으로 사용한다거나 시장을 수요와 공급의 조정자로 사용하지 않고서도 대규모 교역을 하고 있었다. 그리고 낙후한 아티카가 아니라 바로 소아시아에서 우리는 기원전 7세기가 되어서야 비로소 살라미스의 지역 시장에서 주화가 사용되고 식량이 소매로 거래되었다는 것을 확인할 수 있다. 그렇지만 기원전 4세기 말 무렵엔 이미 시장을 통해 식량을 분배하는 아티카의 관행이 경제적 삶의 구도에서 완전히 새로운 모험을 낳고 있었다. 시장에서 식량과 여타 일상 생필품의 소매를 위해 소액 동전을 사용하는 것은 페르시아전쟁 직후 분명해진다. 이런 거래가 결국 동지중해에서 곡물 판매로 이어졌다. 이것은 조직화된 세계시장이라 부를 만한 역사상 알려진 최초의 재화 교환 체제였다. 아주 역설적이게도 이 위대한 상업적 모험은 역사상 유명한 가장 극단적인 관료세적 중앙 계획 체제로 유명했던 그리스 지배하의 이집트에서 시작되었다. 특히 이 체제는 순전히 국가가 운영하는 경제의 효율성을 높이기 위해 아테네의 민간 은행가들이 실천한 방식을 사용했다.

따라서 비록 시장 교역과 정교한 계획경제─이것은 이 책의 쌍둥이 주제다─는 고대 그리스 역사의 부산물에 불과했지만, 시장과 계획이 결합하는 그 역사적 시작은 서구 문명의 핵심 제도인 아티카의 폴리스 경제에 당연히 새로운 빛을 비춰 줄 것이다.

제11장

헤시오도스의 시대
부족의 쇠퇴와 농민의 살림살이

왜냐하면 신이 인간의 살림살이를 감추었기 때문이다.

/ 헤시오도스, 『노동과 나날』

I. 『노동과 나날』의 세계

호메로스의 서사시에는 언급되지 않은 하나의 세계가 기원전 7세기 보이오티아의 시인 헤시오도스의 작품에서 나타난다. 이 세계는 오늘날까지도 이 넓은 지구상의 어디에나 변함없이 지속되고 있다. 이 세계는 지독하게 개인주의적이고 도덕적이며 미신에 빠져 있는, 그리고 항상 투덜대면서도 근면한, 독립 소농민 가계의 세계이다.

전체적으로 살펴볼 때, 『노동과 나날』은 고립된 개인의 탄생을 알리는 기록물이다. 이 고립된 개인은 부족사회에서는 극도로 이례적인 존재에 불과했다. 대다수 인간의 생존에는 한 가지 고통, 즉 살림살이에 대한 개개인의 걱정이 따르게 된다. 그것은 외로운 굶주림이라는 새로운 위협의 출현을 반영하고 있는데, 이는 이전의 부족사회에서는 존재할 수 없는 일이었다. 굶주림이라는 유령은 『노동과 나날』의 장엄한 리듬 속에서도 끊임없이 출몰해 으스스한 예언조를 띠게 한다.

부족이 쇠퇴하면서 이제 새로운 종류의 불확실성이 생겨난다. 이로 말미암아 인간 생존의 핵심적 부분이 잠식당하며 인간에 잠재된 요소, 즉 개성 — 비록 투박한 형태라 하더라도 — 이 조금씩 출현하게 된다. 부족 상황에서는 경제적 운명은 개인적인 것이 아니고 집단적인 것이었다. 목초지의 전환이나 사계절의 변화, 태양과 바람, 비의 혜택과 더불어 경제적 운명이 바뀔 때, 이는 모든 사람에게 똑같이 바뀌었다. 그러나 그 이후에는 경제적인 운명은 개개인의 두려운 동반자가 되어야 했다. 이 개인은 이제 더는 재분배와 호혜라는 전통적인 조직에만 의지해 혹독한 굶주림을 피할 수 없었다.

헤시오도스는 굶주림이 인간의 조건들 중의 일부라는 사실을 발견했다. 『오뒷세이아』에서 식량에 대한 절박한 필요는 단지 공동체의 외곽에서만 출현한다. 이 필요는 떠돌이나 도시 바깥의 거지, 불청객의 신변에 닥치는 불상사이다. 식량에 대한 절박한 동물적 충동이 위장을 가진 인간을 사로잡았다고 한다면, 그런 사람은 친척도 법도 그리고 부엌조차도 없는 사람이다. '소속된다 함'은 곧 사물의 자연적 운행 속에서 자신의 식량을 얻는 것이고, '소속되지 않음'은 곧 자신의 식량 문제를 깊이 걱정한다는 것을 의미한다. 우리가 의기양양한 적의 수중에서 죽을 운명에 있는 병사의 울부짖음이나 신의 악의로 귀향길이 막힌 유랑하는 영웅의 탄식을 제외한다면, 달리 어떤 것도 굶주린 사람이 식량을 갈망한 나머지 부끄럼도 모른 채 자기 위장에 대해 퍼붓는 저주의 말처럼 처절한 울부짖음은 없을 것이다. 『오뒷세이아』에서 보통 이야기 전개는 이런 식이다. 즉, 이방인이나 나그네, 부랑자가 도래하는 장면에서 우선 자신의 [허기진] 배를 저주하는 초라한 개인이 등장하고, 이어 결국 환대와 함께 식사 대접을 받는다. 그가 얼마나 많이 먹으려고 하든 맛난 음식이 아낌없이 제공된다.

헤시오도스가 부족이 쇠퇴하는 징후를 생생하게 기록하고 있는 것은 분명하다. 그렇지만 그는 근본적인 해체 과정에 너무 가까이 있었던 탓에 그것을 자연스러운 과정으로 이해할 수가 없었다. 그런 이유에서, [부족의 쇠퇴는] 파멸, 종말 그리고 철기시대에 대한 말로 형언할 수 없는 공포의 수수께끼로 그려져 있다. 어떻게 해서 인간은 자신을 먹여 살려야 할 책임을 다시 짊어져야만 하게 되었을까? (헤시오도스의 말을 빌리자면) 프로메테우스가 정직하지 못한 조언을 듣고 자신을 속여 먹었다는 이유 때문에 제우스가 화를 내 생명의 빵을 감춘 것인가? "왜냐하면 신이 인간의 살림을 감추셨기 때문이다!" 인간은 홀로이며, 근심 걱정은 떠날 줄을 모른다. "겨울 추위로 밭일을 할 수 없게 되면, 대장간이나 사람들로 붐비는 곳은 빨리 지나는 것이 상책이다. 이 시절에도 근면한 사람은 자기 집 살림을 아주 풍요롭게 할 수 있을 것이기 때문이다. 엄동설한에 가난하고 몸 붙일 곳 없는 신세가 되지 않도록 대비하라. 그러면 앙상한 손으로 부어오른 발을 어루만지지 않아도 된다"(493-497). 굶주림을 막는 것이 바로 인생살이의 의미다.

헤시오도스의 시는 우리 인간사의 장면에 고립된 가정이 등장한 것을 기록하고 있다. 공동 방목지에 대한 언급은 전혀 없다. 머지않아 곡물은 매매될 것이다. 그런데 헤시오도스와 거의 동시대 사람으로 아모스라는 최초의 위대한 예언자가 있었는데 그는 토지의 생산물을 매매한 자에게는 여호와의 천벌이 내리도록 기원하고 있었다. 그러나 기원전 5세기 중엽이 되면 유대의 성전 국가는, 예루살렘의 부차적인 지역 식량 시장을 제외하면, 재분배 방법으로 복귀했다. 이스라엘은 식량 교역을 중단하고 이전 방식으로 복귀했다. 오직 일부 그리스인들만이 시장 요소의 실험을 계속했던 것이다. 만약 역사가가 인류의 의식이 깨어난 시점을 추정할 수 있다고 한다면, 저 깊은 곳으로부터 개인적 생존에 대한 관심사로서 "경제적인 것"이 부각되기 시작한 것은 바로 헤시오도스 시대의 그리스였다. 좋든 싫든 자연의 냉혹한 힘, 즉 굶주림의 공포에 고삐가 풀렸다.

2. 철기시대의 도래

역사적으로 헤시오도스 시대의 칙칙한 두려움은 필경 완전히 별개인 두 개의 외부적 사건, 즉 정치적 파국과 기술혁명이 결합한 데에서 기인했을 것이다. 다시 말해 도리스인의 침입과 철의 전래라는 두 사건의 영향 때문에 헤시오도스의 시는 구제할 길이 없는 절망으로 가득 차게 되었다. 도리스인은 그리스의 문화와 예술 그리고 기술을, 질서, 법, 행정 기구와 더불어 파괴해 버렸다. 기원전 1000년이 지날 무렵, 중부 그리스는 폐허의 더미로 변하고 있었음이 분명하다. 그리고 암흑시대가 계속된 것이다. 한두 세기 후에 철제 도구와 무기의 보급으로 말미암아 여러 미묘한 측면에서 전쟁과 노동에 종사하는 인간의 생활이 타락하기 시작했다. 이런 점진적인 기술 변화는 서부 코카서스와 동부 알프스 지방을 중심으로 나타났다. 그런데 기원전 최초 천 년의 처음 몇 세기로 들어서면서 이 변화는 그리스에서도 느낄 수 있게 되어, 그 영향이 여러 지역과 인간 활동의 각 분야에 미치게 되었다. 이 변화가 미치는 영향은 아주 다양했고 그 충격은 25세기 뒤에 일어난 산업혁명에 견줄 만큼 강력했다. 정확한 이유는 알 수 없지만 많은 경우에 경철硬鐵 사용의 증대는 현대의 기계가 어찌 되었든 인간에게 뚜렷이 가져다준 것과 같은 해방적 효과를 주지는 못했고, 일상생활의 여러 과정을 악화시켰던 것으로 보인다. 그리하여 전쟁과 농업은 철제 도구와 연장이 확대되면서 근본적으로 변화된 두 영역이었다. 또한 토지의 경작자에 대해서는 전혀 새로운 규율이 부과되었던 것으로 보인다. 이로 인해 철제 쟁기가 필요 없게 되었고 몇 차례든 풍요로운 수확을 할 수 있었던 관개지灌漑地 밖에서 곡물을 재배하게 되었다. 시적인 화려함을 빼고 읽어 보면, 『노동과 나날』은 진저리칠 정도로 고단한 일의 역법曆法이며, 거기에는 땅을 일구며 쉼 없이 땀 흘려야 하는 인간에 대해 귀에 거슬리는 경고의 어조가 담겨 있다. 『노동과 나날』은 목동이나 밭 일꾼, 반半유목적인 농사꾼이 살았던 자연스런 삶의 흐름을 교란한 가혹한 변화를 기록한 것이다. 동물을 길들이고 작물을 지배하는 것과 척박한 토지에서 곡물 수확에 생계를 의존하는 것은 다르다. 자기 토지에서 일하는 자유인은 거의 견디기 힘들 정도로 토지에 예속된 상태로 전락했다. 계절의 진행과 식물 생태 순환의 엄격함을 통해 토지는 인간에게 명령을 내렸다. 이 사나운 구속 체제는 날씨의 변덕이 겹쳐 한층 혹독하게 되었다. 그리하여 인간은 굴욕적인 불확실성에 대해 영원히 근심 걱정하는 노예의 신세가 되었다. 인간이 기계의 노예라는 것은 현대의 문제로 잘 이해되고 있다. 그런데 우리는 초기 형태의 농업에서 인간이 자연에 예속되어 있었던 점은 잊고 있었다.

3. 부족적 질서의 소멸

그런 힘들이 그리스인의 생활에서 그렇게 기나긴 퇴조를 초래했는
지 모른다. 우리에게 헤시오도스가 전하는 것은 그리스인의 생활
에 대한 바로 그 만가輓歌이다. 씨족적 유대의 이완은 정치·군사적
전쟁에 의해 촉진되었다. 그런데 그것은 순수한 부족적 조직에서
전면적 봉건제로의 순조로운 이행을 이따금 수반하기도 하는 한층
더 풍성한 생활을 결코 낳지는 못했다. 오히려 정반대로 영광으로
가득 찬 과거에 대한 희미한 회상과 해외 문화의 끊임없는 진보로
인해 그리스인들은 견딜 수 없는 실의에 빠졌을지 모른다.

그 자신이 독립 소농민이었기 때문에 헤시오도스는 소농민 계
층의 정치·사회적 문제에 대해 관심을 갖고 있었다. 특히 그는 개
인의 살림살이가 점점 더 불확실하게 될 수 있다는 점과 자신보다
운이 좋은 이웃한테 돈을 빌려 쓴 후 토지를 넘겨줄 위험 등에 대
해 염려했다. 부족 관계로부터 벗어난 자유로운 개인이 부를 축적
함으로써 일어나는, 사회 상류층에서의 분화를 불길하게 암시하기
도 했다. 아무리 전통에 사로잡혀 있다고 해도 노골적인 개인주의
가 출현한 것은 부족적 질서가 소멸한 결과였다. 즉, 부자 농민이
가난뱅이 농민을 예속시키고, 왕처럼 행세하는 도적이 부족의 수
장을 지배한다. 헤시오도스의 시에서 철학적인 부분은 불안감을
주는 새로운 삶의 특징이 낳은 인간 행위의 문제를 다루고 있다.

다시 요약하자면, 호메로스 시대로부터 기원전 5세기 초에 이르는 그리스 사회사는 주로 마을의 이웃이나 시민이 친족을 점차 대체해 가는 역사이다. 이런 일련의 과정에서 농민은 스스로에게 자문하지 않을 수 없었다. 이제 누가 친구이고 누가 적인가?

친한 친구는 잔치에 초대하는 것이 좋지만, 적은 초대하지 말고 그냥 내버려 두어라. 특히 이웃에 사는 사람을 부르도록 해라. 왜냐하면 마을에 어떤 좋지 않은 일이 일어났을 때 가까이 사는 사람들은 허리띠도 안 매고 오지만 친척들이란 허리띠를 매고 난후에야 오기 때문이다(342-345).

개인의 안전은 이제 이웃에 의존할 뿐이고, 더 이상은 씨족적인 상호 보호에 의존하지 않는다.

좋은 이웃은 다음과 같이 하나의 경제적 자산이다.

좋은 이웃이 커다란 축복인 만큼 나쁜 이웃은 큰 재앙이다. 착한 이웃을 얻은 사람은 보물을 얻은 것이다. 나쁜 이웃이 없다면 소 한 마리조차도 없어지지 않을 것이다(346-348).

결혼만큼 부족 생활에 깊이 뿌리를 두고 있는 제도는 거의 없다. 사실 혼인의 질서는 곧 부족의 질서이기도 하다. 그렇지만 헤시오도스는 몇 살 때 어떤 여자와 결혼하는 것이 좋은지를 설명하면서 자기 형제에게 다음과 같이 조언하고 있다. "특히 네 이웃에 사는 여자를 맞아 들여라"(700).

그러나 이웃이 혈연을 대체해 가는 것은 아주 점진적으로만 진행된다. 이미 『오뒷세이아』에서 텔레마코스는 다음과 같은 질문을 받는다.

> 당신의 고향에서 당신 부모님이나 주변의 다른 사람들, 즉 동네 사람들과 사방의 인근 마을 거주자들이 당신을 부르던 바로 그 이름 …… 그리고 당신의 동네와 사람들, 도시에 대해 가르쳐 주시오 …… (VIII. 550-555, 강조는 폴라니).

그렇지만 대체로 귀족들 사이에는 여전히 혈연적인 유대가 우세했다.

헤시오도스의 시대와 더불어 부족의 지배는 쇠퇴하게 된다. 그러나 그 흔적은 여러모로 미묘하고 모호한 모습으로 남아 있다. 부족 간의 피의 복수blood feud는 금지되고 복수는 보다 개인적인 것이 된다. 그래서 피해자는 더 이상 씨족 성원들에 대해 보복해서는 안 되며, 그 씨족 성원들의 피해자와의 관계에 따라 보복해야 한다. 또 피해자라고 해도 그의 행동은 상황에 적합한 것이어야 한다.

…… 먼저 네 쪽에서 상대방에 나쁜 짓을 해서는 안 된다. 듣기 좋은

거짓말을 해서도 안 된다. 그러나 상대방이 먼저 불쾌한 말이나 행동으로 네게 모욕을 주면 잘 기억해 놓았다가 두 배로 갚아 주어도 된다. 그렇지만 그가 너와 다시 화해하고 보상을 하길 청한다면 받아 주는 게 좋다(708-712).

형제간의 유대도 예외는 아니다.

친구에게 약속한 품삯은 정확히 정산해야 한다. 형제라고 해도 그렇다. 그리고 증인을 세워라. 신뢰도 불신도 똑같이 사람을 망치기 때문이다(370-372).

새로운 개인주의는 가장 가까운 혈연적 유대까지도 뒤흔든다. 누구도 믿어서는 안 된다.

가족 구조 자체도 변한다. 맬서스주의가 공공연히 표방된다. 가족의 구성에서 자녀는 한 명이 바람직하다. "그렇게 하면 집안의 부가 증대되기 때문이다"(375). 자녀가 두 명이라도 여전히 생활은 가능하다. 그렇지만 그것은 오직 아버지가 늙어서까지 집안을 꾸릴 수 있을 때의 이야기다. 이 경우에는 분업의 이익이 상속에 따른 토지 분할의 부담보다 더 클 수도 있다.

4. 호혜의 쇠퇴

헤시오도스의 시詩에서 가장 중요한 주제 가운데 하나는 당시의 부정不正이다. 부족적 유대는 쇠퇴하고 있었지만, 이를 대신할 수 있는 봉건적 유대가 발전할 시간은 아직 충분하지 않았다. 군주들의 욕심과 잔혹성은 둘 다 어마어마했고, 그의 탐욕에 대해서도 개인은 완전히 무방비 상태였다. 헤시오도스는 인정사정없는 부자와, 무력한 상태의 빈자를 화려한 필치로 그려 내고 있다.

그러면 여기서 군주들에게 우화 하나를 들려주겠노라. 물론 그들이 잘 아는 세상 물정에 대한 것이다. 목이 알록달록한 밤꾀꼬리를 발톱으로 꽉 쥐고 구름 사이로 높이 날아가면서 매는 이렇게 말했다. 밤꾀꼬리가 구부러진 발톱에 찍혀 구슬프게 울부짖자 매는 밤꾀꼬리에게 거만하게 말했다. "불쌍한 놈, 왜 울고 난리냐? 훨씬 힘센 내가 지금 너를 꽉 움켜잡고 있다. 네 놈이 아무리 노래를 잘한들 내가 데려 가는 곳으로 너도 가야 한다. 잡아먹든지 놓아주든지 다 내 마음이다. 자기보다 더 강한 자에 저항하려는 놈은 어리석은 놈이지. 이기지 못할 뿐만 아니라, 창피만 당하고 또 따끔한 맛까지 보게 되는 거야." 날개가 긴, 이 날쌘 매는 이렇게 말하는 것이었다(202-212).

부족적 정주定住라는 전통적인 정치 구조는 "선물을 탐하는 군주들"

에 의해 몹쓸 정도로 왜곡돼 버렸고, 이제 이 군주들은 자신들이 관할하던 법과 정의를 회복시킬 수 없는 상태에 이르렀다. 족장 제도의 공허한 형식은 남아 있었다. 그렇지만, 그 의미와 내용은 사라져 버렸다. 그런 형식으로 표현되던 부족적 의무도 퇴색해 버렸다. 정의는 추구해야 할 추상적 이상으로 변질됐고 이미 부족 생활의 제도적 틀이 아니었다.

뇌물을 탐하고 그릇된 판단으로 선고를 내리는 자들이 정의justice를 자신들의 생각대로 끌고 가고 있다면 반드시 성난 불만의 소리가 나는 법이다(220-221).

이제 정치는 부자들을 위한 것이다. "집안에 1년분 양식이 비축되어 있지 않은 자는 다투고 조정하는 일(아고라이agorai)에 일일이 신경 쓸 시간이 없기 때문이다"(30-31). 부족 시대 이타카의 민중 집회는 사라지고 잊혔다.

공동 식사의 관습은 상당히 약화되었다 해도 분명히 이따금씩 행해지고 있었다. 헤시오도스는 이렇게 변호할 수밖에 없었다. "손님이 많이 모인 잔치에서 무뚝뚝해서는 안 된다. 그곳에서는 즐거움은 가장 많고 비용은 가장 적은 법이기 때문이다"(722-723).

그러나 사라져 가는 부족적 호혜 관계는 혈족에서 이웃으로, 씨족에서 촌락으로 간단히 넘어갈 수 없었다. 『노동과 나날』은 호혜의 토대를 이웃 관계 위에 두고 구축하려고 하지만 그것은 헛수고가 된다.

이웃에게서 빌릴 때 됫박의 양을 정확히 받고 또한 정확히 되갚아야 한다. 같은 양으로, 가능하면 더 많은 양으로 돌려주어야 한다. 나중에 어려운 시절이 오면 그 이웃에게 의지할 수 있도록 말이다(349-351).

선물의 교환은, 이자가 슬며시 나타나는, 목표가 약간 불명확한 거래로 바뀌었다. 이런 상호성의 관계는 반드시 선택적이며 예측 불가능하다. 그래서 누구에게 물건을 주어야 할지 아주 세심한 주의를 기울여야만 한다.

친절한 사람에게는 친절히 대하고, 너를 찾아오는 사람은 너도 찾아가는 것이 좋다. 주는 사람에게는 너도 주고, 주지 않는 자에게는 주지 말라. 인심 좋은 사람에게는 누구나 기꺼이 주고, 구두쇠에게는 아무도 주지 않은 법이다(353-355).

선물에 대해 정말로 똑같이 답례해야 한다고 강조하고 있는 점에 주목할 필요가 있다. 즉, 이것은 부족적 호혜 관계와는 대조적이다. 부족의 호혜에서는 반드시 정확히 등가의 양을 돌려주어야 할 필요는 없다. 부족적 호혜의 경우도 계속해서 충분히 답례를 하지 않으면 인색한 자로 간주되어 체면이 완전히 손상될 것이다. 그렇다 해도 선물이 계속된다는 사실에는 변함이 없다. 왜냐하면 선물은 증여자가 자신이 처해 있는 상황에 비추어 판단하는 것이기 때문이다. 사실 헤시오도스의 시는 비인격적이면서도 엄격히 시행되는 부족적 호혜 관계보다는 오히려 현대의 개인적 상호성의 사고방식과 훨씬 더 흡사하다.

그래서 헤시오도스는 신랄한 경고의 어조로 이 구절을 매듭짓는다. 다음과 같은 날이 다가올지 모른다는 경고다.

더없이 괴로운 마음으로 자식들과 아내를 데리고 먹을 것을 구하러 이웃을 돌아다닌다 해도, 그들은 너를 거들떠보지도 않을 것이다(399-400).

왜냐하면 '내게 한 쌍의 소와 수레 한 대를 빌려다오'라고 말하기도 쉽지만, '아직 내 소를 쓸 일이 있다'고 거절하기도 역시 쉽기 때문이다(453-454).

누구도 아닌 바로 개인 스스로 쉴 새 없이 열심히 일하지 않으면 "빚과 서글픈 굶주림"을 피할 길이 없다. "그래서 네 운명이 어떠하든 일이 네게 최선이다"(314). "일하라, 굶주림이 네게 닥쳐오지 않도록 …… 굶주림은 바로 게으른 자의 가장 충실한 길동무이기 때문이다"(299-302).

일에 대한 이런 개념은 참으로 새로운 것이다. 이 개념은 진정으로 자유로웠기 때문에 노동의 강제성을 알지 못했던 호메로스의 에토스와는 격세지감이 있다. 헤시오도스는 "일이란 결코 부끄러운 게 아니다. 게으름이야말로 부끄러운 것이다"(311)라고 분명히, 수도 없이 말한다. 일은 세심하게 계획을 세워 꾸준히 해나가야 한다.

오늘 할 일을 내일이나 모레로 미루어서는 안 된다. 왜냐하면 일을 게을리하는 사람도 일을 미루는 사람도 창고를 가득 채울 수가 없기 때문이다. 부지런해야 일이 순조롭다. 그러나 일을 미루는 사람은 늘 파멸과 손잡고 있는 사람이다(410-413).

경제적 독립은 적극적 측면만큼이나 소극적인 측면에서도 이해되고 있다. 적극적 측면에서는 독립이란 가득 찬 창고를 의미하고, 소극적 측면에서는 토지 상실과 부채, 굶주림에서 벗어나는 것을 의미한다. 앞서 말한 대로, 일을 하면 굶주림에서는 벗어날 수 있다. 일이 잘 풀리면 훌륭한 독립 수단을 얻을 것이며, 그렇게 되면 "부러운 눈으로 남을 쳐다볼 필요가 없을 것이다. 오히려 다른 사람이 당신에게 도움을 요청할 것이다"(477-478). 그러나 토지의 상실이라는 최악의 재앙을 면하려면 바로 신의 도움과 선의가 필

요하다. 악행은 삼가해야 한다. 그래서 헤시오도스는 이렇게 경고
한다.

> 네 능력이 허락하는 대로, 불사不死의 신에게 신성하고 정결하게 희
> 생을 바쳐라. 다리의 좋은 살을 구워서 바쳐라. 또 다른 때에는 신주
> 神酒와 향연香煙으로 신의 마음을 위로해야 한다. 잠자리에 들 때나
> 성스러운 태양이 다시 떠오를 때나 다 그렇게 하라. 신이 네게 깊은
> 자비심을 품게 되고, 그리하여 네가 남의 땅을 사들일지언정, 남이
> 너의 땅을 사들이는 일이 없도록 말이다(336-341).

이런 깔끔한 양자택일적 표현의 의미는 "네가 남에게 빌려주는
일은 있어도 남이 네게 빌려주는 일은 없게 할지니"라는 성경적인
소망과 동일하다.

5. 가정

경제단위는 소규모 가정이다. 그 성원들은 주의 깊게 선별해야 한
다. 아이는 한 명이 최적이고 두 명 이상은 위험하다는 점은 앞에
서 지적한 바 있다. 아내를 잘 살펴서 골라야 한다. 그것은 이웃의

비난을 면하기 위해서(그래서 이웃 사람과 결혼하는 것이 바람직하다)만이 아니라, 다음의 이유 때문이기도 하다.

무릇 남자가 얻는 것 중에서 훌륭한 아내보다 더 나은 것이 없고 악처만큼 나쁜 것도 없다. 아무리 강한 남편이라 해도 탐욕스런 아내는 장작불이 없이도 그를 바짝 구워 일찍 늙게 만든다(702-705).

남자는 30세까지는 결혼해서는 안 된다. 먼저 쓸 만한 머슴과 연장을 구해야 한다.

맨 먼저 집과 여자와 밭 가는 소를 수중에 넣어라. 아내가 아니라 소를 몰 수 있는 여자 노예 말이다. 또 필요한 것은 모조리 집에 갖추어 놓아라. 네가 타인에게 빌리려고 하다가 거절당하고 …… 그래서 네가 결핍한 처지에 놓이는 일이 없도록 말이다(405-408).

여기서 여자 노예는 자녀가 없어야 한다(602). 헤시오도스는 이런 여자 외에도 40세 정도의 남자 머슴을 둘 것을 권고한다. 40세 정도면 자기 친구보다 일에 더 흥미를 느낄 것이기 때문이다.

이런 소규모 가정은 1년 내내 한시도 헛되이 보내서는 안 된다. 그렇게 해야만 부채 그리고 굶주림과의 싸움에서 이길 수가 있다. 게으른 자는 "마음에 슬픔이 많이 쌓이게 된다." 겨울을 위한 준비는 여름부터 시작하도록 한다. "아직 여름이 한창일 때, 머슴들에게 '언제까지나 여름은 아니다. 창고를 지어라'라고 지시하는 것이 좋다"(502-503). 그러나 겨울이라 해서 느긋하게 지낼 때는 아니다. 헤시오도스는 자기 형제에게 사람이 모여드는 대장간에 머물지 말라고 경고한다. 그리고 공공 집회(아고라)도 늘 피해야만 한다. "집 안에 1년분 양식이 비축되어 있지 않은 자는 다투고 조정하는 일 agorai에 일일이 신경 쓸 시간이 없기 때문이다"(30-31).

노동의 명령뿐만 아니라 절약의 명령도 있다. 이 또한 완전히 새로운 생각이었다. 그때까지 부富는 속임수나 폭력, 증여를 통해 얻는 것이었다. 그런데 헤시오도스는 "부를 얻는 데 속임수나 폭력을 사용하는 것은 잘못이다"라는 역설을 감히 제기할 뿐만 아니라 다음과 같이 말한다. "설사 조금씩 더한다 해도 계속 그렇게 하면 머지않아 거대한 양이 되기 때문이다"(361-362). 경제사에서 엄청난 결과를 낳은 어떤 시작도 이보다 더 간결하게 표현된 경우는 드물었다.

다시 헤시오도스는 새로운 이야기를 또 하나 하는데, 그것은 경쟁이 노동에 대한 자극제가 된다는 것이다. 분명히 이것은 그리스 사회에서 최초로 하나의 경제적 역할을 수행했다. 헤시오도스는 이 새로운 현상을 묘사하려고 애쓴다. 시詩의 첫머리에서 그는 지상에는 두 가지 불화가 있다는 견해를 제시한다. 하나는 장려해야 할 불화이고, 또 다른 하나는 "비난받아 마땅한 불화"인데 이것은

사악한 전쟁과 다툼을 증대시킨다. 새로운 종류의 불화는 "어두운 밤의 맏딸"로서, 그녀는

> 게으른 사람조차 일할 생각이 일어나게 한다. 아무리 게으른 자라 해도 부유한 이웃이 정성으로 밭을 갈고 나무를 심고 집을 단장하는 것을 보면, 열심히 일하고 싶은 마음이 날 것이다. 그러면 이웃끼리 부자가 되려고 서로 경쟁하게 된다. 이런 불화는 인간에게 유익하다. 그리하여 도공은 도공에게, 목공은 목공에게 화를 내고, 거지는 거지를, 가수는 가수를 시샘한다(12-25).

아무도 자신의 경쟁자를 깎아 내리려고 하지는 않았다. 제각기 훌륭한 솜씨를 발휘해 가장 뛰어난 사람이나 적어도 가장 호감이 가는 사람이라는 평을 유지하고 싶어 했던 것이다. 헤시오도스의 시 자체가 이런 경쟁적 다툼의 유명한 전형이었다.

6. 교역과 바다

교역이 존재한 증거는 물론 있다. 그렇지만 그것이 농민 생활에 영향력을 미치지 못한 것은 확실하다. 헤시오도스는 두 가지 교역 형태를

구별하고 있는데, 그의 눈에는 둘 다 그다지 바람직하게 보이지 않았다. 하나는 그가 간단히 "해상 활동"seafraing이라고 부른 것이다. 이 "해상 활동"은 적당한 시절에 작은 배를 타고 해안을 따라 항해하면서 이따금 잉여 물품을 교환하는 것에 국한된다.

그러나 플레이아데스[1]가 오리온의 강한 힘을 피해 아득한 바다에 빠져 버리는 그때, 폭풍우가 몰아치는 바다로 항해하고 싶은 욕망이 너를 사로잡을 때가 있다. 이런 계절엔 이 세상의 바람이라는 바람은 모두 불어닥친다. 그때는 절대로 파도가 일렁이는 포도주 빛 바다로 배를 내보내지 말고, 대지의 일에 힘써야 함을 명심하라. 내가 이르는 대로, 휘몰아치는 바람의 힘을 막을 수 있도록 배를 땅으로 끌어올린 뒤 빙 둘러 돌로 담을 쌓아라. …… 그리고 너 스스로는 항해할 적절한 때가 올 때까지 기다려야 한다. 그때가 되면 빠른 배를 바다로 끌어내려 이익을 남겨 집으로 돌아올 수 있도록 적당한 화물을 싣도록 해라. 작은 배도 무방하지만, 가능하면 짐은 큰 배에 실어라. 왜냐하면 짐이 많을수록 이익에 이익이 많이 남을 것이기 때문이다. 바람이 그 사악한 숨결을 멈추어 주기만 한다면 말이다(618-645).

---

1 [옮긴이] 그리스신화에 나오는 아틀라스의 일곱 딸 알키오네, 켈라이노, 엘렉트라, 마이아, 메로페, 스테로페, 타이게테를 이른다. 오리온에게 쫓겨 하늘에 올라, 칠요성(七曜星)이 되었다고 한다.

또 한 가지 교역 형태가 있는데, 헤시오도스가 특정화해서 장사trading (엠포리아emporia)²라 부른 것이 바로 그것이다. 이것은 좀 더 직업적인 일처럼 보인다. 그렇지만 장사는 정기적 직업이 아니라, 불운한 사람이 마지막에 의지하는 일에 불과했다.

> 혹시 네가 잘못된 마음을 장사로 돌려 부채와 우울한 굶주림에서 벗어나고자 한다면, 네게 노호하는 바다의 법칙을 알려 주겠다. 비록 내가 항해나 배에 별로 통달하지는 않지만 말이다(646-649).

여하튼 해상 활동의 계절은 매우 제한되어 있다. 헤시오도스가 그나마 해상 활동을 허락하는 유일한 시기는 7월과 8월이다. 포세이돈이 그렇게 할 마음을 먹지 않는다면, 이 시기에는 죽음을 피할 수 있다. 단 가을바람이 불어닥치기 전에 반드시 되돌아와야 한다. 진짜 무모한 자는 봄에도 항해를 한다. 그런데 헤시오도스는 이들에게 이렇게 경고한다.

> 그런 항해는 너무 성급한 항해이다. 그래서 재난을 피하기가 어려울 것이다. 그러나 사람들은 무지해서 이런 짓도 아무렇지 않게 한다.

---

2 이것은 엠포리아(emporia)가 장사라는 의미로 사용된 최초의 예이다. H. Knorringa *Emporos*, Amsterdam: H. J. Paris, 1926, p. 13.

죽을 운명의 가련한 인간들에게는 부가 곧 생명이기 때문이다. 그러
나 파도에 휩쓸려 죽는 것은 끔찍한 일이다(684-687).

어떤 항해든지 자기 재산의 일부만을 싣고 가야 한다. 이렇게 위험
하기 때문이다.

제12장
지역 시장
폴리스와 아고라의 정치경제

나는 아직까지 동네 한가운데에 있는 정해진 장소에 모여 서로 속이고 거짓 맹세를 하는 어떤 무리도 결코 두려워해 본 적이 없다.

이 말은 페르시아의 키루스Cyrus 대왕[페르시아제국의 건설자인 키루스 2세]이 소아시아 연안의 그리스 도시를 공격하지 말라고 경고하러 온 스파르타의 사절에게 한 대답이다. 때는 기원전 546년, 점령당한 리디아 왕국의 수도 사르디스에서였다. 동東과 서西의 이 상징적인 해후가 지닌 의미를 오해하지 않도록 헤로도토스는 한 가지 주석을 덧붙이고 있다.

키루스의 이 발언은 모든 그리스인을 비난하려는 의도를 가지고 있었다. 왜냐하면 그리스인에게는 매매가 이루어지는 시장터가 있었기 때문이다. 그것은 페르시아인에게는 미지의 관습이었다. 또한 그들은 공개된 장터에서 물건을 사지도 않았다. 실제로 페르시아 전역에는 시장터가 단 하나도 없었다.[1]

이 장면에는 폴리스를 이해함에 있어 심오한 의미가 담겨져 있다. 헤로도토스는 결국 우리가 생각하는 것보다 더 믿을 만한 역사가였을 뿐만 아니라 아는 것이 많은 작가였음을 알 수 있다. 치명적인 것은 키루스가 적의 도덕적 기강을 얕보았다는 것이다. 그것은 적의 사회제도에서 보이는 한 가지 이상한 것, 즉 시장 관행 때문이었다. 헤로도토스가 지적한 바와 같이, 만일 정말로 시장을 통제하고 규제하는 뛰어난 폴리스의 내부 규율이 없었더라면, 시장은 당연히 도덕적 쇠약의 징후이자 원인이 되었을지 모른다. 그러나 그 당시의 현실에서 헬라스의 그런 쇠약을 자신 있게 예상하고 거기에 승리의 희망을 걸었던 자들은 실망할 수밖에 없었다.

1 Herodotus, *The Persian Wars*, 1. 153.

I. 헤로도토스와 그리스 정신

헤로도토스는 사르디스의 일화를 이용함으로써 방법과 내용의 측면에서 대가다운 면모를 보여 주었다. 그의 위대한 저작은 잘 알려진 세계와 거기서 일어난 사건의 경과에 대한 묘사이다. 아니 그 이상이다. 그의 역사철학에는 신의 질투와 죽어야 할 운명에 있는 인간의 오만이 서로 얽혀 있으며, 양날의 칼의 의미를 담고 있는 신탁의 말이 포함되어 있다.[2] 사건들의 광대한 파노라마는 페르시아전쟁을 중심으로 펼쳐지고 있는데, 책의 서술은 동일한 형식으로 짜여 있다. 예를 들어, 리디아의 왕 크로이소스Croesus는 신을 모독하고 거둔 성공의 대가를 지불해야 했고, 얼마 안 있어 크로이소스를 정복한 페르시아인들도 오만한 자기도취 때문에 벌을 받았다. 헤로도토스가 늘 그랬듯이, 실제로 사르디스의 일화에서 아고라와 폴리스를 같이 묶어 자신의 중심 주제를 단조로 연주하고 있는 것은 결코 우연이 아니었다. 그는 놀라운 성공을 거두었는데, 간단한 문학적 기교를 사용해 키루스 왕의 단호한 거절을 오만하면서도 애매한

---

2 [옮긴이] 헤로도토스의 『역사』에서 신이 내리는 신탁은 서술의 중요한 장치다. 특히 『역사』의 주요 주제인 페르시아전쟁의 발발 원인과 주요 전투 장면을 설명하고 그 결과를 예시할 때 집중적으로 나타난다(윤진, 2005, "헤로도토스의 『역사』에 나타난 문학적 장치로서의 신탁과 꿈," 『서양 고대사 연구』, 제17집 참조).

느낌이 들도록 만들었던 것이다. 이런 묘한 느낌은 그리스인과 야만인 사이의 최초의 충돌에서 절대로 빠져서는 안 될 부분이었다. 헤로도토스의 이런 기교 덕분에 동양과 서양의 갈등으로부터 보편사의 주제가 강력하면서도 섬세하게 울려 퍼지게 됐다.

헤로도토스는 그리스의 애국자였기 때문에 그리스인이 거듭 실수를 저질렀음에도 불구하고 에게 해에 내려진 영광스런 유산을 받을 자격이 있는 백성이라고 믿고 있었다. 그러나 그의 걸작은 그리스 문명만이 아니라 오히려 인간의 문명에 대한 하나의 기념비적인 시도였다. 그에 따르면, 인간의 문명은 이집트에서 시작되었으며, 페르시아의 위대한 도시를 화려하게 장식한 훌륭한 작품들을 산출했다. 그의 저작은 반反페르시아적인 것이 아니었다. 그는 자신의 연구 결과를 여러 사람 앞에 내놓음으로써 "그리스인이나 야만인의 위대하고 놀라운 활동이 마땅히 받아야 할 영광을 잃어버리는 일이 없었으면" 하는 희망에서 쓴다고 말했다. 그런 공평한 평가는 유사성과 상이점이 기묘하게 뒤엉켜 있는 문명 세계oikoumene에 합당한 것이었다. 여기서 페르시아인은 정의와 진실성에 대한 열정을 지니고 있었던 반면, 그리스인은 논쟁과 자유에서 삶의 활력을 얻었다. 아테네는 민주주의국가였고, 페르시아는 전제주의 국가였다. 여전히 전성기를 누리고 있었고 세력과 실력이 타의 추종을 불허했던 페르시아제국은 그때까지 딱 한 번 패한 적이 있었을 뿐이었다. 그 패배는 그리스인에게 당한 것으로, 그 결과 페르시아는 유럽 밖으로 밀려났다. 그러나 넓은 지역에서 그리스인과 야만인의 문화, 종교 그리고 도덕은 상호 침투했다. 이오니아의 아시아 지역 이웃인 리디아도 아시아적이라기보다 오히려 그리스적이었다. 리디아에는 그리스에는 없는 혼전 매춘의 풍습이 있긴 했다. 헤로도토스는 "리디아인은 그리스인과 거의 같은 관습을 가지고 있었다. 예외적으로 딸을 교육하는 방법만이 다르다"라고 쓰고 있다.[3] 페르시아인들에 대해서는 "그들만큼 외국의 관습을 기꺼이 수용하는 민족은 없다"라고 주장했다.[4] 헤로도토스가 죽고 1백여 년이 지난 뒤 알렉산더 대왕은 혼인을 통해 그리스인과 페르시아인을 하나의 민족으로 통합하려 함으로써 후세에 불후의 명성을 남겼다.

헤로도토스에게서 페르시아전쟁은 분명히 빛과 어두움의 대결이 아니었다. 그리스인은 페르시아인의 도덕관을 아주 경이롭게 여겼다. 페르시아의 교육은 운동 기량과 군사적 무용武勇에 더해 추상적 윤리의 덕목을 요구했다. "그들은 아이들에게 다섯 살에서 스무 살까지 말 타기와 활쏘기, 진실 말하기, 딱 세 가지만을 철저하게 가르친다."[5] 여기에는 오뒷세우스의 흔적이 남아 있지 않은가! 그러나 이것은 정직이라는 덕목을 과도하게 중시한 것이 아닐까?

---

3 Ibid.., I, 94.

4 Ibid.., I, 135.

5 Ibid.., I, 136.

헤로도토스의 텍스트는 함축으로 가득 차 있다. "또한 그들은 불법적인 것은 말하는 것만으로도 불법이라고 생각한다. 그들의 풍습에서 가장 더럽게 여기는 것은 거짓말을 하는 것이며 그다음은 돈을 빌리는 것이다. 다른 이유도 많겠지만 특히 빚을 지는 사람은 무언가 거짓말을 할 수밖에 없기 때문이다."[6] 조금 후대의 플라톤이라면 이런 생각에 대해 뭔가 할 말이 있었을지도 모른다. 하지만 전체적으로 볼 때 아테네인들에게는 정신과 상상력의 길을 모색할 자유, 그리고 일이 없어 빚을 질 자유가 없는 생활이란 지루해서 죽을 지경의, 아둔할 정도로 정직한, 멋도 재미도 없는 생활을 의미했을 것이다.

헤로도토스는 윤리적인 대차대조표를 따지는 일을 피한다. 그의 텍스트는 완곡한 야유를 띠면서 양쪽 모두를 비판한다. 아주 머리가 나쁜 라코니아의 전사들은 자신들이 부당하게 시장 장사꾼이라는 오명을 뒤집어쓰고 있음을 알게 되었는데, 이때 그들은 불리한 입장에 놓여 있었음에 틀림없다. 헤로도토스는 그리스의 어떤 도시보다도 시장 관행에 무지하고 그런 점에 대해 상당한 자부심을 가졌던 스파르타를 키루스의 경고의 표적으로 삼고 있다. 그렇지만 실제로 그것은 스파르타의 경쟁자인 아테네에게 더 들어맞는

---

6 Ibid.., I, 139.

경고였을 것이다. 어찌 되었든 시장 관습이 때때로 격식에 얽매이지 않는 맹세를 수반했음은 의문의 여지가 없는데, 페르시아인은 신전 이외의 곳에서는 맹세를 하지 않았으며 그리스인들 역시 전통적으로 경건한 분위기에서 맹세를 했다. 더구나 시장의 자유는 상품의 질質 ― 그리고 그 비율 혹은 가격 ― 을 당사자의 불충분한 판단에 맡겼다.

그러나 지나치게 근엄한 야만인이었던 키루스의 경고는 과녁에서 빗나갔다. 키루스는 습관적으로 거짓 맹세를 하고 서로를 공공연히 속인다는 이유로 그리스인들을 하나의 민족으로 보기를 경멸적으로 거부했다. 이것은 그리스인의 명예를 실추시킬 목적을 가진 원색적 비방으로, 근엄한 야만인적 선전이 섞여 있었다. 아테네 독자들은 실제로는 많은 관리가 시장 거래를 단속하고 있으며 시장의 일처리도 엄격한 감시와 도덕적 자기 규제를 거친다는 것을 잘 알고 있었다. 그렇기는 해도 시장은 악용되기 쉽고 시장에는 또한 특유의 유혹이 있고, 맹세로 거래를 맺는 좋지 못한 관행에 신성모독의 냄새가 난다는 것은 아무도 부인할 수 없었다. 많은 사람들의 눈에 시장이란 의심스러운 곳이고 적어도 문제가 많은 제도로 보였다는 것은 모든 자료가 입증해 주고 있다. 다음 세기에 플라톤도 여전히 시장에서 맹세를 하지 못하게 해야 한다고 주장했다. 또한 시민들이 시장에서 물건을 파는 행위를 금지해야 한다고도 했다. 그것이 시민들의 지위에 어울리지 않는다는 이유에서였다. 폴리스의 문제에 관해서는 곧잘 플라톤에게 이의를 제기하던 아리스토텔레스도 정치적 아고라와 시장터의 분리를 역설하고, 수공업자와 상인 계층에 시민권을 주지 말라고 했다. 두 사람 모두 키루스가 겨냥했던 바로 그 제도의 약점을 비난하고 있다는 것이다.

그러나 헤로도토스는 자신이 말하고자 하는 요점을 잘 표현했다. 저 지혜롭고 관대한 지배자이며 페르시아제국의 창시자이자 아마 당시 가장 위대한 인물이었을 키루스로 말미암아, 결국 페르시아인들은 패배의 나락으로 떨어진 것이다. 높은 문화를 지닌 강력한 리디아인이 페르시아인 앞에 무릎을 꿇었던 것처럼 말이다. 리디아의 왕 크로이소스는 페르시아를 공격했다가 오히려 자기 나라 수도에서 포로 신세가 되었다. 불행히도 델포이 신탁의 이중적 의미에 속아 하리스 강을 건넜던 그는 자신의 위대한 제국을 멸망으로 이끌었다. 그런데 키루스도 자기 나라가 비슷하게 멸망하지 않도록 대비를 하지 않았는가? 그는 적에 대해 잘못 판단했다. 불운한 그의 후계자 다리우스와 크세르크세스 역시 분명히 오판을 했다. 그리고 그들의 결정적인 오판은 대부분 그리스의 저 신기한 제도, 즉 시장 때문이었다. 페르시아인들은 이 제어하기 어렵고 복잡한 제도를 다루는 그리스인의 능력을 과소평가했고, 그리스 폴리스의 시민적 규율과 저력7을 인식하지 못했다. 그리하여 결국 파멸의 길로 들어섰다.

2. 아고라와 그리스인의 방법

폴리스를 이해한다는 것은 곧 거기서 시장이 차지하는 위치를 이해하는 것이다. 역사가는 폴리스의 실제적 발달에 대해 지극히 아는 게 없다는 것을 인정해야 한다. 호메로스의 서사시에는 아고라에 대해 수많은 언급이 있지만, 여기서 아고라란 모두 집회 장소를 말한다.[8] 이것은 헤시오도스의 『노동과 나날』에서도 마찬가지인데, 헤시오도스는 근면한 남자에게 경고하기를 이익 될 게 없는 정치의 장소인 아고라를 멀리하라고 한다. 이 아고라라는 낱말이 언제 어디서 장터라는 의미로 쓰이게 되었는지는 알 길이 없다. 그리스 역사에서 참주tyrannis의 일화는 나중에 특이한 그리스형의 시장체제가 정착되는 전제 조건이긴 했다. 하지만 참주라는 존재는 성질상 오히려 반反시장적 발전에 그 기원이 있었다. 페이시스트라토스의 농촌 이주 계획은 시장의 발전을 거의 자극하지 못했다. 시장이 본래의 아테네 시에 위치해 있었기 때문이다. 이와 정반대로 농촌의

---

7 [옮긴이] 여기서 폴라니는 그리스가 시장의 활력에 의존하면서도 동시에 그것을 통제할 수 있는 "능력"(capacity)과 "시민적 규율"(civic discipline)을 갖고 있었음을 이야기한다. 이는 아고라와 폴리스의 정치경제는 물론, 폴라니의 제도 경제학 세계를 새롭게 이해하는 데도 매우 중요하다. 폴리스의 "시민적 규율"에 대해서는 이하 3절 "그리스의 생활에서 폴리스"에서 더 자세히 설명되고 있다.

8 Knorringa, *Emporos*, Amsterdam: H. J. Paris, 1926, p. 11.

재개발은 솔론 시대와 그 후대의 시장 성장에 대한 대응 조치로 간주되었을는지 모른다.

그리스어 세계 전반에 걸쳐 주화가 발명되어 퍼져 나갔음에도 시장은 의심스러운 자산으로 간주되었던 것 같다. 적어도 귀족의 입장에서 볼 때 시장이란 사람들의 에너지를 약화시키는 경향을 띠었다. 키루스는 자신에게 정복당한 리디아인이 반역적 기질이 강하다는 이유에서 그들을 멸종시켜 버릴 생각을 했는데, 그때 포로의 몸으로 정복자 키루스의 친구이자 조언자가 되었던 리디아의 왕 크로이소스는 그에게 다른 방법을 제안했다.

제발 리디아인들을 용서하시고 그들이 결코 배신하거나 폐하께 폐가 되는 일이 없도록 이렇게 일러 주십시오. 그들에게 사람을 보내무기의 소유를 금지하고, 겉옷 안에 여성용 웃옷을 입고 장화를 신도록 명하십시오. 또한 아이들에게는 리라 연주나 하프 연주 또는 소매상업을 가르치도록 하십시오. 폐하, 그렇게 하면 얼마 안 있어 그들이 남자가 아니라 여자가 되어 버리는 것을 보시게 될 것입니다. 따라서 그들이 배반하지나 않을까 폐하께서 걱정하는 일은 사라질 것입니다(강조는 폴라니).

키루스는 이 조언을 받아들여 이렇게 명했다고 한다.

메디아인 마자레스를 불러, 리디아인에게 크로이소스의 건의를 포고하게 하라.

마자레스가 사르디스로 들어왔다고 헤로도토스는 계속 쓰고 있다.

그리고 그[마자레스-옮긴이]는 리디아인에게 키루스의 명령대로 시행하도록 강제했다. 그래서 그들은 그의 명에 따라 (오늘날 보는 바와 같이 그때부터) 생활양식을 완전히 바꾸었다.[9]

사람들은 리디아인이 기원전 5세기 중엽에는 음악 연주자나 음식 노점상으로 알려져 있었음에 틀림없다고 추론한다. 이런 직업은 그들의 용맹스러운 과거와는 어울리지 않는다고 멸시를 받았다. 헤로도토스 자신은 리디아인이 크로이소스 시대까지는 소아시아 제일의 전사였다는 사실을 강조했다. 크로이소스의 몰락을 다룬 교훈극이 6세기경 국제적으로 유행했던 이유는 충분했다. 티그리스 강 유역의 고대 제국 아시리아가 기원전 606년 니네베의 함락 후에 신생 리디아에게 멸망한 것처럼, 이제 소아시아의 찬란한 리디아 왕국도 하룻밤 사이에 사라져 버렸다. 나라를 빼앗기고 쫓겨

---

9 Herodotus, *The Persian Wars*, 155-157.

난 리디아 사람들은 이리저리 떠돌며 시장에서 노점을 벌이거나 음식점에서 현악기를 연주하는 신세로 전락했다.

그리스인 독자의 입장에서 보자면 헤로도토스의 저작은 시사문제에 대한 언급과 불가피한 과장으로 넘친다. 그는 도리스식의 매너리즘에 물든 스파르타인이 난잡한 시장 관습을 들여왔다고 그들을 비웃는다. 하지만 그들의 적수인 아테네인이 이런 시장 관습을 강화했으며 이것이 스파르타인의 미움을 샀음은 누구나 다 아는 사실이었다. 실제로 아테네에서는, 적어도 민주주의자들 사이에는, 시장터를 어슬렁거리는 것이 거의 유행이 되었다. 그러나 아테네에서조차 시장이 아직 완전한 성공을 거둔 것은 아니었다. 국가 재정에 관한 교과서에서 다음과 같이 기술하기까지는 한 세기의 시간이 더 필요했다. "부를 보존하는 데는 페르시아 식이나 라코니아 식의 제도를 사용하는 것이 좋을 것이다. 그렇지만 아테네식 가정경제 방식이 약간의 이점은 있다. 왜냐하면 그들은 물건을 팔아서 필요한 물건을 사기 때문이다."[10]

그때에 이르러, 아테네는 민주적인 폴리스 가운데 가장 강력해졌다. 우리가 근거하고 있는 자료에 따르면 하나의 삶의 방식으로서 상업적 아고라의 선구자는 곧 아테네였다는 사실이 확실해 보인다.

---

10 Pseudo-Aristotle, *Oeconomica*, I, 6.

고전기 아테네에서 볼 수 있는 실제적 민주주의와 시장의 발흥 사이의 기묘한 결합에 주목해야 한다. 페리클레스는 단지 장례 연설의 페리클레스, 즉 자유로운 문화적 공동체 개념을 찬양한 저 투 퀴디데스의 기념비적 저작 속의 페리클레스가 전부는 아니었다. 그는 '보수적'Tory 선거 머신을 무너뜨리는 데 지역 식량 시장이 갖는 전략적 이점을 간과한 당파적 정치가이기도 했다.

페리클레스의 정적인 귀족파의 지도자 키몬은 부득이 시장에서 식량을 사야 했지만 체면을 차리는 빈민들을 구제하기 위해서 다음과 같은 식으로 움직였다.

자신의 전답에서 담을 헐고 그 수확물을 외지인이나 궁핍한 시민에게 거리낌 없이 가져가게 했다. 또한 그는 매일 자기 집에서 저녁을 제공했다. 사실 그것은 소박하지만 많은 사람이 먹을 수 있을 만큼의 충분한 음식이었다. 아무리 가난한 자라도 원하면 들어와 일하지 않아도 먹게 했고, 공공의 일에만 진력하게 했다. 아리스토텔레스에 따르면, 그가 저녁 식사를 무료로 제공했던 사람은 모든 아테네인이 아니라 라키아다이Laciadae에 있는 자기 영지 사람에 불과했다.[11]

11 이 점에 대해서 분명히 플루타르코스는 아리스토텔레스와 대립한다(*Constitution of Athens*, XXVII, 3). 따라서 우리는 다른 자료가 플루타르코스의 해석을 뒷받침했다고 생각해 볼 수 있다.

어찌 되었든, 이것은 생기 넘치는 볼거리였다.

키몬은 언제나 멋진 옷을 입은 젊은이들을 대동하고 다녔다. 그런데 남루한 복장의 노시민이 다가오면 반드시 이들은 기꺼이 자기 옷을 노인의 옷과 바꾸어 입었다. 이 행동은 매우 깊은 인상을 남겼다.

그러나 키몬이 음식점이나 그 대중적 분위기를 대신하는 방법으로 제시한 것은 이런 환대 이상이었다. 그는 적의 본거지인 시장 속으로 침투해 들어갔다.

또한 마찬가지로 [키몬을 추종하는] 젊은이들은 거액의 돈을 갖고 다니면서 시장터에 있는 "좋은 가문의 가난뱅이들"에게 다가가, 아무 말 없이 잔돈을 손에 쥐어 주곤 했다.[12]

자신이 거느리는 영지의 가정에 기초를 둔 키몬의 귀족다운 후원에 맞서, 민주파 지도자 페리클레스는 독창적으로 대응했다. 그 자신 명문가인 알크메오니다이 가의 일원이면서도 페리클레스는 수수한 시장 제도를 신봉했다. 플루타르코스에 따르면, 그는 정치에

---

12 Plutarch, *Cimon*, X, 1-3.

몰두했지만 가정을 새롭게 구성함으로써 상속 받은 영지를 고스란히 보존할 수 있었다.

그는 그해 수확물을 한꺼번에 팔고, 필요한 물품은 그때그때 시장에서 구입했다. 그런 식으로 일상생활의 방도를 마련했다. 그래서 그는 나이를 먹은 자식들에게 인기가 없었으며, 그의 아내도 그를 인심 좋은 가장으로 여기지 않았다. 그들은 그날그날의 옹색한 지출에 불만스러워 했다. 왜냐하면 유복한 집이나 웬만한 살림에서 볼 수 있는 생활의 여유란 조금도 없었고, 지출과 수입은 모두 계산과 평가에 따라 이루어졌기 때문이다. 이런 꼼꼼함을 모두 지켜 준 단 한 사람은 하인 에반게로스였다. 그는 그런 성격을 타고났든지 아니면 페리클레스가 단련시켜 가정경제에 대해 어느 누구보다 더 뛰어났기 때문일 것이다.[13]

아테네의 역사를 통틀어 페리클레스의 방식은 '명문가'에는 예외적이었다. 아리스토텔레스(추정)는 아티카 제도가 생산물을 팔고 필요한 것을 사들이는 것이라고 살핀 다음에 이렇게 덧붙인다. "작은 가정은 창고에 아무런 비축물도 없다."[14] 따라서 아고라가

---

13 Plutarch, *Pericles*, XVI, 4-5.

14 Pseudo-Aristotle, *Oeconomica*, I, 6, 2.

소규모 가정이 자급할 수 있도록 해주었다. 식량 및 그 밖의 필수품은 필요에 따라 그날그날 구입했다. 시장을 통한 이와 같은 식량 조달과 나란히, 영지 형태의 자급자족적인 가정 — 키몬의 방식은 그중 한 가지 사례였다 — 이 유지되었다.

시장이 민중poulace에게 식량을 제공하는 데 핵심적인 역할을 하기 시작했지만, 그렇다고 해서 시장이 경제 전체에서 차지하는 비중을 과장해서는 안 된다. 시장 교역과 아고라는 어디까지나 폴리스 내부적인 것이었으며, 그 물리적·정치적 경계에 의해 제한되어 있었다. 아고라는 여전히 지배적이었던 재분배 체제의 작동을 촉진하는 한 가지 장치 이상이 아니었다. 도시가 시민의 생계를 책임지는 것은 그리스 도시경제의 일관된 원칙이었다. 이 책임을 수행하기 위해 도시는 백방의 노력을 기울였다. 수입 필수품의 공급은 전적으로 공적인 감시 아래 놓여 있었으며, 또한 시민 자신의 생활도 상당한 정도까지 도시국가에 의해 보장되었다.

그리하여 아테네에서 폴리스 경제는 세 가지 요소로 구성되어 있었다. 오늘날이라면 이들은 각기 전혀 별개의 요소로 간주될 것이다. 하나는 영지 형태의 가정에서의 재분배이고, 또 다른 하나는 국가 차원의 재분배이며, 마지막 하나는 시장이다. 이 세 가지 요소는 각기 구별되는 정치경제의 특별한 유형이면서 하나의 유기적 전체 속에 공존하고 있었다.

우리가 지적해야 할 것은 이 세 가지 요소 간의 관계가 안정적이었던 것은 아니라는 점이다. 민주파와 과두파 사이의 계급투쟁은 아테네 역사의 전개에서 매우 두드러진 역할을 수행했다. 이 투쟁은 이 세 가지 제도 유형과의 관계 속에서 가장 잘 이해할 수 있을 것이다. 재분배의 원리가 우세했음은 두말할 것도 없다. 이것은 부족사회의 경우도 마찬가지였다. 더 나중에 발달한 제도였던 시장은 부속물에 불과했다. 그러나 어떤 제도를 통해 어떻게 재분배를 조직화해야 하는가는 이와는 별개의 문제였다.

이미 호메로스 시대의 그리스에, 부족적 성격의 재분배와 영지적 성격의 재분배가 구분되어 있었다는 증거가 존재한다. 폴리스는, 귀족적인 전통과 민주적인 전통을 모두 포함하는, 부족적 전통을 계승했다. 그렇지만 가족 재산을 중심으로 조직된 영지적 가정은 부족적 유대의 바깥에서 존재했으며, 대부분의 그리스 역사에서 분열적인 힘으로 작용했다. 플루타르코스가 상세히 전하는 바와 같이, 키몬의 사례는 한 가지 방법, 즉 부자의 거대한 가정을 통한 재분배를 대표한다. 이런 체제에서 가정은 영지적 지배 체계로 전환하고 소농민은 농노는 아니라 하더라도 예속농의 지위로 전락했을 것이다. 다른 한편 국가에 의한, 국가를 통한 재분배는 나라 전역에 걸쳐, 소영주들의 봉건적 지방주의를 뛰어넘어 이루어졌을 것이다. 그러나 이 경우에도 여전히 다음과 같은 두 가지 가능성이 있었다. 하나는 군주 자신의 대영지를 통한 재분배이다. 비록 이런 군주는 민중의 이익에 호의적이었다고 해도 대부분의 참주와 마찬가지로 자신의 대영지를 갖고 있었다. 다른 하나는 고전적 의미의 민주제, 즉 민중 자신이 수행하는 일상생활의 관리를 통한 재분배이다.

이 두 가지 형태 사이에는 식량 분배를 조직화하는 방법에서 결정적인 차이가 있었다. 왕이든 독재자든 참주든, 군주는 이 목적을 위해 이집트처럼 중앙집권적 관료제를 필요로 하거나, 페르시아처럼 지방의 부족 조직을 건드리지 않고 그대로 두어야 했다. 시민이 직접 관리하도록 되어 있었던 민주제에서 식량의 분배는 시장을 필요로 했다. 시장을 이용할 수 없었다면 시민들은 어떻게 식량을 조달하고 생계를 유지할 수 있었을까? 그들 가운데 일부는, 적어도 정기적으로, 온종일 공적인 업무[민회나 법정]에 참여했으며 국가의 지원을 필요로 했다. 이 구별은 현대식 용어로는 이렇게 표현할 수도 있다. 하나는 이집트 식의 대규모 관료제적 계획이고, 다른 하나는 고전기 아테네의 경우처럼 시장이 식량 분배에서 중요한 역할을 담당하는 소규모의 민주제적 계획이다. 이로 인해 시장이 차지하는 위치가 폴리스 민주주의의 정치적 헌정에서 결정적으로 중요하게 되었던 것이다.

3. 그리스의 생활에서 폴리스

폴리스 경제가 어떻게 돌아가는지를 충분히 이해하기 위해서는 먼저 폴리스의 시민적 규율이 무엇을 의미하는지에 주목할 필요가 있다. 그리스인은, 문명을 가능케 하는 것은 폴리스이고 이 둘은 사실상 같은 것이라고 굳게 믿었다. 이 견해를 가장 명료하게 표현하고 있는 것은 바로 아리스토텔레스의 『정치학』 제1권이다. 아리스토텔레스가 말하는 국가state라는 낱말은 언제나 폴리스를 의미함을 상기했으면 한다. 그래서 그가 사용하는 정치적이라는 용어는 단지 폴리스에 관련된 것만을 의미한다.

> 폴리스가 본성의 창조물creation of nature이며 인간이 본래 정치적 동물이라는 것은 명백하다. ······ 사회적 본능은 본래부터 모든 인간의 내부에 심어져 있다. 하지만 맨 처음 국가의 토대를 놓은 사람은 가장 위대한 은인이다. 왜냐하면 인간은 완전하게 될 때는 동물 중 최상의 존재이지만, 법과 정의를 모를 때는 동물 중 최악의 존재이기 때문이다. ······ 그러나 정의는 국가 안에서의 인간들의 유대이다. 왜냐하면 무엇이 정의로운지를 결정하는, 정의의 행정이 정치사회에서 질서의 원리이기 때문이다.[15]

다시 말해서 문명이란 법과 정의를 요구한다. 그리고 무엇이 정의로운지를 결정하고, 법을 통해 이것을 집행하는 것이 폴리스의 원리적 기능이다.

기원전 5세기에는, 추방당하지 않는 한, 사람들이 폴리스의 세계를 떠나는 일은 거의 없었다. 현실적으로 추방은 다른 폴리스 아니면 페르시아제국을 섬겨야 한다는 것을 의미했는데, 이는 알키비아데스나 데미스토클레스의 사례에서 확인할 수 있다.[16] 외국인이 그리스의 시민권을 얻는 경우는 아주 예외적인 일이었다. 위대한 민주주의자인 페리클레스조차도 부모가 양쪽 모두 아테네인임이 입증되지 않는 자에게는 아테네의 시민권을 부여하지 않았다. 언제 어떤 경우라도—아주 드문 예외는 있었지만—외지인, 즉 다른 도시의 그리스인은 자기 도시 밖의 토지를 소유할 수 없었다. 법의 존재는 폴리스 내에만 있었다. 시민들은 자신의 폴리스 또는 그 영향권의 밖으로 나가면 어떤 법도 따르지 않았다. 따라서 특별한 협정으로 보호받지 않는 한 그들은 무방비 상태에 있었다. 그런 의미에서 아리스토텔레스의 말은 단순한 애국주의 경구가 아니라 그 이상의 무엇을 내포하고 있었다.

민중파demos는 평등이라는 부족적 전통의 상속자였다. 근본적

15 Aristotle, *Politics*, I, 2.

16 Kurt Riezler, *Über Finanzen und Monopole im alten Griechenland*, Puttkammer und Mühlberch, 1907, Part I A Pioneering Monograph.

으로 민중파와 과두파의 이분법은 부족과 그 경계 밖에서 성장한 영지적 가정 사이의 오래된 구분을 그대로 이어받은 것이었다. 고전기에 대해 언급하면서, 웨스터만은 폴리스의 법은 "부족적 시민 정치체tribal citizen body, 즉 폴리스의 의지로서 '정의'의 감각을 표현했다"라고 지적했다.[17]

폴리스에서 법은 거의 자기 강화적인 특성을 지니고 있었다. 로스토프체프는 이 문제를 이렇게 표현했다.

그리스에서 법은 인간이 만든다. 대다수 사람의 양심에 저촉된다면 법은 바뀔 수 있으며 또한 바뀌어야 한다. 그러나 법이 효력을 발휘하는 한 누구나 법에 따라야 한다. 왜냐하면 법과 법의 이념 그 자체에는 어떤 신적인 요소가 들어 있기 때문이다. 법의 명령을 어기면 누구나 법의 감시자인 인간뿐만 아니라 신으로부터도 벌을 받는다. 도시에서 이런 법의 지배 ─ 시민 전체가 창조한 법의 지배 ─ 는 그리스의 공공 생활이 지닌 가장 큰 특성 가운데 하나다.[18]

---

17 W. L. Westermann, "Greek Culture and Thought," *Encyclopaedia of the Social Sciences*, New York: Macmillan, 1931, Volume I, p. 18.

18 M. Rostovtzeff, *A History of the Ancient World*, Oxford: Clarendon Press, 1928, Volume I, pp. 205-206.

따라서 폴리스의 규율은 미치지 않는 곳이 없었고, 개인은 폴리스에 완전히 종속돼 있었다. 개인이라는 개념에 본래적인 권리 개념은 그리스에선 전혀 발달한 적이 없었다. 자유는 개인이 국가에 참여할 때 개인의 것이 되었다. 이것을 개인적 자유의 부정으로 해석해서는 안 된다. 오히려 개인은 폴리스를 떠나서는 그 존재조차 생각할 수 없었다. 개인의 권리나 개인과 국가의 근본적 대립이라는 근대적 개념은 그리스인에게 용어 자체의 모순으로 보였을 것이다.

이 독특한 규율은 정치·군사 분야뿐만 아니라 경제 분야도 포함했다. 이 규율의 특징은 존재하지도 않는 수요·공급·가격기구에 의존하는 것이 아니라 설정된 가격set price으로 적절한 공급을 확보해야 한다는 것이다.[19] 이로 인해 폴리스는 시장을 시민에게 생활 필수물자를 제공하는 유익한 기구로 간주할 수 있었다.

헤로도토스가 깊이 신뢰한 폴리스의 규율을 키루스는 이해하지 못했다. 헤로도토스가 폴리스의 규율을 신뢰한 까닭은 긴급한 경우에는 시장이 곧바로 재분배 장치로 전환될 수 있었으며, 또한 실제로 그렇게 전환되었기 때문이다. 낡은 주화는 새로운 주화로 빠

---

19 [옮긴이] 폴라니는 법과 정의를 중심으로 폴리스의 규율 또는 '시민적 규율'의 개념에 대해 말하고 있다. 이런 생각에 따르면 폴라니 제도 경제학의 핵심 개념인 "착근"(embededness)도 새롭게 해석할 수 있을 것이다. 즉, 착근 개념은 법과 정의를 통해 고삐 풀린 시장경제와 사익 지배 세력의 횡포를 규율하는 정치적이고 제도적인 능력을 내포하는 개념이라고 재해석할 수 있다.

르고 쉽게 대체될 수 있었는데, 이는 아리스토파네스의 『여인들의 민회民會』에서 웃음을 자아내게 했던 것이다.

그리고 나에게 그 주화는 재수 없는 물건임이 드러났다. 나는 포도를 팔아 동전을 잔뜩 입에 넣고 집을 나와 보리를 사러 시장에 갔다. 그리고 마침 내가 자루를 내밀려는 순간, 전령이 큰 소리로 말하는 게 아닌가? "동전은 안 돼, 난 은화만 받아"라고 말이야.[20]

아리스토텔레스의 저작으로 알려진 『경제학』 제2권에는 가격이 고정돼 있거나, 주화[의 가치]가 두 배나 절반이 되거나, 아니면 새로 바뀌거나, 재화가 수집되거나 배급되는 수많은 사례가 나온다. 이런 일은 (변함없이 즉각적인 효과를 냈으며) 미리 앞서서 그리고 예외 없이 이루어졌다.[21]

만약 개인을 공동체로부터 분리할 수 없다면(부족에서든 영지에서든 그런 분리는 볼 수 없었다), 폴리스가 그 구성원의 생계를 책임져야 한다는 것은 명백했다. 재분배의 우세함은 그런 부족사회의 유산이었다. 로스토프체프는 좀 다른 시각에서 이 점을 일러 주고 있었다.

---

20 Aristophanes, *Ecclesiazusae*, pp. 816-822.

21 15장 참조.

고대 세계에서 경제 발전의 주요한 특징 중의 하나는 국가가 떠맡는 지도적 역할에 있다. …… 조직하고 촉진하는 경제력으로서든, 규제하고 파괴하는 경제력으로서든 국가는 최상의 존재였다. ……

그는 도시국가에 대해 이렇게 덧붙인다.

도시국가는 …… 개인의 경제활동에 대해, 근대의 경제 발전에서는 유례를 찾아볼 수 없는 간섭을 했다. 이 간섭은 사적 경제의 발전에서 부차적이지도 않으며 무의미한 장애물도 아니다. 그것은 거역할 수 없는 명령 활동이다. "토지 재분배와 채무 폐지"는 단지 혁명적 슬로건이 아니다. 그것은 그리스 도시 대부분의 경제생활에서 실제로 일어난 가혹하지만 획기적인 사건이었다. …… 그리고 리투르기liturgy[22]나 국가에 의한 곡물 분배, 또는 국가가 세심하게 조직화한 곡물 거래와 여타의 식량 거래에 대한 국가의 엄중한 감시 등의 사실은 사적 농업 경영 방식과 그 진화를 철저하게 변화시키는 경향이 있었다.[23]

---

22 [옮긴이] 아테네에서 부자들이 여러 공공 행사에 들어가는 비용을 자발적으로 부담하는 일.

23 M. Rostovtzeff, "The Decay of the Ancient World and Its Economic Explanations," *Journal of Economic and Business History*, II, 1930, pp. 24-206.

도시의 재분배 범위에서 벗어나는 것은 거의 없었다. 재화, 용역, 화폐는 도시의 중심부나 기타 배분하기 적합한 장소로 모여들었다. 화폐나 재보는 국고에 저장되었다. 귀금속은 조각품이나 그밖의 공예품으로 주조되어 필요할 때에 용해할 수 있도록 해두었다. 또 주요 식량인 곡물의 경우는 대체로 국가의 저장고에 보관되어 있었고, 비상시에는 호주戶主가 저장용으로 채워 두었다. 직접적이든, 국가 공급 조직을 통한 간접적 경로에 의해서든 식량의 분배가 시민의 살림살이에 결정적인 역할을 했다. 또한 시민의 생활은 점점 군사적·행정적·사법적 봉사에 대해서 국가가 지불하는 현금에서 나왔다.

이제 폴리스에서 이 포괄적인 재분배가 이루어졌던 중심지와 그 경로에 대해 살펴보기로 하자.

4. 공공 행정

앞서 우리는 재분배가 효과적으로 이루어지려면 중앙집권적 행정이 필요하다는 점에 대해 언급한 적이 있다. 부족적 재분배 형태는 자급자족하는 영지적 가정manorial households이 미치는 분열적 효과를 견뎌 낼 수 없었다. 이런 영지적 가정은 부족의 바깥에서 성장했으며, 소규모나마 자신의 재분배를 조직화할 수 있었다. 고전기의 아테네인에게 민주주의란 폴리스에서 조직화된 민중의 힘으로 이런 가정을 대체하는 것을 의미했다. 클레이스테네스 체제는 폴리스의 민주적 권력을 확립했다. 그러나 영지적 가정의 반민주적 도전은 지속되었다.[24]

앞서 보았듯이 키몬은 사적인 접대주host로서 공적인 시혜자 역할을 했다. 그러나 그의 공동체에 대한 봉사는 이것으로 그치지 않았다. 그는 아크로폴리스 남쪽에 있는 늪지대를 자신의 비용으로 매립했다. 그리고 아고라에 나무를 심었으며, "물이 없는 황막한 장소였던 아카데메이아를 냇물이 많은 숲으로 바꾸고 청결한 경주 코스와 그늘진 산책로를 만들어" 그 도시를 아름답게 꾸몄다.[25] 최초의 사업은 아크로폴리스의 남쪽 벽을 용이하게 건설하기 위한 것으로, '많은 모래와 무거운 돌'로 늪지대를 메워야 하는 일이었다. 아고라나 아카데메이아를 꾸미는 일과 마찬가지로, 이 일은 많

---

24 [옮긴이] 이 대목에서 우리는 아테네 민주주의의 특성과 위상을 비교역사적 관점에서도 이해할 수 있게 된다. 다시 말해 영지적·사적 권력의 반민주적 힘을 어떻게 제어하고 규율할 수 있는가에 따라 동서양 고대사회의 진화 경로가 달라진다고 볼 수 있다. 아테네는 동서양을 통틀어 고대 세계사상 사적·영지적 지배에 대한 민주적 규율을 확립함으로써 참여 민주주의와 착근된 시장이 결합된 가장 성공적인 사례로 간주할 수 있을 것이다. 이하에서 폴라니는 아테네의 클레이스테네스 이후, 즉 페리클레스 시대의 사건을 다룬다.

25 Plutarch, *Cimon*, XIII, 7-8.

은 사람의 노동력을 필요로 했다. 그 노동자들이 키몬이 항시 부양하고 있던 자들이었는지 — 데마라토스가 코린트에서 부양한 수공업자들처럼 — 는 확실치 않다. 그러나 묘사되어 있는 것을 보면 확실히 영지 형태의 가정이다. 시장터에서 아주 인심 좋게 소매 없는 겉옷을 바꾸어 준 키몬의 젊은 하인을 떠올려 보면 이것은 분명하다. 마치 군주와 같은 키몬의 부는 전적으로 군사적 원정 때 총사령관으로서 얻은 전리품에서 나왔다는 점에 주의해야 한다. 비록 귀족 출신이었지만, 키몬은 젊은 시절에는 매우 가난했다. 이 가난으로 인해 자기 누이가 신분에 맞는 남편감을 구할 수 없자, 키몬이 그녀를 아내로 삼아 함께 살았다는 이야기도 있다.[26]

아리스토텔레스는 과두제는 부에 의한 부자의 통치이며, 민주주의는 빈자의 통치라고 말한다.

통치자가 소수이든 다수이든 부에 의거해 통치하는 곳은 어디서나 과두제이며, 빈자가 통치하는 곳은 민주주의다.

아리스토텔레스가 주장하는 것은 소수의 통치와 다수의 통치 사이의 구별이 아니라 부의 통치와 빈자의 통치 사이의 구별이다. 실제

---

26 Aristotle, *Politics*, III, 8.

로 부자는 항상 소수이며 가난한 자는 다수이다. 그러나 이것은 반드시 그럴 필요는 없고 부수적인 것이다. 여기서 관건은 부에 있다.[27]

그렇지만 어떻게 부가 민주적 제도를 보유한 폴리스에서 권력의 수단을 제공하는가? 민주주의는 어떻게 폴리스 민주주의의 특징을 잃지 않고, 즉 관료제의 구축 없이 그런 발전에 대응할 수 있었을까? 일단 공공 생활에 참가할 수 있도록 많은 수의 시민을 유지하자면, 그들의 부양은 공공 기관이 책임지거나 영지적 귀족의 사적 수단을 동원해야 한다. 그들이 영지의 종속물로 전락하지 않고 자유롭고 평등한 시민으로 남기를 바란다면, 공공 기관이 그들을 부양해야 한다. 영지적 귀족이 그들의 부양을 떠맡는다면, 그들은 그 귀족에게 봉건적 관계의 충성을 강요당할 것이다. 그런 의존관계가 극에 달하면, 시민의 법적 권리는 그림의 떡이 될 수도 있다. 이런 사례는 처음의 문벌 귀족 지배와 나중의 황제 지배의 한 요인이었던 공화제 시대의 후견-피후견patron-client 관계에서 찾아볼 수 있다.

요컨대 그리스적 의미에서 민주주의는 부자의 대중 매수를 막기 위한 물질적 보호 장치를 필요로 했다. 유일하게 효과적인 보장 장치는 배심원 활동이나 민회의 투표, 평의회의 행정 수행 등의 정

---

27 Ibid., IV, X, 1.

치적 활동에 적극적으로 참여하는 대중을 부자가 부양하지 못하도록 하는 것이었다. 아테네인의 정신에 따라 얼핏 모순처럼 보이는 두 가지 전제 조건이 필요했다. 식량의 분배는 폴리스가 직접 수행해야 한다는 것과, 관료제의 도입은 허용할 수 없다는 것이다. 왜냐하면 민주주의란 대표자나 관료에 의한 대중의 통치가 아니라 대중에 의한 대중의 자기 통치를 의미했기 때문이다. 대의제나 관료제 역시 민주주의에 어긋나는 것으로 여겨졌다. 인민주권 사상에 의존하는 모든 근대사상의 원천인 루소도 여전히 이 원리를 굳게 신봉했다. 그런데 어떻게 관료제 없이 국가에 의한 이 분배 방식이 실현될 수가 있었겠는가? 아테네의 경우, 식량 시장이 그 답을 제공해 주었던 것이다.

행정 수단에 대한 로스토프체프의 엄격한 구분의 바탕에도 비슷한 딜레마가 있었다. 그는 고대사회의 두 가지 대립되는 행정 수단으로서 조세 청부제tax farming와 재정 관료제financial bureaucracy를 엄격히 구분한 바 있다. 만일 관료제 발전을 저지하고자 한다면, 개인에게 맡기지 않고서 어떻게 조세를 징수할 수 있을 것인가? 또한 사적 개인에게 계약을 발주하지 않고서 어떻게 공공사업public works을 시행할 수 있을 것인가?

이와 꼭 마찬가지로 우리는 시민에게 화폐로 지불하는 것은 식량이나 기타 필수품의 현물 분배를 대신하는 방법이라고 덧붙일 수 있다. 지불금은 군사적 봉사나 정치적 봉사 또는 그 밖의 봉사에 대한 보수일 수도 있고, 단지 나날의 일당일 수도 있다. 따라서 화폐가 지불수단— 현물 지불을 대체하는— 으로 사용되고, 시장이 재화를 공급한다. 이렇게 해서 시민이 국가로부터 받는 하루 1~3오보로스[28]의 화폐는 시장에서 식량으로 바꿀 수 있었다. 어떤 관료제도 필요치 않았고 그러면서도 국가는 시민의 생계를 유지할 식량을 제공할 수 있었다. 따라서 민주적인 재분배 형태는 시장의 이용 여하에 달려 있을 것이다.

고대 아테네에서는 어떤 관료제적 요소도 철저히 배제되어 있었다. 그래서 국가 공무는 시민이 추첨에 의해 교대로 맡았다.[29] 공무에 두 번째 나가는 것은 다른 시민이 그 일을 맡은 뒤에나 가능했다.[30] 이 규칙에는 극소수의 예외밖에 없었다. 추첨에 의한 선출은 참된 민주주의의 구현으로 간주되었다. 이 방식에서는 모든 남자가 출신이나 계급, 능력에 관계없이 평등하게 공직을 맡을 기회를 갖기 때문이다. 이런 윤번제 방식의 공무 담당은 모든 아테네인에게 공공 행정의 복잡한 업무를 익히게 하고, 아울러 전담 공무원의 발생을 막기 위한 것이기도 했다. 아테네인은 국가란 무엇인지,

---

28 [옮긴이] 그리스 은화 6분의 1드라크마에 해당한다.

29 국방 자금 담당관, 무대예술 자금 담당관, 수자원 감독관 등. 국방 관리는 투표로도 선출했다. Aristotle, *Constitution of Athens*, LXLII, 1.

30 국방 관리의 직위는 무제한 맡을 수 있었다. 평의회 위원은 연속해서 두 번 맡을 수 있었다. Aristotle, *Constitution of Athens*, LXLII, 3.

정의의 집행이란 무엇인지에 대해 의문을 가질 수가 없었다. 정의는 자기와는 인연이 먼 제도가 아니라, 오히려 시민이라면 누구나 잘 알고 있는 형태로 구현되었다. 그래서 페리클레스는 이렇게 말할 수 있었다.

우리는 공공의 일에 관여하지 않는 자를 단지 무해한 사람이 아니라 무익한 사람으로 간주한다. 그리고 우리 중에서 정책의 입안자는 비록 소수라 하더라도, 정책에 대해서는 우리 모두가 건전한 판단을 내릴 수 있다. …… 나는 이렇게 말한다. 아테네는 그리스의 학교이다. 또한 고유의 개성을 지닌 우리 아테네 시민은 각자 가진 최고의 재능versatility과 품위grace로써 최대로 다양한 활동에 적응할 수 있는 능력을 가지고 있다.[31]

부족적 재분배의 전통이 존속되고 있었다는 사실은 테미스토클레스가 라우리온의 은광 수입을 방위 목적에 사용하자고 한 저 유명한 이야기에 나와 있다.

아테네 사람들은 라우리온 은광에서 나오는 수입을 서로 나누어 갖

---

31 Funeral Oration, Thucydides, *The Peloponnesian War*, II, 40-41.

는 관습이 있었다. 그런데 그는 대담하게도 홀로 의회에 나가 그 분배를 보류하고 그 돈으로 아이기나와의 전쟁 준비를 위해 삼단 노가 달린 전함을 건조하자고 제안했다.[32]

전통은 아주 뿌리 깊었다. 그래서 테미스토클레스는 선박 건조의 구실로 페르시아의 위협—사실은 이것이 더 중대한 위협이지만—을 끌어대지 않고, 오히려 이웃 아이기나의 가장 익숙한 도전을 구실로 삼아야 했다. 플루타르코스의 말처럼, 당연히 "당시 아테네에는 공적 재보가 하나도 없었다."

아리스토텔레스에 따르면, 그 사건은 기원전 483~82년에 일어났다. 그해에 "마로네이아의 광산이 발견되었으며, 국가는 이 개발 사업으로 1백 탈란트의 이익을 얻었다."[33] 아리스토텔레스와 플루타르코스에 의하면, 이 돈으로 1백 척의 전함이 건조되었다. 헤로도토스는 잉여금이 각 시민에게 10드라크메씩 돌아갈 만큼 많았으며, 2백 척의 전함을 건조하는 데 사용되었다고 기록했다.[34] 머리 좋은 테미스토클레스는 아테네 시민들을 달래 잉여금의 재분배를 보류하도록 하기 위해 자신의 설득력 있는 재주를 총동원해야 했다.

---

32 Plutarch, *Themistocles*, VI, 1.

33 Aristotle, *Constitution of Athens*, XXII.

34 Herodotus, *The Persian Wars*, 144.

그러나 만약에 이렇게 하지 않았더라면 페르시아는 그리스를 정복했을 것이다. 왜냐하면 아리스토텔레스가 간결하게 서술하고 있듯이, "이 함선을 가지고 …… 그들은 살라미스에서 야만인들과 해전을 벌였기"때문이다. 광산은 국가 재산으로 3년 또는 10년 기한으로 개인에게 임대되었다. 임대 기간과 지대의 지불은 엄격한 감시 아래 놓여 있었다. 비상시에 시장이 관료제적 개입 없이 일반 시민에게 식량을 분배하는 또 다른 수단으로 여겨졌다고 해도 놀랄 일이 못된다.

5. 민중의 것을 민중에게

고대 사학도들에게 아테네 민주주의의 팽창주의는 거의 모순된 말처럼 들렸다. 고전적 민주주의는 강대한 해군 제국을 건설해 동맹국을 거느리고 있었다. 현대인의 눈으로 보면, 이것은 민주주의 원리와는 완전히 거리가 멀었다. 동맹의 내부 구성의 측면에서는 분명히 이것은 옳은 이야기이다. 그러나 일반적으로 그런 견해는 19세기 초의 자유주의에 비추어 보면 이해할 수 있지만, 역사적 측면을 무시한 것이었다. 페르시아전쟁과 일시적 후퇴의 교훈에 따라 아테네 민주주의는 살아남으려면 제국을 창설해야 했다. 이것은 무엇보다도 페르시아의 섬멸적 보복을 막기 위해 생각해 낸 방위 수단이었다. 이에 대응해 아테네로서는 곡물 공급을 확보하고 방위 임무 종사자에게 재정적 지원을 지속하기 위한 경제정책이 군사적·전략적인 차원에서 꼭 필요했다.

아테네의 경험에서 볼 수 있듯이 국방을 위해서는, 엄청나게 늘어난 공공서비스에 전념할 많은 인구의 생계 보장, 그리고 해외에서 들어오는 식량의 확보가 필수적이었다. 따라서 이 경우 제국이란 첫째로 곡물 수입의 통제를 의미했고, 둘째로 시민의 생업을 지탱하기 위한 추가적 수입收入을 의미했다. 첫 번째 문제는 나중에 곡물 무역의 조직화를 검토하면서 논의하고자 한다. 지금 여기서 고찰하고자 하는 것은 두 번째 문제인 제국 정책의 일반적 배경과 그 재정적 측면이다. 이 문제의 가장 중요한 이론적 권위자는 아리스토텔레스이다. 그의 저작은 이 문제를 하나도 빠뜨림이 없이 상세하게 전해 주고 있다.

살라미스해전을 전후로 한 시기는 두 명의 경쟁적인 "민중 지도자", 즉 아리스티데스와 테미스토클레스가 벌인 정쟁의 시대였다. 아리스토텔레스는 『아테네 헌정』에서 이렇게 말한다. "테미스토클레스는 전쟁 지휘에 전념했으며, 아리스티데스는 뛰어난 정치가이자 당대의 가장 정의로운 사람이라는 평판이 자자했다."[35] 살라미스해전의 영웅 테미스토클레스는 아테네 해군력의 발전에 공헌했다. 그는 함대를 구축해 살라미스에서 승리를 거둔 뒤 아테네에 없던 정박지와 항만을 충분히 건설하는 일에 착수했다. 그 이전의 허술한 함대는 그냥 팔레론의 해안에서 급조되었기 때문이다.

플루타르코스는 이렇게 기술했다.

그가 피레우스를 건설한 것은 그곳 항구의 지세가 훌륭한 점에 착안해 아테네의 시가지를 바다와 연결하고자 했기 때문이었다. 그리하여 어떤 의미에서 그는 아테네의 옛 왕들과는 반대 정책을 취했다. 옛 왕들은 시민들을 바다로부터 격리해 항해가 아니라 농업 생활에 길들이기 위해 아테나 여신에 관한 전설을 퍼뜨렸다고 전해진다. 그 전설에 따르면 포세이돈이 토지 문제로 소송을 제기했을 때 아테네 여신은 자신에게 헌납된 아크로폴리스의 올리브 나무를 심판자들에게 보여 주고 소송에 이겼다고 한다. 그러나 희극 시인 아리스토파네스의 말처럼, 테미스토클레스는 피레우스를 아테네의 시가지에 결합한 것이 아니라 아테네 시가지를 피레우스에, 육지를 바다에 연결했다. 그 결과 귀족에 대한 민중common people의 권리가 신장되었고 대담해졌다. 왜냐하면 이제 선장이나 갑판장, 도선사의 수중으로 권력이 넘어갔기 때문이다.[36]

---

35 Aristotle, *Constitution of Athens*, XXIII, 3.

36 Plutarch, *Themistocles*, XIX, 2-4.

시가지를 항구에 "결합했다"는 표현은 과장된 것이었다. 그러나 해군력의 발달이 민주제의 발달을 강화했다는 플루타르코스의 말은 본질적인 측면에서 사실이다. 아리스토텔레스는 『정치학』에서 아테네의 극단적인 민주주의를 추적하면서 이렇게 말했다. 이것의 "주요한 원인은" 솔론의 개혁이 아니라 "오히려 환경적 요인에" 있었다. "왜냐하면 민중은 페르시아전쟁에서 해상권 획득에 기여하면서부터 우쭐해져서 시원찮은 사람을 자신들의 지도자로 맞아들였기 때문이다."[37] 또한 『아테네 헌정』에서 아리스토텔레스는 페리클레스가 테미스토클레스의 해군 계획을 확장한 것에 대해 이렇게 말했다. 이를 통해 페리클레스는 "대중masses이 자신감을 얻어 모든 정권을 점점 자신들의 수중에 넣도록 했다."[38] '늙은 과두주의자'라는 저자가 쓴 반민주적 풍자글에서는 민중populace의 힘이 아테네에서 함대가 갖는 중요성에서 나왔다고 설명한다.[39]

그러나 해군과 제국은 함대 포위와 수도 봉쇄로 인한 파멸을 막기 위해서 서로 손을 맞잡았다. 고대, 현대를 막론하고 연구자들은 대부분 피레우스와 아테네 해군의 발달 과정에서 보여 준 테미스토클레스의 업적에 많은 주의를 기울여 왔다. 그러나 아리스토텔레스

---

37 Aristotle, *Politics*, II, 12.

38 Aristotle, *Constitution of Athens*, XXVII, 1.

39 Pseudo-Xenophon, *Constitution of Athens*, I. 2.

는 이에 대해 이의를 제기하면서, 고전적 형태의 민주주의 성장은 아리스티데스의 공으로 돌려야 한다고 주장한다. 아리스티데스는 아테네 민주주의의 성격을 바꾸기 위해 제국의 제도를 이용했다— 이것은 분명히 그의 최대 업적이었다. 그가 생각했던 대로 그 제국은 인구 전체를 부양할 수 있는 자금을 제공했다. 실제로 그는 농촌 주민의 일부를 아테네로 이주시킨다는 일종의 집주集注, synoecism[40]를 제안했고, 그 비용의 대부분은 동맹국이 지불하는 공물로 충당했다.

이후 국가가 자신감을 얻고 또 많은 돈을 축적했다고 생각해서 아리스티데스는 아테네 민중에게 권고하기를, 동맹의 주도권을 잡기 위해 농촌을 떠나 시내에서 살도록 했다. 그는 출정을 하든 수비대로 활동하든 공공 업무에 종사하든 모든 사람이 거기서 생계를 유지하는 방식을 통해 주도권을 유지해야 한다고 말했다. 아테네 사람들은 이 권고에 따라 동맹국에 대한 주도권을 장악했다. 그 결과 그들은 키오스인과 레스보스인, 사모스인을 제외한 동맹자들에게 더 오만한 태도를 취하기 시작했다. …… 또한 아테네인은 아리스티데스가 제안한

---

40 [옮긴이] 집주는 문자 그대로 사람들이 한 곳으로 집중하는 현상을 말하지만, 그 핵심은 정치, 종교, 제도의 중앙집중화에 있다. 집주에 따라 폴리스가 형성된 것으로 알려져 있다.

방식으로 많은 사람들의 생계유지 수단을 충분히 확보했다. 즉, 공물이나 조세, 동맹국의 납부금으로 2만 명 이상이 먹고살았다. 그 내역은 다음과 같았다. 그 도시에는 배심원이 6천 명, 궁수가 1,600명, 기사가 1,200명, 평의회원이 5백 명, 선창 수비 대원이 5백 명이었다. 이에 더해 아크로폴리스의 수비 대원이 50명이었다. 그리고 행정관으로 국내 근무자가 약 7백 명에 달하고 국외 주재자가 약 7백 명이었다. 게다가 이후 전쟁을 하러 갈 때는 중장 보병이 2,500명, (각각 2백 명의 수병을 태우는) 수비선이 20척, 그 밖에 추첨으로 뽑힌 2천 명의 승무원을 태우고 공물을 운반하는 배, 그리고 귀빈관에 기거하는 사람들, 고아, 교도관이 있었다. 이들의 보수는 모두 국고에서 지급됐다. 사람들은 이렇게 생계를 꾸려 나갔다.[41] (강조는 폴라니)

아리스티데스가 인정한 해군력과 민주제의 결합은 페리클레스의 정책에서도 분명히 나타났다. 아테네의 해양 지배권이 최고의 정점에 달한 시기는 어느 누구보다 위대한 이 데마고그의 치하에서였다. 페리클레스가 권좌에 오르는 과정에 대한 아리스토텔레스의 분석은 특히 우리의 흥미를 끈다. 그것은 폴리스 민주제의 이해

---

41 Aristotle, *Constitution of Athens*, XXIV. 여기에서 아리스토텔레스는 아리스티데스의 정책을 채택한 궁극적인 결과를 기술하고 있다. 그가 언급하는 일부 서비스에 대한 지불은 5세기에야 비로소 이루어졌기 때문이다.

를 향한 먼 여정으로 우리를 안내해 준다.

이후 페리클레스는 민중의 지도자 지위에 올랐다. 그는 장군 위치에
있던 키몬의 집무 보고를 규탄함으로써 젊은 나이에도 불구하고 처
음으로 두각을 나타냈다. 그의 지원 아래서 국가 체제는 한층 민주
적으로 되어 갔다. 그는 아레오파고스 회원으로부터 특권의 일부를
빼앗았고 특히 국가를 해군력 증강의 방향으로 전환했다. 이로 인해
대중은 자신감을 얻어 공적인 일의 권한을 점차 자신들의 수중에 넣
을 수 있었다. …… 또한 페리클레스는 처음으로 법정에서 일하는 데 대
한 수당을 지불하도록 했다. 이것은 키몬의 부에 대항해 민심을 얻기 위한
것이었다. 키몬은 마치 군주와도 같이 엄청난 부를 소유했다. 그래서
대대적으로 리투르기를 수행할 뿐만 아니라 자기 구역의 아주 많은
사람을 부양했다. 라키아다이 자치구의 민중은 누구나 매일 키몬에
게 찾아가 상당한 급양을 받을 수 있었다. 그리고 그의 소유지에는
담장이 전혀 없어서 원하는 사람은 누구든 그 수확물을 거두어 갈
수도 있었다. 페리클레스의 사적 재력은 키몬의 이런 선심에 맞설
수 없었기 때문에, 오이아의 자치구에 사는 다모니데스의 조언을 따
랐다. …… 그 조언이란 페리클레스가 사적 재력의 측면에서는 키몬보다
열세이기 때문에 민중에게 민중 자신의 것을 주도록 해야 한다는 것이었
으며, 이에 따라 페리클레스는 배심원을 위한 수당을 제정했던 것이
다.[42] (강조는 폴라니)

페리클레스와 키몬의 갈등은 재분배의 두 중심, 즉 영지적 오이코스oikos[43]와 민주적 폴리스 사이의 대조라는 관점에서 분명하게 드러난다. 민주파의 거두 페리클레스는 키몬의 부, 즉 이 보수파 지도자의 가정을 통해 재분배되는 부로 인해, 또한 그의 인심 좋은 리투르기 수행으로 인해 권력에서 멀리 밀려났다. 이 두 가지는 같은 것이다. 리투르기 역시 부자만이 수행할 수 있었고, 이로 인해 일반 민중은 모종의 종속적인 지위로 전락하는 경향이 있었기 때문이다. 페리클레스의 정책은 키몬의 정책에 대한 명백한 대안으로 제시되었다. 그것은 "민중에게 민중 자신의 것을 주는 것"이고, 따라서 그들에게 더 많은 권력을 부여하는 방안이다. 왜냐하면 "그의 보호 아래서 헌정은 한층 더 민주적이 되었기 때문이다." 또한 폴리스에 의한, 폴리스를 통한 재분배는 폴리스의 전통에 부합되는 것이었다. 아리스토텔레스는 배심원에 대한 수당 지불을 키몬의 인심 좋은 리투르기와 대비시켰다. 그리하여 그는 실제로 민중에 의한 공무 수행이 리투르기 원리를 민중 전체로 확대한 것에 지나지 않는다는 뜻을 넌지시 보여 주었다. 자발적인 의무 이행이란 가난한 사람의 리투르기였다.[44]

---

42 Aristotle, *Constitution of Athens*, XLIII, 1.

43 [옮긴이] 오이코스는 보통 소규모 가정경제를 의미하지만, 여기서는 대규모 영지에 기반을 둔 가정경제를 의미한다.

따라서 페리클레스는 어느 정도 아리스티데스적인 생각을 실천했던 셈이다. 그러나 페르시아전쟁에 뒤이은 과두제적 반동 때문에 20여 년의 세월이 흘러갔다. 해군력의 확장은 분명히 민주 세력에게 유리했지만, 아레오파고스[45]는 전시에 얻은 위신으로 예전의 영향력을 상당히 회복했다. 지불 불능으로 인해 아테네 함대의 해산이 임박했을 때 아레오파고스 평의회가 개입해 승무원 1인당 8드라크메를 그냥 기부했다.[46] 아레오파고스의 힘은 점차 쇠퇴했지만 페르시아전쟁 이후 17년이나 계속됐다.[47]

플루타르코스는 페리클레스의 대두에 대해서는 아리스토텔레스의 설명을 그대로 반복하지만, 그의 재분배 정책에 관해서는 훨씬 더 상세한 설명을 제공해 준다.

처음에는 …… 키몬의 명성에 대항해서 민중을 회유했다. 그런데 자기 상대는 가난한 사람을 자기편으로 만들기 위해 아테네의 어려운 처지에 있는 사람들에게 매일 식사를 제공하거나 노인들에게 옷을

---

44 초기 고전기에 공공 봉사는 부자들이 자발적으로 수행하고 싶어 했던 의무였다. 나중에야 비로소 반강제적인 의무가 되었고 때로는 부자들이 이를 회피하려 하기도 했다.

45 [편집자] 자유인의 의회인 아테네 민회와 구별되는 고위 귀족 평의회.

46 Aristotle, *Constitution of Athens*, XXIII.

47 Ibid., XXV.

주거나 소유지의 담을 헐고 원하는 누구에게나 수확물을 가져가게 했다. 그렇지만, 그에게는 그런 부나 재물이 전혀 없었다. 그래서 그는 민심을 얻기 위해 국고의 돈을 분배하기로 했다. …… 곧 축제 관람 보조금이나 재판의 일당, 그 밖의 급여 지출로 민중을 매수해 아레오파고스 평의회의 의견에 맞섰다.[48]

아리스티데스의 집주가 어느 정도 실행되었는지, 그리고 농촌 주민이 얼마나 도시로 이주했는지는 확인할 길이 없다. 투퀴디데스는 대부분의 인구가 펠로폰네소스전쟁의 발발 시점에는 농촌에 집을 짓고 살았다고 쓰고 있다.[49] 페리클레스는 할 일 없어 빈둥대는 일반 시민 군중의 출현에 많은 관심을 기울였다. 이것으로 미루어 많은 사람이 아테네로 이주했던 것만은 틀림없다.[50] 그는 매년 60척의 함선을 내서 "많은 시민들을 약 6개월간 유급으로 항해토록 하고 배를 다루는 기술을 익히게 했다." 또한 케르소네소스, 낙소스 섬, 안드로스 섬, 이탈리아 등지에 거의 수천 명의 식민을 내보냈다.

---

48 Plutarch, *Pericles*, IX, 2-3.

49 Thucydides, *The Peloponnesian War*, II, 16.

50 Plutarch, *Pericles*, XI, 4-5.

그는 이 모든 일을 하기 위해 참견하기 좋아하는 방자하고 게으른 군중들을 줄이고, 가난한 민중의 궁핍을 덜어 주고, 반란을 막도록 이웃 도시와의 동맹에 위압적인 상비군을 두었다.

곰A. W. Gomme은 기원전 5세기와 4세기에 도시 인구의 비율이 꾸준히 증가한 것으로 추정한다.[51]

그런데 '아테네를 가장 보기 좋게 장식하고 다른 사람들에게 최대의 놀라움을 가져다준' 것은 페리클레스의 거대한 건축 계획이었다. 아테네에 불멸의 명성을 가져다준 파르테논 신전이나 [아크로폴리스로 들어가는 입구에 있는] 프로필라에온 문Propylaeon은 바로 이 계획에서 나왔다. 페리클레스 자신은 이것을 대부분의 인구를 부양하기 위한 장기 공공사업 계획이라고 생각했다.

페리클레스가 체력이 뛰어난 남성에게는 군사 원정 때마다 국고에서 풍부한 급여를 지급한 것은 사실이었다. 그리고 그는 전열에 참가하지 않은 보통 노동자에게는 공적 급여를 지급하지만 일을 하지 않고 노는 자에게는 그것을 지급하지 않으려 했다. 대담하게도 그는 민중에게 대규모의 건축 계획이나 많은 기술을 필요로 하는 장기 사

---

51 A. W. Gomme, *The Population of Athens in the Fifth and Fourth Centuries* B. C., Oxford: B. Blackwell, 193, Chapter 2, 특히 pp. 46-47.

업 계획을 제공했다. 이것은 집에 머무르는 자에게도 항해자나 수비대, 원정 병사에 못지않은 국고의 수혜를 제공하기 위한 명분 때문이었다. 이때 사용한 재료는 돌, 청동, 상아, 황금, 흑단 등이었고, 이런 재료를 가공해 다듬는 기술자는 목수와 조각가, 주조공, 석공, 염색가, 금 세공사, 상아 세공사, 화가, 자수가, 양각 조각가였다. 또 이 재료를 수송하고 공급하는 사람으로는 바다에는 무역업자와 선원, 물길 안내인, 육지에는 수레인과 마소 조련사, 마부가 있었다. 그리고 그물 만드는 사람, 직물공, 가죽 세공사, 도로 건설 기술자, 광부도 있었다. 각각의 기술에서 …… 일부 미숙련 노동자들은 그날그날 고용하고 또 다른 일부는 하청을 주었다. 이상의 여러 필요에 따라 모든 연령과 직분의 사람들에게 도시의 윤택한 부가 분배되고 해외로 뿌려졌다.[52]

이 거대한 사업을 위한 자금은 아테네의 동맹국이나 속국의 공납과 세금에서 거두었다. 아테네가 자기 제국으로부터 끌어모은 부의 규모는 펠로폰네소스전쟁 시기의 국고 규모로부터 알 수 있다. 즉, 아테네에는 아크로폴리스의 은 주화 6천 탈란트, 재보 5백 탈란트, 순금 40탈란트를 포함해 아테나 여신의 이전 가능한 금제

---

52 Plutarch, *Pericles*, XII, 5-7.

장식품, 그리고 그 밖의 신전 재보가 있었다.

플루타르코스는 페리클레스가 '전 민중이 모이는 경기나 연회, 행렬을 항상 개최'했다고 보고하고 있다.[53] 윌라모비츠의 견해에 따르면, 테오리콘은 빈민들이 디오니소스 극장의 입장료를 낼 수 있도록 페리클레스가 지급을 제도화한 2오보로스의 돈이었다. 페리클레스의 장례 연설은 아테네의 방식을 다음과 같이 찬양할 수 있었다.

우리는 또한 우리의 지친 영혼을 위해 노고에서 쉴 수 있는 많은 위안거리들을 잊지 않고 제공했다. 우리는 사시사철 경기나 제전을 열었으며, 우리 시민들의 극장은 아름답고 우아하게 지어졌다. 이로 인해 우리의 기쁨은 나날이 새로워지고 우울함은 씻겨 나간다.[54]

그리고 아이기나의 토지와 금전에 대한 비상시 분배는 기원전 431년 아르키다모스 전쟁이 개시되었을 때 이루어졌다.[55]

이런 활동의 근거에 어떤 의심도 일어나지 않도록, 페리클레스는 동맹국의 공납을 사용한 것에 대해 이렇게 옹호한다.

---

53 Ibid., XI, 4.

54 Thucydides, *The Peloponnesian War*, II, 38.

55 Plutarch, *Pericles*, XXXIV, 1.

일단 전쟁 수행에 필요한 모든 무기가 충분히 갖추어지면, 아테네 시는 자신의 풍부한 부를 준공식 날 영원한 영광을 가져다줄 사업 쪽에 돌려야 한다. 그리고 이 사업은 공사가 진행되는 과정에 "이 풍부한 부를 현실적 서비스로 활용할 것이다." 왜냐하면 모든 일이 왕성하게 되고 여러 다양한 수요가 일어나기 때문이다. 그 결과 온갖 기술이 장려되고 온갖 기예가 생겨나며, 거의 모든 시민이 수당을 지불받게 된다. 따라서 이 도시는 자신의 힘으로 단장할 뿐만 아니라 생계를 부양한다.[56] (강조는 폴라니)

지금까지도 "실업 대책 사업"에 노심초사하는 우리 시대에, 이 장대한 국가계획의 성취에 관한 플루타르코스의 평가는 인용할 만한 가치가 있다.

그 양이 거대할 뿐만 아니라 형태나 아름다움 또한 추종을 불허하는 사업이 진행되었다. 그것은 직공들이 열심히 그 솜씨를 겨루었기 때문이다. 그러나 가장 놀라운 일은 일이 진행되는 속도였다. 그중 하나의 사업만을 완성하는 데에도 여러 시대에 걸쳐 오랜 세월이 걸릴 것으로 여겨졌다. 하지만 모든 사업이 한 사람의 치세의 전성기에 완성

---

56 Ibid., XII, 4.

되었다. …… 오랫동안 견딜 건조물이 짧은 기간에 창조되었다.[57]

이것은 물론 국가계획이었지만, 그것도 매우 효율성이 높은 국가계획이었다. 케인스는 『일반이론』에서 현대 공공사업의 역사적 비유로 피라미드 대신 파르테논을 끌어들였더라도 매우 좋았을 뻔했다.

그 밖의 추가적인 정기 급여는 페리클레스의 후계자들이 지급했다. 클레오폰은 데마고그인 크레온의 뒤를 이어 기원전 410~409년경 악명 높은 디오베리아의 지급을 개시했다.[58] 디오베리아는 전원에게 일당으로 2오보로스를 지급하는 것을 의미했다. 이것은 황폐해진 농촌으로부터 아테네로 밀려들어 오는 부랑인들을 돌보기 위해 취해진 조치였던 것으로 보인다. 그 효력은 수년간 지속되었다. 디오베리아는 페르시아전쟁에서 실시된 선례가 있었다. 살라미스 해전을 앞두고 아테네의 부녀자와 아이들이 안전을 위해 트로이젠으로 피난했을 때, 이 도시의 시민은 "국비로 이들을 부양하기 위해 1인당 매일 2오보로스씩 주기로 결의했다."[59] 그리고 펠로폰네소 전쟁이 막 시작될 때 페리클레스는 농촌 주민을 아테네로 이주하도

---

57 Ibid., XII, 1, 3.

58 Aristotle, *Constitution of Athens*, XXVIII, 3.

59 Plutarch, *Themistocles*, X, 3.

록 설득했다. 그는 피레우스의 대부분과 아테네에서 피레우스에 이르는 장벽 사이의 토지를 이들에게 분배했다.[60]

기원전 400년경에는 민회 출석자에게 1오보로스를 지급하기 시작했다. 이것은 2오보로스로 가파르게 올랐고 390년쯤에는 3오보로스가 되었다.[61] 아리스토텔레스의 시대까지 그 지급액은 통상적인 민회 때는 1드라크메였으며, 곡물 공급과 외교정책을 주요 의제로 다루는 월례 '최고' 민회monthly sovereign meeting[62]의 경우에는 1.5드라크메까지 올랐다. 배심원의 경우는 페리클레스 시대에 하루 1 또는 2오보로스를 받았다. 그런데 클레온이 그 지급액을 3오보로스까지 인상했다. 이 액수는 4세기 내내 변함이 없었다. 또한 아리스토텔레스 시대까지 평의회 성원은 하루 5오보로스를 받았고, 평의회의 주요 집행기관인 프리타네이스에 근무하는 자는 추가로 1오보로스와 공동 식사 비용을 받았다. 집정관은 각각 4오보로스를 받았고 그 밖에도 나팔수와 전령의 봉사를 받았다. 델로스에 파견된 대표는 하루 1드라크메를 받았고, 국외 근무 행정관

---

60 Thucydides, *The Peloponnesian War*, II, 17.

61 Aristotle, *Constitution of Athens*, XLI, 3.

62 [옮긴이] 기원전 4세기경 아테네에서는 매년 40회의 정기 민회와 매 프리타니(1년의 10분의 1)마다 네 차례의 민회가 있었는데, 이 네 차례에 걸친 민회 중의 하나가 최고 민회였다. 최고 민회의 주요 의제는 복무하는 의원들에 대한 승인, 식량 공급과 국방 이슈, 몰수 대상 재산의 공포, 상속에 관한 소송의 공포 등이었다고 한다.

은 명시되지 않은 유지비를 받았다.[63] '병약자'아디나토이adynatoi
는 하루 2오보로스를 지급받았다. 그들의 자격을 결정하기 위해
평의회가 이들을 심사했다.[64]

6. 카펠로스[65]

여기서 서술하는 내용은 모두 다음과 같은 견해를 지지하고 있다.
아테네의 아고라는 주로 소비용 식량 판매를 위한 소매시장이었고,
아고라에 거주하던 카펠로스는, 그 정체는 불분명하지만, 조리된
식품 소매상일 가능성이 가장 높았다.

빌라모비츠-묄렌도르프의 언급에서 보듯이, 아리스티데스의
반半집주는 아테네의 강제 소개疏開에 뒤이어 이루어졌다. 아테네의
주민은 배로 대피했고 살라미스의 기적 덕분에 굶주림으로부터 살
아났다. 절실한 식량 공급 문제는 가히 극적이라 할 정도로 긴박성

---

63 Ibid., LXII, 2.

64 Ibid., XLIX, 4.

65 [옮긴이] 이 절은 이 책 13장 1절 "카펠로스와 엠포로스"를 같이 참고하면서 읽는
것이 좋다. 카펠로스의 복수형은 카펠로이, 엠포로스의 복수형은 엠포로이다.

을 지니고 있었다. 만약 민중이 이 문제의 절박성에 대한 공적 의식이 없었더라면, 키몬과 페리클레스 사이의 정쟁政爭이 시장에서 식량 소매라는 사소한 문제에 집중하는 일은 좀처럼 없었을 것이다. 그렇지만 그 정쟁은 바로 이 문제를 중심으로 벌어졌다. 이 문제가 폴리스와 그 경제를 이해하는 데 아주 기본적임을 보여 주는 직접적 증거는 정말로 조금밖에 없지만 말이다. 아고라의 중심인물인 카펠로스에 대해서도 우리가 확실히 아는 바는 없다.

약간의 통찰을 얻기 위해 우리는 아리스토파네스에게로 관심을 돌려야 한다. 그의 작품 『아카르나이 사람들』에는 터무니없이 과장된 카펠로스가 등장한다. 이 등장인물은 분명 거구의 카펠로스였다. 하지만 아리스토파네스는 희극적 효과를 높이기 위해 그를 카펠로스라고 명명하지 않았다. 그는 『아카르나이 사람들』을 펠로폰네소스전쟁의 전반기, 전쟁이 한창이던 폴리스의 수도 아테네에서 쓰고 공연했다. 페리클레스의 작전에는 주민이 아테네로 피신하는 수년 동안의 농촌 철수가 포함되어 있었다. 수년에 걸친 스파르타 침략의 최대 피해자는 아카르나이라는 동네였는데 이 동네에서는 호전적 시민들이 군대에 들어가 있었다. 한편 이 희극의 주인공 디카이오폴리스는 농사일을 하는 시민citizen farmer으로 진저리 날 정도로 전쟁에 말려든 경험을 가지고 있다. 결국 그는 스파르타와 사적으로 휴전 협정을 맺고 오로지 자신의 사적 생활에 몰두한다. 그는 자기 나름의 상식적인 방식으로 전쟁과 평화의 문제를 푸는 시민 철학자이다. 사실상 그는 정치 혐오증zoon apolitikon에 걸려 있다. 그는 폴리스라는 말 자체를 피한다. 마치 그 말을 사용하기만 해도 소동에 말려들 것처럼 말이다. 보통 그는 자신의 한 뙈기 땅에서 토지를 경작하고 살면서 더없이 행복한 자족감에 빠져 있었고 동네나 시장에 대해 결코 깊이 걱정하지 않으려 했다. 그러나 이 6년 동안 그는 격심한 정쟁에 말려들었고, 해마다 적의 습격과 약탈을 당했다. 자기 농장에서도 쫓겨나 심지어는 기름과 식초를 구하러 마을의 시장으로 어슬렁어슬렁 기어 나가야 할 지경에 이르렀다. 그는 이제 시장에 자주 들러야 한다. 아테네 정부가 메가라로부터 수입을 금지한 바보스러운 정책은 이야기할 필요조차 없다. 이 때문에 우리 주인공은 식탁을 장식할 "적"의 맛있는 온갖 식품도 없이 살아갈 수밖에 없었다. 메가라산産 새끼 돼지와 보이오티아 연못의 장어는 이제 그림의 떡이었다.

이 정치철학적 풍자극에서 무언가 일이 벌어진다. 디카이오폴리스는 우연한 기회에 마침 기원전 5세기의 아고라에 관한 정보와, 카펠로스가 아고라에서 수행한 식량 조달 사업의 정확한 성질에 관한 훨씬 더 희귀한 지식을 얻게 된다. 천성적으로 디카이오폴리스는 시장 관습을 매도한다. 그리고 궂은 일 때문에 그리고 서로 밀치는 군중들 때문에 속 썩이지 않고 생활하던 저 전원의 행복했던 시절을 회상한다. 그러나 현실주의와 황당함이 교차하는 장면이 담긴 이 생동감 넘치는 희극은 내용 전개상 주인공이 시장 한가운데에

서있게 된다. 때는 바야흐로 기원전 426년, 장소는 민회가 열리기 직전의 프닉스이다. 물론 극의 정치적 주제는 평화와, 그칠 줄 모른 채 지루한 휴전 협정, 그리고 페리클레스나 클레온 등과 같은 지도 자의 몰상식한 정책이다. 그래서 "상습 전쟁꾼들"의 신빙성 없는 평화 약속이나 동맹국 확보의 목적을 내세우는 외교 교섭의 새빨간 거짓말, 그리고 고국의 무서운 전화戰禍를 피해 십 년 이상을 이리저 리 돌아다니며 헛된 외교에 시간과 국비를 낭비하는 사절들의 호화 판 외유 작태 등이 주제이다. 디카이오폴리스는 이것을 타파해 보 려고 고군분투하지만 결국 헛수고로 끝난다. 우리 주인공은 이런 따위의 구실들에 이제 신물이 날 지경이다. 그는 단 80드라크메의 비용으로 적국 스파르타와 사적인 휴전 협정을 맺는다. 그리고 그 는 당당히 이런 대역죄에 해당할 교섭을 위한 운동을 전개한다. 마 침내 외국으로부터 화평 제의를 단기든 장기든 모두 받아들여 "평 화의 창고"를 상설로 설치하고, 이 창고에서 적합하다고 생각되는 사람들에게만 귀중한 만병통치약을 나누어 준다. 그는 스파이나 밀 고자를 파손되지 않도록 호리병 같은 그릇에 담아 아테네 특산품으 로 수출한다는 기발한 이야기를 하는가 하면, 전쟁파의 사람에게는 이 사설 시장의 특제품을 파는 것을 거부한다. 집에서는 요란스런 제사를 지내며, 애호하는 공격 대상인 에우리피데스의 고상한 비극 에서 유행하는 걸인의 옷을 입고 기뻐하거나, 별나게 거드름을 피 우는 이웃을 비웃는다. 또한 한가로이 소풍을 나가서는 과자나 음식을 듬뿍 뿌려 준다. 이런 장면이 하나하나 기상천외하게 연결되어 있다. 그러나 무엇보다 볼 만한 장면은 그가 카펠로스의 역할을 하는 장면이다. 카펠로스의 사설 시장은 그에게 평화의 선물을 모조리 제공하며, 또한 조리 식품을 군중에게 제공하는 독점권도 준다. 이것은 꿈같이 유쾌하고 수지도 맞는 장사이다.

먼저 우리는 그가 사설 시장을 세우는 것을 보게 된다.

> 디카이오폴리스 여기가 내 시장터의 구역이다. 펠로폰네소스인은 물론 메가라인이나 보이오티아인도 여기에서 거래할 수 있다. 단, 나에게만 팔고 라마코스에게는 팔지 않는다는 조건이 있다. 그리고 시장의 감찰관으로는 추첨으로 뽑힌 이 레플로이산의 세 개의 가죽 채찍을 임명한다. 고소를 일삼는 자는 모두 출입을 금지한다. 또 누구든 밀고자처럼 생긴 놈은 발을 들여놓지 못한다. 나는 그들에게 협정이 새겨진 주석柱石을 가져오게 해서 시장 한가운데 눈에 잘 띄는 곳에 세워 놓겠다.[66]

한 보이오티아 사내가 노예에게 "많은 식량 짐을 지워" 등장한다. 그는 디카이오폴리스에게 "닭이나 메뚜기를 좀 사주십시오"라고

---

66 Aristophanes, *The Acharnias*, 719-728.

부탁한다. 디카이오폴리스는 무엇을 가지고 왔는지 그에게 묻는다.

> 보이오티아 사내 한마디로 마요라나, 박하, 돗자리, 심지, 오리, 까마
>   귀, 자고새, 청둥오리, 농병아리, 물떼새 등 보이오티아의 명물
>   은 몽땅 다 있습죠.
> 디카이오폴리스 자네는 마치 때가 되면 몰려오는 새떼처럼 내 시장에
>   나타났군.
> 보이오티아 사내 게다가 집오리, 토끼, 여우, 두더지, 고슴도치, 고양
>   이, 금조琴鳥, 흰털발제비, 수달, 그리고 코파이스 호수의 뱀장어
>   도 가지고 왔습죠.
> 디카이오폴리스 아, 정말 맛있는 생선을 가져왔구먼. 친구, 네 뱀장어
>   에게 인사하게 해주렴.[67]

곧 디카이오폴리스가 진짜 요리점 주인으로 등장해 아이들과
여자들을 불러 일에 열중하라고 호통을 친다.

> 디카이오폴리스 …… 빨리 빨리! 불을 잘 지펴. 뒤집어서 잘 굽고 토
>   끼고기는 빨리 꼬치를 빼. 화관花冠도 짜. 개똥지빠귀를 꿸 꼬챙

---

67 Ibid., 860-882.

이를 가져와.

제1소합창단 이봐, 부럽네, 자네의 계략이. 그보다 더 부러운 것은 눈
앞의 진미일세.

디카이오폴리스 저기, 까치가 구워지고 있는데. 뭐라고 말 좀 보게.

제1소합창단 이거야 정말.

디카이오폴리스 (하인에게) 이보게, 불을 완전히 세게 지펴.

제1소합창단 (다른 소합창단에게) 듣던 대로 저 사람은 솜씨도 좋게
진수성찬 준비에 바쁘군. ······

디카이오폴리스 (하인에게) 너는 장조림에 꿀을 쳐라. 오징어는 잘
구어라.

제1소합창단 (곁의 합창단원에게) 들었소? 저 놈의 큰 소리.

디카이오폴리스 (집에서 부리는 노예에게) 장어를 구어라. 살짝 굽는
거야.[68]

시장 제도에 대한 찬반은 여기서 쟁점이 아니다. 이 시인은 시
장 제도의 가치를 그대로 공언하지 않는다. 도시로 식량을 조달하
는 일의 온갖 어려움에 대한 그의 푸념을 들어 보는 편이 좋다. 또
한 그는 이 극에서 시장에 모이는 무리나 노점상, 여관 주인, 음식

---

68 Ibid., 1005-1040.

점 주인의 작태나 관습을 비난하지도 않는다. 이런 무리는 흔히 항구의 군중과 구별하기 어렵지만 말이다. 전체적으로 볼 때, 이 극은 오히려 메가라인을 "섬과 바다, 본토, 시장에서" 추방하라는 올림피아의 페리클레스의 명령 때문에 시민이 입는 타격을 부각시킨 친시장 극이라고 할 수 있다. 이와 동시에 시인의 넘치는 기지는 주인공의 사설 시장에다 반反경쟁적인 색채를 뒤섞는다. (사실 그런 연결은 완전히 모순이다.) 그런데 세부적으로 들어가면 그 근거는 훨씬 더 확고하다. 합창단은 환희에 넘치는 말로 우리 주인공의 행복을 축복해 준다. 사실 그는 자기 혼자 힘으로 비할 데 없이 행복한 상황을 만들어 냈다. 노고가 없는 시장의 이익, 힘들이지 않고 얻는 풍부한 보급, 스파이나 밀고자 그리고 서로 밀고 밀리는 군중이나 사회의 성가신 자들로부터의 탈출, 강제적으로 팔지 않아도 소비자를 만족시킬 수 있을 만큼 부족함 없는 공급, 이런 모든 것들이 그의 최대의 행복이다.

화평을 맺기만 하면 다른 나라의 온갖 물품을 거래할 수 있었다. 그래서 그는 집 짓는 데 쓰는 귀중한 물건이든 데워서 먹는 물품이든 하나도 남김없이 수중에 넣었다.[69]

---

69 Ibid., 972-973.

이렇게 해서 그는 세계 도처에서 자기 수중에 들어온 물품을 나누어 판다. 그러나 이것으로 이야기는 끝나지 않는다. 그가 팔려고 내놓은 필수품은 식품이다. 그런데 이 식품은 두 가지 방법으로 처리된다. 일부 식품은 손님이 가지고 가서 자기 집에서 조리하는 것이다. 나머지 식품은 이미 먹을 수 있는 것인데, 바로 이 점이 중요하다. 생선이든 새고기든, 구운 것이든 찐 것이든 따끈따끈하지는 않더라도 적당히 데워진 식사나 식품이다.

그런데 이것은 카펠로스에 관해 우리가 갖고 있는 유일한 문학적 확대경이다. 카펠로스라는 말 자체는 결코 영예로운 것이 아니며, 그것이 연상하는 것은 너무 분명하다. 극적 효과를 위해 아리스토파네스는 이 저작에서 이런 연상을 의도적으로 피했다. 이 극에서 카펠로스는 자신이 생각해 낸 사설 시장 덕분에 온화한 철학자의 인상과 도매상인의 위엄을 얻는다. 이 익살맞고 소탈한 카펠로스의 역할을 통해 전쟁에 지친 농민을 그려 낸 것이 관객을 틀림없이 포복절도케 했을 것이다. 그렇지만 이 측면이 바로 진정한 희극의 필요조건이다. 그리고 바로 이 필요조건이 후대에 이런 장면에서 디카이오폴리스가 맡은 역할이 불분명한 채로 남아 있었던 사실을 설명해 줄지 모른다.

아고라는 무엇보다 조리 식품의 시장이며 아프리카 기니 만의 시장과 별로 다르지 않았다. 아고라에는 엄격한 경계가 설정되어 있었다. 즉, 누가 누구와 거래할 수 있고 거래할 수 없는가가 구체적으로 명시되어 있었다. 그리고 아고라에는 공적인 시장 감시인뿐만 아니라 공무 스파이가 있었으며, 소농민이 화폐를 받거나 물물교환으로 직접 파는 상품(주로 식료품)이 있었다. 이런 것들이 바로 고전적 아고라의 특징이었다. 아테네 문명이 도달한 높은 수준에 현혹되어, 우리는 페리클레스라는 사람이 개인적으로 보호의 가치가 있다고 생각했던 시장 제도가 갖는 원초적 성격을 간과해서는 안 된다.

제13장
지역 시장과 대외 교역

아테네의 시장터는 원래 시장체제의 발상지가 되도록 의도한 것은 아니었다. 지역 시장과 대외 교역은 별개였다. 이들은 제각기 독립적인 기원을 가지고 있었다. 곡물은 공개 집회가 열리는 특정 자유지든 그 인접지든 간에, 고정 가격으로 분배되거나 이따금 그렇게 판매되었다. 그리고 식량을 판매 목적으로 상업적 아고라에 공급하는 문제는 국내 정치와 관련한 여러 요인들에 의해 좌우되었을지 모른다. 이런 요인들은 다양했다. 종교적 축제나 망명자의 유입, 농촌 주민의 이주에 따른 인구과잉과 공급 부족의 발생 빈도가 영향을 미쳤다. 또한 성이나 신전 등의 공공사업을 조직화하는 방식, 그 일에 투입되는 노동력의 성격, 그 사업을 책임지고 수행하는 당국의 유형, 구매를 위한 소액 주화의 이용 가능성도 그런 요인에 속했다. 다른 요인들도 있었겠지만, 특히 이런 요인들을 바탕으로 지역사회의 식량 시장이 발달했다.

I. 카펠로스와 엠포로스

교역은 시장과는 전혀 성질이 달랐다. 그것은 필경 시장보다 오래 되었고 외부로부터 아티카의 해안으로 들어왔다. 그것은 흡사 타지인들의 전람회와 같았다. 통치자는 교역인이 강도나 유괴범으로 돌변하지 않도록, 국내를 배회하지 않도록, 그리고 군주의 궁정이나 영주의 관저에서 상품을 전시할 기회를 얻은 후에는 반드시 평화롭게 떠나도록 신경을 써야 했을 것이다. 또한 교역은 때로는 금속이나 여타의 군사 자재를 구하는 왕이나 수장이 활발하게 수행했을지도 모른다. 그러나 이런 사건은 아고라보다는 오히려 외국 교역인의 훨씬 더 규칙적인 활동과 관련이 있을 것이다. 시장과 교역 사이에는 아무런 공통점이 없었다. 이 두 가지가 외견상이든 실제적이든 시장체제라는 하나의 동일한 제도에 포함되는 시기가 도래할 것으로 생각해야 할 어떤 근거도 없었다.

지역 교역과 해외 교역의 다른 점은 교역인이라는 인물에서 가장 명확하게 나타났다. 그 인물은 신원이나 신분뿐만 아니라 호칭에도 차이가 있었다. 지역적 교역인은 카펠로스라 불리고 대외 교역인은 엠포로스라 불렀다. 플라톤은 카펠로스를 "아고라에 정착해 매매로써 우리에게 봉사하는 자"라 정의하고, 엠포로스를 "이 도시 저 도시로 방랑하는 자"라 정의했다.[1] 엠포로스는 원래 '여행자'를 의미했다.[2] 어원적으로 이 말은 결코 신기한 것이 아니다. 여행의 목적은 언제나 보급이었기 때문이다. 예를 들면 에스겔서[3] 제27장에 보이는 대大 엠포리움의 튀로스에 관한 상세한 기술에서는 교역이나 교역인을 가리키는 네 개의 낱말이 사용되고 있다. 그중 둘은 '여기저기 방황하다'를 지시하는 어원에서, 그리고 다른 둘은 '연결하다, 결합하다'를 의미하는 어원에서 나온다. 두 부류의 낱말은 그 쓰임새가 달랐다. 하나는 거리와 운반 활동을 지칭하고, 다른 하나는 거래와 교섭 활동을 지칭했다. 이 두 가지 기능이 나중에 '교역'이라는 용어로 통합되었다. 크노링가[4]와 하제브뢰크,[5] 핀켈슈타인[6]의 연구는 카펠로스와 엠포로스의 차이란 주로 지역성을 가리키는 것이며, 그때까지 당연시해 왔던 소매 대 도매의 차이를 가리키는 것이 아님을 확실히 입증했다. 플라톤은 지역 교역인을 아고라에 소속된 자로 보았다. 크세노폰도 『소크라테스의 추억』에서 엠포로

---

1 Plato, *Republic*, 371 D.

2 H. Knorringa, *Emporos*, p. 114.

3 [옮긴이] 구약성서의 3대 예언서 중 하나로 유대의 예언자 에스겔이 바빌로니아에서 포로 생활을 했을 때의 언행록이다.

4 Ibid., passim.

5 Hasebroek, *Trade and Politics in Ancient Greece*, trans. L. M. Fraser and D. C. Macgregor, London: G. Bell and Sons, 1933, pp. 1-8.

6 M. I. Finkelstein, "Emporos, Naukleros, and Kapelos," *Classical Philosophy*, 30, 1935, pp. 320-36. 핀켈슈타인은 다음 말을 덧붙임으로써 이 판단에 타당성을 부여한다. "이 구별이 얼마나 잘 유지되었는지는 별개의 문제이다."

스와 '시장의 중매인仲買人'을 구별했다.[7] 고대 시기 내내 육상 교통의 규모는 무시할 수 있을 정도로 작았기 때문에,[8] '방랑하다'라는 말은 강이나 해상에서 교역에 종사하는 자를 지칭했다. 원정 교역이나 대상隊商 교역을 제외하면, 그다지 많지 않았던 육상 교역은 대부분 소농민이 지역 시장까지 터벅터벅 걸어가서 잉여 농작물을 처분하고 약간의 필수품을 사는 것이었음에 틀림없다.

그러나 차이는 단지 기능적인 측면에만 있지 않았다. 솔론이 창시하고 아리스토폰이 재입법화한 아테네법에 의하면, 어떤 외국인도 시장 판매를 목적으로 재화를 제공할 수 없었다.[9] 자료 확보가 가능한 기원전 4세기 중엽에는, 이 법이 완화되어 세금을 지불하지 않으면 외국인은 시장에서 판매하는 행위를 금한다고 되어 있었다.[10] 이것은 실제로 일종의 인가제에 해당했다. 따라서 어떤 소송을 보면 피고는 리본 장사인 자기 어머니가 외국인이라는 비난에 대해 이렇게 반론을 편다. "만약 내 어머니가 외국인이라면 시장세를 조

---

7 Xenophon, *Memorabilia*, III, 7, 6.

8 그리스에 대해서는 Finkelstein, "Emporos," p. 328, n. 37을 보라. 고대 세계 전반에 대해서는 Max Weber, *General Economic History*, trans. Frank H. Knight, Glencoe, Ill. The Free Press, 1950, Chapters 15, 16을 보라.

9 Demosthenes, *Private Orations*, tras. A. T. Murray, Cambridge: Havard University Press, 1964, LVII, 29-31.

10 Ibid., 33-34.

사해서 외국인세를 지불했는지, 어느 나라 출신인지 검사해 보면 되지 않습니까?"[11] 아고라에 노점을 갖는 것은 어떤 시기에는 분명히 시민의 특권이었다. 그래서 세금을 받고 외국인에 권리를 인가하는 것은 이 권리에 수정을 가한 것이었다. 기원전 4세기 초에 외국인들이 실제로 시장에서 판매 행위를 한 사실은 곡물 중개업자에 대한 리시아스[12]의 비난 연설을 보면 잘 알 수 있다. 여기서 곡물 소매인은 자신들이 거류 외인이라는 것, 따라서 더욱 엄격한 통제를 받아야 한다는 것을 인정한다. 또한 곡물 거래는 특별한 규칙 아래 있었을 수도 있다.

성性의 차이가 아고라의 규제에 관한 문제가 된 데에는 당연히 그 나름의 이유가 있었을 것이다. 드문 예외를 빼고는 떠도는 교역인은 남자였다. 반면에 시장터의 소매상은 남자일 필요가 없었다. 사실 수단의 어떤 지역에서는 오직 여자만 이 일을 하고 있다. 이 경우 교역과 시장의 제도적 차이는 성의 분할과 그대로 들어맞는다. 교역인은 남성이고, 시장 판매자는 여성이다. 함무라비 시대의 바빌로니아에서는 여관 주인이 여자였다. 사르디스뿐만 아니라, 아마도 시장의 식량 소매 제도를 그리스에 전한 것으로 추정되는 할

---

11 Ibid., 34.

12 [옮긴이] 아테네의 웅변가. 민주파였다. 참주에게 재산을 몰수당하자 변론 대작(代作)을 업으로 삼았다.

리카르나소스에서도, 기원전 6세기 중엽까지는 카펠로스가 분명히 여성이었다. 앞에서 본 것처럼, 헤로도토스가 교묘하게 이용한 거의 같은 시기의 일화에는 소매업을 한 죄 때문에 거세당하는 모습이 나온다. 처음에 소매업은 여성의 직업이었던 것으로 추정된다. 왜냐하면 헤로도토스가 시장의 소매는 고대 리디아에 기원을 둔 관습이라고 생각했기 때문이다. 그는 사금이 트몰로스 산에서 곧바로 사르디스의 아고라로 운반되었다고 말했다. 그렇지만 키루스가 리디아인을 여성화하기 위해 강제적으로 소매상인의 일을 시킨 것은 훨씬 뒤, 즉 페르시아인에게 리디아인이 패배한 이후의 일이었다고 한다. 아테네의 경우는 남녀 모두 때때로 시장에 노점을 차릴 수 있었다. 이 관행은 아마도 판매되는 상품이 어떤 것인지에 따라서도 다양했을 것이다. 리디아의 혼전 매춘 제도는 시장적 관습의 부산물이었던 것 같다. 아리스토파네스는 이 기회를 놓치지 않고 에우리피데스 어머니가 시장에서 채소를 팔았다고 말해 그를 조롱했다. 여성이 상업적 아고라에 노점을 차릴 수 없었더라면, 데모스테네스의 에우불리데스에 대한 탄핵 연설은 논점이 빗나갔을 것이다. 따라서 고전기의 아티카에서 엠포로스는 남자였고, 카펠로스는 파는 상품이나 여타 사정에 따라 남자이거나 여자였다고 말할 수 있겠다.

카펠로스는 대부분의 시기에 시민-교역인이었지만 아티카에서는 신분에 따라 교역인이 정해진 것은 아니었다. 그들은 의무나 명예를 위해 활동하기보다는 단지 "타인으로부터"ap' allēlōn 얻는 이익으로 생계를 꾸려 가기 위해 노력했다. 따라서 그들이 받았던 평가는 최악이었다. 반면에 원격지 교역인은 고전기에 시민인 경우가 아주 드물었다. 과거의 수장首長 교역에서 뚜렷이 드러나는 것처럼 그들이 높은 지위의 시민이었던 경우는 더더욱 거의 없었다. 당시에 그들은 대개 타지인, 즉 다른 나라의 시민 또는 거류 외인이었다. 대체로 엠포로이는 에게 해의 여러 섬, 마그나 그레키아, 소아시아, 또는 그리스 본토의 일부 도시(예를 들어, 코린트)의 그리스인이었다. 그들이 자신의 시민권이 있는 모국에서 교역인 신분보다 낮은 지위에 있는 경우는 아주 드물었다.[13]

고전기에 엠포로이의 대다수가 그리스인이었다는 사실은 상당한 혼란을 초래해서, 그리스 교역 구조에 대해 심각한 오해를 낳기도 했다. 여기서 문제가 되는 것은 주로 아테네이다. 아테네는 기원전 5~4세기 그리스 세계의 커다란 교역 중심지였다. (피레우스가 그리스 세계의 거대한 엠포리움이긴 했지만) 이는 틀림없는 사실이다. 그렇지만 해상 대부海上貸付의 제공을 제외한다면, 교역에 적극적으로 종사하는 시민은 아주 적었다. 또한 데모스테네스의 개인 연설집을 검토해 보면, 해상 대부의 대부분도 거류 외인이나 타

---

13 로도스인의 경우에는 이 주장에 대해 수정이 필요할 것이다. 그들은 '교역하는 사람들'이었던 것으로 보인다.

지인이 주도했음을 알 수 있다. 아티카에서 교역인들은 외국인이 었고 시민은 일반적으로 교역인이 아니었다는 사실은 몇 가지 중요한 자료를 검토해 보면 아주 분명히 드러난다. 그중 가장 좋은 자료는 기원전 4세기 중엽의 소책자『방법과 수단』이다. 저자는 나이든 크세노폰으로 되어 있는데 아마 사실일 것이다. 이 책의 내용은 나중에 다시 언급하겠다.

2. 거류 외인과 외국인

우리는 교역인의 주요한 두 가지 유형이 외국인과 거류 외인이라고 생각한다. 거류 외인 — 그 나라에 거주하는 외국인을 말한다 — 은 그리스의 도시들 사이나 그 내부에서 거의 그치지 않았던 전쟁의 결과 중 하나였다. 이 두 형태의 투쟁이 장기간에 걸쳐 이렇게 밀접하게 연결된 사례는 그리스의 도시국가를 제외하고는 역사상 어디에서도 찾아볼 수 없다. 많은 그리스 도시국가 내부의 파벌 다툼은 소국 간의 정례적인 전쟁과 함께 다수의 나라 잃은 백성, 거리의 피난민들의 무리를 양산했다. 이들은 생계를 교역에 의지하는 수밖에 없었다. 솔론 시기의 알력으로 인해 망명자 무리, '여러 곳에 유랑해 이미 아티카의 말을 잃어버린' 자들이 생겨났다는 것은 앞서 말한 바 있다.[14] 페리클레스 민주주의의 엄격한 출생주의 nativism는 망명자에게 보통 거류 외인 이상의 신분을 허락하지 않음을 의미했다. 그리고 부모가 모두 아테네 출신이 아니면 시민권을 주지 않는다는 페리클레스의 엄격한 정책도 거의 예외가 아니었을 것이다. 내전과 국가 간 전쟁이 거류 외인 증가의 풍부한 원천이었음은 크세노폰의 자신감 넘치는 다음 결론에서도 분명히 알 수 있다. 만약 거류 외인을 끌어들이기 위해 그들의 지위를 개선해주는 제안이 채택된다면, "나라 없는 사람들은 모두 아테네 정주권을 열망할 것이다."[15] 아테네에서 교역하는 외국인은 대개 그리스 도시 출신의 거류 외인이었고, 그 도시 또는 심지어 로도스 같은 그리스 교역 공동체의 완전한 시민인 경우도 있었다.

아테네 안에도 상당수의 거류 외인이 있었는데, 이들은 주로 피레우스에 살았다. 대부분이 엠포로이, 그중에서도 주로 곡물 수입상이었다. 또 그들 중 적지 않은 수가 대외 교역의 기능에서 불가결한 해상 대부를 하고 있었다.

우리는 대외 교역, 해상 대부, 은행 업무, 교역인에 관한 지식을 데모스테네스의 법정 연설 속에서 많이 볼 수 있다.[16] 이 연설에 등

---

14 Aristotle, *Constitution of Athens*, XII, 4.

15 Xenophon, *Ways and Means*, II.

16 아테네 법정에서는 변호사를 허용하지 않았다. 원고와 피고는 직접 자신을 변론

장하는 교역인은 거의 모두 거류 외인이나 외국인이다. 이들은 대개 자신의 물품을 가지고 여행하면서 스스로 물품을 취급하는 부지런한 사람들로 이루어진 잡다한 집단이다. 소상선의 선장들은 대부분 돈을 충분히 모아 배 타는 일을 그만두고 해상 대부를 하는 것이 목표였던 것 같다.[17] 이들 교역인의 조업 규모가 소규모였음은 그들이 해상 대부에 전적으로 의존할 수밖에 없었다는 사실에서 드러난다. 어떤 대부업자는 자랑스럽게 이렇게 말한다.

교역에 종사하는 자에게 필요한 자금은, 차입자가 아니라 대부자로부터 나옵니다. 대부자가 맡는 역할을 빼앗는다면, 배도 선주도 승객도 바다로 나갈 수가 없습니다.[18]

이것은 물론 과장이지만 어느 정도 진실을 내포하고 있음은 틀림없다.

데모스테네스의 개인 연설집에서 가장 중요한 연설의 하나는 디오니소도로스에 대한 탄핵 연설이다.[19] 이 소송에는 해상 대부의

해야 했다. 따라서 능변가를 고용해 자신이 직접 변론에 대비하는 관습이 생겨났다. 그것은 주로 변론을 암기하는 것이었다.

17 Demosthenes, *Private Orations*, XXXIII, 4.

18 Ibid., XXXIV, 51.

위약違約이 얽혀 있다. 원고, 즉 채권자는 거류 외인이다. 연설을 끝내면서, 데모스테네스는 배심원들이 자신에게 승소 판결을 내리지 않는다면 불행한 결과가 생길 것이라고 경고한다.

오늘 여러분들은 하나의 소송에 대해 판결을 내리고 있지만 사실 여러분은 도시 전체를 위해 하나의 법을 세우고 있는 것입니다. …… 해상 교역에 종사하는 많은 사람들이 이 자리에 서서 여러분이 이 문제에 대해 어떤 판결을 내리는지를 지켜보고 있습니다.[20]

만약 원고인 그가 패소한다면, 해외 교역인들은 아무리 해도 계약 무효를 피할 수 없다고 생각할 것이다. 또 그렇게 되면 위험을 무릅쓰고 자기 돈을 해상 대부에 투자할 사람은 아무도 없을 것이고, 더 이상 교역은 이루어질 수 없게 될 것이다. 데모스테네스는 이렇게 되게 내버려 두어서는 안 된다고 경고한다. 다음 구절은 결론이다.

왜냐하면 그것은 단지 교역 종사자뿐만 아니라 여러분 국민 대다수에게도 불이익이기 때문입니다. 교역에 종사하는 사람들은 여러분

---

19 Cf. 14장.

20 Demosthenes, *Private Orations*, LVI, 48.

공중 전체에게도, 그들과 거래하는 개인에게도 가장 유익한 사람들입니다. 이런 연유에서 여러분은 그들의 이해관계에 세심한 주의를 기울여야 합니다.[21]

원고가 교역인 집단을 시민들과 대비하고 있는 것처럼 보이지만, 그는 이 경우 시민의 이해가 상인 그룹의 이해와 일치한다고 주장하고 있다. 원고는 대★상인에게 고용된 자로 보이는데, 대상인들은 또 다수의 소상인에게 해상 대부를 한다.

작은 화물선에 승선해—전시에는 해군들을 도우며—큰 항구의 운용과 관련된 많은 일을 수행하는 사람들이 바로 거류 외인이었다. 세심한 '늙은 과두주의자'는 자신이 말하는 새로운 유행의 민주 체제 아래서 노예나 거류 외인에게 부여된 자유를 보고서도 놀라움을 겉으로 드러내지 않으려 한다. 그는 아테네인에 대해 이렇게 말한다.

(아테네인은) 우리의 노예와 자유인 사이에, 그리고 거류 외인과 시민 사이에 언론의 평등을 확립했다. 왜냐하면 도시가 많은 기예품의 수요에 부응하기 위해 그리고 도시의 해군을 위해 거류 외인을 필요

---

21 Ibid., 50.

로 하고 있기 때문이다.[22]

이것은 유력한 시민들이 자신을 교역인으로 생각하는 일은 거의 없었음을 보여 준다. 그들이 민주제에 반대해 불만을 가진 것은 민주제가 거류 외인을 교역인의 신분으로 끌어올렸기 때문이 아니라, 그렇게 함으로써 해군력을 강화하고 그 결과 국가에 대한 거류 외인의 지배력을 강화하기 때문이었다.

3. 『방법과 수단』

그렇지만 전체 이슈에 대해 아마도 크세노폰의 저작으로 알려진 소책자만큼 결정적이라 할 자료는 없을 것이다. 이 책은 아테네에서 교역의 위상에 관해 아무런 의문의 여지를 남기지 않는다. 오랫동안 학자들은 『방법과 수단』의 제안이 아무래도 고상한 저자답지

---

22 Pseudo-Xenophon("The Old Oligarch"), *Constitution of the Athenians*, I[『아테네 헌정』은 두 가지 책이 있는데, 하나는 아리스토텔레스 또는 그 제자들이 쓴 것으로 추정되는 책이고, 다른 하나는 크세노폰이 쓴 것으로 되어 있지만 그의 작품은 아닐 것으로 추정되는 책이다. 여기서 폴라니는 후자에 대해 말하고 있다. 두 번째 책은 반민주적 기조 때문에 그 저자는 흔히 '늙은 과두주의자'(Old Oligarch)라고 불렀다].

않은 데가 있다고 해서 그것을 진작眞作이 아닌 것으로 취급해 왔다. 그러나 고대인들이 그런 이유로 이 책을 크세노폰의 작품이 아니라고 보았다면, 나는 오히려 정반대 이유 때문에 그의 작품이라고 생각한다. 우리가 손에 넣을 수 있는 크세노폰의 저작 가운데 구상의 소박함과 효과의 강력함에서 이 소책자만 한 것이 없기 때문이다.

이 책이 갖는 독창성은 부와 권력, 안정이 전쟁의 산물이 아니라 평화의 산물일 수 있다는 사상에 있다. 힘이 부를 얻는 최선의 수단이 아니라고 하는 것은 헤시오도스가 "조금씩 조금씩"이라는 그의 좌우명에서 개인에 대해 품은 최초의 생각이었다. 그러나 그리스인들은 국가에 대해서는 이런 생각을 꿈에도 할 수 없었다.

이 소책자의 구성은 박력이 넘친다. 이 책은 필경 으불로Eubulus[23]의 극단적인 평화주의 당파가 만들어 낸 정치 선전물이었을 것이다. 그래서 국고 수납의 평화적 증대에 대해 가장 강경한 논의를 제기했을 것이다. 이 책은 또 도덕적 근거에서 확고한 입장을 견지한다. 동맹국이라 하지만 실제로는 속국에 불과했던 이웃나라들에

---

23 [옮긴이] 4세기 아테네에는 대외 전쟁에 매우 비판적인 노선을 취했던 당파가 존재했는데, 그 주도적 정치인이 으불로(기원전 405-335)였다. 그는 공공 '축제 기금'(Theoric Fund)을 창설한 것으로 유명한데, 이 기금은 도로 및 요새의 보수, 민중의 연회 참여 등을 지원하는 목적을 가지고 있었다.

대해 아테네인 자신이 저지른 부정한 행위들이 신랄한 논쟁거리가 되었다. 크세노폰은 아테네가 그 인구를 부양하기 위해 끊임없이 그런 행위를 해야만 했다는 주장에 대해 어느 정도 비중을 둔다. 최우선 순위에 놓여야 하는 것은 다음과 같은 문제다. 즉,

어떤 방법으로든 시민이 식량을 전부 자신의 토지로부터 얻을 수 있는가 하는 문제다. 만일 가능하다면, 확실히 그것이 가장 공평한 방법일 것이다. 그렇게 되면 시민은 빈곤으로부터 해방될 수 있고, 또 그리스 세계 사람들이 품고 있는 질시와 의혹을 해소할 수 있을 것으로 생각된다.[24]

이어서 그는 평이 좋은 아티카의 풍부한 천연자원에 대해 짧은 찬사를 보낸 다음에, 아테네의 수입을 늘릴 수 있는 세 가지 주요 방법을 제안하고 있다. 첫째, 피레우스에 더 많은 거류 외인을 끌어들여라.[25] 둘째, 외국인 교역인을 끌어들여라.[26] 셋째, 은광을 아테네에서 더 이익을 내는 곳으로 만들 수단을 강구하라.[27] 이 계획

---

24 Xenophon, *Ways and Means*, I.

25 Ibid., II.

26 Ibid., III.

27 Ibid., IV.

에서 내부 결함으로 인해 실현 가능성이 전혀 없다고 생각되는 것은 없다. 그는 이 방법이 거의 확실히 성공할 것이라고 주장한 뒤에, 모든 것이 평화의 유지에 달려 있고 또 그것에 의해 촉진될 것임을 보여 준다. 반면에 전쟁은 자원을 고갈시키는 데만 기여할 뿐이다.[28] 따라서 만약 그의 제언을 받아들인다면, "우리는 그리스 세계로부터 더 애정 어린 존경을 받을 것이고, 더 안전하게 살 수 있을 것이며, 더 영광을 누릴 것이다."[29]

그러나 그의 제안 중 일부만이 직접 교역 문제와 관련이 있는 것이다. 맨 처음의 두 제안을 살펴보자. 첫 번째 제안은 외국인의 정착을 장려하기 위해 적극적 조치를 취하라는 것이다.

그러나 우리의 관심을 토착적인 것이라 부를 수 있는 혜택에만 좁히지 말고, 맨 먼저 거주 외국인의 이해를 조사한다는 생각을 해보자. 내 생각으로는 그들이 최선의 수입원 중 하나이기 때문이다. 즉, 그들은 자립심이 강해서 국가에 매우 많은 봉사를 하고도 보수를 받지 않으며, 또한 특별세를 납부해 공헌한다.[30]

---

28 Ibid., V.

29 Ibid., VI.

30 Ibid., II, 1(거류 외인 세금은 남성은 연간 12드라크마였고, 여성은 6드라크마였다).

국가에 재정적 손실을 초래하지 않는 한, 외국인을 끌어들이기 위해 거류 외인에게 부과되는 일체의 자격 제한을 없애야 한다. 보병 부대 의무를 면제하고 명예로운 조직인 기병대 참가를 허용하라. 사용되지 않는 토지에 집을 짓는다면, 이 토지에 대한 그들의 소유권을 인정하라. 끝으로 고아 후견인과 비슷한 외국인 후견인의 직급을 임명해 가장 많은 외국인을 끌어들인 자에게 명예로써 보상하라. 그런 계획은 "우리의 수입을 늘려 줄 것이다."[31]

이 첫 번째 제안과 밀접이 관련되어 있는 두 번째 제안은 거류 외인 상인과 함께 대규모의 외국인 상인도 끌어들이라는 것이다. "거주자와 방문자 수의 증가는 물론이고, 우리의 수출입과 판매, 지대, 관세의 증대로 이어질 것이다."[32]

이런 효과를 거두려면 몇 가지 신중한 수단만 있으면 된다. 아테네의 상업 재판소에서 가장 신속하게 송사를 처리하는 자에게 포상을 내린다면, 외국인은 피레우스에서 거래하고 싶을 것이다. 왜냐하면 쓸데없이 오래 구금되는 일이 없어질 것이기 때문이다.[33] 특히 중요한 화물을 아테네에 가지고 온 상인과 선주는 공공 행사 장소에서 윗자리에 앉는 명예를 누려야 한다.[34] 또 피레우스의 항

---

31 Ibid., II, 7.

32 Ibid., III, 5.

33 Ibid., III, 3.

구에 뱃사람들을 위한 숙박소를 세우고 또 엠포리움에 편리한 상
인용 건물을 세우기 위해서 기금을 조성해야 한다. "도시를 방문하
는 모든 사람을 환대하기 위한 공회당"도 지어야 한다.[35] 만약 이
런 조치와 더불어 평화가 유지된다면, 틀림없이 번영할 것이다. 그
이유는 다음과 같다.

> 만일 아테네가 평온하다면, 도대체 어떤 부류의 사람이 이 나라에
> 무관심할 수 있을 것인가? 우선 선주와 상인이 관심을 보일 것이다.
> 그러면 곡물이나 포도주나 올리브나 가축을 듬뿍 가져오는 자, 또는
> 투자할 생각으로 돈을 가져오는 자도 나올 것이다. …… 더욱이 많은
> 물자 매매를 원하는 사람의 노력에 대해 대체 어느 곳이 아테네보다
> 더 잘 그리고 더 신속하게 보답해 줄 수 있을 것인가?[36]

이 논의의 어디를 봐도 아테네인 자신이 교역에 종사했음을 알
려 주는 단서 따위는 없다. 시민의 상업 활동 확대로 인해 수입이
증가했다는 것을 보여 주는 암시는 훨씬 더 드물다. 반대로 외국인
에게 아테네 방문이나 아테네 정착을 유도해야 한다는 것이다. 교

---

34 Ibid., III, 4.

35 Ibid., III, 12.

36 Ibid., V, 3-4.

역인이 방문하거나 거주하면, 2퍼센트의 수출입세와 항만세를 통해 국고 수입이 늘어나고, 공설 숙박업소나 공회당의 임대로 추가 수입이 생길 것이다. 말하자면, 수출에 대한 관심은 전혀 없다. 강조점은 오직 피레우스에서 거래하는 외국인으로부터 거두는 수입에만 있었다. 교역에서 얻는 수입보다 교역 그 자체에 초점을 맞출 경우, 관심사는 바로 필수품의 수입이다. 또한 거류 외인을 끌어들이면, 그들에게 징수하는 주민세로부터 상당히 많은 세입을 올릴 수 있다.

시민이 취급하는 교역량의 축소나 확대를 보여 주는 암시가 전혀 없다는 것 이외에도, 외국인 경쟁자가 대내 교역 상인에게 미칠 수 있는 파괴적 영향을 우려한 낌새는 아예 찾아볼 수 없다―후자의 경우가 훨씬 더 인상적이다. 시민 생계의 보증인으로서 국가가 기여한 정도를 고려한다면―크세노폰의 제언 자체도 국가가 다른 생계 보장 수단을 확보해야 한다는 것을 목표로 했다―그의 계획이 아테네의 교역에 피해를 주었다고는 생각할 수 없다. 크세노폰에게 교역이란 외국인이 주도하는 교역을 의미했다. 이 교역으로부터 아테네인들은 다양한 재화의 수입을 통해 직접적인 이익을 보기도 했고, 교역 행위에서 나오는 세입을 통해 간접적인 이익을 얻기도 했다.

이제까지의 논의를 요약하면 다음과 같다. 지역 교역과 대외 교역에는 각각에 종사하는, 상이한 유형의 교역인이 있었다. 이 두 형태의 교역은 확실히 구별되는 것이었다. 지역적 교역만이 — 다른 교역이 아니라 — 시장 교역이었다. 대외 교역의 경우는, 그 일부는 관리 교역 그리고 다른 일부는 증여 교역이었다. 그리고 때때로 여기서 나타났던 불안정한stray 시장적 요소는 별로 중요하지 않았다.

제14장
곡물 수입의 확보

아테네의 유명한 아고라는 역사상 최초의 도시 시장터였는데, 정작 아테네는 왜 결코 시장 교역의 선구자가 되지 못했을까? 수입 곡물에 대한 아주 높은 의존성과 선구적인 식량 시장 이용의 경험에도 불구하고, 아테네는 왜 국제 곡물 시장을 확립하는 데는 선구자가 될 수 없었던 것일까? 아테네는 자신이 직면한 문제를 이 국제시장이 해결해 줄 것이라고 생각해 보지는 않았을까? 실제로는 아테네는 왜 오히려 반대 방향으로 나아가 그런 시장을 설립하는 과정에서 이집트의 주도권을 방해했을까? 이런 상식적 견지에서 아테네 곡물 거래의 문제를 생각해 보는 데 상업적 방법이 좋다는 비역사적 편견을 공유할 필요는 없다.

따라서 이 문제를 탐구하는 핵심은 고전기 그리스의 곡물 거래 조건이 시장 교역의 발달을 어느 정도 가능케 했는가 하는 점에 있다. 거꾸로 말하면, 그런 조건이 얼마나 시장 발달을 억제했으며,

곡물 공급을 확보하기 위해 관리적 거래 방법을 어느 정도 사용해야 했는가에 있다.

그 해답은 곡물 공급과 교통로가 들어서 있는 해당 지역의 지리적·정치적 구도에 있다고 생각된다. 원활한 공급과 교역로의 안전성을 확보하기 위해서는 군사적·외교적 수단을 사용해야만 했다. 이런 조건이 곡물 거래 방식과 조직을 결정했다.

문제의 9할 가량은 지리적 환경에 있었다. 그 지리적 환경 때문에 아티카는 항상 해외로부터 들어오는 그날그날의 빵의 출처에 빈틈없는 주의를 기울여야 했으며, 결국 공급원을 찾아 흑해와 이집트, 시칠리아로 차례차례 진출해야만 했다. 해답의 나머지 부분은 다음과 같이 요약할 수 있을 것이다. 아테네의 대외 정책은 우선 곡물 정책이었다. 하지만 그 정책이 상업적 고려에 의해 영향을 받거나 소위 교역 이해에 의해 고무되거나 하는 일은 거의 없었다. 얼핏 역설로 보이는 이 현상의 이유는 곡물 거래의 역사를 개괄해 보면 분명해질 것이다.

I. 곡물의 생산과 소비

그리스는 전체적으로 농경지는 부족하고, 아티카의 토양은 특히 올리브유나 포도주의 생산에 최적화되어 있다. 솔론 시대의 위기 이후 아테네는 필요한 곡물 중 극히 일부분밖에는 생산하지 못했다. 그러나 곡물은 생선이나 건어와 더불어 아테네인 식생활의 중심이었다. 우리가 대부분의 내륙 그리스 지역의 대외 정책을 좌우하는 어떤 한 가지 결정적 요인을 든다면, 그것은 틀림없이 그 지역이 식량 공급을 위해 곡물 수입에 의존하는 정도라 할 수 있을 것이다.

그리스의 사회·정치사상은 당연히 이런 불변의 환경을 반영했다. 그리스인은 경제학의 개념을 발전시킨 적이 없었다고 결론 내리기가 쉽다. 왜냐하면 그리스는 식량 공급을 결코 시장(경제학의 진정한 주제인)에 의존할 수 없었기 때문이다. 그 대신 그들은 정치 이론 쪽으로 눈을 돌렸는데, 이 이론은 거의 오늘날까지 아티카 지역 폴리스의 특징을 보존하고 있다. 폴리스가 끊임없이 충분한 식량 공급을 필요로 했다는 사정은 자급자족 원리가 폴리스 존립의 기초 전제가 되게 만들었고, 따라서 그 국가 이론의 기초 전제가 되게 했다. 자급자족은 그리스인의 사고에서 폴리스의 근본 원리가 되었다. 이 점에서는 아리스토텔레스는 플라톤의 견해에 동의했다. 두 사람은 폴리스의 시민이 농민으로 구성되어야 한다는 확신을 공유했다. 실제로 아테네의 역사에서 이 이상의 다른 어떤 교훈도 끌어낼 수 없었다.

이처럼 그리스에서 곡물의 극심한 수입의존도에 대해서는 고대 그리스 학자들의 의견이 일치한다. 로스토프체프는 기원전 3세기에 이르기까지 곡물 수입량이 명백히 부족해서, 이집트와 크리미아라는 커다란 두 곡물 생산지 사이에 상업적 대항 관계가 발생한 어떤 흔적도 없었음을 밝혔다.[1] 그룬디는 테사리아를 제외한 그리스 본토의 모든 국가가 많든 적든 수입에 의존했다고 주장한다.[2] 아티카의 경우 국내 (곡물) 가격의 하락을 초래하지 않으면서 상당량의 수입 곡물을 항상 흡수할 수 있었다고 자르데는 쓰고 있다.[3]

아테네의 곡물 자원이 얼마나 부족했는지는 어림잡아 수치화해 볼 수 있다. 고대의 경우 통계의 정확성을 바랄 수 없으므로 수치는 대강의 규모를 나타내는 데 지나지 않는다.

아티카의 인구에 대해서는 곰의 추정이 여전히 권위가 있다. 전체적으로나 부분적으로나 그 변동은 매우 심하다. 그의 추정에 따르면, 기원전 431년의 인구는 31만5,500명이며, 그중 17만2천명은 시민, 2만8,500명은 거류 외인, 11만5천 명은 노예였다. 6년 후 전염병이 창궐해 총인구가 21만8천 명으로 떨어졌는데, 그중 시민은 11만6천 명이었다. 323년에는 총인구가 25만8천 명으로

---

1 Rostovtzeff, "Great Sightseers in Egypt," *Journal of Egyptian Archeology*, 14, 1928, p. 14.

2 G. B. Grundy, *Thucydides and the History of his Age*, second edition, Oxford, 1948, Volume 1, p. 90.

3 A. F. Jardé, *Lé s ceréales dans l'aniquité Grecque*, Paris, 1925, p. 184.

회복되고, 시민은 11만2천 명, 거류 외인은 4만2천 명, 노예가 10만4천 명이었다.[4] 따라서 인구는 20만에서 30만 사이였고, 펠로폰네소스전쟁 개전 때 전염병에 따른 참화 이전에는 30만 명이 넘었다고 할 수 있다.

아테네의 국내 곡물 생산에 관해 우리가 가진 유일한 자료는 기원전 4세기 후반 이후의 것이다. 기원전 329년의 에레우시스 비문을 보면, 아티카의 생산은 36만8,850메딤노스medimnos[5]로 추정된다. 그러나 이 총량 가운데 2만8,500메딤노스만이 밀이고 나머지는 보리로 그 비율은 1대 10 이하였다. 이해는 흉년이었을지도 모르기 때문에 곰은 최고 수준의 산출량을 41만 메딤노스로 추정한다.[6] 토드는 이 양을 45만 정도로 잡았다.[7] 1년에 한 사람이 평균 6메딤노스를 소비한다는 벨로흐의 추정에 따르면, 약 7만5천 명만을 국내산 곡물로 부양한 셈이다. 인구가 20만~30만이었다고 한다면, 100만~150만 메딤노스의 수입이 필요했을 것이다. 이것은 국내 생산량의 두세 배에 해당한다. 국내 생산은 너무 부족해서

4 A. W. Gomme, *The Population of Athens in the Fifth and Fourth Centuries* B. C., Oxford: B. Blackwell, 1933, p. 26.

5 부피를 나타내는 단위로 1메딤노스는 51.84리터에 해당했다. 하지만 이는 지역마다 달라서 스파르타에서는 71.16리터를 1메딤노스로 간주했다.

6 Ibid., pp. 28-33.

7 *Cambridge Ancient History*, Cambridge: At the University Press, 1927-39, Volume 5, p. 13.

그것으로는 농업 인구의 부양조차 어려웠을 것임에 틀림없다. 아티카의 인구가 고전기보다 훨씬 더 적었던 기원전 170년이 되어서도 로마 주재 아테네 대사는, 아테네는 '농민조차도 수입 곡물로 부양했다'라고 말했다.[8]

그런데 아테네에서 외국 곡물에 대한 의존도는 이 통계적 추정이 보여 주는 것보다 훨씬 더 심했다. 전 인구가 자신의 식량 대부분을 조달하기 위해 수입을 필요로 했지만, 시민의 경우는 거의 전적으로 수입 식량에 의존했던 것이다. 앞의 수치는 밀과 보리를 합친 총량 수치다. 그러나 보리는 노예나 거류 외인만이 먹는 것으로 간주되었다. 시민이 보리를 먹는 것은 몹시 궁핍하거나 기근이 만연된 경우뿐이었을 것이다. 아리스토파네스는 민주적 곡물 분배를 풍자하면서 기원전 424년의 5메딤노스의 배급이 순전히 보리였다는 사실을 관객에게 상기시켰다.[9] 아테나이오스의 『현자의 연회』에서 어떤 변론가는 "도시에는 밀가루 빵이 가득하기 때문에 …… 우리는 보리에 관심이 없다"라고 말한다.[10] 밀이 시민의 주식으로 간주되었지만, 그 밀은 겨우 국내 작물의 10분의 1(8천 명이나 9천 명쯤을 먹여 살릴 만큼의 분량)을 차지하고 있을 뿐이었다. 이 때문

---

8 Livy, XLIII, 6.

9 Aristophanes, *Wasps*, 717-718.

10 Athenaeus, III, 113A.

에 아티카에 가장 긴급한 수입은 밀의 수입을 의미했다. 노예는 대부분 국내산 보리로 먹일 수 있었지만, 시민은 전적으로 수입에 의존했다.[11] 나움 자스니에 따르면, 밀이 "고전 시대의 국제 곡물 교역을 지배했고 다른 곡물은 거의 관심 밖에 있었다."[12]

이런 사태는 데모스테네스의 한 연설에서 구체적으로 확인된다. 그 연설에서 그는 기원전 338년에 폰토스에서 40만 메딤노스의 밀을 수입했으며, "그곳"으로부터의 수입은 아테네가 다른 모든 지역으로부터 수입한 규모와 거의 같다고 말했다.[13] 이 숫자는 엠포리움의 시찰관 장부를 훑어보면 확인할 수 있다고 그는 덧붙였다. 그렇다면 이해에 밀의 총수입량은 80만 메딤노스에 이를 것이다. 러시아의 문헌학자 카세바로프는 40만이라는 수치는 "국내항"인 판티카페이의 수입량이고, 동일한 양이 반출되었을 테오도시아와는 관련이 없다고 주장한다.[14] 이런 수치를 받아들인다면 수입 총량은 160만 메딤노스가 된다. 여기에 국내산 곡물 40만을 더하

---

11 로마의 군대에서는 부대에 대한 징벌로 밀이 아니라 보리를 배급했다.

12 Naum Jasny, *The Wheats of Classical Antiquity*, Baltimore: The Johns Hopkins Press, 1944, p. 15.

13 Demosthenes, *Private Orations*, trans. A. T. Murray, Cambridge: Harvard University Press, 1964, 31-32.

14 Kočevalov, "Die Einfuhr von Getreide nach Athen," *Rheinisches Museum*, 31, 1932, pp. 321-323.

면 거의 280만 메딤노스에 달해 종래 생각했던 필요량보다는 상당히 많다. 이로 인해 수입 곡물 대 국내산 곡물의 비율이 6대 1로 높아지게 된다.

그러나 더 이상 이 논점을 강조할 필요는 없다. 곡물 공급에 대한 관심이 아테네의 대외 정책을 지배했다는 점은 오늘날 널리 인정받고 있다. 그룬디는 단도직입적으로 대외 정책은 바로 식량정책이었다고 주장한다.[15] 글로츠도 마찬가지다.[16] 이 분야의 권위자인 프랑코트는 "그리스 경제에서 가장 중요한 문제는 빵의 문제였다"라고 말했다.[17]

문제는 어떤 방법으로 곡물을 조달했는지 하는 것이다. 공급을 확보하기 위해 아티카는 어느 정도까지 가격 유인誘因에 의존했을까? 현실적인 조달 방법은 과연 거의 전적으로 외교적 방법이나 민간 또는 군사·정치적인 방법이었을까?

식량 공급을 주로 수입에 의존한 강국으로는 세 가지 경우를 볼 수 있다. 바로 도시국가인 고대 아테네와 고대 로마, 그리고 1770년 이후의 영국이다. 어떤 경우든 상황에 따라 다르긴 하지만 의미

---

15 이것은 그룬디의 저서 『투퀴디데스와 그 시대사』*Thucydides and the History of his Age*의 주요 주제이다. 이 절에서 논의한 우리의 많은 통찰은 그에게서 나온 것이다.

16 G. Glotz, *Ancient Greece at Work*, London, 1926, p. 297.

17 H. Francotte, "Le pain à bon marché et le pain gratuit dans les cités grecques," *Mélanges Nicole*, Geneva, 1905, p. 135.

심장한 결과를 낳았다.

자유무역 시대의 영국은 유기적 원료를 세계시장에 의존한 고전적 사례를 대표한다. 원리적인 면에서 영국은 1846년 이후 비교생산비설이라는 명목 아래 국내 농업을 희생시켰다. 반세기 동안의 영국의 부와 세력은 분명히 자급자족의 포기를 정당화하는 것이었다. 그러나 제1차 세계대전 이후 세계시장 자체의 효과적 작동이 세계무역 구조에 대한 영국의 금융적·군사적·정치적 통제 여하에 좌우된다는 것이 점차 명백해졌다. 이 통제력을 잃게 되자 영국은 고삐 풀린 세계시장의 불안정한 기제에 직면한다. 이에 따라 영국은 장기적 협정과 기타의 관리무역 수단을 동원해 그런 의존에서 벗어나려고 노력하게 된다.

로마제국은 다른 방안을 택했다. 기원전 4세기 말에 동지중해에 형성되어 있던 세계 곡물 시장에 의존하지 않고, 로마는 오히려 일부러 이 시장을 분쇄하고 주요 곡창지대를 직접 통제했다. 3세기에 시칠리아를 최초로 정복했으며, 이곳은 로마 역사에서 계속 로마의 '곡창' 역할을 담당했다. 기원후 6세기에는 황제가 로마 시에 식량을 공급할 책임을 맡고 있었다. 황제는 속주에 현물로 부과한 공물을 가지고 이 의무를 수행했다. 요세푸스의 전하는 말로는, 시칠리아 외에도 이집트가 로마를 먹여 살리는 데 필요한 4개월분의 곡물을, 그리고 아프리카가 8개월분을 보냈다.[18] 이것은 아마 각각 290만, 580만 모디우스에 달했을 것이다.[19] 황제의 책임이 로마 시를 부양하는 것보다 훨씬 더 확대된 이후(군대와 궁정의 부양도 책임지게 된 이후), 관리 교역 방식이 채택되었다. 로스토프체프는 로마제국의 방대한 자본가적 활동의 증거로 생각되는 것들을 열거해 가면서 결국은 관리 교역의 우세를 인정할 수밖에 없었다.

> 다음과 같은 사항들을 인정해야 한다. …… 최대의 소비자는 제국의 안노나annona였다. 대부분의 상인은 동시에 선주이면서 창고 주인인 경우가 많았다. 그들은 황제를 위해, 즉 로마 시의 주민과 군대를 위해 일했다. …… 제국의 안노나는 속주 간 교역의 주된 원동력이었는데 다량의 곡물, 올리브유, 포도주, 고기, 생선, 목재, 가죽, 금속, 직물 등을 라인, 다뉴브, 유프라테스의 군대에 조달하기 위해, 그리고 이중 약간을 수도의 필요에 조달하기 위해 구입해 수송했다.[20]

아테네는 로마와 같은 제국의 영광을 누린 적이 없었다. 기억할 만한 저 반세기 동안 아테네가 쌓아 올린 것은 훌륭한 해양 지배이다. 이때 아테네는 교역로를 직접 지배했고, 또한 직접적인 정치적

---

18 Josephus, *Jewish Wars*, II, 383, 386.

19 M. Charlesworth, *Trade-Routes and Commerce of the Roman Empire*, Cambridge, 1926, p. 144.

20 Rostovtzeff, *Social and Economic History of the Roman Empire*, Oxford: Clarendon Press, 1926, pp. 148-149.

수단으로 동지중해의 공급원을 통제했다. 아테네는 전략적 지배를 상실하게 되자 식량 공급을 확보하기 위해 관리적 방법의 조합에 의존했다. 당시의 연안 국가들은 그리스 세계의 곡물 교역에 시장적 요소를 도입했다. 그런 관리적 방법은 아티카에 대한 보급을 이들 나라의 통제에 맡기지 않으면서 시장적 요소를 잘 활용하는 데 아주 적합했다.

2. 교역의 관리

그러나 먼저 처음부터 살펴보기로 보자.

솔론의 곡물 수출 금지령은 곡물 공급이 공공 정책의 영역에 편입된 최초의 사례이다. 솔론은 공공 정책에서 곡물 공급의 문제를 방기한 적이 없었다.

매 프리타니(1년의 10분의 1)마다 열리는 아테네 민회의 한 집회는 "주요" 민회라 불렸다. 아리스토텔레스에 따르면 이 집회에서는,

공직자가 의무를 잘 수행하고 있는지를 놓고 연임을 인준해야 하고, 또 곡물의 공급이나 국토의 방위에 관해 논의하도록 되어 있었다(강조는 폴라니).[21]

달리 말하면, 곡물 공급과 국토방위, 공직자에 대한 지속적인 감시는 민회에서 적어도 매 프리타니마다 한 번씩 협의해야만 하는 세 가지 주제였다. 크세노폰에 의하면, 곡물 공급은 정치가 지망생이 통달해야 할 과제 목록 중에서 가장 중요한 것이다. 그 밖의 과제로는 국고의 수지, 전쟁, 방위, 은광 경영 등이 있다.[22]

솔론의 수출 금지령은 결코 폐지되지 않았다. 그렇기는커녕 오히려 강화되었다. 일반적으로 가능한 한 많은 양의 곡물을 아테네로 끌어들이고 아테네에서 곡물이 유출되는 것을 막기 위한 입법화를 계획했다. 아테네 주민은 아테네 이외의 어느 곳으로도 곡물을 수송할 수가 없었으며, 위반자에게는 "가장 엄격한 벌"을 부과했다.[23] 귀항 시에 곡물이나 법적 지정 재화를 아테네로 가져온다는 보증이 없는 한, 배나 화물에 대한 해상 대부는 일체 금지되어 있었다.[24] 이런 지정 품목으로는 목재와 그 밖의 조선용 자재가 중요했던 것으로 보인다. 다만 자료상으로는 곡물에 대해서만 기록되어 있다. 앞서 말한 바와 같이, 소규모의 엠포로이는 해상 대부의 도움 없이는 바다에 나갈 수조차 없었다. 따라서 이 규제는 매

---

21 Aristotle, *Constitution of Athens*, XLIII.

22 Xenophon, *Memorabilia*, III, 6.

23 Demosthenes, *Private Orations*, XXXIV, 37.

24 Ibid., XXXV, 50; LVI, 6.

우 중요한 것이었음에 틀림없다.

이런 경과로부터 알 수 있듯이 곡물 수입을 조직화하는 일은 관리 교역의 한 사례였다. 교역로의 안전성, (상당한 정도로 가격을 비롯한) 교역의 조건, 재화의 출처는 대부분 조약이나 그 밖의 외교적 계약에 의해, 보통은 교역 특혜의 다른 짝인 개인적 특권을 통해 결정되었다. 그리고 실제의 거래는 대개 교역항에서 이루어졌다.

이것이 교역의 관리를 어느 정도 수반했는지는 아리스토텔레스 『수사학』의 시사적인 한 구절에 제시되어 있다. 아리스토텔레스는 정치가가 정통해야 할 사항을 지적하면서, 아티카의 식량 획득 방법이 갖는 관리적 특징을 간결하게 요약하고 있다.

식량에 관해서 그(=정치가)는 이 나라를 충분히 부양하는 데 필요한 경비는 어느 정도인지, 자국에서 생산되는 식량이나 수입되는 식량은 어떤 것인지, 수출되는 것은 무엇인지, 수입품은 어떤 것들이 필요한지 등을 알아야 한다. 이는 이런 물품들을 제공할 수 있는 나라를 상대로 계약과 협정을 맺기 위함이다.[25]

---

25 Aristotle, *Rhetoric*, I, 4, 11, 1360a12.

테오프라스토스가 들고 있는 대곡창 지대로는 아시리아와 이집트, 리비아, 폰토스, 트라키아, 시칠리아가 있었다. 그러나 이것은 기원전 4세기 말의 사정이다. 그 이전 시기에는 페르시아 세력이 아테네가 동남부는 물론 남부의 이집트나 리비아로 접근하는 것을 저지했다. 비록 아테네가 남부로부터는 약간의 곡물을 가져왔던 것으로 보이지만 말이다. 더욱이 서쪽에서는 시라쿠사가 발흥해 펠로폰네소스 반도에서의 대립과 함께 시칠리아에서의 아테네의 영향력을 오랫동안 억제했다. 그리하여 트라키아와 흑해 지역(특히 이른바 키메르의 보스포로스 양안에 위치한 크리미아의 후배지)이 고전기 아테네의 주된 곡창 역할을 했다.

3. 북부와 동부로부터 들어오는 곡물

페이시스트라토스는 아테네의 세력을 북동부의 트라키아와 흑해 지역으로 확장하려고 지속적으로 노력을 기울인 최초의 인물이었다. 그는 헬레스폰트의 입구에 해당하는 남부 해안의 시게이온을 탈환했으며, 북부 해안의 트라키아 케르소네소스를 점령하도록 밀티아데스를 지원했다. 이 지역의 곡물은 이 시기의 아티카 산産 검은 술병이나, 아테네의 금과 청동 제품에 대한 값의 일부로 받았던 것일지 모른다. 지금까지 이것들은 이 지방에서 많이 발굴되었다. 이 교역은 이 시기 스키타이 부족들 사이의 안정적인 균형 덕분에 가능했다.[26] 기원전 6세기의 최후 20년 동안 페르시아가 유럽으로 진출해 왔기 때문에, 이 교역은 중단되었으나 살라미스에서 페르시아가 패전한 후에는 상당한 규모로 부활했다.

그리스의 흑해 지방과의 교역이 기원전 7세기 이전에도 여전히 중요했는지는 의문이다. 초기의 식민지는 단순한 농민의 정착지였고 거래상의 거점이 아니었다. 대체로 밀레토스인의 보호 아래 수많은 이런 정착지들이 처음에는 흑해의 남안에, 이어서는 그 북안에 설치되었다. 그러나 기원전 5세기에 이르러서야 비로소 이들은 아테네의 영향이나 통제 아래 들어갔다. 이런 전개 과정에서는 아티카의 곡물에 대한 필요가 유일한 원동력이었다.

기원전 5세기 중엽까지는 대체적으로 흑해의 산물이 멀리 그리스까지 배로 운반되는 일은 없었다. 해로가 가장 값싼 길이었지만, 위험부담이 너무 크고 힘이 많이 들었으며 또 시간도 오래 걸렸기 때문이다. 트라키아 보스포로스의 강력하고 예측하기 어려운 해류는 오늘날에도 그렇지만, 당시에는 실제로 공포의 대상이었다.[27] 이에 관한 폴리비우스의 기술은 널리 알려진 사실이다. 페르시아

---

26 E. H. Minns, *Scythians and Greeks*, Cambridge, 1913, p. 442.

27 Polybius, IV, 43.

전쟁으로 인해 항해술과 조선술이 현저히 향상되기 이전에는 특히 이 기록이 사실이었다.[28] 조금이라도 해안을 따라갈 수 있다면, 초기 선원은 먼 바다로 나가는 모험을 결코 하지 않았다. 그들은 곶을 돌아가는 것을 죽을 만큼 두려워해서, 가능하면 짐을 작은 배로 바꾸어 싣거나 육로로 바꾸어 수송하기도 했다. 초기의 폰토스 상인들은 트라키아 보스포로스를 둘러싼 "곶"을 피했다. 그들은 마르마라 해(고대인들의 이른바 프로폰티스)를 가로질러 다다넬스 해협으로 나가지 않고, 흑해 서안의 오데소스나 메셈브리아, 아폴로니아에서 화물을 내려놓았다. 그리고 거기서부터 그들은 현지인에게 헤브로스 협곡까지 육로로 짐을 나르게 했다. 그 다음에는 다시 배에 싣고 강을 내려가 에게 해로 나가는 강의 출구에 있는 아이노스의 엠포리움까지 운반했다.[29] 아이노스는 트라키아에서는 가장 불모의 지역이었지만 흑해 교역과 관련해 비잔티움과 같은 중요한 전략적 위치를 차지하고 있었다.[30] 그래서 아이노스는 이 지방의 가장 풍요한 도시가 되었다.[31] 육로의 교역항인 아이노스와 해로의

---

28 *Cambridge Ancient History*, Volume 5, p. 19.

29 S. Casson, *Macedonia, Thrace and Illyia*, Oxford, 1926, p. 255. 카손에 따르면, 20세기 초 철로가 건설될 때까지 현대의 지방 교역에도 바로 이 경로가 이용되었다.

30 보스포로스의 특이한 해류로 인해, 이 해협을 통행하는 모든 배가 비잔티움에서 멈추어야 한다. Polybius, IV, 43.

31 Casson, *Macedonia*, p. 90. 그리고 J. M. F. May, *Ainos, Its History and Coinage*,

교역항인 비잔티움 사이의 경쟁 덕분에 곡물 교역의 군사적·정치적 조건이 어땠는지가 구체적으로 밝혀질 것이다.

비잔티움, 즉 오늘날의 이스탄불은 기원전 5세기에는 아이노스와 패권을 다투었다. 7세기 중엽, 그 해협의 대안對岸에 칼케돈 시市가 생긴 지 20년도 채 안 되어 형성된 비잔티움은 이후 2세기 동안 칼케돈과 마찬가지로 보잘것없는 농업 정착지였다. 비잔티움이 칼케돈보다 형편이 나았던 이유라곤 어업이 성한 것밖엔 없었다.[32] 두 도시 모두 메가라 출신의 식민지 주민이 세웠다. 앞서 말한 것처럼, 비잔티움보다는 칼케돈에 조금 먼저 사람들이 정착했다. 비잔티움은 조금 뒤의 시기까지는 분명히 어업을 활용하지 않았다. 5세기 중엽 비잔티움의 거래상 우위가 이미 명백해진 시기에 책을 쓴 헤로도토스는 이 해협의 불리한 쪽에 정착한 칼케돈 사람들의 몽매함을 비웃었다.[33] 그러나 이것은 칼케돈이 형성된 시점에는 폰토스로부터의 경로가 별로 풍요롭지 않았다는 사실을 증명하는 것에 불과하다. 왜냐하면 만약 7세기 초에도 교역로가 이 해협을 통과하고 있었다면, 해류 때문에 흑해에서 오는 배는 모두 보스포로스에서 정박해야 했을 것이고 따라서 비잔티움의 완벽한 입지 조건을 간과

474-341 B.C., London, 1950의 여러 곳을 참조하라.

32 Minns, *Scythians and Greeks*, p. 439; cf, Strabo, VII, 6, 2.

33 Herodotus, *The Persian Wars*, IV, 144.

할 리가 없었을 것이기 때문이다. 확실히 프로폰티스의 곡물은 그 일부가 에게 해까지 운반되었다. 헤로도토스는 크세르크세스가 아이기나와 펠로폰네소스 반도로 항해하는 곡물선이 헬레스폰트를 통과하는 것을 감시하고 있었다고 기록했다.[34] 또 헤로도토스는 밀레토스가 참주 히스티아이오스를 추방하면서 여덟 척의 전함으로 비잔티움까지 항해해 폰토스에서 오는 배를 모두 몰수했다는 말까지도 전한다.[35] 그렇지만 아테네가 그 당시 크리미아로부터도 곡물을 받았던 사실에 대해서는 아무런 언급이 없다.

비잔티움은 기원전 512년 페르시아가 유럽을 침공하기 전에 몰락했다. 그 주민들은 흑해의 항구 메셈브리아로 피난했다. 거리는 불타 버려[36] 페르시아로부터 탈환한 479년까지도 복구가 되지 않았다.[37] 약 반세기 동안이나 페르시아의 영향과 지배는 거의 트라키아 전역에 미쳤다. 아이노스와 그 밖의 케르소네소스 반도의 그리스 도시는 페르시아의 표준에 따라 화폐를 주조하기 시작했다.[38] 그리스는 이제 흑해로부터 심지어는 프로폰티스로부터도 곡

---

34 Ibid., VII, 147.

35 Ibid., VI, 5 and 26.

36 Ibid., VI, 33.

37 Thucydides, *The Peloponnesian War*, I, 94.

38 A. B. West, "Coins from the Thracian Coast," *Numismatic Notes and Monographs*, v. XL. 또한 페르시아 영향을 강조한 M. L. Strack, *Die antiken Munzen Nordgriechenlands*

물 보급을 받지 못하고 있었음에 틀림없다.

기원전 479년, 페르시아가 유럽에서 철수했을 때쯤이면 아이노스는 부와 영광의 절정을 향해 상승해 간 시기로 생각된다. 이것은 이 나라의 화폐나 아테네의 공물 목록에서 확인할 수 있다. 기원전 474년 아이노스는 아름다움과 정교함에서 어떤 다른 그리스 도시의 화폐도 필적할 수 없는 4드라크메짜리 화폐를 주조하기 시작했다.[39] 아이노스가 454년부터 450년까지 델로스동맹의 일원으로서 낸 공물은 연간 12탈란트로 사정査定되었다.

그러나 아이노스의 부와 위용은 단명했다. 기원전 5세기 후반부에 아이노스는 가난하고 별로 시선을 끌지 못하는 도시로 전락했다. 아이노스의 공물 사정도 기원전 445년에서 440년 사이에는 10탈란트로 인하되었다. 그 후 2년 만에 4탈란트까지 떨어져 437년 이후에는 공조를 지불하지 않았다.[40] 그 이후 아이노스는 완전히 몰락해 버렸다.[41]

비잔티움의 부상은 아이노스의 쇠망처럼 마치 혜성과 같았다.

을 참조하라.

39 C. T. Seltmann, *Greek Coins*, London, 1933, p. 145. 또한 West, "Coins from the Thracian Coast," p. 146.

40 Seltmann, Greek *Coins*, p. 141.

41 West, "Coins from the Thracian Coast," p. 150.

공조 목록에 최초로 실린 452년에 비잔티움은 한 푼도 내지 않았지만 5년 후에는 4탈란트 3천 드라크메로 사정되었고, 이어 443년에는 15탈란트, 436년에는 18탈란트, 425년에는 21탈란트 4,320드라크메로 증가했다.[42]

이처럼 동시에 진행된 아이노스의 쇠망과 비잔티움의 발흥은 하나의 사건에 기인했다. 전통적 육로 대신 등장한 새로운 해상 경로가 바로 그 발단이었다. 현지인에 의해 트라키아 제국이 건설되어 육로가 없어져 버린 것도 그 촉진 요인이 되었다. 물론 항해술이나 조선 기술의 개량도 이 과정을 촉진했음에 틀림없지만 말이다. 그러나 무엇보다도 군사적 사건이 지배적 요인이었다. 기원전 480년부터 460년 사이에 트라키아의 한 부족 오드리시아의 족장 테레스는 에게 해의 압델라에서 흑해의 다뉴브 하구에까지 이르는 제국을 건설했다.[43] 이 제국은 트라키아의 여러 부족, 막강한 게타족,[44] 그리고 스키타이와 국경을 접하는 다뉴브강 유역의 "그 밖의 부족"을 복속시켰다.[45] 그 후계자 시탈케스와 세우테스 치하에서 이 제국은 통일되어 부강한 세력이 되었다. 테레스 사후 2년이 지

---

42 H. Merle, *Geschichte der Stadedte Byzantion und Kalchedon*, p. 19.

43 Thucydides, *The Peloponnesian War*, II, 97.

44 그들의 포악성은 로마제국 시기 내내 문제로 남아 있었다. Strabo, VII, 3, 13.

45 Thucydides, *The Peloponnesian War*, II, 96.

난 431년 아테네는 시탈케스와의 동맹을 원했다. 투퀴디데스가 보기에 이 왕국은,

매우 강력했고, 이오니아 만에서 흑해 연안에 이르는 유럽의 어떤 다른 나라도 오드리시아 제국보다 더 많은 재화의 수익이나 번영을 누리지 못했다. 단지 전투력과 군대의 수에 있어서만 스키타이인이 그들보다 훨씬 우세했다. 그래서 만약 스키타이 세력이 단결한다면, 이 세력과 일대일로 대항할 수 있는 민족은 없었다.[46]

이 제국이 발흥하자 오로지 해로만이 유일한 대안으로 남았다. 그 결과 아이노스가 쇠망해 버렸다. 이 지역의 역사와 고고학에 관한 카손의 연구에 따르면, "아이노스에 부를 가져다준 교역로를 기반으로 건설된 오드리시아 왕국은 아이노스의 실질적인 소멸을 초래했다."[47] 야만족인 게타족의 침략으로 아폴로니아의 교역이 스트라본 시대에 이르러 단절되어 버렸다.[48] 따라서 훨씬 더 앞선 시대에도 유사한 방해가 있었다고 볼 수 있다. 고고학자나 고대 화폐

---

46 Ibid., II, 97.

47 Casson, *Macedonia*, p. 201. 또한 West, "Coins from the Thracian Coast," p. 121을 참조하라.

48 Strabo, VII, 3, 13.

연구가는 오드리시아 제국의 성장으로 육상 교역이 종지부를 찍었다는 데 동의하고 있다. 이 부정적인 상호 관계는 아주 밀접했다. 그래서 그 세기가 끝나 가는 기원전 412년 무렵에는 오드리시아의 제후들 사이에 패권 다툼이 일어나, 아이노스는 "30년간 유례없는" 번영이라는 일시적인 부활을 누렸다.[49] 세우테스 1세가 돌아간 후 헤브로스 강에서 마르모라 해에 이르는 지역을 지배했던 지방 군주가 추방되고, 이 지역은 오드리시아 제국으로부터 분리되었다. 이런 사태의 전환이 다시 한 번 아이노스에서 흑해에 이르는 육로를 열었다. 아이노스는 30년 동안 번영을 누렸지만, 오드리시아 제국이 코티스 치하로 재통일되자 이 번영도 종말을 고했다.[50] 이에 따라 비잔티움의 공물도 425년에는 대략 22탈란트로 최고 수준이었으나 414년에는 15탈란트로 줄었다.

아이노스의 교역로를 파괴했던 바로 그 사건 때문에 비잔티움은 그 후배지로부터 단절되었다. 트라키아의 다른 부족들, 특히 아스타에족이 일련의 침략을 개시했다. 이 침략은 몇 세기 동안이나 지속되었다. 이 침략으로 정주 농업이 불가능하게 되었다.[51] 그리하여 도시는 문자 그대로 해변으로 밀려나, 할 수 없이 바다에서

---

49 West, "Coins from the Thracian Coast," p. 121.

50 Ibid., pp. 123-124.

51 Polybius, IV, 45.

먹을거리를 구해야 했다. 비잔티움은 이 호기를 놓치지 않았다. 거의 하룻밤 만에, 숙고 끝에 비잔티움은 엠포리움으로 전환했다. 경제적인 힘의 점진적인 성장이 아니라 정치적 격변 덕분에 이 교역지가 세워졌다. 이 전환에 관해서는 아리스토텔레스(추정)의 『경제학』에 일부 서술이 남아 있다.[52] 이에 대해서는 나중에 교역항 문제를 다룰 때 논의하고자 한다.

비잔티움의 경우는 기원전 479년 스파르타인 파우사니아스 지휘 아래 그리스 함대가 페르시아로부터 탈환해 대부분이 재건되었다.[53] 그러나 약 2년 후에 파우사니아스는 페르시아와 내통해 키몬이 지휘하는 아테네 함대에 의해 그리스로부터 추방당했다.[54] 파우사니아스가 페르시아 황제와 거래하자 흑해의 곡물 보급이 위기에 놓였다.

이후 20년 동안 델로스동맹이 결성되어 이것이 아테네 제국으로 전환된다. 동맹의 금고가 델로스에서 아테네로 옮겨진 기원전 454년까지 이 동맹은 약 260개 도시를 포괄했고, 트라키아, 헬레스폰트, 이오니아, 카리아, 도서 지구의 5개 지구로 나뉘었다. 트라키아 지구는 서쪽으로 메토네에서 아이노스까지의 범위였으며, 헬

---

52 Pseudo-Aristotle, *Oeconomica*, II, 1346b, 13-26.

53 Thucydides, *The Pelopponesian War*, I, 94.

54 Ibid., I, 130-131.

레스폰트 지구는 케르소네소스 반도와 프로폰티스, 흑해의 연안 도시를 포괄하고 있었다.[55] 이 시기에 아테네인들은 북부의 트라키아와 남부의 이집트의 지배권을 장악하려 했지만 성공하지 못했다. 그들은 스트리몬 하구의 에이온을 탈취했으나 식민 시도는 트라키아 부족들에게 저지당했다. 또한 그들은 (남안의 아이노스 반대편에 있는) 헤브로스 하구 북안의 도리스코스 시市를 빼앗으려 했으나 역시 실패했다. 아테네인은 트라키아 주변의 바다를 장악했다. 예를 들어, 474년에서 서西트라키아로 통하는 길목인 스키로스 섬을 탈취했으며, 트라키아 연안에서 떨어져 있는 타소스도 그 금광과 함께 델로스동맹의 일원이 되었다. 페르시아를 측면에서 포위하려 했던 이집트 원정은 445~444년에 비참한 결말로 끝이 났다.

4. 아테네의 해양 지배

페르시아 세력이 남부에서 아테네의 야망을 봉쇄했다. 한편 오드리시아 제국의 성장은 아테네가 북부에서 트라키아로 팽창하는 것

---

55 J. B. Bury, *History of Greece*, London: Macmillan, 1913, p. 325, n. 4.

을 막았다. 그리하여 기원전 5세기 중반쯤에는 아테네의 대외 정책에서 중요한 변화가 나타난다. 페리클레스는 아테네인의 노력을 지중해의 북부와 남부, 서부로부터 빼내어 흑해 방면에 집중시켰다. 그 지역이 그때 위기에 처해 있었기 때문이다.[56]

교역로 자체에 직접적인 위험이 닥쳤다. 오드리시아 제국이 프로폰티스로 향해 이동하고 있었다. 비잔티움과 세스토스의 장악은 흑해의 양단兩端을 통과하는 무역의 장악을 의미했다. 465년에는 다른 어떤 도시보다도 비잔티움에 공물을 징수하고 "아테네의 이익을 대표하도록" 공무원을 파견했다.[57] 그리고 "헬레스폰트 감찰관"이라는 특명 공무원이 세스토스에 주재해 통과하는 배를 관리했다.[58] 비잔티움은 보스포로스 해협의 출구를 통치하고, "피레우스의 곡물 창고"[59]인 세스토스는 헬레스폰트의 출구를 지켰다. 따라서 페리클레스 자신은 원정군을 이끌고 트라키아 케르소네소스로 향했다. 페리클레스는 1천 명의 인원으로 이주 시민단을 결성해 에게 해와 프로폰티스 해 사이의 지협地峽을 탈취하고, 트라키아의 침입으로부터 이 지협을 지킬 방벽을 건설했다.[60] 그가 수행한

56 Plutarch, *Pericles*, XX, 2-3.

57 G. Glotz, *Historie Grecque*, Paris 1925, Volume 1, p. 191.

58 A. E. Zimmern, *The Greek Commonwealth*, Oxford, 1931, p. 363.

59 Aristotle, *Rhetoric*, III, 10, 7, 1411a13.

모든 원정 중에서 "가장 평판이 좋은 것은 케르소네소스 원정으로 그곳에 정착해 있던 그리스인을 구해 준 때문이었다"라고 플루타르코스는 쓰고 있다.[61]

페리클레스는 야만인인 적뿐만 아니라 그리스인으로부터도 교역로를 보호하기로 결심했다. 곡물은 헬레스폰트에서 피레우스까지 직접 운반하지 않았다. 그렇게 하려면 아티카 남단 수니온의 불길한 곶ᵉ을 돌아와야만 했을 것이기 때문이다. (이것은 페리클레스가 펠로폰네소스를 일주했다고 '외국 사람들로부터 찬사와 감탄을 받았던' 때의 일이다.)[62] 그 대신에 헬레스폰트의 재화는 에우보이아 북단의 헤스티아이아에서 내렸다. 그곳에서 이 재화는 에우보이아 해로 운반해 배로 아티카 북부 해안의 오로보스까지 싣고 갔다. 그리고 다시 육로로 데케레이아를 거쳐 이 재화를 아테네로 운반했다.[63] 따라서 기원전 447~446년의 에우보이아의 반란은 아테네의 보급로에서 오드리시아의 확장만큼이나 커다란 위험을 초래했다. 페리클레스는 즉각 50척의 배와 5천 명의 중장 보병을 거느리고 이 섬을 공격해 굴복시켰다. 처리는 관대했으나, 헤스티아이아만은

---

60 Plutarch, *Pericles*, XIX, 1.

61 Ibid.

62 Ibid., XIX, 2.

63 Grundy, *Thucydides*, Volume 1, p. 79.

예외였다. 그 시민에게는 모두 추방령이 내려졌고, 대신 아테네인이 들어가 살았다. 그렇게 한 이유는 히스티아이아 시민이 아테네의 선박에 간섭을 했기 때문이었다. 플루타르코스가 말하는 바와 같이, 페리클레스가 "이곳 사람들에게만 무자비한 태도를 취했던 이유는 그전에 이들이 아티카의 배를 나포해 승무원을 죽였기 때문이다."[64] 이런 위협을 인식하고 그것을 처리하는 과정에서 드러난 페리클레스의 지혜는 펠로폰네소스전쟁에서 아테네의 경험에 의해 입증되었다. 스파르타인이 413년에 데케레이아를 탈취했을 때, 그들은 곡물을 "많은 비용을 들여서" 수니온을 돌아오는 해로로 운반해야 했다.[65]

기원전 448~447년경에 2천 명 또는 그 이상의 규모를 가진 이주 시민단이 렘노스 섬에도 창설되었으며, 약 5년 후에는 임브로스 섬에도 1천 명 가량이 이주했다. 이 섬은 헬레스폰트로부터 에게해에 이르는 통로를 지키는 위치에 있었다. 페리클레스는 흑해 지역의 그리스 도시를 아테네의 지배 아래에 두었다.[66] 437~436년에는 "근사한 장비를 갖춘 대규모 함대"를 이끌고 흑해로 들어갔다. 거기서 그는,

---

64 Plutarch, *Pericles*, Volume 1, p. 79.

65 Thucydides, *The Peloponnesian War*, VII, 28.

66 Rostovtzeff, "The Bosporan Kingdom," *Cambridge Ancient History*, Volume 8, p. 564.

그리스 도시들이 원하는 것을 실행하면서 그들을 인간적으로 대하는 한편, 그 부근에 사는 다른 나라의 야만인 민족이나 그 왕, 군주에 대해서는 군대의 힘과 원하는 곳은 어디든지 항해하며 바다 전체를 지배하는 자신들의 두려움 없는 용기를 과시했다.[67]

크리미아의 스파르토쿠스 왕조는 438~437년에 그 근방 님파에이온에 아테네 이주 시민단을 창설하던 아테네의 원조로 성립했다.[68] 이 왕조는 적어도 한 세기 동안 아테네와 우호적 관계를 유지했다. 크리미아 보스포로스의 스파르토쿠스 왕국은 수도를 판티카페이에 두었으며, 나중에는 테오도시아를 병합했다. 이 두 도시는 크리미아와 스키타이의 중심적인 곡물 교역항이었다. 이유는 분명치 않지만, 아테네는 북서부 해안의 핵심 도시인 올비아에는 발판을 구축할 수가 없었다. 따라서 곡물은 곧바로 흑해를 가로질러 남서 해안을 따라 보스포로스 해협에 이르는 길로 운반해야 했다.[69] 이 경로를 지배하는 시노페나, 시노페 양쪽의 아스타쿠스와 아미수스에는 모두 아테네의 식민자들이 입주하고 있었다.[70]

---

67 Plutarch, *Pericles*, XX, 1.

68 Rostovtzeff, "The Bosporan Kingdom," pp. 564-565.

69 Ibid., p. 565.

70 Ibid., p. 564.

그리하여 아테네의 곡물 교역에 대한 군사적 지배가 완전하게 확립된 것이다. 그 지배권을 확보하기 위해 아테네는 아테네로 곡물을 운반하는 아테네의 배 이외에는 흑해에 들어가는 것을 금지했다. 이 금지는 아테네의 '동맹국'에게도 적용되었다.[71] 이 체제의 핵심은 비잔티움이었다. 다른 국가들은 아테네의 특별 허가를 얻어서야 비로소 비잔티움에서 곡물을 구입할 수 있었다. 그런 허가 중의 하나가 426~425년의 메토네에 관한 포고의 형태인데, 이는 오늘날까지도 남아 있다. 메토네는 마케도니아의 도시로 아테네 동맹의 일원이었다. 메토네는 트라키아에서 싸우고 있는 아테네 군대에 지원 군대를 파견할 것을 수락한다. 그 대신에 메토네는 매년 일정량의 곡물을 비잔티움으로부터 구입할 수 있는 허가를 받는다. 곡물을 구입할 때마다 비잔티움 주재의 아테네 관리에게 통고서를 보내야 했고, 메토네의 배는 일체 비잔티움을 통과하지 못하게 되어 있었다.[72]

당연히 이런 조건 아래서는 곡물을 포고된 가격으로 매매했을 것이다. 수세기 동안 완만하게 가격이 상승했지만, 밀의 공정한 가격은 메딤노스당 5드라크메라고 하는 신념이 지속된 것은 이런 약

---

71 Wilamowitz-Moellendorff, *Griechisches Lesebuch*, II/2, p. 249.

72 또한 J. Hasebroek, *Trade and Politics in Ancient Greece*, trans. L. M. Fraser and D. C. Macgregor, London: G. Bell and Sons, 1933, p. 143.

정가격 때문이었다.[73] 이와 관련해 기원전 4세기에서 2세기까지 전체적인 곡물 가격은 심하게 변동했음에도 불구하고 밀과 보리의 가격 비율은 항상 2대 1이었다는 점에 주목해야 한다.[74] 곡물 시장이 일단 들어서면, 동일한 정도의 가격 안정성이 확보될 수 있을 것이라는 근대적인 사고는 비현실적인 것으로 보인다.

그리하여 곡물은 아테네의 식민지와 해군력의 호위를 받고 아테네의 외교정책과 보조를 맞추어 특정한 교역로를 따라 운반되었다. 곡물은 판티카페이의 대大엠포리움에서 구입했다. 로스토프체프는 이것을 그리스의 영주나 이 지역의 참주 측에서 수행하는 일종의 오이코스 교역으로 보고 있다. 이곳에서 그들은 자신들의 봉건적 영지의 생산물을 팔았으며, 또한 내륙 스키타이 부족으로부터 구입한 곡물을 훨씬 대규모로 팔았다.[75] 헤로도토스는 스키타이인이 곡물을 "자신들이 직접 사용하기 위해서가 아니라 팔기 위해" 재배한다고 약간 놀란 듯이 말한다.[76] 기원전 4세기 중엽 보스포로스 왕국은 또 하나의 엠포리움인 테오도시아를 설치했다. 이것은

---

73 H. Francotte, "Le pain à bon marché," pp. 140-141.

74 Jardé, Céreales, pp. 182-183을 참조하라. 그리고 F. Heichelheim, *Wirschaftliche Schwankungen der Zeit von Alexander bis Augustus*, Jena 1930, pp. 51-52, 57-59도 참조하라.

75 Rostovtzeff, "The Bosporan Kingdom," p. 569.

76 Herodotus, *The Persian Wars*, IV, 17.

훌륭한 항만 시설 덕분에 마침내 판티카페이의 몫을 대신했다.[77] 이들 엠포리움은 조직 면에서 유럽의 초기 공장이나 서아프리카의 후추, 상아, 황금, 노예해안 등지에서 확인할 수 있는 교역항과 크게 다를 수는 없었을 것이다. 곡물은 판티카페이로부터 흑해를 가로질러 남안을 따라 비잔티움으로 가서 그곳에서 일부가 그리스의 여러 나라로 재판매되었다. 그러나 대부분은 피레우스의 대엠포리움까지 배로 운반해, 그곳에서 그중 3분의 2는 아테네로 반입해야 했다.[78] 이것은 4세기의 규칙이었으나, 실제로는 훨씬 더 일찍부터 있었을지도 모른다. 그리스 본토의 국가들은 실제로 아테네 피레우스의 엠포리움에서 다량의 곡물을 매입했는데, 이는 페리클레스가 발표한 것으로 보이는 포고가 갖는 중요성에 비추어 보아도 명백하다. 이 포고령은 메가라인이 아테네의 시장에 들어오는 것을 금해 펠로폰네소스전쟁의 직접적 원인이 되었다. 투퀴디데스는 이것을 배경적 원인이라기보다 의도된 도발이었다고 보았다. 한편 아리스토파네스가 『아카르나이 사람들』에서 묘사한 굶주림에 지친 메가라 농민의 정경情景도 완전히 허구는 아니었다. 아리스토파네스는 물론 이것을 전쟁 자체에서 비롯된 것이라 주장한다. 그것은 자신이 보잘것없다고 간주한 일을 고발하기 위함이다. '늙은 과

---

77 Demosthenes, *Private Orations*, XX, 33.

78 Aristotle, *Constitution of Athens*, II.

두주의자'도 아테네 제국을 유지하는 데 해군력이 결정적 역할을 수행한다고 설명한다.

수입과 수출에 의존하지 않는 나라는 하나도 없다. 따라서 기꺼이 바다의 지배자의 말을 듣지 않으면 수출입 모두 불가능하게 될 것이다.[79]

펠로폰네소스전쟁에서 스파르타에게 패배한 결과 아테네의 곡물 교역 지배권은 일시적으로 붕괴되었다. 스파르타의 전략적 수단의 하나는 사실 적의 보급로에 대한 공격이었다. 기원전 409년에 아테네를 포위한 아기스는 "막대한 숫자의 배가 피레우스를 향해 항해하는"것을 보고, 곡물 보급을 차단하지 않는 한 아테네를 함락시킬 수 없다고 단정했다. 그래서 그는 스파르타 주재 비잔티움 대사의 아들을 비잔티움으로 내보냈다. 이것은 칼케돈뿐만 아니라 비잔티움도 아테네로부터 빼앗아 자기 진영으로 만들기 위해서였다.[80] 이 사건이 일어난 때는 스파르타의 (오로보스와 아테네의 중간 지점에 있는) 데케레이아 공략으로 인해 에우보이아로부터 육로가 봉쇄된 후였다. 스파르타는 또 이집트로부터의 곡물 수송도 차단하려 했다. 결국 아테네는 405년에 함대를 잃어버리고 전쟁에서 패배했다.

---

79 Pseudo-Xenophon, "The Old Olgarch", *Constitution of the Athens*, II.
80 Xenophon, *Hellenica*, I, 1, 35-36.

5. 기원전 4세기의 발전

기원전 394년에 펠로폰네소스전쟁이 끝난 직후 아테네 해군이 제
해권을 다시 회복하자, 아테네와 보스포로스 왕국 지배자 사티로
스 사이에 하나의 상업 조약이 체결되었다.[81] 그러나 기원전 4세기
의 관리 교역은 아테네가 가진 통제력의 정도에서 5세기의 관리
교역과는 큰 차이가 있었다. 5세기에는 보스포로스의 모든 도시가
아테네의 지배 아래에 있었으므로, 아테네가 거의 단독으로 교역
을 관리했다. 그런데 4세기가 되자 폰티스 교역은 열강 간 조약 교
역으로 관리되었다. 아테네는 트라키아 보스포로스의 서쪽 바다만
을 지배했다. 한편 흑해의 제해권은 이제 막강한 세력이 된 킴메리
아 보스포로스 왕국이 장악하고 있었다.[82] 보스포로스의 왕들은 수
장 교역인이었으며 그들의 부는 자신들이 점유하는 곡물 교역에서
나왔다. 아테네는 아테네대로 보스포로스의 곡물이 필요했다. 이와
마찬가지로 알렉산더 사후 프톨레마이오스 필라델포스 치하의 이
집트가 에게 해를 지배했을 때, 우리는 보스포로스와 이집트 사이
에 밀접한 외교 관계가 있었음을 보게 된다.[83]

---

81 Rostovtzeff, "The Bosporan Kingdom," p. 567.

82 Ibid., p. 506-507.

83 Rostovtzeff, "Greek Sightseers in Egypt," p. 14.

보스포로스 최고의 왕인 레우콘 치하(기원전 388년경부터 348년 까지)의 관리 교역에 대한 상세한 내용이 데모스테네스의 몇몇 연설 속에 보존되어 있다. "교역을 장악한" 레우콘은 아테네로 곡물을 운반하는 상인에게 하역의 우선권을 주고 30분의 1의 관세를 면제해 주었다.[84] 이런 권리는 전통적으로 곡물 교역항 판티카페이가 부여받았다. 그러나 레우콘은 테오도시아에 또 하나의 '엠포리움'을 개설해, 이곳에도 동일한 특권을 부여했다.[85] (데모스테네스 자신도 이곳을 '엠포리움'이라 불렀다.) 테오도시아는 이전부터 중요한 엠포리움이었으나 스키타이의 침입으로 그 기능을 상실한 바 있다. 그러다가 레우콘의 정복으로 테오도시아는 다시 엠포리움으로 부활했다.[86] 그 보답으로 아테네는 레우콘에게 시민권을 부여하고 모든 시민의 의무를 면제해 팬아테나 축제[87]에서 금관을 수여했다. 이 권리와 명예를 부여하는 포고는 세 개의 돌에 새겨졌다. 하나는 피레우스에, 다른 하나는 판티카페이에, 마지막 하나는 흑해 입구에 있는 제우스 신전에 설치되었다.[88] 레우콘이 죽은 이듬해인 347년,

---

84 Demosthenes, *Private Orations*, XX, 31-32.

85 Ibid., 33.

86 Minns, *Scythians and Greeks*, p. 574.

87 [옮긴이] 고대 아테네의 가장 중요한 종교 축제로 여신 아테나에게 바치는 제전이다. 매년 거행되었으며 4년마다 대제전이 있었고, 스포츠 경기 대회나 음악제 같은 것이 열렸다.

아들 스파르토쿠스 2세와 그 후계자 파에리사데스 1세는 아테네에 사신을 보내 아버지의 죽음을 고하고 그의 정책을 그대로 견지하겠다는 뜻을 전했다. 그러자 아테네인들은 (지배에 참여하지 않은 셋째 아들도 포함한) 그들을 칭송해 피레우스에 그 포고문을 새겨 놓았다.[89] 파에리사데스는 기원전 334~333년에 왕좌에 올랐고, 아테네의 한 변사가 그의 특권이 갱신된 것을 확인해 주었다.[90]

아테네는 이 조약에서 최대 수혜국이었지만 이전 세기와 같은 정도의 독점을 누리지는 못했다. 기원전 369년 아르카디아에서 승인된 레우콘을 칭송하는 포고문은 아르카디아도 약간의 특권을 갖고 있었음을 알려 준다. 그리고 350년에는 레스보스섬의 미틸레네도 1.11퍼센트의 수출관세로 10만 메딤노스의 곡물을 사는 허가를 레우콘으로부터 받아 냈다. 이 규모를 초과하는 수출에는 1.667퍼센트의 관세가 부과되었다. 이것은 통상적인 수출세의 절반을 절약하는 것이었다.[91]

또한 레우콘왕은 아테네에 곡물을 증여하기도 했다. 데모스테네스에 따르면, 357년의 증여는 매우 큰 규모여서, 시토네스sitones(긴

88 Demosthenes, *Private Orations*, XX, 36.

89 Minns, Scythians and Greeks, p. 571. 또한 Hasebroek, *Trade and Politics*, p. 114.

90 Demosthenes, *Private Orations*, XXXIV, 36.

91 Minns, *Scythians and Greeks*, p. 576.

급 시에 정부의 회계로 곡물을 구입하기 위해 임명된 탐카룸 유형의 관리)가 곡물을 처분한 후 국고에 15탈란트의 잉여금을 남겼다.[92] 이 것은 다음 두 가지 중 하나를 의미하는 것이다. 즉, 한 가지 방법은 곡물을 완전히 증여해서 어떤 전통적인 기준에 따라 시민들에게 분배하고 나머지는 국고의 이익을 위해 매각하는 것이었다. 아니면 레우콘이 평상시보다 싼 값으로 아테네에 곡물을 팔아 이 가격과 재매각 가격의 차액으로 15탈란트가 발생한 것이다. 이 경우에는 아무래도 앞의 방법을 사용했던 것 같다. 스트라본은 판티카페이에 대한 테오도시아의 우위를 기록하는 부분에서, 레우콘이 이전에 210만 메딤노스라는 엄청난 양의 곡물을 테오도시아에서 아테네로 보냈다고 언급했다.[93] 이 숫자가 앞서 말한 증여에 관한 것인지, 다른 증여에 관한 것인지, 아니면 단지 아테네로 가는 선박 수송의 연간 총량을 나타내는 것인지는 확실하지 않다.

미틸레네의 사례는 아테네와 크리미아 반도 사이의 관리 교역이 예외적이었음을 보여 준다. 하제브뢰크는 "그리스 시대 이전부터 기록에 나타나는 이른바 상업적 조약은 모두 상업상의 편익에 관련된 것이 아니라, 곡물과 그 밖의 방위용이나 조선용 자재를 포함한 필수적인 상품과 관련된 것이었다"라고 생각했다.[94] 곡물 공

---

92 Demosthenes, *Private Orations*, XX, 33.

93 Strabo, VII, 4, 6.

급은 거의 어떤 경우든 조약을 통해 확보되었다. 조약은 일반적으로 어떤 교역항에서 재화를 팔 권리, 운송상의 이익 획득, 예컨대 관세의 일부나 전부의 면제, 차압으로부터의 보호, 하역의 우선권 획득에 관한 것이었다. 이것이 곧 아테네 대 보스포로스 교역의 조건이었다.[95]

아테네는 폰티스 경로의 서부에 대한 통제권을 확보하려 노력했지만 부분적으로만 성공을 거두었다. 아테네는 387년 소아시아 연안의 크라조메나이와 조약을 맺어 이 도시가 다른 특정 도시로부터 곡물을 구입하도록 허용했다.[96] 그러나 이전의 종속 도시, 특히 비잔티움의 경우는 독립을 요구해 때로는 곡물을 실은 배를 나포하고 곡물을 강제로 매입하거나 관세의 지불을 강요했다. 그리하여 아테네와 스파르타의 전쟁 때, 즉 387~386년에 스파르타의 장군은 그 휘하에 80척 이상의 선단을 이끌고, 흑해를 출발한 배가 아테네 쪽으로 항해하는 것을 방해했다.[97] 알렉산더의 아버지인 마케도니아의 필립포스가 에게 해 제국을 수중에 넣기 위해 취한 최초의 정책 중 하나는 아테네의 곡물 보급에 대한 단속을 강화하는

---

94 Hasebroek, *Trade and Politics*, p. 111.

95 Ibid., pp. 126-127.

96 Francotte, "Le pain à bon marché," p. 136.

97 Xenophonm, *Hellenica*, V, 1, 28.

것이었다. 데모스테네스에 따르면 필립포스 왕은,

우리 아테네인이 다른 어떤 나라보다 많은 양의 수입 곡물을 소비하는 것을 보고는 …… 트라키아로 진격했다. 그리고 맨 처음 그가 한 일은 아테네에 대항한 전쟁 동맹국으로서 비잔티움의 도움을 요청하는 것이었다.[98]

아테네는 비잔티움을 자기 영향권 아래 두는 것이 점점 어렵게 되어 갔다. 360년경에는 곡물 수송선을 호위하지 않으면 안 되었다. 왜냐하면 비잔티움인들이 "또다시" 아테네 배를 강제로 비잔티움에 입항시켜 그곳에 화물을 내려놓게 했기 때문이었다.[99] 비잔티움, 칼케돈, 키지코스, 키오스, 코스, 로도스, 마케도니아 등의 도시가 곡물 수송선을 나포한 예가 362년부터 338년 사이에 기록되어 있다.[100] 2년 후 알렉산더는 아버지를 계승해 왕위에 올랐다. 그의 웅대한 동방 원정이 개시되자, 흑해의 곡물 공급은 즉시 군대의 사용으로 전용되고 아테네의 교역은 사실상 끝이 났다. 이후 수년간 아티카가 솔론 시대 이래로 최악의 기근에 빠진 것은 결코 우연

98 Demosthenes, *Private Orations*, XVIII, 87.
99 Ibid., L, 17.
100 Rostovtzeff, "The Bosporan Kingdom," p. 574.

일 수 없었다.

아테네가 흑해와 곡물 무역을 조직화한 것은 무엇보다도 페리클레스의 정치적 역량에 힘입은 것이었다. 그는 현실주의 정치Real politik의 대가였다. 그의 행동 원리는 아테네의 정책을 실현 가능한 것에 한정시키는 것이었다. 흑해와 그 주변 지방으로 통하는 경로에 대한 통제권은 아테네 세력의 범위 안에 있었다. 그래서 그는 아테네인의 노력을 이 방면으로 돌리고 다른 방면에서는 제한을 두었다. 플루타르코스는 페리클레스의 흑해 원정에 대한 기술에 이어 다음과 같이 탁월한 통찰력이 담긴 분석을 하고 있다.

그러나 다른 문제에서 그는 시민들의 공허한 충동에 응하지 않았다. 또한 시민들이 커진 국력과 행운에 도취되어 다시 이집트에 손을 뻗쳐 연해 지방의 왕국(즉, 페르시아)을 뒤흔들어 놓기를 바랄 때 거기에 휩쓸리지도 않았다. 또한 많은 사람들은 이미 시칠리아에 대해 나중에 알키비아데스와 같은 변론가가 품었던 불길한 열정에 사로잡혀 있었다. 그리고 어떤 사람들의 경우는 에트루리아와 카르타고가 실제로 하나의 꿈나라가 되어 있었다.

그러나 페리클레스는 시민들의 이런 무절제를 억제하고, 쓸데없는 참견을 차단하고, 가진 힘의 최대 부분을 이미 확보하고 있는 것의 방위와 안전에 돌리려고 노력했다. …… 페리클레스가 아테네의 세

력을 그리스에 한정시킨 것이 옳았다는 것은 그 후에 일어난 사실이 확연히 입증한다.[101]

요컨대 페리클레스는 페르시아 세력과 시라쿠사 세력이 각각 봉쇄했던 이집트와 시칠리아 대신에 흑해의 곡물 공급을 발전시켰다. 아테네는 그 몇 년 전까지도 페르시아로부터 이집트에 대한 지배권을 탈취하려고 엄청난 노력을 기울였다. 그러나 이 시도는 결실을 보지 못하고 거의 허망한 종말을 고했다. 페리클레스는 마침내 이집트를 다시 공격하려는 시도를 포기했다.

6. 이집트

아테네가 이집트에 관심을 갖게 된 동기는 적어도 부분적으로 이집트의 막대한 곡물 생산을 차지하려는 욕망이었다. 그리하여 이집트 왕위의 계승권자인 한 리비아인이 기원전 445년에 아테네에 4만 메딤노스의 밀을 증여했다. 이것은 아테네의 지지를 얻기 위

---

101 Plutarch, *Pericles*, XX, 2; XXII, 1.

한 것이었다.[102] 그로부터 약 20년 후 이집트의 왕 아마시스는 페르시아에 대항하는 동맹 체결을 조건으로 기근이 들었을 때 막대한 양의 보리를 아테네에 보냈다.[103] 이것이 밀 대신에 보리만 보냈다고 해서 아리스토파네스의 비웃음을 산 바로 그 증여이다. 곡물은 분명히 이집트 대 페르시아의 관계에 가담하도록 아테네를 설득하는 수단이었다.

이 시기에 아테네가 이집트로부터 얼마만큼 곡물을 받았는지는 추정하기 어렵다. 자료가 불충분하다. 기원전 30~20세기부터 미케네 문명의 붕괴에 따른 격동으로 인해 전면적으로 정지되는 10세기경까지 그리스와 이집트 사이의 교역은 조금 이루어졌을 것이다. 교역은 이집트에서 시리아와 팔레스타인 해안을 따라 육로나 해로로 키프로스를 거쳐 그리스로 통하는 것이었다.[104] 3백 년이 지난 기원전 7세기경에는 항해술의 향상에 따라 교역이 재개되었다. 이제 이집트에서 직접 로도스와 크레타로 항해해 그곳으로부터 소아시아의 그리스 식민지로 갈 수 있게 되었다.[105] 밀레토스가 이 시

---

102 Ibid., XXXVII, 3. Cf. Dominique Mallet, *Les Rapports des Grecs avec l'Egypte*, Le Claire, 1922, p. 47.

103 Scholiast to Aristophanes, *Wasps*, 716, referred to by Dominique Mallet, *Les premiers etablissements des Grecs dans l'Egypte*, p. 283.

104 Harry R. H. Hall, *The Ancient History of the Near East*, 9th edition, London: Methuen, 1936, pp. 144, 161.

기 교역의 주도권을 잡아 전적으로 나우크라티스[106]의 교역항을 통해 교역을 수행했다. 이 교역항은 분명히 이집트왕 아마시스가 기원전 6세기에 그리스 도시로 건설한 것이었다.[107] 일찍이 이 6세기에는 아테네와 나우크라티스 사이의 연결은 전혀 없었다.

대부분의 저술가는 나우크라티스의 주요 수출품의 하나가 곡물이었다고 생각한다.[108] 하지만 사실 곡물은 기원전 7세기에서 6세기까지 이 교역항을 경유해 그리스로 가는 이집트 수출품 목록에서 찾아볼 수가 없다.[109] 반면에 "신빙성이 없는 자료이지만" 디오도루스가 기록한 이집트 신화에는 아테네의 옛날 왕 몇 명이 이집트인이었다고 되어 있다. 특히 그중 한 사람인 에렉테우스는 기근이 들었을 때 "이집트인과의 인종적 연계를 통해 다량의 곡물을 아테네로 가져왔다." 이로 인해 그는 왕이 되었다.[110]

임시적 성격의 증여 교역은 기원전 5세기의 기록에 나온다. 하

---

105 Ibid.

106 [옮긴이] 이집트 나일강 삼각주 서쪽에 위치한 그리스의 상업 식민 도시. 자세한 설명은 이 책 15장 3절 "시장의 출현"에서 볼 수 있다.

107 Herodotus, *The Persian Wars*, II, 178-179.

108 예를 들어, Grundy, *Thucydides*, Volume 1, p. 64, n. 1.

109 Prinz, *Funde aus Naucratis*, pp. 111-112. 이 교역의 관리적 특성은 프린츠의 다음 말에서 분명해진다. "도자기와 그 밖의 발굴물은 예외 없이 동일한 제품이 동일한 장소로 간다는 것을 보여 준다."

110 Diodorus, I, 29, 1.

지만 어느 정도 정기적인 교역이 이루어졌는지는 알 수가 없다. 확실히 페르시아의 이집트 정복이 어느 정도 교란 효과를 냈음에 틀림없다. 그러나 이집트로부터 얼마나 많은 밀을 얻었든 간에, 아테네는 분명히 이 교역을 장악하지 못했다. 스파르타도 이집트로부터 약간의 곡물을 구했다. 펠로폰네소스전쟁 당시 아테네는 라코니아 남단 스파르타의 섬 키테라를 공격했다. 이 섬에는 "보통 이집트와 리비아에서 온 상선이 정박했다."[111] 이와 동시에 아테네가 이집트로부터 수입을 했다는 기원전 408년경의 기록이 있다. 안드키데스는 아테네에 대한 곡물 수출 금지령을 해제하도록 키프로스를 설득했다. 14척의 배가 피레우스로의 입항을 기다리고 있었으며, 이보다 많은 수의 배가 이 항구로 향하고 있었다.[112] 이집트에서 키프로스로 가는 연안항로의 이용도는 여전히 높았고 직접적인 해상 경로보다 더 잘 알려져 있었다.[113] 따라서 이 수송선이 이집트에서 출범했다고 생각해도 별로 무리가 없을 것이다. 안드키데스의 연설에서 보듯이, 아테네가 이집트로부터 수입한 곡물량은 5세기 말에 증대했던 것 같다. 그래서 로스토프체프는 "기원전 5세기 후반에서 4세기까지 나우크라티스에서 아테네가 미친 영향의

---

111 Thucydides, *The Peloponnesian War*, IV, 53, 3.

112 Andocides, II, 21.

113 Grundy, *Thucydides*, Volume 1, p. 327.

우세함"에 대해 지적한다. 이것은 도자기나 화폐 출토품에서 확인이 가능하다.[114] 4세기 중엽 아테네는 나우크라티스 시민 테오게네스를 칭송하는 포고를 발했다. 이 사람은 "아테네 사람들에게 친절한 태도를 보이고, 공적이든 사적이든 자기를 찾아오는 사람에게 잘해 주려고 애썼다."[115] 우리는 '공적인 일'에 곡물 구입이 포함되어 있었다고 가정할 수 있다.

7. 시라쿠사

세 번째 곡물 공급원인 시칠리아 섬은 마침 아테네 세력권 밖에 있었다. 아테네의 위치는 이곳에 별다른 영향을 미칠 수가 없었다. 시칠리아의 곡물 생산 규모는 시라쿠사의 참주 겔론의 제안에서 알 수 있다. 겔론은 그리스 군대나 그리스 함대의 총지휘관의 지위를 자기에게 준다면 페르시아전쟁 기간 동안 모든 그리스 군에게 곡물을 보급하겠다고 제안했다.[116] 기원전 5세기 이전에는 시칠리아의

---

114 Rostovtzeff, *Social and Economic History of the Hellenistic World*, Oxford: Clarendon Press, 1926, Volume 1, p. 89.

115 Smith, *Naucratis*, p. 64에서 인용한 II2 206.

밀을 기원전 그리스에 수출했다는 명확한 증거는 없으나, 실제로 상당한 교역이 있었다는 것은 부인할 수 없다. 서부의 식민지는 그리스 본토로부터의 수입에 대해 그 이외의 지불수단을 갖지 못했다.[117] 5세기의 교역량은 정확하게 판단할 수 없지만, 이것은 분명히 정기적 교역이었다.[118] 펠로폰네소스 반도가 주된 고객이었다.

아테네는 그 교역로를 가로막고 있는 코린트에 의해 이 공급원을 차단당했다. 전략적으로 유리한 위치 덕분에 코린트는 아드리아 해에 흩어져 있는 자신의 식민지들과 함께 서방 교역의 지배권을 장악했다.[119] 460년경 이집트 원정 시에 이루어진 아테네의 코린트와의 단절은 단지 모든 해외 곡물 공급원에 대한 지배권을 추구하는 하나의 시도로서 계획되었을 뿐이다.[120] 아테네는 처음에는 코린트를 간접적으로 공격하고, 아이기나를 탈취해 메가라의 상업을 파괴하고, 보이오티아를 복종시켜 코린트 만에 발판을 구축하려 했다. 그러나 결국 서방으로부터 수입을 확보할 수 있는지의 여부는 시칠리아와 남부 이탈리아의 교역항을 부분적으로나마 제패

---

116 Herodotus, *The Persian Wars*, VII, 158-1160.

117 T. J. Dunbabin, *The Western Greeks*, Oxford, 1948, p. 214.

118 Ibid., p. 216.

119 Ibid., p. 227.

120 Ibid., p. 215, Grundy, *op. cit.*, vol, pp. 185-187.

할 수 있는가에 달려 있었다. "이 일을 달성하는 데 시라쿠사 원정의 성공만큼 중요한 것은 없었다."[121] 그리하여 아테네는 레온티네스족을 위해 이 부족과 시라쿠사의 국지전쟁에 개입했다.

겉으로 내세우기는 동족이라는 명목으로 개입했으나, 사실은 펠로폰네소스인이 시칠리아로부터 곡물을 얻는 것을 원하지 않았기 때문이었다. 또한 시칠리아에 대한 지배권을 손에 넣을 전망을 확고하게 하려는 의도도 있었다.[122]

아테네가 스파르타와 충돌했던 이유는 바로 펠로폰네소스 반도의 식량 보급에 대한 위협 때문이었다. 코린트 지협에 대한 아테네의 압력은 분명히 스파르타와 그 동맹국에게 위협으로 인식되었다. 그리하여 스파르타와 코린트는 공동의 위험에 대처하려고 손을 잡았다. 펠로폰네소스전쟁은 서방의 곡물 보급을 장악하려는 아테네의 목적에서 나온 필연적 결과였다.

지금까지 우리가 곡물 교역에 논의를 집중했던 이유는 그것이 아티카에서 결정적 중요성을 갖고 있었기 때문이다. 또한 그리스 교역의 자료가 전적으로 곡물 교역과 관련이 있기 때문이기도 하

---

121 Dunbabin, *The Western Greeks*, p. 215.

122 Thucydides, *The Peloponnesian War*, III, 86.

다. 오늘날의 역사가는 곡물 수입이 아테네의 대외 정책을 지배하고 그 역사적 진로를 크게 좌우했다는 것을 인정한다. 그러나 이것이 사실로 확인되고 있음에도 불구하고, 경제사가들은 이런 수입이 교역 구조의 형성에 미치는 영향력을 충분히 인식하지 못했다. 이런 교역은 해군 정책에 꼭 맞춘, 교역항과 조약을 통해 이루어지는 관리 교역 형태를 취했다. 그 상황에서는 그 밖의 어떤 수단도 적합하지 않았다. 정해진 항로와 필수 물자의 보급을 확보할 목적으로 해군력을 이용했으며, 관리 교역은 이에 적합한 유일한 교역 형태였다.

제15장
시장 교역의 성장

I. 관리 교역

고전고대에서 교역의 관리적 성격이 가장 분명하게 나타는 것은
곡물 교역에서다. 우리가 지금까지 곡물 부문의 교역에 관심을 집
중했던 것은 곡물이 그만큼 아티카의 운명에 결정적 중요성을 지
닌 것이었기 때문이다. 그러나 곡물 교역뿐만 아니라 일반적인 교
역도 이 시대에는 관리적 성격을 띠고 있었음이 역시 확실하다.
'늙은 과두주의자'의 단호한 발언을 인용해 보자.

> 부에 대해 말하자면, 아테네인들은 다른 그리스인이나 야만인들보
> 다 이것을 보유하는 데 특별히 유리한 위치에 있었다. 그 이유는 이
> 런 것이다. 설사 어떤 나라에 선박용 목재가 풍부하다 해도 바다의
> 지배자를 설득하지 않고서 대체 언제 그것을 처분할 수 있겠는가?

또 어떤 나라의 부가 철이나 청동이나 삼으로 이루어졌다 해도, 지상의 해군력이 허락하지 않는다면 대체 어디에 그것을 처분할 수 있겠는가? 그러나 잘 아는 바와 같이 바로 이것들이야말로 내 배를 만드는 데 꼭 필요한 것들이다. 한 사람에게는 목재, 또 한 사람에게는 철, 세 번째 사람에게는 청동, 네 번째 사람에게는 삼, 다섯 번째 사람한테서는 밀랍, 계속 이렇게 필요한 물자들을 나는 구해야 한다.[1]

그러니까 아테네의 힘을 떠받치는 해군에 필수 불가결한 선박 용품은 엄격히 통제되는 관리 교역의 대상이었다. 아테네는 곡물은 물론, 목재, 철, 청동, 삼, 밀랍 등에 대해서도 엄격한 교역 독점을 시행하고 있었다. 아테네의 힘이 미치는 곳에서는 어떤 나라도 아테네의 허락 없이는 이런 것들을 구입할 수가 없었다. 그리고 아테네의 이 정책은 아테네 해군의 통제력을 벗어난 지역에서도 그대로 모방됐다. 그래서 '늙은 과두주의자'는 이런 말을 덧붙인다. "우리의 적들은 이런 물품을 자기들이 지배하는 바다 밖의 어떤 다른 곳으로도 가져가지 못하게 할 것이다."[2]

아티카는, 대부분의 그리스 본토와 마찬가지로, 고전기까지는 대부분의 산에 나무가 없었기 때문에, 아테네의 수입 목재 의존도

---

1 Psedudo-Xenophon("The Old Oligarch"), *The Constitution of the Athenians*, II.

2 Ibid., II.

는 특히 컸다. 소아시아 북부와 더불어 마케도니아와 트라키아(와 데살리아 일부)가 목재의 주된 공급지였다. 트라키아-마케도니아의 공급은 일찍이 기원전 6세기 후반에 중요했다. 이는 페르시아인의 저 유명한 항의를 보면 알 수 있는데, 이 항의에서 페르시아인은 다리우스가 이오니아의 참주 히스티아이오스에게 트라키아의 한 도시를 선물하는 것에 반대했다. 페르시아의 장군 메가바조스는 황제에게 이렇게 불평했다.

> 국왕이시여, 머리가 있고 교활한 그리스인에게 트라키아 땅에 성을 쌓도록 허가해 주시다니 도대체 어찌된 영문입니까? 거기는 배를 만드는 데 쓰는 목재가 풍부하고 노를 만들 나무도 많으며 또 은광까지 있는 곳이 아닙니까.[3]

목재 공급의 통제권은 펠로폰네소스전쟁에서 아주 중요한 역할을 했다. 스파르타가 스트리몬 강 하구의 암피폴리스를 함락하자, 아테네에 "비상한 경각심이 일어났다." 그 이유는 주로 이곳이 중요한 선박용 목재 공급지였기 때문이었다.[4] 마케도니아의 왕 페르디카스는 스파르타와 일시적 동맹 관계를 맺고 있었다. 그런데 스

---

3 Herodotus, *The Persian Wars*, V, 23.

4 Thucydides, *The Peloponnesian War*, IV, 108.

파르타가 자신의 요청에도 불구하고 전선으로 나오지 않자, 페르디카스는 아테네와 조약을 체결했다. 이 조약에서 페르디카스는 (다른 어떤 일보다도) 아테네 이외의 어떤 지역에도 노櫓 제작용 목재 수출을 허용하지 않는다는 데 합의했다.[5] 마찬가지로 칼키디케의 그리스 도시도 기원전 389년 마케도니아의 아민타스와 조약에 조인하고 피치와 목재의 수출에 관한 조건을 정했다. 더욱이 일체의 세금을 면제받고 목재를 채벌해 수출하는 특권을 공식적으로 가진 여러 개인들의 사례가 있다. (아마도 그들은 공직자나 준準공직자의 자격으로 활동했을 것이다.) 기원전 350년경의 한 비석에는 아테네 그리고 카르타에아 지방의 케안 도시들인 코레소스 및 이우리스의 공동 포고가 새겨져 있는데, 이 포고는 아테네에 안료와 약제로 중요한 케안의 황적토 독점권을 인가해 준 것이었다. 이 포고의 내용을 보면, 황적토는 아테네 배로만 수출되고 (생산자가 지불하는) 운송비는 탈란트당 1오보로스로 책정되었다.[6] 이런 모든 규제로부터 우리는 당시의 곡물 교역 구조를 상기해 볼 수 있다. '늙은 과두주의자'가 서술한 나머지 주요 물자들을 얻는 데도 이와 다른 별도의

---

5 H. Michell, *The Economicof Ancient Greece*, Cambridge: At the University Press, 1940, pp. 261-262.

6 M. N. Tod(ed.), *Greek Historical Inscriptions*, Oxford: Clarendon Press, 1933, Volume 2, pp. 183-185.

방법을 썼을 것이라 생각하기는 어렵다.

매우 중요한 한 가지 주요 교역품, 즉 노예가 남아 있다. 노예는 전적으로 외부 공급원에서 충당했는데, 가장 중요한 원천은 전쟁 포로였다. 그러나 기원전 5세기에서 223년의 만티네이아 전투까지는 그리스인 이외의 비非자유인만을 파는 것이 통례였으며, 따라서 노예의 주 공급원은 포로가 된 '야만인'이었다.

전쟁 포로를 처분하는 일은 (전리품 일반의 처분과 마찬가지로) 규모와 관련해 최대의 문제를 야기한다. 그것은 곧 전리품의 저장 운반과 관련된 물리적인 문제, 그리고 그 평가와 관련된 재정적 문제이다. 따라서 적어도 노예무역의 초기 단계에서는 관리 교역 말고는 다른 방법이 없었다. 동시에 노예무역의 관리는 교역항과 시장의 성장에 대해 강력한 동인을 제공했다. 기원전 5세기 노예가 된 포로는 가까운 교역항으로 운반되어 그곳에서 매매되었다.[7] 4세기 초에는 스파르타의 용병 대장 아게실라오스 왕이 즉석에서 경매하는 방법을 고안해 냈던 것으로 보인다. 그 결과 병참부의 업무가 노예 상인에게 넘어갔다.[8] 이 방법은 군대의 식량 조달 방법의 변화와 밀접한 관련이 있다. 군대는 식량을 구하러 더 이상 농촌 전역을 돌아다니지도, 그 지역의 도시가 제공하는 시장에 의존하지도 않았

---

7 Thucydides, *The Peloponnesian War*, IV, 108.

8 Xenophon, *Agesilaus*, I. 18.

다. 그 대신 군대는 많은 수의 종군 상인을 데리고 가서 이 상인들이 직접 지휘관에게 팔거나, 허락을 얻어 책정 가격으로 부하들에게 팔도록 했다.

확실히 기본 물자 이외에 다른 물품도 교역되었다. 현대의 역사가는 (그리고 아테네인들 자신도) 아테네에서 즐길 수 있는 물품의 엄청난 다양성을 강조한다. 문학작품에 언급된 물품 목록에는 다음과 같은 품목들이 들어 있다. 칼키디아의 칼과 컵, 코린트제 청동, 밀레토스산 모직물, 아르고스제 무기, 메가라의 마늘, 보이오티아의 매나 닭, 시라쿠사의 치즈와 돼지고기, 로도스의 건포도와 무화과, 파후라고니아의 밤과 살구, 키프로스의 겨자, 밀레토스의 팥, 사모트라케의 양파, 테네도스의 마요라나[박하], 아티카·키오스·크니도스·타소스산産 포도주, 에트루리아의 나팔, 시칠리아의 전차, 데살리아의 의자, 밀레오스의 침대틀, 카르타고의 카펫과 베개, 시리아의 향료, 에피루스의 사냥개 등이다.[9] 크세노폰과 이소크라테스 등이 자랑하는 것으로 미루어 짐작컨대, 이런 물품 전부 또는 적어도 그 대부분이 아테네에 들어와 있었음에 틀림없다. 이 목록은 확실히 대단하다. 하지만 음식을 제외하면 대개 사치품이거나 공예품들이다. 이런 물품을 이용하게 됨으로써 부유층의 생

---

9 Michelle, *Economics of Ancient Greece*, pp. 223-234.

활에 운치와 즐거움이 더해지고, 아테네의 코스모폴리탄적 분위기가 더욱 왕성해졌지만, 겨자나 전차, 베개 등이 대량으로 교역되었다고 생각하기는 힘들다. 이런 점에서도 '늙은 과두주의자'는 많은 것을 암시해 준다. 그는 사치품의 교역이 해양 지배에 따른 이익의 하나라고 코웃음을 친다. 그의 생각으로는 이런 물품들은 아테네의 도덕적 기질을 약화시킬 뿐이다.[10]

좀 더 자세한 내용으로 들어가 보면, 아테네인이 타국과 교류해 처음으로 많은 사치품을 발견한 것은 바로 이 해상 지배력 덕분이었다. 그리하여 시칠리아와 이탈리아에서, 키프로스와 이집트와 리디아에서, 폰토스나 펠로폰네소스 반도에서, 또는 그 밖의 어느 곳에서나 아주 질 좋은 물품들을 마음대로 가져다가 하나의 중심지에 모았다. 이 모든 것이 말하자면 아테네인의 해양 제국에 힘입은 것이다.

요컨대 사치품 교역은 기본 물자의 관리 교역에서 흥미롭기는 하지만 별로 중요하지 않은 부산물이다. 이런 관계는 로마제국 처음 2세기 동안 존재했다. 그래서 제국 안노나를 통해 조직된 화물선은 사적 교역을 위해 별도의 하역 장소를 이용해도 좋다는 허가를 받았다.

---

10 "Old Oligarch," *Constitution of the Athenians*, II.

2. 시장 요소들의 도입

우리는 앞서 13장에서 기원전 4세기의 마지막 4반세기까지 펼쳐진 곡물 교역의 역사를 살펴본 바 있다. 거의 2세기 동안 곡물 교역은 관리된 비非시장 교역이었다. 그렇지만 4세기의 마지막 사반세기에 동東지중해에 하나의 국제적 곡물 시장이 존재했다는 사실(그리고 아우구스투스의 시대에 제국 안노나 제도가 조직화되기까지 이것이 실질적으로 변형되지 않고 존속했다는 사실)은 의문의 여지가 없다. 이미 기원전 324년에 곡물 공급은 상대가격의 변동에 대응해 동지중해 전역에 걸쳐 이동했으며, 그 가격은 전체 지역에서 수렴되는 경향을 보였다. 이런 발전은 확실히 역설적이었다. 그러나 그렇다고 해서 이 발전이 우리의 논의를 무의미하게 하는 것은 결코 아니다. 그것은 아티카 교역 조직이 진화한 결과가 아니라, 오히려 그 정반대였다. 고전고대 시장 발전에서 이 같은 중대한 전환점은 사실상 아테네나 그리스 도시국가의 산물이 아니라, 이집트의 프톨레마이오스 왕조가 시행한 극단적인 계획경제의 산물이었다. 이집트의 초初 계획자들은 그리스의 시장적 방법을 파라오의 전통적 재분배 기술에 맞게 변용시켰다. 그리고 그것은 아테네나 그리스 도시국가로부터 협력이 아니라 극심한 반대를 초래했다. 이로 인해, 그 발전의 배후에서 작업을 추진했던 비상한 인물인 나우크라티스의 클레오메네스는 오늘날까지 고대사에서 찾아보기 힘든 유별난 인물이라는 중상과 경멸을 받아 왔다.

물론 클레오메네스가 '세계'시장을 무로부터 창조한 것은 아니었다. 4세기 내내 그런 시장의 발전을 예견케 하는 몇몇 징후가 있었고, 이 시기에 곡물 교역에 대한 아테네의 지배는 약화되었다. 그래서 크세노폰은 385년 이후의 것으로 보이는 저작에서 이렇게 말하고 있다. 엠포로이는 곡물을 무척 중시해서,

어디든 간에 풍부한 곡물이 있다는 보고를 들으면 상인은 그것을 구하려 항해에 나설 것이다. 그들은 에게 해와 흑해, 시칠리아 해를 건널 것이다. 그리고 가능한 많은 양을 입수하면 그것을 자신이 직접 노를 젓는 배에 싣는다. 돈이 필요할 때에는 곡물을 우연히 들르는 곳에서 되는대로 방출하는 것이 아니라, 가격이 가장 비싸고 수요가 가장 많은 곳까지 운반해 그곳 상인에게 넘긴다.[11]

이 인용문을 보면 4세기경에 모종의 시장적 요소가 성장했다는 것을 알 수는 있지만, 이것이 어떤 시장체제가 존재했음을 입증하는 것은 결코 아니다[강조는 옮긴이]. 곡물 분배에서 경제적 '합리성'을 향한 경향은 겨우 싹트기 시작했을 뿐이다. 예를 들면, 강조

---

11 Xenophon, *Oeconomicus*, XX, 27-28.

점은 곡물의 획득 방법에 있다. 즉, 상인들이 급히 찾는 곳은 어떤 곳이든 곡물의 잉여가 있다는 소문이 있는 장소이지 곡물 가격이 싼 장소가 아니다! 실제로 기술적 의미의 가격에 대해서는 아무런 언급도 없다. 그뿐 아니라 문맥에서 볼 때, 상인들이 제국의 지시에 따라 행동하는 것이 아니라 스스로 자신의 곡물을 어디서 팔 것인가를 결정한다는 생각은 신기한 일임이 시사되고 있다. 따라서 다시 설명을 덧붙이고 있다. "상인은 곡물을 우연히 들르는 곳에서 되는대로 방출하는 것이 아니라 가격이 가장 비싸고 수요가 가장 많은 곳까지 운반한다." 위의 인용문은 제2차 아테네 동맹이 결성되고 아테네와 보스포로스 왕국 간의 친밀한 관계가 회복되기 직전에 쓰인 것으로 추정된다. 요컨대 이 시기에 곡물 교역에 대한 아테네의 지배는 퇴조기에 있었던 것이다.

그러나 사정이 어떠하든 곡물 이동의 요인을 상대가격 변동에 두려는 시도만큼 비합리적인 것은 없었을 것이다. 이 시기의 가격에 관한 우리의 지식은 너무나 빈약하다. (실제로는 고대 전반의 가격과 극히 최근까지의 근대의 가격에 대한 우리 지식도 그렇긴 하다.) 자료가 극히 한정되어 있어 어떤 종류의 지수도 만들 수가 없다. 정말로 가격 이동의 대략적인 비교 말고는 아무것도 할 수 없다. 역설적으로 대부분의 목적에 맞는 자료가 부족하다는 바로 그 사실 때문에 엄격한 폴리스 경계의 바깥에 어떤 종류든 시장 조직이 존재했다는 생각에 대한 강력한 반론이 가능하다. 시장적 형태의

교역 조직이라면 어느 정도의 가격 통일성과 가격 변동의 규칙성
을 낳을 것으로 봐야 한다. 그러나 대개의 목적에 맞도록 가격 자
료를 이용하기 어려운 이유는 어떤 형태든 바로 그런 정형定型이 없
기 때문이다. 이 문제의 권위자인 자르데에 의하면, "기준이 되는
것은 지속적인 가격 변화이다"— 그것은 어느 한 지역 어느 한 해
의 월별 변화나 연간 변화일 수도 있고 다른 지역 사이의 그런 변
화일 수도 있다.[12] 더욱이 이 변화는 제멋대로여서 어느 특정 시기
의 지역 간에도, 한두 지역의 각기 다른 시기 사이에도 아무런 정
형을 보여 주지 않는다. 실제로 곡물 가격의 변동은 정치적 사건하
고만 상관관계가 있고, 가격은 교역로의 개방·봉쇄에 따라 변동하
고 있다.[13] 사실 리츨러는 지중해 지방에 대해 "세계 가격"이나
"세계시장"을 운운하는 것은 잘못이며 단지 "세계 상업"을 말할 수
있을 뿐이라고 주장한다.[14] 변화의 정도는 자르데가 만든, 다음과
같은 아테네의 밀 가격표로 알 수 있다.[15]

---

12 A. Jardé, *Les Céreales dans l'antiquité Grecque*, Paris, 1952, p. 164. 곡물 분배에 대해
예정되어 있던 후속 저작은 자르데의 죽음으로 더 이상 나오지 못했다. 이것은 근대
학계의 가장 큰 불행 중 하나이다.

13 Ibid., p. 166.

14 K. Riezler, *Über Finanzen und Monopole in alten Griechenland*, Puttkammer und Mü
hlbrech, 1907, p. 55.

15 Jardé, *Les céreales*, p. 179.

기원전 393년	메딤노스당 3드라크메
4세기 초	메딤노스당 6드라크메
340~330년	메딤노스당 9드라크메
330년경	메딤노스당 5드라크메
330~329년	메딤노스당 5드라크메
329~328년	메딤노스당 6드라크메
329~328년	메딤노스당 10드라크메

증거는 확실해서 추가적인 다음 두 가지 사실에서 확인된다. 하나는 2세기 동안 밀과 보리의 가격에 상당한 변화가 있었음에도 불구하고 그 가격비가 계속 2대 1이었다는 것이다.[16] 또 하나는 그리스 세계 전역에서 밀의 공정하고 적당한 가격은 메딤노스당 5드라크메라는 생각이 꾸준히 강력하게 6드라크메를 넘으면 공공의 재앙으로 간주되었다는 것이다.[17] 보리와 밀은 일반적으로 서로 다른 계층이 소비했고 또 부분적으로는 다른 지역에서 생산했기 때문에, (사소한 예외는 있었지만) 2대 1의 가격 비율이 지속되었다는 것은 더더욱 인상적이다. 우리는 그 과정에 정확히 어떤 기제가 관

---

16 Ibid., p. 182.

17 Ibid., p. 140. 또한 E. H. Minns, *Scythians and Greeks*, Cambridge, 1913, p. 575.

여했는지 여전히 알지 못한다. 비록 그 비율이 오랫동안 지속되었다는 것은 수메르와 바빌로니아의 보리·은 등가의 예를 연상케 하지만 말이다. 부정적 추론은 분명하다. 가격 형성 시장에서 두 곡물의 생산과 소비 조건이 다를 때에는 결코 그런 일관성이 생길 수 없었을 것이다. 또한 5드라크메의 밀 가격이 바람직한 것으로 여겨졌다 해도 그것을 단순한 감상이나 편견의 소치로 단정해서는 안 된다. 오히려 그것은 큰 효력을 갖고 있었던 하나의 규범적 원리로 보인다. 이 가격으로 복귀되는 분명한 경향은 헬레니즘 시대에도 보인다. 이런 안정성과 통일성은 놀랄 일이 못된다. 더 정확하게 말해 진짜 문제는 실제로 발생한 가격 변동을 어떻게 설명할 것인지 하는 점이다.

아마도 이 가격 자료에 대해 제기해야 할 최초의 물음은 이 자료가 대체 어떤 장소와 관련이 있는가 하는 점이다. 가령 자르데가 아테네의 곡물 가격을 인용하는 경우에, 그것이 고유한 의미의 아테네, 즉 아고라에서의 가격을 말하는지 또는 피레우스의 교역항, 즉 엠포리움의 가격을 가리키는지가 확실치 않다. 이 차이는 단순히 도매 거래와 소매 거래의 차이가 아니다. 왜냐하면 소매가격이 도매가격 이하인 경우가 자주 있기 때문이다. 국내 거래와 국제 교역의 이중 가격 제도에 (체념한 것은 아니지만) 익숙해진 우리 시대에는 이것이 별로 놀라운 일이 아닐 것이다. 대내 교역(자)과 대외 교역(자)의 제도적 분리는 물론, 그 소재지와 가격의 제도적 분리 역시 이 문제 전체에서 매우 중요하다.

아테네가 곡물 교역을 통제한 결과 아테네로 들어 온 곡물은 이 도시에 무분별하게 또는 직접 들어온 것이 아니었다. 해외에서 획득한 재화는 아테네의 항구 피레우스에 위치한 엠포리움으로 옮겨졌다. 이는 모든 의미에서 엠포리움이 아테네의 다른 지역과 분리되어 있었음을 말하며 경계석이 이를 상징적으로 표현해 주고 있었다. 이 경계석은 엠포리움을 둘러싸고 있었으며 이곳을 피레우스항과 구분해 주었다. 피레우스항은 (행정적으로는 아니었지만) 법적으로나 제도적으로나 아테네의 일부였다. 사실 엠포리움의 물리적 배치는 그리스인에게 현실적인 문제였다. 아리스토텔레스는 그 제도상의 분리를 지리적으로 강화해야 한다고 생각했다. 그는 아테네가 엠포리움을 도시 고유의 경계 안에 설정한 것을 은근히 비난했다.

심지어 오늘날에도 도시와 관련해 적절한 장소에 위치한 항구를 가지고 있는 나라가 많이 있다. 적절한 장소란 항구가 시가지의 일부를 형성하지도, 너무 멀리 떨어져 있지도 않으며 성벽이나 다른 방어 시설을 이용한 수비력이 견고한 곳이라는 의미이다. 이런 장소에 항구가 있으면 항구와의 왕래를 통해 어떤 이익이 생길 때 국가가 그 이익을 향유할 것이다. 그리고 설사 불미스러운 일이 일어난다 해도, 어떤 사람은 이곳에서 서로 교류해서는 안 되고 또 어떤 사람은 괜찮은지를 규정하는 법률로 이것을 쉽게 막을 수가 있다.[18]

그러나 예전처럼 칸타로스항의 동안東岸에 그 엠포리움을 둔 것은 아테네 사람들에게 그다지 번잡한 일이 아니었음에 틀림없다. 그보다 훨씬 더 머리 아픈 일은 아테네의 엠포리움이 아테네만의 것이 아니라 에게 해 전 지역을 위한 것이라는 사실에서 비롯되었다. 아리스토텔레스는 이에 대해 눈썹을 찌푸리면서 "왜냐하면 국가는 외국인의 이익이 아니라 자신의 이익을 위해 교역을 수행해야만 하기 때문이다"라고 말한다. 그런 엠포리움이 필요한 이유란 도시가 그 영역 안에서 구할 수 없는 물품을 수입하고 또 그 잉여를 수출해야 하기 때문이다. 이것 자체는 정당한 목적이다. 그러나 "자기 시장을 전 세계 사람들에게 개방하는 사람들은 수익을 위해 그렇게 한다. 하지만 그런 이익 획득에 참여할 수 없는 나라는 엠포리움을 설치할 필요가 없다." 이런 이익은 주로 수출입세, 항만세 등의 수입, 즉 문자 그대로 "국고적"인 것임을 기억할 필요가 있다. 따라서 주요한 문제가 엠포리움을 규제하는 법적·행정적 문제라는 것이 명백해진다.

엠포리움 내부를 보면, 거래는 중앙부의 정박 장소까지 뻗쳐 있는 데이그마deigma라 부르는 긴 부두에서 집중적으로 이루어진다. 엠포리움은 데이그마에 자기들의 상품 견본을 전시한다. 견본sample

---

18 Aristotle, *Politics*, VIII, 6, 1327a.

을 가리키는 그리스어는 원래 데이그마에서 파생되었다. 여기서 환전상인 트라페지테스trapezites는 의자[트라페자]에 앉아 있다가 화폐를 교환해 주고 검사하며 지불 준비용 예금을 받아 거래를 용이하게 해주었다. 폴리아이누스는 적의 아테네 습격을 기술하면서, 습격자가 데이그마가 있는 해안으로 뛰어내려 은행가 탁자에 있는 돈을 탈취해 배로 도망했다고 말했다.[19] 크세노폰은 훨씬 더 극적인 장면을 묘사했는데, 그것은 습격자가 해안으로 뛰어내린 후 상인과 선주를 모조리 쓸어서 납치해 간 장면이다.[20]

데이그마는 원래의 아티카 지역에 반입되는 재화를 판매하거나 외국으로 재수출하도록 다른 외국인에 대한 거래가 이루어지는 곳인데, 이 외에 또 엠포리움은 북쪽 끝에 그 자신의 아고라를 가지고 있다. 이 아고라에 관한 명확한 문헌 자료는 찾아볼 수 없지만, 그것이 존재했다는 데는 의문의 여지가 없다. 이것은 작업을 위해 엠포리움으로 나가는 자가 이곳에서 식량을 조달할 수 있었고 원래의 도시 안까지 들어갈 필요가 없었다는 것을 암시해 준다. 아고라가 이런 목적을 지니고 있었다는 것은 16세기에서 18세기에 걸친 아프리카의 교역항에 이 같은 식량 시장이 대체로 존재했다는 사실에서 잘 알 수 있다. 여행자가 하룻밤을 묵을 숙박업소가 엠포리움 내부에 있었음

---

19 Polyaenus, *Stratagems of War*.

20 Xenophon, *Hellenica*, V, 1.

은 틀림이 없다. 비록 많은 여행자들은 배 위에 남는 것을 더 원했을지 모르지만 말이다. 크세노폰은 자신의 『방법과 수단』에서 피레우스 전체를 하나의 거대한 엠포리움으로 바꿀 것을 제안하고 있는 것 같은데, 거기에 더해 거류 외인이나 타지인을 끌어들이기 위한 여관이나 오락장을 만드는 것이 좋다고 주장하고 있다. 따라서 일시적으로 엠포리움에 체류하는 자는 아테네로 들어올 기회가 없었다. 반면에 그곳에 영구히 체제하는 자는 거류 외인이었다. 따라서 그들은 아테네의 법을 따르도록 되어 있었다.

그러나 한 가지 중요한 유보 조건 때문에 아테네의 엠포리움에 대한 통제의 정도와 범위는 심각하게 수정되었다. 이 유보 조건이란 대부분의 다른 그리스 도시들과 마찬가지로 아테네도 역시 수입이 압도적으로 커다란 이해 관심사였다는 사실이다. 아테네는 저렴한 곡물이 필요했고 그래서 곡물 가격을 낮게 유지하려고 했을 것이다. 그러나 무엇보다 아테네에는 곡물이 필수 불가결했다. 페리클레스 시대에는 이 낮은 가격과 필수 불가결함의 두 가지 이해 관심 사이에 모순이 있을 수 없었다. 왜냐하면 "어떤 나라에 풍부한 선박용 목재가 있다 해도 바다의 지배자를 설득하지 않고서 대체 어디서 그것을 사용할 것인가?" 그러나 흥미롭게도 빈약하고 단편적이나마 기원전 4세기의 가격 자료는 있지만 5세기의 가격 자료는 전혀 없다. 전혀 증명할 길이 없지만 이 시기에는 엠포리움 안에서 공포된 등가가 유지되었을 것으로 추론해 볼 수 있다. 곡물은 피레우스나 비잔티움에서만 팔 수 있었기 때문에, 과도하게 높은 가격은 문제가 될 수 없었다. 제국이 곡물 구매의 독점체로 활동한 것이다.

그러나 아테네 제국 몰락 이후가 되면 이 문제는 다른 양상을 띠기 시작한다. 이제 보스포로스의 곡물 공급에 대한 아테네의 통제력은 해상 경로에 대한 직접적인 군사 지배에 달려 있지 않았다. 그것은 아테네 외교의 결과로서 아테네에 곡물을 팔 의향이 있는 자에게 제시한 재정적 이익에 달려 있었다. 아테네의 해군력이 흑해의 군주국으로부터 이런 양보를 얻어 냈다는 것은 명백하다. 그러나 거듭되는 곡물 공급선 나포가 보여 주듯이 이 권력은 결코 절대적이지 못했다. 따라서 아테네로 짐을 싣고 가는 상인에게 인정된 관세 면제는 상대적인 것에 불과했다. 우리가 이렇게 말할 수 있는 이유는 레우콘이 또 다른 국가에게 (예를 들면, 기원전 350년경 미티레네에게) 좀 작은 규모이기는 해도 면세를 해주었기 때문이다.[21] 다른 도시보다 가격을 너무 낮게 유지하려 할 경우, 아테네는 곡물 공급량을 확보할 기회를 완전히 상실해 버릴 위험에 놓일 것이다. 이제는 상인들이 아테네와는 아예 거래하지 않으려 할 것이기 때문이다.[22]

이와 동시에 곡물은 음식물의 중심이었기 때문에, 높은 곡물 가

---

21 Tod, *Greek Inscriptions*, Volume 2, pp. 185-186.

22 이 책 제13장 참조.

격은 공중을 재앙으로 몰아갈 것이다. 아테네는 그 어느 때보다도 미묘한 입장에 놓여 있었다. 그러나 이것을 예외적 상황이라 보아서는 안 된다. 서양의 중세도시나 17세기 북아메리카의 많은 식민지의 경우도 대외무역에 관한 한 실질적으로 같은 처지에 놓여 있었다.

이 곤란을 극복하기 위해 다양한 기법이 사용되었다. 이 기법들은 모두 엠포리움 가격과 아고라 가격을 구별하는 방식을 포함하고 있었다. 아마도 이들 중에서 가장 성공적이고 흥미로운 기법이 헬레니즘 초기부터 우리에게 전해 내려 왔다. (그런데 알려진 바로는 이 방법이 아테네에서는 똑같은 형태로 사용되지는 않았다.) 그렇지만 그 논리는 당시 아테네의 상황에 대해 많은 것을 시사해 주고 있다. 라기나 시市는 필요한 곡물을 전량 상인으로부터 시가로 구입한 후, 메딤노스당 5드라크메의 '공정가격'으로 시민들에게 재판매했다. 이 목적을 위해 부자들에게 특별 부유세(리투르기)를 거두어 회전기금을 마련했다. 그리고 이 기금은 연간 수익을 올리도록 투자를 했다. 이리하여 라기나 시민은 항상 값싼 곡물을 제공받았으며 그들의 시市를 받쳐 주는 상인도 불만이 없었다. 프랑코트는 소아시아의 다른 다섯 도시에서도 같은 방법을 사용했다고 기술하고 있다.[23] 그리고 타른도 다른 일련의 도시에서도 유사한 방법을 사용한 것 같다고 보고했다.[24]

그러나 아테네는 곡물 가격 통제권을 포기하려 하지 않았다. 따라서 아테네가 취한 방법은 부분적으로 아고라 가격을 외부의 변동으로부터 차단하고, 또 부분적으로는 그것에 연동시키는 것이었다. 엠포리움에 도착한 곡물 중 3분의 2는 시내로 반입해야 했다. 이것이 10인의 "엠포리움 감독관"에게 부과된 특수한 임무였으며, 그들의 일반적인 업무는 "시장Mart을 감독하는" 것이었다.[25] 아무도 한 번에 50단위 이상의 곡물을 살 수 없다는 법에 의거해 중개업자를 배제했다. 또 시장의 매점이나 그 유사한 관행도 방지했다.[26] 아고라의 가격은 곡물 감독관(시토필라케스sitophylakes)에 의해 엠포리움 가격에 더욱 가깝게 유지되었다. 이 감독관은 다음과 같은 일을 하게 되어 있었다. 이 감독관이 하는 일이란,

> 가공하지 않은 곡물이 시장에서 합당한 가격으로 팔리도록, 그리고 둘째로 …… 방앗간에서 보리의 가격에 맞추어 보리 가루를 팔고, 또 빵집에서 밀의 가격에 맞추어 빵을 팔도록, 그리고 감독관 자신들이 정한 중량의 빵을 팔도록 감독한다. 그들이 표준 중량을 규정하도록

23 H. Francotte, "Le pain gratuit et le pain à bon marché dans les cités grecques," *Mélanges Nicole*, Geneva, 1905, pp. 143-144.

24 W. W. Tarn, *Hellenistic Civilization*, second edition, London: E. Arnold and Co., 1930, p. 99.

25 Aristotle, *Constitution of Athens*, 51.

26 Lysias, "Against the Corn Dealers," XXII, 6.

법률로 정해져 있기 때문이다.[27]

아리스토텔레스가 이 글을 쓴 때에는 시내에 20인, 피레우스에 15인의 곡물 감독관이 있었다. 그 이전 시대에는 각각 5인의 곡물 감독관이 있었다. 감독은 매우 엄격해서, 때로는 법을 집행하지 않았다는 이유로 곡물 감독관이 사형에 처해지는 일도 있었다.[28]

그럼에도 불구하고 우리가 지금까지 설명한 광경은 엠포리움에서의 경쟁적 가격 결정의 양태다. 리시아스는 소매업자의 이윤 추구를 비난하는 연설에서 아고라에서의 공급 부족이 그곳의 가격 인상을 초래하는 양상을 제시한다.[29] 이것은 다른 출처에서도 확인할 수 있다. 예컨대 조금 후대의 연설가는 비잔티움이나 칼케돈, 키지코스의 곡물 수송선 약탈 때문에 엠포리움의 곡물이 많이 부족하게 되었고, 그 결과 가격이 높아졌다는 사실을 전한다.[30] 그렇지만 이런 기술들을 지나치게 강조해서는 안 된다. 어느 한계에 이르면 공급과 가격 간의 상관관계가 없어지는 것을 볼 수 있다. 공급이 줄어듦에 따라 가격이 점점 상승하는 것이 아니라, 정반대 현

---

27 Aristotle, *Constitution of Athens*, 51.

28 Lysias, "Against the Corn Dealers," XXII, 8.

29 Ibid., XXII, 16.

30 Demosthenes, *Private Orations*, L, 6.

상이 나타난다. 즉, 가격이 갑자기 하락하는 것이다. 국가 통제 기제가 완전하게 작동하는 곳은 바로 이 한계 지점에서다. 엠포리움 가격이 어느 한계 내에서 변동할 때에만 아테네는 자신의 아고라를 엠포리움에 연결시킬 수 있었다. 아테네가 자신을 완전히 외부 가격의 변동에 내맡겼다면, 그것은 자멸 행위가 되었을 것이다.

그런 위기 상황에서는 분명히 상황에 대처하기가 더욱 어려웠을 것이다. 이제 아테네인은 높은 가격 덕분에 이전 어느 때보다 의기양양해진 외국인과 어떻게 거래해야만 했을까? 현대의 합리주의적 사고로 보면, 그 대응책은 여전히 부분적으로 모호할 수밖에 없다. 해결책은 힘도 아니었고(이는 사용할 수가 없다), 상인의 이기심(이는 단기 이익보다는 고객의 호감을 산다는 장기적 이해관계와 관련해 발휘된다)에 호소하는 것은 더더욱 아니었다. 오히려 상인들의 자부심, 허세, 지위 욕구, 체면 욕구에 호소하는 것이 해결책이었다. 엠포리움 내의 시가가 아무리 높다 해도, 관리들은 상인들에게 메딤노스당 5드라크메라는 종래 가격으로 곡물을 팔도록 설득했다(혹은 설득하려고 노력했다). 그에 대한 보답으로 도시는 상인을 표창하는 포고를 발했는데, 특별한 명예를 부여하거나 비잔티움의 엠포리움에 그 포고문을 게시하기도 했다. 한 가지 예로 해상 대부의 배상을 다투는 두 명의 외국인 소송인이, 수년 전 메딤노스당 16드라크메의 시가였을 때 5드라크메로 1만 메딤노스를 매각한 일을 배심원에게 상기시키고 있는 경우를 볼 수 있다.[31] 살라미스 상인 헤라클레이데스는 330~329년에 메딤노스당 5드라크메로 3천 메딤노스를 팔았던 것에 대해 포고에 의한 명예를 얻었다.[32] 그 밖에도 흉년에 같은 가격으로 각각 1만, 1만 2천, 4만 메딤노스의 양量을 판 사람들도 있었다.[33]

상인들만 '공정가격'에 팔도록 설득당한 것은 아니었다. 외국에서 아테네로 보내온 최대의 곡물 증여 가운데 일부는 실제로 이들 나라가 5드라크메 가격으로 곡물을 판매한 것이라는 견해도 있어 왔다. 보스포로스 왕국의 지배자 레우콘이 곡물이 부족할 때 그런 증여를 많이 했다. 그중 하나인 356년의 증여는 대단한 규모였다. 어떤 방식의 증여였는지에 대한 설명은 없었지만, 아테네의 국고는 (그 곡물의 소매 결과) 15탈란트의 이익을 올렸다.[34] 레우콘은 이 증여로 인해 최고의 칭송을 받고 명예 시민권도 수여받았다. 아테네가 받은 최대의 증여라면 아마 기원전 330년과 326년 사이에 키레네가 준 10만 메딤노스일 것이다. 그런데 토드는 이 증여가 통상적인 가격에 의한 판매였지 완전한 증여는 아니었다고 생각한다.[35] 레

---

31 Ibid., XXXIV, 39.

32 G. W. Botsford and E. G. Sihler(eds.), *Hellenic Civilization*, New York: Columbia University Press, 1915, p. 588.

33 *Cambridge Ancient History*, Volume 6, p. 449.

34 Demosthenes, *Private Orations*, XX, 33.

35 Tod, *Greek Inscriptions*, Volume 2, p. 274.

우콘의 아들을 칭송하는 아테네의 포고에서도 같은 가능성을 엿볼 수 있다. 그의 두 아들 스파르토쿠스와 파에리사데스가 왕위를 계승할 때 자신들의 아버지의 정책을 계속 수행하겠다는 뜻을 즉시 아테네에 알려 왔기 때문이다. 그들은 또한 아테네가 보스포로스에 진 채무에 대해 문제를 제기했다. 토드의 견해에 의하면 그것은 "국가" 채무이지 사적 개인의 채무가 아니었다.[36] 그런 공적 채무는 필경 국가가 레우콘에게 곡물을 매입한 데서 나왔을 것이다.

어떤 유인 또는 압력 때문에 상인이 통상적 가격수준으로 팔게 되었는지는 정확히 알 수가 없다. 마찬가지로 아테네 시민들이 자신들에 부과된 리투르기에 어떻게 반응했는지를 명확히 이해하기도 어렵다. 그러나 원리상 이 곡물 가격 조작 기술은 리투르기 제도를 외국인과 거류 외인에게로 확대한 것에 불과했다. 낮은 가격으로 곡물을 판매하는 것 이외에도, 상인들은 곡물 매입 대금의 융자를 위해 도시에 기부금을 내도록 강요를 받기도 했다. 매입된 곡물은 5드라크메의 가격에 시민들에게 재판매한 것으로 추정된다. 예컨대 데모스테네스의 피보호민 두 명은 엠포리움 가격이 16드라크메일 때 5드라크메로 곡물을 팔았다. 또한 다른 때에는 곡물 매입 자금을 위해 시에 1탈란트를 바쳤다. 살라미스 출신의 상인 헤

---

36 Ibid., p. 197.

라클레이데스는 328~327년에 3천 드라크메의 현금을 기부했다.

이 점에서는 아테네도 결코 예외가 아니었다. 프랑코트는 에페수스, 일리온, 팔리온, 아스티파라에아, 오리페, 프리에네 등의 도시에서도 유사한 방법을 사용했다고 보고 있다.[37] 자르데의 지적처럼, 일반적으로 가격과 공급을 통제하는 아테네식의 모든 방법은 그리스의 모든 도시들에서 찾아볼 수 있다.

그러나 이런 기법은 점점 부적절하게 되어 갔는데, 이는 기원전 4세기 내내 마케도니아 세력이 발흥함에 따라 전통적 교역로가 지속적으로 단절되었기 때문이다. 이리하여 328년 새로운 인물이 무대에 처음으로 등장한다. 이들은 기근이 들었을 때 정부 예산으로 곡물을 매입하는 임무를 띤 시토네스, 즉 탐카룸과 유사한 인물(실제로는 3인의 관리로 구성된 평의회)이었다. 데모스테네스는 이 평의회의 의장이었고, 그 자신도 그 기금에 1탈란트를 기부했다. 곡물은 메딤노스당 5드라크메로 시민에게 재판매되었다.[38]

따라서 이들 정책이 시행됨으로써, 엠포리움 가격은 적당한 한도 내에 있는 한 아고라 가격을 그 가격과 연동시키지만, 엠포리움 가격이 위협적인 수준에까지 올라갔을 때에는 항상 그 연결을 완전히 차단하게 되었다. 프랑코트는 곡물의 대외 시장과 대내 시장

---

37 Francotte, "Le pain," p. 142.

38 Ibid., p. 149. 또한 *Cambridge Ancient History*, Volume 6, p. 449.

504 제2부 고대 그리스에서 교역, 시장, 화폐

의 명확한 제도적 구별을 누구보다 더 강조한 사람이었다. 그는 아고라 가격을 거의 언제나 곡물 감독관이 책정했다고 믿는 경향이 있다. 자르데 또한 이와 유사한 구분을 제시하고 있는 것 같다. 이런 정책들은 분명히 과거 아테네의 재분배적 방법을 이어받은 요소가 다분히 있었다.

3. 시장의 출현

기원전 330~326년에 기근이 발생했는데 이는 저렴한 국내 가격을 유지하기 위한 아테네식의 모종의 새로운 기법을 낳는 것으로 끝나지 않았다. 이 기근은 곡물 교역사에서 하나의 전환점이 되었다. 동지중해 곡물 시장이 최초로 조직된 것이 이 기근과 깊은 연관이 있었기 때문이다. 로스토프체프는 이 사건을 곡물 교역사에서 '새 시대'의 개막이라 불렀지만,[39] 그마저도 이 사건의 중요성을 과소평가했다. 그는 곡물 시장이 이전부터 계속 존재해 왔다는 가정하에 이 사건을 자유방임 원리의 승리라는 관점에서 생각하는 경향이 있다.

---

39 M. Rostovtzeff, "The Bosporan Kingdoms," *Cambridge Ancient History*, Volume 8, p. 575.

"알렉산더 이후 그것(곡물 교역)은 완전히 자유롭게 되었다"는 것이다.

기근이 발발했다는 사실 자체가 기존의 교역 조직 방식이 부적절했음을 극적으로 입증했다. 당시 아테네는 여전히 곡물 공급원과 교역로를 통제하려는 어떤 구실을 가지고 있었을지 모른다. 하지만 알렉산더 치하의 마케도니아 세력의 신장은 이 구실을 분쇄해 버렸다. 비록 기근이 그리스 세계 전체에 영향을 미쳤지만, 그것이 그리스 내부의 흉작 때문이 아니었음은 분명해 보인다. 실제로 로스토프체프는 경작지가 전혀 부족하지도 않았다고 말했다. 문제는 전적으로 교역 조직에 있었다.

시장에는 곡물이 풍부했으며 대부분의 경우 그것을 살 수 있는 화폐도 풍부했다. 문제는 이 공급을 분배하고 조직하는 방법과, 가격을 안정시키는 방법에 있었다. 고대의 거대한 곡물 교환소였던 아테네에게 이것은 너무 부담스러운 과제였으며, 그 계승자인 알렉산드리아와 로도스, 밀레오스, 에페소스도 적당한 방법을 찾아내기까지는 시간이 필요했다.[40]

---

40 M. Rostovtzeff, *Social and Economic History of the Hellenistic World*, Oxford: Clarendon Press, 1926, Volume 1, pp. 168-169.

이런 견해는 기근이 5년 동안 내내 지속된 게 아니라 간헐적이었으며, 해마다 공급이 대폭 변화했다는 자르데의 믿음에 의해서도 지지된다. 예컨대 328년의 포고는 전년의 기근에 대해 말하면서, 그해에는 비교적 정상적인 공급이 있었음을 암시했다.[41] 실제로 그해 기근의 직접적 원인은 주로 알렉산더 군대가 보스포로스로부터의 공급을 부분적이거나 전면적으로 차단했기 때문이었다.[42] 새로운 적대 세력의 대두는 곡물 공급에 대한 아테네의 지배권(이나 심지어는 영향력)의 종말을 의미했다.

곡물 교역을 완전히 재조직해야 할 필요성이 분명해졌다. 더욱이 그 전망도 밝았다. 왜냐하면 "신세력"은 그때까지의 세력과는 완전히 달랐기 때문이다. 알렉산더는 단순한 정복자가 아니었다. 그는 동서를 통일해 자신이 이룩한 제국의 모든 지역을 통합할 것을 꿈꾸었다. 교역은 그의 구상에서 적지 않은 역할을 수행했다. 자신의 이름을 따라 이집트에 계획, 건설한 신도시(알렉산드리아)의 규모를 보면, 알렉산더가 이 도시를 제국 서반부의 문화적·상업적 중심지로 삼으려 했던 의도가 분명히 드러난다. 알렉산더는 그리스의 정치와 경제에 대해 깊은 통찰을 갖고 있었다. 그래서 그는 그리스에서 곡물이 지니는 커다란 중요성을 알고 있었음에 틀림없다.

---

41 Jardé, *Les céreales*, p. 47.

42 *Cambridge Ancient History*, Volume 8, p. 575.

곡물 교역을 지배하는 자가 곧 그리스인의 살림살이를 지배하고, 이에 따라 그리스의 정치적 운명을 지배한다는 사실을 말이다. 전설적일 만큼 풍부한 경작지인 이집트의 대동맥 나일강 하구에 알렉산드리아가 위치한 것은 결코 우연일 수가 없었다. 피레우스나 로도스, 코린트의 엠포리움이 이미 있는데, 새로 시작할 이유가 있었을까? 그렇다면 곡물 교역의 집중이 알렉산더의 목적 중의 하나였음에 틀림없다. 바로 이런 연유에서 집중화된 곡물 시장의 창설과 알렉산드리아의 건설에서 모두 동일 인물(나우크라티스의 클레오메네스)이 그 책임을 맡았던 것을 보게 된다. 그렇지만 알렉산드리아의 건설이 순전히 상업적 목적만이었다고 생각하는 것은 잘못이다. 그로닝겐은 만약 교역만이 유일한 목적이었다면 알렉산더는 나우크라티스를 중심적 집하지로 개발했을 것이라는 주장을 설득력 있게 펼쳐 왔다. 그는 입지 선정과 도시 규모를 보면, 알렉산더가 정치적·전략적 고려를 우선시했음을 알 수 있다고 주장한다.[43]

대부분의 학자들이 나우크라티스의 클레오메네스에 대해 비방과 무시가 뒤섞인 태도를 취하는데, 이는 고전기 역사기록학에서 아주 난해한 장章 중의 하나이다. 왜냐하면 클레오메네스는 분명히 알렉산더 시대의 가장 위대하고 영향력 있는 인물 가운데 한 사람

---

43 B. A. van Groningen, "Sur le fondation d'Alexandrie," *Raccolita di Scritti in Onore di Giacomo Lumbroso*, pp. 200-218.

이었기 때문이다. 이와 함께 클레오메네스에 대한 이런 무시는, 동지중해 곡물 시장의 조직화에 공헌한 그의 결정적으로 중요한 역할이 왜 일반적으로 간과되어 왔는지 그 이유를 설명해 준다. 클레오메네스야말로 이 사건에서, 그리고 별로 남아 있지 않은 이 사건에 대한 동시대 보고서에서 가장 중심적인 인물이었기 때문이다. 지난 2세기 동안 역사가들은 — 소수의 예외가 눈에 띄기는 하지만 — 클레오메네스의 금품 수수와 재물 강탈 혐의에 너무 많이 초점을 맞춤으로써 그의 업적을 무시해 버렸다. 클레오메네스의 위대성을 인정하는 로스토프체프 같은 사람조차 그에게 사과할 수밖에 없을 것 같다. 그의 악행에 대한 로스토프체프의 악평은 부정확하기도 하고 부적합하기도 하다. 만약 역사적 전망을 하는 게 조금이라도 의미를 갖는다면, 그것은 바로 개인적 동기나 인품이 제도적 변화에 비해 별로 중요하지 않다는 점이다. 이는 워싱턴의 유명한 벚나무 일화가 더 이상 미국 혁명사가의 뜨거운 관심을 끌지 못하는 것과 마찬가지다.

클레오메네스라는 인물에 대한 경멸은 두 가지 주요한 증거와 몇 가지 사소한 에피소드에서 나오는 보충 증거에 근거를 두고 있다. 이 증거 중 하나는 320년대의 대기근 때에 그가 행한 외견상의 강탈자나 무법자 역할이다. 다른 한 증거는 아리아노스가 인용했는데, 알렉산더가 클레오메네스에게 보낸 편지이다. 이 편지의 내용은, 명령에 대한 순응을 조건으로 장래의 모든 죄에 대한 사면과 함께 "귀하가 이미 범했을지도 모르는 어떤 불법행위도 사면한다" 라고 분부한 것이다. 아리아노스 자신도 클레오메네스에 대해 "이집트에서 많은 불법행위를" 자행한 "악인"이라 칭했다.[44] 그 밖의 사소한 증거는 아리스토텔레스(추정)의 『경제학』 제2권에 언급된 몇 가지 사건과 관련이 있다.

첫째 비난은 "세계" 곡물 시장의 창설이라는 우리의 핵심 문제와 관련이 있다. 왜냐하면 이 시장은 기근과 관련해 창설되었기 때문이다. 곡물 시장의 확립이 아테네의 독립에 대한 중대한 위협으로 간주되었기 때문에, 클레오메네스는 아테네 저술가들의 비난을 받았다. 이 에피소드는 뒤에서 자세히 논의하려고 한다.

두 번째 비난(아리아노스의 명명백백한 고발과 알렉산더의 암묵적 비난)은 통상 클레오메네스를 탄핵하는 가장 유력한 증거로 간주되어 왔다. 그러나 현재 이 편지는 위조된 것으로 간주되고 있다. 마아피가 아마 최초로 이 편지가 진본이 아닐 수 있다고 지적한 역사가였을 것이다. 왜냐하면 이 편지에서 알렉산더는 자기 친구 헤파이스티온을 기념하는 예배당을 두 개, 즉 알렉산드리아에 한개 그리고 '탑이 세워져 있는' 파로스 섬에 또 한 개를 짓도록 클레오메네스에게 명령하기 때문이다. 그러나 유명한 파로스 등대는 이

---

44 Arrian, *Anabasis*, VII, 23, 6-8.

편지가 쓰였다고 추정되는 시기보다 적어도 40년 뒤인 프톨레마이오스 2세 치하 이전에는 건설되지 않았다. 바로 이것이 마아피가 이 편지를 가짜라고 보는 이유이다.[45] 클레오메네스를 누구보다 강력히 비판하는 타른도 이 편지의 진실성을 의심한다. 그는 서술 양식상의 근거에서 그렇게 본다. 그는 아리아노스가 이 위조 편지에 '속아 넘어가기'는 했어도 어쩐지 미심쩍어 했었다고 말한다. 왜냐하면 아리아노스가 이 편지에 아주 특이하게 휘갈겨 쓴 주석을 덧붙이고 싶어 했기 때문이다.[46] 타른은 또한 알렉산더가 클레오메네스와 같은 사악한 인간을 결코 용서하지 않았을 것이라는 근거에서도 이 편지의 신빙성을 의심한다.

이 위조의 기원은 꽤 명백하다. 프톨레마이오스 소텔은 자기가 행한 클레오메네스의 암살을 정당화하기 위해 그의 이름을 더럽혔던 것이다. 알렉산더 사후의 권력투쟁에서 이집트는 그 전리품의 하나였다. 이집트의 지배권은 프톨레마이오스에게 돌아갔지만, 페르디카스는 그의 세력을 견제하기 위해 클레오메네스가 자신의 보좌로 남아 있어야 한다고 주장했다. 페르디카스는 여전히 제국을 그대로 유지하려 애쓰고 있었다. 얼마 안 있어 프톨레마이오스는

---

45 J. Mahaffy, *The Ptolemaic Dynasty*, London: Methuen and Co., 1899, p. 23.

46 W. W. Tarn, *Alexander the Great*, Cambridge: At the University Press, 1948, Volume 2, pp. 303-304.

페르디카스와의 유대를 끊고 안티파토루스와 동맹을 맺었다. 그리고 곧바로 그는 페르디카스와 친밀하다는 이유로 클레오메네스를 살해했던 것이다.[47] 타른과 베번, 마아피는 모두 프톨레마이오스가 클레오메네스를 살해하고 나서도 계속 비방했던 이유가 그의 왕위 계승권이 적어도 프톨레마이오스 자신의 왕위 계승권과 마찬가지로 정통성을 지니고 있었기 때문이라는 데 동의한다.

그 밖의 것(『경제학』에 언급된 작은 사건)에 대해서는 상론할 필요가 없다. 우리는 (한결같은 그를 옹호한, 몇 사람 중 하나인) 마아피의 클레오메네스에 대한 아래의 단언에 동의하게 된다. 이 이야기들은 모두 "빈민에 대한 억압이 아니라 대금업자와 사제에 대한 압박을 서술하고 있다. 대금업자나 사제, 그들의 행실에 대해 알려진 것으로 미루어 보건대, 그들이 고충을 호소했다고 해서 간단히 클레오메네스를 유죄로 판정해서는 안 될 것이다."[48] 그런데 『경제학』에도 이 사건과 아주 비슷한 몇몇 이야기가 실려 있다는 사실을 보탤 수 있다.[49] 결국 클레오메네스의 행동은 당시에는 전형적이었

---

47 E. Bevan, *History of Egypt*, Volume 4, pp. 17, 22: Mahaffy.

48 Mahaffy, *Ptolemaic Dynasty*, p. 27.

49 이집트의 사제 및 신전이 연루된 사건(II, 1352a, 23-23과 1352b, 20-25)을 샤브리아스가 이집트 왕 타우스에 한 조언(II, 1350b, 33-36)과 비교해 보라. 빌켄은 샤브리아스의 방안과 나우크라티스의 유명한 석판(石板)에 나열된 세금 사이에도 거의 비슷한 점이 있다고 지적한다(*Zeitschrift für Ägyptishce Sprache*, Volume 38, p. 133.) 또 클레

던 것으로 보인다. 더욱이 사제나 지방 지배자에게 가한 그의 공격은 프톨레마이오스의 아주 효과적이고 효율적인 계획을 실현하기 위한 필요조건 중 하나였다. 사제나 주지사(지방의 통치자)가 정복 당시에 누리던 정도의 자율성을 가지고 있었더라면, 그의 계획은 실현 불가능했을 것이다.

클레오메네스가 자신을 살해한 자이자 계승한 자인 프톨레마이오스와 함께 경제체제의 발전에 큰 기여를 했다는 것은 이제 분명해 보인다. 이것은 보통 이 경제체제의 발전이 프톨레마이오스 제2왕조의 필라델포스가 이룩한 것으로 알려져 있는 것과는 다르다. 예컨대 로스토프체프는 클레오메네스와 프톨레마이오스 소텔의 '업적을 과소평가하는' 경향을 비판한다. 비록 그도 필라델포스가 자신의 주요한 문제를 이 둘로부터 물려받았다고 느끼고 있긴 하지만 말이다.[50] 우를리히 빌켄은 "프톨레마이오스왕조와 클레오메네스의 경제적 경향성 사이에 …… 어떤 연관이 있다"는 것을 명확히 보고 있다.[51] 이 명제는 대부분의 문헌 자료가 필라델포스 시대 이후의 것이기 때문에 확증할 수는 없지만, 그런 사실은 거의 의문

메네스의 용병 계략을 동시대 사람인 람프사코스의 군주 멤논의 계략과 비교해 보라 (*Oeconomica* II, 1351b, 11-18).

50 Rostovzeff, *Hellenistic World*, p. 262.

51 U. Wilcken, *Alexander the Great*, New York: Norton, 1967.

의 여지가 없다. 클레오메네스는 알렉산더가 죽을 때까지 이집트의 지방 총독이었으며,[52] 리비아와 키레네, 말모리카의 재정 책임도 맡고 있었다.[53] 그의 업적에는 함대와 용병대의 설립, 이집트의 재정적 재건, 곡물 시장의 재조직, 알렉산드리아의 건설 등이 포함된다.

클레오메네스의 국가 재정 행정에 대해서는 굉장한 성공을 거두었다는 것을 제외하고는 상세한 내용이 알려져 있지 않다. 프톨레마이오스 소텔이 클레오메네스에게서 이집트의 통치권을 인계받

---

[52] 타른은 클레오메네스가 지방 총독 직위에 있었음을 철저히 부정한다. 그는 "알렉산더가 이집트 지방 총독을 둔 적이 없었으며, 나우크라티스에서 그런 중요한 지역에 이르기까지 재정 책임을 절대로 그리스인에게 맡기지 않았을" 것이라고 주장한다. 물론 그도 클레오메네스가 실질적인 주지사였다는 점은 인정한다(*Alexander the Great*, Volume 2, p. 303과 각주 1 참조). 그의 주장은 다음 두 가지 논점에 근거하고 있다. 하나는 클레오메네스가 '이 지방을 다스리라'라는 알렉산더의 명을 받았을 뿐이라는 아리아노스의 말이다(*Anabasis*, III, 5). 다른 하나는 상세한 사항에 대해서는 신뢰할 수 없지만, 파우사니아스만이 클레오메네스를 분명히 지방 총독이라 칭한다는 점이다(I, 6, 3). 그러나 클레오메네스에 대한 아리아노스의 편견은 악명이 높다. 더욱이 타른은 클레오메네스의 실제 활동에 대한 가장 중요한 자료를 간과했다. 즉, 그는 클레오메네스를 구체적으로 '이집트 지방 총독'이라 칭한 아리스토텔레스(추정)의 『경제학』 제3권, 그리고 그를 '이집트 전(前) 지방 총독'이라 칭하고 있는 데모스테네스의 (디오니소도로스에 반대한) 『사적인 연설』 LVI 제7권을 간과했다. 물론 클레오메네스가 이 직위를 가졌는지의 여부는 논점을 완전히 벗어난 것이다. 그가 절대적 권력을 가지고 통치했다는 사실은 의문의 여지가 없기 때문이다.

[53] Arrian, *Anabasis*, III, 5.

았을 때, 국고에 8천 탈란트라는 어마어마한 부가 저장되어 있었다.[54] 이런 국고의 액수야말로 클레오메네스를 비판하는 학자들의 비합리적인 편견에 더할 나위 없는 통찰을 제공해 준다. 타른은 오랜 연구 전통에 충실해서 클레오메네스가 자기 자신을 위해 그 많은 부를 차지했다고 비난한다.

> (알렉산드리아 시기의) 최대의 범법자 클레오메네스의 죄상은 훌륭한 자료들이 입증해 주고 있다. …… 그는 악행으로 8천 탈란트를 축적했다. 그리스 최고 부자가 160탈란트 정도밖에 가지고 있지 않았던 시대에 이것은 어마어마하게 많은 액수였다.[55]

그렇지만 모든 고대사 자료들 중에서 이 액수를 언급한 유일한 것은 프톨레마이오스가 클레오메네스에게서 인계받았을 때 국고에 8천 탈란트가 있었다고 말한 디오도루스의 명확한 언급뿐이다.[56] 물론 8천 탈란트가 어마어마한 액수라는 것은 맞는 말이다. 그러나 이 금액이 증명하는 것은 클레오메네스의 '죄상'이 아니라 오히려 재정가와 행정가로서의 그의 수완이다. 이것은 그가 이집트 주

---

54 Diodorus, XVIII, 14, 1.

55 Tarn, *Alexander the Great*, Volume 1, p. 129.

56 *Cambridge Ancient History*, Volume 6, p. 427.

민을 억압한 증거가 전혀 없기 때문에 더욱 명백하다. 우리가 알수 있는 바로는, 클레오메네스를 살해하고 그의 명성을 짓밟은 프톨레마이오스의 증오심은 민중이 클레오메네스에 대해 품고 있었던 애정 때문에 촉발되었을지 모른다.

클레오메네스가 알렉산드리아의 건설 책임을 맡았다는 것은 그의 능력뿐만 아니라 알렉산더가 그를 높이 평가하고 있었음을 단적으로 증명하는 것이다. 칼리스테네스(추정)는 그를 이 도시 건설 사업 때 알렉산더의 제1의 조언자라 불렀다. 한편 유스티노스는 그를 '알렉산드리아를 건설한' 인물이라 칭했다. 아리스토텔레스(추정)의 『경제학』은 분명히 이 도시의 명명 이전에 쓰인 부분에서, "알렉산더 왕이 클레오메네스에게 파로스 섬 부근에 도시를 건설하고 이전에 카노포스에 있던 엠포리움을 그곳으로 옮기라고 명령했다"라고 기록하고 있다.[57] 특히 클레오메네스의 이름은 대략 3~4세기 후에 쓰인 지방 전설 "로망스"에서도 알렉산드리아의 건설과 관련되어 있다.[58] 알렉산더가 이 도시의 건설을 중시했다는 것은 그 자신이 직접 이 도시계획을 입안했다는 사실(또는 전설)에서도 알 수 있

---

57 Pseudo-Callisthenes, I, 30: Justin, XIII, 4; *Oeconomica*, II, 1352a, 29 ff. Cf. Julius Valerius, I, 25.

58 Bevan, *History of Egypt*, p. 17. 필경 기원전 3세기에 쓰인 *Oeconomica*, II가 그를 "알렉산드리아인"이라고 언급하고 있는 점도 유의해야 한다.

다.[59] 그가 이 도시계획을 위해 수행한 역할은 이 도시 건설에 얽힌 설화에서 그가 자문을 구했던 점술가의 보고에서 엿볼 수 있다.

폐하, 도시 건설을 시작하옵소서. 이곳은 위대하며 천하에 명성을 떨치고 부가 넘쳐흐르는 도시가 될 것이옵니다. 그리고 이 세상 모든 곳의 교역 물품이 이곳으로 몰려들 것이옵니다. 많은 나라가 이 도시 덕분에 먹고살 것입니다. 하지만 이 도시는 어떤 나라에도 의지하지 않고 살아갈 것이옵니다. 이곳에서 만드는 모든 것은 세상의 존중을 받을 것이며 가장 먼 땅까지도 운반될 것이옵니다.[60]

(제국 전체는 아니라 해도) 적어도 이 제국의 서반부의 문화와 정치 중심지, 지중해 최고의 엠포리움, 이것이 바로 알렉산더가 이집트에 건설하는 자신의 도시에 맡기려 한 역할이었다. 최고의 능력과 인품을 지닌 인물이 아니라면, 어느 누구에게 이렇게 큰 책임을 맡길 수 있었을까? 클레오메네스가 바로 그런 인물이었다는 것, 그리고 정말로 그가 알렉산더의 가장 가까운 조언자이자 심복의 한 사람이었음은 마지막에 든 인상적인 증거에서 확인되었다. 알렉산더의 임종 모습을 구체적으로 묘사하면서, (클레오메네스를 지

59 Arrian, *Anabasis*, III, 1.

60 Pseudo-Callisthenes, I, 33.

탄했던 당사자인) 아리아노스는 이렇게 알려 준다. 클레오메네스는 황제의 목숨을 구하려는 마지막 시도에서 신과의 중개자로 활약한 세 사람 가운데 하나였다. 한편 황제의 침대 주위에는 다른 네 사람의 신하가 선발되어 철야 기도를 계속했다. 이 7인은 황제의 모든 신하 중에서 뽑혔으며, 임종 무렵 그의 곁을 지켰다.[61] 클레오메네스의 위상에 관해 이보다 확실한 증거는 없을 것이다.

이제 우리의 본래 주제인 동지중해 "세계" 곡물 시장의 창설에 대한 논의로 되돌아가 보자. 이야기의 기본 줄거리는 간단한 것이지만, 이것을 정리하려면 난삽한 수수께끼 같은 자료를 짜 맞춰야 한다. 나는 이것이 어디까지나 잠정적이고 가설적인 성격을 지님을 정말 강조해 두고 싶다. 따라서 이 사건의 분석을 시작하기 전에 이 지점에서 관련 자료를 인용하는 것이 유용할 것이다. 앞의 두 가지 자료는 『경제학』 제2권에서,[62] 세 번째 자료는 디오니소도

---

61 Arrian, *Anabasis*, VII, 26.

62 자주 비난받기도 하는 이 저작을 우리가 폭넓게 활용하고자 하는 점에 대해 간단히 설명하는 것이 좋겠다. 『경제학』 제2권은 그리스 경제학 연구를 위한 가장 난해하고 애매한 자료 중 하나이지만 동시에 가장 풍부한 자료이기도 하다. 이 책이 지닌 애매성의 근원은 원전의 특성과 남아 있는 원고 상태 둘 다에 있다. 이 책은 주로 일련의 일화로 구성되어 있다. 이 일화는 대부분 스캔들을 담고 있으며, 도시와 개인이 재정적 어려움을 해결하는 다양한 방식을 기술하고 있다. 저자가 확실히 누구인지는 불확실하다. 필경 『정치학』 제1권, 11, 1259a, 2-4에 있는 한 제안을 따랐던, 적어도 두 명의 아리스토텔레스 제자가 쓴 것으로 보이지만 말이다. 그렇지만 현존하는 판

로스의 탄핵 연설에서 각각 인용한 것이다.

이집트에서 곡물이 (단위당) 10드라크메로 팔리고 있을 때, 클레오
메네스는 경작자들growers[63]을 불러, 자기에게 얼마 가격으로 팔 수

본은 일부 이야기는 삭제하거나 줄이고 일부 이야기는 합쳐서 후대의 편집자가 많은
것을 생략한 것으로 보인다. 이 책의 텍스트 자체가 많이 훼손되어 많은 낱말, 심지어
는 많은 글이 이해 불가능하다. 따라서 이 텍스트는 고전 전문가마저도 이용하기가
난해하다. 그렇지만 바로 이 애매성 때문에 우리 자신이 직접 이 텍스트를 사용해야
한다. 왜냐하면 고전학자 자신이 상당히 자유로운 해석의 세계로 빠져들기 때문이다.
우리는 이 연구가 결코 확정적인 것이 아니라 암시적일 뿐이라고 주장한다. 이 연구
에서는 출간된 포스터와 뢰브 도서관 번역본과, 그로닝겐과 리즐러, 빌켄, 슐레겔, 슈
나이더의 주해를 사용한다.

『경제학』 제2권을 보잘것없고 형편없는 경제학이라고 묵살하는 것이 유행이다. 하
지만 가장 뛰어난 역사가들이 이런 견해를 공유한 적은 없었다. 로스토프체프는 『경
제학』을 쓴 "뛰어난 학자"에 대해 언급하면서, 이 저작을 "그리스의 사변적 사고와
실제적인 지혜가 결합되어 나온 가장 흥미로운 산물"이며, "특별한 유형의 책이며,
따라서 그리스 경제학을 공부하는 현대 학도들이 정성을 쏟아 연구해 볼 가치가 있
다"(*Social and Economic History of the Hellenistic World*, p. 74)라고 평가했다. 아우구스
트 뵈크는 자신의 고전적 저작인 『아테네의 공공경제』(*The Public Economy of Athens*)
(London: J. Murray, 1828)에서 다른 어떤 단일 문헌 자료보다 『경제학』 제2권을 많이
사용했다.

63 우리는 번역가 뢰브가 이 낱말을 '경작자'(growers)로 번역한 것을 포스터 번역에
서 '중개인'(dealers)으로 번역한 것보다 더 선호한다. 이것이 필경 실제의 경제 구조와
가깝기 때문이다. 마아피와 타른, 게르넷, 안드레아데스는 이 말을 '경작자'로 번역하
고 있다. 웨스터만은 포스터 번역을 지지한다. 이 시기에 토착 곡물 중개업자 계급의
존재를 입증하는 증거는 거의 없는 것으로 보인다.

있는지 물었다. 그러자 그들은 수출 상인들에게 파는 것보다 싸게 팔 수 있다고 말했다. 그러자 그는 경작자들이 다른 사람에게서 받는 것과 동일한 가격을 쳐주고 공급을 전량 인수해 이것을 (같은 단위당) 32드라크메의 고정 가격으로 팔았다.[64]

알렉산드리아 사람인 클레오메네스가 이집트의 지방 총독 자리에 있을 때인데, 다른 지역은 기근이 혹심하고 이집트는 그보다 덜했다. 그런데도 그는 곡물 수출을 금지했다. 그러나 주지사들이 곡물 수출이 안 되면 공물을 거둘 수 없다고 말하자 수출은 허락하되 곡물에 무거운 세금을 부과했다. 이런 방법으로 소량의 수출에 대해 많은 세금을 거두었고, 동시에 주지사들이 변명할 여지를 주지 않았다.[65]

이 자들은 모두 …… 이집트의 전前 지배자 클레오메네스의 부하이며 공모자였다. 클레오메네스는 통치권을 인수한 이래 재판매를 위해 곡물을 사들여 가격을 고정시킴으로써, 아테네뿐만 아니라 다른 그리스 국가에도 적지 않은 해를 입혔다. 이때 그는 이들을 공모자로 부린 것이다. 이들 중 어떤 자는 이집트로부터 원료를 송출하고, 또 어떤 자는 화물을 맡아 항해를 하고, 또 다른 자는 이곳 아테네에 머물면서 위탁품을 처분했다. 그리하여 이곳에 머무르는 자는 외국

---

64 *Oeconomica*, II, 1352b, 15-20.

65 Ibid., 1352a, 16-23.

에 있는 자에게 편지를 보내 물건 시세를 알려 주었다. 그래서 아테네 시장에서 곡물 가격이 비싸면 곡물을 이곳으로 가져오고, 또 가격이 하락하면 다른 항구에 정박시키도록 했다. 바로 이것이 곡물 가격이 오르는 주된 이유였다. 그리고 이는 이런 편지나 음모에 의해 이루어졌다. 그런데 그들은 아테네에서 배를 출범시킬 때 이곳 곡물 가격을 상당히 높게 올려놓고 출발했다. …… 그러나 이후 …… 시칠리아로부터 배가 도착해서 이곳의 곡물 가격이 하락하고 또 그들의 배가 이집트에 도착하면, 피고는 곧바로 로도스에 사람을 보내 자신의 동료인 파르메니스쿠스에게 이곳 아테네의 사정을 알려 주었다. 파르메니스쿠스의 배가 로도스에 기항하지 않을 수 없음을 잘 알고 있었기 때문이다. 그 결과 파르메니스쿠스는 신고 온 곡물을 로도스에 내려놓고 그곳에서 팔았다.[66]

위 인용문 중, 『경제학』 제2권에서 인용한 두 이야기는 한 가지 이야기의 부분들로 같이 읽어야 한다.[67] 이 두 이야기는 이집트 (또는 공급) 측에서 본 곡물 시장의 창설에 대해 기술하고 있다. 한편 데모스테네스의 인용 부분은 전체 시장이 어떻게 돌아가고 있

---

66 Dmosthenes, *Private Orations*, LVI(against Dionysodorous), 7-10.

67 우리의 이런 해석을 가능케 하는 권위자는 B. A. van Gronningen, "De Cleomene Naucratia," Mnemosyne, 1925이다(그로닝겐은 나중에 자신의 처음 판단을 뒤집었다).

는지에 대해 묘사하고 있다. 『경제학』에서 언급하는 사건이 정확히 언제 일인지는 분명하지 않다. 리츨러는 그 발생 시기를 기원전 330년과 328년 사이, 그로닝겐은 328년 이후, 그리고 로스토프체프는 기원전 332~331년이라 주장한다.[68] 어쨌든 그 사건들은 앞에서 다소 상세히 논의한 그리스 세계의 대기근 당시의 어떤 시점에서 일어났다. 데모스테네스(추정)의 문헌은 이 일보다 조금 후대의 모습을 서술한다. 클레오메네스를 이전의 지배자라고 언급한 것을 보면, 이 연설은 그가 죽은 해인 기원전 323년 이후에 한 것이다. 이 연설에 나오는 사건은 연설보다는 한두 해 전에 일어났다.[69] 따라서 이 연설은 클레오메네스의 조직이 그의 사후에도 존속했다는 증거가 된다.

『경제학』에 따르면, 이집트도 그리스 세계를 엄습한 전반적 기근에 영향을 받았지만 그 정도는 훨씬 덜했다. 어떤 단락에서 언급된 10드라크메의 곡물 가격은 비정상적으로 높지만, 이것은 다른 단락에 언급된 기근과 관련이 있음에 틀림없다. 이 사건을 해석하면서 겪는 어려움은 우리가 이 시기 이집트의 국내 경제조직에 대해 잘 모르기 때문에 더욱 커진다. 10드라크메가 대내 가격인지 대

---

68 Riezler, *Über Finanzen und Monopole*, p. 31, B. A. van Groningen(ed.), *Aristotle, Les second livre de l'Economique*, p. 190: Rostovtzeff, *Hellenistic World*, p. 172.

69 Demosthenes, *Private Orations*, LVI, 4, 5. 뢰브판 제6권 p. 193의 서문 참조.

외 가격인지, 그리고 소매가격인지 도매가격인지 확실하지가 않다. 이 시기에 이집트 인구의 대부분은 자신의 식량을 직접 토지로부터, 즉 자신의 보유지 아니면 대영지의 현물 분배로부터 얻은 것이 분명하다. 대규모의 식량 교역이나 원주민 상인이 있었다는 증거는 어디에도 없지만,[70] 시장은 분명히 존재했다.[71] 도시 인구는 이런 시장을 통해 식량을 보급 받았을지 모른다. 필경 이 무정부적인 혼란기에 국가권력은 아주 약해져서 어떤 거대한 재분배 기구도 유지할 수 없었을 것이다. 상인은 주로 그리스인이나 시리아인, 페니카 인이었다. 로스토프체프는 필라델포스 치하에서 나타난 현지인 소매업자 계층의 성장을 프톨레마이오스 왕조의 경제 재편과 밀접히 결부된 하나의 혁신으로 간주하고 있다.

그리스가 극심한 기근일 때 찾아온 이집트의 이런 상대적 곡물 부족은 국내 판매용으로 돌려질 곡물의 공급을 위협했음이 틀림없다. 그 이유는 틀림없이 (필경 대지주로부터 대규모로 매입한) 그리스 상인들이 곡물 경작자에게 지역 내 판매보다 수출 판매의 이익을 훨씬 더 많이 얻을 수 있는 조건을 제시했을 것이기 때문이다.

70 A. Erman, *Life in Ancient Egypt*, p. 494; N. Flinders-Petrie, *Social Life in Ancient Egypt*, p. 20; Hartmann, *L'agricultue dans l'ancienne Egypte*, pp. 143-146; Dykmans, *Histoire économique et sosiale de l'ancienne Egypt*, Volume 2, p. 248.

71 Herodotus, *The Persian Wars*, II, 35.

따라서 클레오메네스는 모든 곡물 수출을 확실히 금지한 다음 모든 공급을 인수했다. 그리고 그는 경작자들을 불러 모아 가격을 덜 받으려고 해도 충분한 가격을 지불해 주었다. 이리하여 외국인 중개업자가 일소되면서도, 이집트 농민들은 손해를 면할 수 있었고 필경 이익을 보았을 것이다. 이 점은 심지어 타른도 인정한다.

이 점에 대해 원 저작은 아무런 언급을 하고 있지 않지만, 클레오메네스는 국내 분배를 국가 통제 아래 완전히 재조직하기 시작했다고 볼 수 있다. 프톨레마이오스 왕조는 분명히 곡물 교역의 국가 독점 체제를 유지했으며, 신용 대체對替 및 국고에서 현물로 발행한 수표와 더불어 전체 기본 물자의 공급을 상당히 집중화했다. 이 왕조의 조직은 사적 소매업자도 이용하면서 분명히 클레오메네스가 예상한 방향으로 나아갔다.

국내 공급을 재편한 후 클레오메네스는 정부 독점을 통한 수출의 재개를 허가하고 32드라크메의 고정 가격으로 판매했다. 이것은 유례없이 높은 가격이었다. 이 가격수준으로 미루어 볼 때, 클레오메네스가 수출 이익으로 보조하면서 실질적으로 국내 곡물 가격을 인하했다고 추론해 볼 수도 있다. 이런 정부 독점은 약간의 행정상의 문제를 야기했다. 주의 통치자 또는 주지사는 곡물의 사적 교역이 이루어지지 않아 바쳐야 할 세금을 보내지 못한다고 고충을 보고했다. 그래서 클레오메네스는 일정량의 한계 내에서 사적 교역의 재개를 인정하고 거래에 참가한 상인들에게 세금을 거두었다. "이 방법으로 …… 소량의 수출에 대해 다액의 세금을 거두고, 주지사들이 변명할 여지를 주지 않았다."

곡물 가격이 얼마나 오랫동안 32드라크메로 고정되어 있었는지는 추측을 할 뿐이다. 데모스테네스(추정)의 연설 당시에는 곡물 가격이 이 수준 훨씬 이하였음은 확실하다. 실제로 이 연설은 클레오메네스가 그리스 전역의 곡물 가격 인상을 주도했다고 비난하지만, 32드라크메의 높은 가격에 대해서는 아무런 언급이 없다. 따라서 그 책정 가격은 클레오메네스의 수출 조직이 완전히 정착할 때까지 단기간 동안만 시행되었다고 추정해도 별 무리는 없을 것이다.

클레오메네스의 수출 조직은 효과적이었고 또 단순했다. 그리하여 엄격한 행정적 감시 아래 있는 가격 형성 시장을 출현시켰다. 이 시장의 참여자는 크게 보아 네 부류로 나누어진다. 첫째 부류는 이집트에 머물면서 곡물 수출을 실제로 담당했다. 둘째 부류는 화물을 싣고 항해에 나섰다. 세 번째 부류는 로도스에 체류하면서 이곳을 거래의 중심지로 이용했다. 그리고 네 번째 부류는 그리스 각지의 항구에 체류하면서 위탁 재화를 취급하거나 로도스 주재원에게 가격 동향을 계속 보고했다. 이리하여 곡물은 이집트에서 로도스로 운반되었으며, 로도스는 이 신디케이트로부터 곡물을 구입하는 모든 그리스 도시들의 최신 가격 정보를 계속 제공받았다. 그러면 곡물은 최신의 보고에서 가격이 가장 높은 도시로 운반되거나, 그냥 로도스에서 판매되었다. 이런 조건에서는 로도스의 가격이 그리스 도시들의 평균가격을 반영하는 경향이 있었다. 즉, 로도스 가격이 '세계' 시장가격이 되고, 각지의 지방 가격은 운송비만큼의 차이가 나는 경향이 있었다. 이것은 어디까지나 경향에 불과하다는 것에 주의해야 한다. 따라서 가까운 예로 시칠리아의 곡물 호송 선단이 피레우스에 도착해 그곳의 가격이 내릴 경우에는, 피레우스로 보낼 화물을 로도스에서 매각했다.

이렇게 면밀히 구상된 시장 조직이 크게 성공했음은 아테네의 격렬한 반발을 통해서도 미루어 짐작할 수 있다. 이 반발로 인해 클레오메네스에 대해 몇 대에 걸친 반감이 자리 잡았다. 예를 들어, 보에크는 그를 "곡물 교역에서 악명 높은 강탈자"라 불렀다. 곡물 가격을 인상시켰다든가 공급을 감소시켰다든가 하는 비난만큼 아테네 청중을 흥분시키는 것은 없었다.

그리고 다음 세대도 이 감정을 공유하는 경향이 있었다. 그러나 짤막한 32드라크메 일화를 제외하면, 클레오메네스가 곡물 가격을 올렸다는 비난은 순진하고 무분별한 것이다. 데모스테네스(추정)의 연설에 나오는 그런 내용의 비난을 액면 그대로 받아들여서는 안 된다. 그것은 이 연설 자체가 정반대의 사실을 입증하기 때문이다.

만약 곡물이 여러분들의 아테네 시장에서 비싸지면 곡물을 이곳으로 가져오고 곡물 가격이 내리면 다른 항구에 정박시킨다. 이것이 바로 곡물 가격이 오르는 주된 이유였던 것이다(강조는 폴라니).

가격이 상대적 부족이나 과잉을 반영하는 경우에 풍부한 지역에서 부족한 지역으로 공급을 돌리면, 이는 그리스 전역의 평균가격을 낮추는 효과를 낳을 뿐이다. 분명히 이것은 과잉 지역의 가격 하락 동향을 역전시키는 경향이 있을 것이지만, 동시에 부족 지역에서는 가격을 끌어내렸을 것이다. 처음으로 그리스의 여러 도시들의 곡물 가격이 일관된 토대 위에서 밀접한 관련을 맺게 되었다. 이 지점에서 우리는 가격 비율에 따라 공급이 변동하는, 동지중해 지역의 진정한 시장가격에 대해 말할 수 있다. 아마도 아테네 본토에 미치는 순純효과는 일정 정도 가격의 상승이었다. 이전에는 아테네의 정치적 영향 때문에 그 규모에 비추어 필요한 양보다 훨씬 더 많은 몫을 차지할 수 있었기 때문이다. 그러나 이는 그리스 전체로 볼 때는 맞는 말이 아니었다. 이전 연도와 비교해 볼 때, 가격은 확실히 상승했다. 그러나 그 주된 원인은 보스포로스로부터의 공급 실패였다. 로스토프체프가 단언한 것처럼, 그리스 식량 문제가 절대 부족이 아니라 분배에서 초래되는 한, 클레오메네스의 계획이 해결책을 제공했다. 이제 공급은 실제의 필요에 비례해 합리적으로 변동했고, 정치적 영향력과 군사력에 따라 제멋대로 변동하지는 않았다.

그러나 바로 이 점이 아테네인들이 왜 그렇게 격렬하게 반발했는지를 정확히 설명해 준다. 그런 시장구조에서는 장기적으로는 가격은 더 낮아지고 공급은 더 규칙적으로 되겠지만, 이 사실에도 불구하고 그리스인들은 장기 메커니즘의 결과 — 언젠가 케인스가 말했던 것처럼 — 장기적으로는 모두 죽고 말 것이라는 사실을 망각할 수가 없었다. 그들이 보기에 식량 조달을 시장 조직에 의존한다는 것은 정치체political entity로서 살아 나가는 것과 양립하기 어려웠다. 그것은 단지 '자율적' 메커니즘에 대한 의존 — 그 자체만으로도 충분히 나쁜 것이지만 — 의 문제로 끝나지 않았다. 19세기의 세계시장이 영국의 군사적·정치적·금융적 패권에 좌우되어 영국의 지배력 후퇴와 더불어 붕괴했던 것처럼, 이 시장도 이집트의 지배력과 탁월한 행정 능력에 달려 있었다. 공급자들은 가격차이에 따라 이동했다. 그런데 이 가격차이는 가격을 고려한 정치적 결정의 결과였지, 다수의 이윤 추구 기업가의 '자동적' 반응에서 생긴 것이 아니었다. 아테네가 지난 세기의 관리 교역을 지배했던 것처럼, 이집트는 이 시장 교역을 지배했다. 실제로 이 시장의 합리성의 정도는 주로 교통상의 문제 때문에 행정적 통제의 정도에 심하게 의존했음이 틀림없다. 공급의 움직임을 좌우하는 가격에 관한 정보 없이는 세상의 어떤 의지도 공급을 '합리적으로' 이동시킬 수 없었을 것이다. 원시적인 교통·통신 조건에서는 오직 정교한 조직만이 이 정보를 제공할 수 있었다. 이것이 없다면, 판매인의 행동 기준이 되는 가격 정보는 곧잘 낡은 정보가 되어 버릴 것이다. 그래서 판매인이 행동을 개시하기 전에 사태가 일변할 수도 있다. 데모스테네스(추정)의 연설은 클레오메네스의 조직이 그의 사후 적어도 몇 년은 존속했다는 증거가 된다. 프톨레마이오스 왕조는 클레오메네스가 도입한 곡물 교역의 독점을 계속 유지했다. 그리고 필라델포스 치하에서는 이집트와 보스포로스 왕국 사이에 친밀한 외교 관계가 있었기 때문에[72] 시장 조직이 그 다음 세기에도 일정한 형태로 존속했다고 보아도 별로 무리는 없을 것이다.

그렇지만 아테네인들의 반발은 말로 하는 반발 이상이었다. 그들의 반발 양상이 문제의 본질을 말해 준다. 클레오메네스의 거래가 시작된 지 겨우 5년 후인 325~324년에 아테네는 "어떤 경우라도 시장과 자신의 곡물 공급원을 확보할 수 있도록" 아드리아 해에 식민지 ─ 그곳의 정확한 위치는 여전히 의문 속에 있다 ─ 를 설치하는 포고를 발포했다.[73] 다시 한 번 아테네는 최후의 필사적인 수단으로 곡물을 구하기 위해 서쪽으로 향했다. 그 포고가 긴급성을 명백히 알려 준다. 에트루리아의 해적에 대한 항구적 방어를 강화하기 위해 함대가 조직되었다. 이리하여 그 식민지는 해군력을 토대로 강화되게 되었다. 포고령의 집행을 서두르기 위해 각각 5백, 3백, 2백 드라크메짜리 금관을 가장 빨리 항해 준비를 마친 전함의 선

---

72 M. Rostovtzeff, "Greek Sightseeing in Egypt," *Journal of Egyptian Archaeology*, 14, 1928.

73 Hasebroek, *Trade and Politics in Ancient Greece*, p. 107을 참조하라. 상세한 내용은 Tod, *Greek Inscriptions*, Volume 2, pp. 284-289에서 나온 것이다. 또한 *Cambridge Ancient History*, Volume 6, p. 449, 그리고 G. Glotz, *Historie Creque*, Volume 4, p. 211.

장 세 명에게 수여했다. 포고가 부과하는 의무를 이행하지 않은 관리나 시민은 아테네에서는 신성시되어 어길 수가 없는 1만 드라크메의 벌금형을 선고 받았다. 그리고 평의회는 포고에 어떤 필요한 사항을 추가할 수는 있었지만 어떤 조항도 무효화시킬 수 없게 했다.

이것만큼 두 가지 식량 조달 방법상의 완전한 대립을 웅변으로 말해 주는 증거는 없을 것이다. 아테네의 저항이 실패할 운명에 처한 것은 분명했다. 그러나 타격은 생각지도 않은 방향에서 느닷없이 닥쳐왔다. 독립과 강대국을 향한 아테네의 모든 낙관적인 전망에 최후의 심판을 내리게 되는 힘은 아테네가 겨우 눈을 돌리기 시작한 서쪽에서 나타났다. 로마가 태동하기 시작한 것이다. 그 힘은 몇 세기 만에 새로운 시장 조직과 그리스의 관리 교역 시도를 모두 분쇄해 버렸다. 로마는 모든 공급원(시칠리아, 리비아, 이집트, 크리미아, 소아시아)을 군사적·정치적 지배 아래에 둠으로써 식량 공급을 확보했다. 아테네인의 꿈은 그리스 문명을 훨씬 왜소화된 모습으로 현대에 전하게 될 이 세력 속에서 실현되었다.

제16장
화폐, 은행, 그리고 재정

우리가 아는 바로는 고대 그리스인이 교역과 화폐 사용을 시장 요소와 결합한 최초의 사례를 보여 준다. 그러나 그들은 이 근대적 삼위일체의 각 요소 사이에 태생적 친화성이 있다고는 생각하지 않았다. 그들은 교역(주로 증여 교역과 관리 교역), 그리고 지불과 가치 표준이라는 화폐의 원시적 용도를 잘 알고 있었다. 심지어 특정한 시장 장사꾼들에 대해서도 익숙했는데, 예컨대 해적들은 교환을 열망하는 무해한 외국인의 모습으로 왕궁 앞에 자기 물품들을 늘어놓고 재빨리 장사치로 변신하는 따위의 이벤트를 벌이기도 했던 것이다. 국내적으로 지역사회의 시장은 빈민에게 식량을 제공하는 목적을 가졌던 것 같다. 그러나 이 모든 요소들이 함께 공존하는 것처럼 보이지는 않았다. 호혜 관계나 재분배 제도가 우세한 한, 교역과 화폐, 시장이 하나의 제도적 전체를 형성하지는 못하기 때문이다. 실제로 화폐와 시장은 좀처럼 구별할 수가 없었다.

심지어는 별개의 존재로 식별하기조차 어려웠다.

I. 화폐

고대 그리스에서 화폐나 시장의 개념이 존재했었다고 말하기는 어렵다. 이들보다 훨씬 잘 알려져 있던 교역 그 자체와 마찬가지로, 오히려 화폐와 시장은 각기 다른 담론 세계, 즉 습속mores과 고안물 devices에 속했던 것으로 보인다. 먼저 습속에 대해 말하자면, 공유와 상호성은 바로 공동체적 관계에 내재된 구성 요소이다. 경제문제와 관련해 윤리란 호혜적·재분배적 태도를 논하는 지적 방식에 불과하다. 그러나 기술은 습속 그리고 도덕과 불가분의 관계에 있기 때문에, 단순히 어떤 일을 하는 행위에 관한 사고일 뿐만 아니라 실제로 행위 그 자체의 방식이다. 그리스인의 정신은 자연스럽게 이 두 가지 수준에서 움직였다. 흔히 그리스인들이 경제학에 대해서 '윤리적' 접근을 취했다고 말하는 것은 오해이다. 오히려 인류학적 접근을 했다고 말하는 편이 훨씬 진실에 가까울 것이다. 왜냐하면 그 주장은 고안물에 관한 기술記述로 보충한, 습속에 관한 논리 정연한 견해에서 나왔기 때문이다. 비록 그들이 현대인의 정신과 연관성을 간과하지는 않았다 해도 그것을 경시한 것은 매우 놀라운 일이다.

기원전 5세기의 헤로도토스와 4세기의 아리스토텔레스(훨씬 더) 모두 화폐 용도와 상업 교역 간의 연관성을 이미 알고 있었다. 그러나 시장기구에 관해서는 완전히 무지했다. 헤로도토스는 어떤 논의도 없이 주화의 기원을 소매업의 기원과 연결시키기까지 했다. 그러나 그는 주화를 리디아인의 풍부한 금과 여유 있는 정신이 만들어 낸 독창적인 발명품으로 보았다. 리디아인은 이 둘로 유명했던 것이다. 시장 습속에 대해 말하자면, 헤로도토스는 그것이 어떤 것인지 잘 알지 못했다. 어떤 습속으로서 시장 관습은 (성적 자유나 종교적 미신처럼) 원주민의 관습이라는 범주에 포함되었는데, 이 범주는 때로 너무 많은 문제점을 안고 있어서 명확한 정의를 내릴 수가 없다. 어쨌든 헤로도토스는 주인공인 왕 중 왕(이면서 모든 면에서 위대한 인물)인 페르시아인 키루스로 하여금 자신의 적인 그리스인의 시장 습속에 대해 기념비가 될 만한 오판을 하게 한 것을 크게 의미 있는 일이라고 생각했다. 금의 일반적 사용에 대해서는, 헤로도토스는 단지 수도와 가까운 트몰로스 산의 경우만을 언급한다. 이 산 중턱을 따라 사금이 운반되었다. 그는 사르디스의 시장터 안의 식량 소매에 대해서는 전혀 언급하지 않는다. 분명히 카펠리케 kapēlikē라는 용어는 자명한 것이었다. 그러나 그가 화폐의 주조에 대해 명시적으로 언급하지 않았더라면, 우리는 그의 설명으로부터 사금이 시장의 통상적인 교환 수단이었다고 확신했을지 모른다. 예를 들어 17세기 기니의 위다 또는 1820년대까지의 서인도 무역에서 그랬던 것처럼 말이다. 그러나 주화는 사금과는 완전히 별개의 문제이다. 사금 시장과 식량 시장은 여성 판매인이라는 인물을 매개로 해서, 함께 발견되는 경우가 많다. 그렇지만 우리가 아는 한 어디에도, 사금이 있다고 해서 금화가 도입되지는 않았다. 반대로 우이다인이나 아샨티인, 그리고 1870년대까지의 대부분의 수단인도 주화, 특히 금화의 사용은 거부했다. 심지어는 은화를 없애 버리고 외국의 은화는 녹여서 장신구로 만들었다. 아비시니아에서 나이저 강에 이르기까지 마리아 테레사 달러[18세기 중동에서 사용된 은화]만이 유일한 예외였다. 그 대신 중국 남서부나 동인도, 기니 만에서처럼 시장에서 사금을 사용하는 경우에, 그것은 화폐로 쓰이는 자주색 조개와 연관이 있었지, 금화의 주조와는 전혀 관련이 없었다. 다른 한편 헤로도토스는 처녀의 혼전 매춘을 시장에서의 사금 사용과 연결시키는 듯하다. 이와 같은 일련의 습속들은 19세기 초의 서부 수단에 대한 기록에도 나타난다. 그리고 만일 나델의『블랙 비잔티움』*Black Byzantium*에 대한 우리의 해독解讀이 옳다면, 그것은 오늘날 나이지리아의 누페에서도 찾아볼 수가 있다.

이제 헤로도토스의 설명을 전부 살펴보자. 그것은 원초적 사회의 (습속 겸 고안물) 유형이 어떻게 해서 주화나 소매의 상이한 경제 요소들을 전면적으로 흡수했는지를 보여 준다.

대부분의 다른 나라들과는 달리, 리디아에는 역사가가 기록할 만한 경이로운 것이 거의 없다. 트몰로스 산에서 씻겨 내려오는 사금만이 예외일 뿐이다. 그렇지만 리디아에는 이집트나 바빌론의 대건축물에만 뒤질 뿐인 거대한 구조물이 하나 있다. 이것은 크로이소스의 아버지인 아리아데스의 분묘인데, 그 토대는 거대한 돌로 이루어졌고 나머지 부분은 흙을 쌓아 만들었다. 이 분묘는 사르디스의 상인이나 수공업자, 창부娼婦들의 공동 사업으로 완성되었는데, 꼭대기의 다섯 개 돌기둥이 아직도 남아 있고 그곳에는 각 계층의 직공이 얼마만큼의 일을 했는지가 새겨져 있다. 그것을 계산해 보면 창부가 가장 많이 노동을 했던 것 같다. 실제로 리디아에서 서민의 딸들은 예외 없이 자신의 혼수 비용을 마련하기 위해 매춘을 했다. 그들의 매춘은 결혼할 때까지 계속되었다. 자신의 힘으로 시집을 가는 것이 관습이었기 때문이다.[1]

트몰로스의 사금이 카펠리케의 발상지인 사르디스의 시장 개최지를 똑바로 가로질러 흐른다는 언급이 뒤에 다시 나온다. 바로 이어 헤로도토스는 시장에서 소매업을 하고 일렉트론(금과 은의 천연합금)으로 화폐를 주조하는 이중의 혁신에 대해 서술하고, 그 다음

---

1 Herodotus, *The Persian Wars*, I, 93.

에 리디아인이 발명한 다른 고안물과 장치의 목록을 제시하고 있다.

자녀 양육 방법을 제외하곤, 리디아인은 그리스인과 거의 비슷한 관습을 가지고 있다. 우리가 아는 한, 리디아인은 금이나 은을 이용해 화폐를 주조하고 소매를 시작한 최초의 민족이다. 리디아인은 오늘날 그리스인과 공유하는 놀이는 모두 자신들이 발명했다고 주장한다. 그들은 튀르세니아를 식민지로 삼았을 때 이런 놀이를 고안했다고 단언한다. 그들은 이렇게 설명한다. 마네스의 아들 아티스 왕의 시대에 리디아 전국에 걸쳐 대기근이 발생했다. 리디아인들은 처음에는 참고 견뎠다. 하지만 이 기근이 언제 끝날지 알 수가 없었다. 마침내 그들은 재난을 이겨 내기 위한 수단을 궁리하기 시작했다. 많은 사람들이 다양한 방법을 찾아냈다. 이리하여 주사위 놀이와 공기놀이, 공놀이, 유사한 모든 놀이가 그때 고안되었다. 그러나 서양 바둑에 대해서는 리디아인들이 자신들의 고안물이라고 주장하지 않는다. 어쨌든 음식을 먹고 싶은 마음이 들지 않도록 아침부터 저녁까지 놀이에 몰두하고 그 다음날에는 놀이를 중지하고 음식을 먹는 것이 그들의 기근 대책이었다.[2]

---

2 Ibid., I, 94.

일부 리디아인은 식량을 소매로 구매하기 위해 주화를 고안했다. 반면에 또 다른 리디아인들은 식량 소비에 대한 다른 일련의 대안들을 내놓기도 했다. 고대 그리스인을 제외하고는 어떤 민족도 이 일화가 암시하는 평가, 즉 마음 씀씀이가 정말로 깊다는 평가를 받은 적이 없었다. 그러나 헤로도토스가 리디아인의 창의적인 발명을 중심으로 이야기를 전개하는 방식은 그가 아직은 경제적인 것의 범주에 정통하지 않았음을 입증해 준다.

한 세기 후에 다시 아리스토텔레스는 주화의 기원과 카펠리케라는 이 동일한 주제로 되돌아왔다. 비록 그는 이 문제를 철학적 차원에서 다루지만, 더 면밀히 관찰해 보면 그의 접근이 여전히 습속과 고안물의 차원에 있음을 알 수 있다. 펠로폰네소스전쟁은 아티카를 빈곤에 빠뜨렸다. 거류 외인의 습속이나 직업이 동지중해에 퍼져 나가고 있었다. 새로운 교역 형태 속에서 사람들은 화폐를 만들려 했고 실제로 만들었는데, 이 새 교역 형태는 아티카의 상류계층 사이에는 이미 드물지 않았다. 지역 시장은 이미 수많은 도시에 정착해 사람들의 일상생활의 일부를 차지하고 있었다. 그러나 오늘날 우리에게 익숙한 새로운 질서를 암시하는 것은 아직 거의 없었다. 시장이 교역의 보편적 조직자가 되고 이윤을 정당한 활동 목표로 인정할 그런 질서 말이다.

결국 상업적 교역, 그 기원 및 메커니즘에 대한 아리스토텔레스의 분석에는 여전히 시장에 관한 언급이 전혀 없다.[3] 교역은 주로 정치적 수단을 통해 조직되었고, 화폐는 전쟁이나 정쟁의 기회를 잘 이용해 얻는 것이었다. 여기에는 전리품, 벌과금, 뇌물, 몰수, 차압 등이 있었다. 아고라는 비천한 행상인을 위한 장소였다. 심지어 아리스토텔레스는 소액 주화와 식량 소매 사이의 실재적인 연관성 문제에 대해 헤로도토스나 자신이 묘사한 리디아인에게도 의존하지 않았다. 아리스토텔레스는 자료의 진실성에 의심을 품었을지 모른다. 헤로도토스가 고대 경제사의 가장 가치 있는 항목을 실제로 기록으로 남겨 두고 있었는데도 말이다. 아리스토텔레스는 자신의 관심을 카펠리케에 집중했지만 아고라에 대해서는 거의 언급하지 않고 교역에 대해서만 언급했다. 그리고 아주 부수적으로만 화폐에 대해 말했다. 그는 시종일관 이렇게 설명함으로써 교환으로 얻을 이득이나 이윤이 생길 여지를 남겨 두지 않았다. 그의 주장에 따르면, 인간이라는 동물은 본래 자급자족하며, 그 때문에 교역이란 원시 가족이 너무 많아져서 쪼개져 따로 살게 되었을 때 자급자족을 회복하기 위한 자연스런 방법일 뿐이다. 따라서 물물교환의 목적도 이득이나 이윤이 아니라 자급자족 상태로의 복귀이다. 관습이나 법은 공동체 성원 사이의 자연스러운 우애friendliness가 유지될 수 있도록 그 교환 비율을 정한다. 이를 위해 공동체 성원들은 각기 자신의

---

3 아리스토텔레스에 대한 이어지는 논평은 『윤리학』 제5권과 『정치학』 제1권에 근거한다.

공동체 내 지위에 맞추어 설정된 비율에 따라 재화와 서비스를 서로 교환할 필요가 있다. 실제로 이런 필요조건은 교환의 이득이 발생하지 않고 어느 쪽도 채무를 지지 않는 경우에 충족된다. 따라서 아리스토텔레스의 주장은 이러하다. 첫째, 그때그때 필요한 양만을 교환하라. 둘째, 교환은 현물로 시행하라. 셋째로 현물 교환은 동시에 pari passu, 즉 신용을 배제하고 실시하라.

화폐는 교환할 재화의 정확한 양을 확정하기 위한 하나의 고안물로 기능한다. 등가로 교환되는 재화에 대한 실제적인 계산은 교환되는 재화의 어느 한쪽을 기준으로 삼는다. 그 조작이 동등하게 이루어지는지 아닌지에 따른 차이는 생기지 않는다. 어떤 경우든 척도 표준은 다른 재화를 물리적으로 계산하는 단위이다. A상품 단위를 B상품 단위'로' '계산한다'고 하는 구약성서의 한 구절을 문자 그대로 해석하는 데 대해서는 많은 얘기를 할 수 있다. 기본 물자를 기본 물자로 교환하는 경우, 예를 들어 배 한 척 분량의 곡물을 성문에 쌓여 있는 여러 병의 올리브유나 포도주와 교환하는 경우에, 곡물 양을 바구니로 계산해 성문의 저장소에 풀어 넣고 그 대가로 성문으로부터 포도주나 올리브유 몇 단위를 동시에 가져가는 절차를 밟았을지도 모른다. 이런 절차는 배 또는 성문에 저장되어 있는 기본 물자의 양을 재는 데 필요한 시간과 노력을 절약해 줄 것이며, 또 어떤 단계에서든 거래 당사자들이 서로에게 어떤 부담도 지우지 않고 그 절차를 중단할 수 있게 확실히 보장해 줄 것이다. 그래서

주화 단위는 척도 표준인 단위의 사용을 보다 쉽게 해주는 장치이
다. 관습의 개입은 오직 척도 표준이 편의적으로 선택된 경우로 한
정된다. 이상의 어느 곳에도 우리는 시장에서의 주화 사용, 식량 시
장에서의 소액 화폐의 특별 기능, 지역 화폐의 한정된 유통, 대외
교역용 화폐 대 지역 화폐의 비율을 설정함에 있어 임의적인 관습
의 역할, 그 밖에 시장 거래의 다른 어떤 특징들에 대해 전혀 어떤
언급도 찾아볼 수 없는데, 이는 매우 놀라운 일이다.

　　바로 이런 이유 때문에 플라톤이나 아리스토텔레스는 이른바
경제 현상의 요소들을 개념적으로 파악하는 데 대실패를 한 것이다.
그들에게는 이런 요소들이 경제적인 성격으로 인식되지 않았던 것
이다.

2. 화폐 주조

그리스에서 지역 화폐와 대외 화폐는 근본적으로 구분돼 있었다.
즉 이 둘의 사용처는 뚜렷이 양분돼 있었다. 소액의 은화와 청동화
는―특히 기원전 4세기 이후에―지역 내 교역이나 아고라에서
사용되었다. 반면, 스타테르화와 같은 고액의 은화는 대외 교역에
사용되었다.[4]

그러나 이 구별은 단순히 주화의 액수 문제만은 아니었다. 고액 주화가 대외 교역에 사용되었으리라는 것은 당연히 예상할 수 있다. 중요한 것은 대외 교역에 사용된 고액의 주화는 거의 전적으로 지금은地金銀의 가치대로 유통되었다는 점이다.[5] 그렇지만 지역 내 주화는 정반대였다. 지역 내 소액 주화의 가치는 금속 함유량으로 결정될 수도 있었겠지만, 이것은 중요한 요인이 아니었다. 그 주화에 가치를 부여한 것은 발행 도시의 권위였다.

만약 하나의 금속 조각에 이를 1드라크메로 발행했다는 정부의 지시 내용이 새겨진다면, 도시의 교역 목적에서 그 금속 자체의 가치가 얼마인지는 중요하지 않았다. 어떤 곳에서는 도금된 주화를 양질의 금속 주화와 동시에 주조했다. 또한 많은 곳에서 주조소의 감독관이 발행 주화의 중량에 거의 관심을 기울이지 않았다는 증거는 주화 그 자체에서 찾을 수 있다.[6]

청동 주화는 보통 명목화폐였다. 그것은 기원전 400년경 아테

4 J. G. Milne, *Greek and Roman Coins*, London: Methuen and Co., 1939, pp. 23, 107-109 와 P. Gardner, *A History of Ancient Coinage, 700-300 B.C.*, Oxford: Clarendon Press, 1918, p. 41 참조.

5 Gardner, *Ancient Coinage*, pp. 3, 56-57.

6 Ibid., pp. 2-3.

네에서 처음 사용되었지만 그리스 세계 전체로 아주 급속히 확산되었다. 도금 주화와 순금속 주화가 같은 가치로 함께 유통되었다는 사실은 지역 화폐가 본질적으로 국가의 권위가 그 가치를 결정하는 명목화폐였음을 보여 주는 확실한 증거이다. 금속 원료가 생산되지 않는 도시에서는 대개 낡은 주화에 자기네 주화를 새겨 넣고 낡은 모양은 망치로 때리거나 녹여서 지워 버렸다.[7] 소아시아의 그리스 도시들은 다시 새기는 수고조차 하지 않고 같은 주화에 또 하나의 각인을 눌러서 그대로 가치를 변경했다. 이 방법은 비잔티움에서 오랫동안 사용되었다.[8] 시장이 없는 경우에 그레샴의 법칙은 결코 보편적 현상이 아니다.

아리스토텔레스(추정)의 저작인 『경제학』 제2권은 몇 개의 일화로 아주 간단히 새 주화를 도입해 낡은 주화를 회수하거나 그 가치를 변경하는 일을 훨씬 명료하게 그려 냈다. 이런 일은 아주 방대한 시대와 지역에 걸쳐 일어났다. 최초의 일화는 아테네 주화의 초기 역사에서 하나의 중요한 사건으로 기록된다. 이것으로 우리는 아테네 주화의 흥미진진한 (그러나 모호한) 이야기가 초기 귀족제 및 참주제의 역할에 대한 열쇠를 쥐고 있다는 추론을 할 수 있다. 『경제학』 제2권은 페이시스트라토스의 아들이며 계승자인 히

---

7 Milne, *Greek and Roman Coins*, pp. 36-37.

8 Ibid., p. 75.

피아스가 제도화한 주화 개정 일화를 들려준다. 히피아스는,

아테네인들 사이에 유통되던 주화를 인정할 수 없다고 선포했다. 그러고는 그 주화의 가격을 조정한 후 그것을 자기에게 가져오도록 명령했다. 그러나 새로운 액면가의 화폐 발행을 검토하는 회의를 하고난 뒤, 그는 동일한 은화를 다시 발행했다.[9]

이 이야기는 다양하게 해석되어 왔다. 셀트먼은 원문에 주화의 회수回收가 동일한 은화의 재발행과 대비되어 있다고 말한다.[10] 그의 견해에 의하면, 이 이야기는 세습 귀족 시대의 낡은 주화를 페이시스트라토스 시대의 새로운 오보로스 주화로 대체한 것을 말해준다. 재평가 건은 집회, 필경은 민회에서 토의해 부결됐다고 분명히 기록되어 있다.[11] 실제로는 낡은 주화가 액면가보다 약간 할인된 가치로 회수되고 용해되어 다시 액면가대로 발행된 것으로 여

---

9 Pseduo-Aristotle, *Oeconomoica*, II, 1347a, 8 ff.

10 C. T. Seltman, *Athens, Its History and Coinage*, Cambridge: At the University Press, 1924, pp. 77-78; cf. Gardner, *Ancient Coinage*, p. 159; B. V. Head, *Historia Numorum*, Oxford: Clarendon Press, 1887, pp. 369-370: A. R. Burns, *Money and Monetary Policy in Early Times*, New York: Knopf, 1927, p. 363.

11 순도 낮은 우보이 본위가 순도 높은 주화로 대체됐다는 헤드의 가정은 남아 있는 동전과 부합되지 않는다.

겨진다. 따라서 이 사건은 반봉건적인 무정부 상태의 화폐 유산을 청산한 것에 버금갈 일이다.

명목화폐로 귀금속을 쉽게 대체할 수 있었다는 것은 소아시아의 연안 도시 클라조메나이에 관한 이야기에 나타나 있다.[12] 이 도시는 용병대에게 급여 20탈란트를 지불할 수 없게 되자, 이 돈을 용병 대장에게 대납하게 하고 연 4탈란트의 이자를 지불했다.

그러나 시 당국은 원금을 줄이지 못하고 쓸데없이 지출만 계속하고 있다는 것을 깨닫고서, 은 20탈란트 액면에 해당하는 철제 주화를 만들었다. 그 다음 시 당국은 가장 부유한 사람에게 부에 비례해 이 철제 주화를 나누어 주고, 대신 그들로부터 같은 액수의 은을 거두었다. 이리하여 개별 시민들은 이 화폐를 생활필수품을 사는 데 사용했으며, 시 당국은 빚에서 벗어나게 되었다. 그 후 시 당국은 자신의 수입으로 그들에게 이자를 지불했으며, 계속해서 그 이자를 적절한 비율로 분할 상환했다. 그리고 철제 주화를 회수했다.[13]

간단히 말해서, 시는 원금 상환의 전망도 전혀 없이 연 4탈란트

---

12 이 사건의 발생 시기를 그로닝겐은 기원전 360년경으로, 리츨러는 387년경으로 추정한다.

13 Pseudo-Aristotle, *Oeconomica*, II, 1348b, 23 ff.

의 이자를 물기보다 용병 대장에게 진 빚 전액을 부자 시민에게 강제로 대신 상환하도록 한 것이다. 세금 대납代納을 부자 시민의 명예로운 의무로 만드는 것이 리투르기의 본질이었으며, 이는 프로에이스포라proeisphora라고 불렸다. 이것은 국가에 빌려준 대부금에 비례해 차용 주화와 동액의 새로운 철제 주화를 채권자에게 발행한다는 편법을 통해, 비교적 간편하고 경제적인 방식으로 이루어졌다. 이리하여 채권자는 아무런 소득의 손실을 입지 않게 되었다. 철제 주화는 이전에 용병 대장에게 이자로 지불했던 액수를 배분함으로써 5년에 걸쳐 회수되었다. 즉, 매년 4탈란트의 철제 주화를 종래의 은화로 대체했다.[14] 리츨러나 번스처럼, 이로 인해 화폐의 공급이 늘어나게 되어 철제 주화 가치가 하락할 것이라는 가정을 당연시해서는 안 된다. 은을 용병 대장에게 지불했다면 ─ 그 밖의 다른 어떤 가정도 의문스럽다 ─ 국내의 화폐 공급이 증가해야 할 필요는 전혀 없었을 것이다. 어쨌거나 주화의 공급 증가가 당연히 그 가치 하락을 초래한다고 생각하는 것은, 가격이 수요 변화에 따라 자유로이 변동하는 시장체제라는 시대착오적 가정을 하고 있는 셈이다.

철제 주화가 액면 그대로 유통되었다고 보는 우리의 견해를 강

---

14 그로닝겐과 리츨러의 해설서 *ad locum*과 A. R. Burns의 *Money in Early Times*를 보라.

력하게 뒷받침하는 증거로는 또 다른 두 개의 비슷한 사건이 있다.[15] 한 사건이 시기적으로 조금 앞서기는 하지만, 다른 한 사건도 거의 동시대의 일이다. 앞선 사건은 기원전 400년경 시라쿠사의 디오니시오스가 단행한 주석朱錫제 주화의 발행과 관련이 있다.

그리고 은화가 부족할 때, 그는 주석제 주화를 주조하고서 민회를 소집해 이미 주조한 화폐의 장점에 대해 장황하게 설명했다. 그래서 그들은 전혀 내키지 않는데도 불구하고 자신들이 받는 돈을 주석이 아니라, 은으로 간주하기로 결의했다.[16]

이 이야기는 클라조메나이 일화와 아주 유사하다. 그 진실성은 의심할 여지가 없다.[17] 민회의 토의는 아마도 이 주화의 명목 가치와

---

15 그로닝겐도 그런 주장을 지지한다.

16 Pseudo-Aristotle, *Oeconomica*, II, 1349a, 33 ff.

17 이 인용문은 달리 설명하기 어려운 사실, 즉 시라쿠사의 4드라크메 은화가 이 시기에 중단된다는 사실을 설명해 준다. 지금까지 그런 주석제 주화가 발견된 적은 없지만, 이것이 결코 어떤 부정적인 증거를 제공하진 못한다. 그렇지만 이 시기에 나온 것으로 추정되는 평가절하된, 10드라크마 은화의 모방품은 발견된 적이 있다. 이것은 청동 주화이긴 했지만 애초에 주석으로 도금되어 있었으며 그래서 이 주화는 당연히 주석제 주화로 불릴 수 있다. 또한 그것은 더 가치가 낮은 모방품도 아니고, 오히려 당시에 시라쿠사 주조소를 책임졌던 '위대한 화폐 예술가'가 주조한 것이었다. 화폐 고고학자들은 디오니시오스 통치기를 시라쿠사 주화의 '가장 화려하고 풍요로운 시대'로 간주한다. A. J. Evans, "The finance and coinage of the elder Dionysus," E. A.

그 금속 함유량과의 관계를 다루었을 것이다. 폴룩스에 의하면, 이 주화의 명목 가치는 금속 함유량의 네 배였다.[18]

긴급 명목화폐의 유통을 보장하는 방법은 아테네의 장군 티모테오스에 관한 이야기에서 확실히 알 수 있다. 이는 클라조메나이의 일화와 거의 같은 시기의 일이다.

아테네인 티모테오스는 올린토스인들과의 전쟁이 한창일 때 은화가 부족해서 동전을 주조해 병사들에게 나누어 주었다. 병사들이 항의하면, 그는 무역상이나 소매상들이 모든 물품을 예전과 동일하게 팔 것이라고 대답했다. 이어 그는 상인들에게 말하기를 받은 동전으로 그 나라에서 판매용으로 들어온 농산물이나 전리품을 살 수 있으며, 수중에 남아 있는 동전은 자기에게 가져오면 은화로 바꾸어 주겠다고 했다.[19]

이 이야기가 사실임은 틀림이 없다.[20] 자세한 내용은 폴리아이누스

Freeman, *History of Sicily*, Volume 4, pp. 230-238; cf. van Groningen and Riezler, *ad locum*.

18 Pollux, VIII, 79.

19 Pseudo-Aristotle, *Oeconomica*, II, 1350a, 24 ff.

20 cf. Riezler and van Groningen, *ad locum*.

가 전해 준다. 그는 『경제학』 제2권과 유사한 내용을 이렇게 반복한다. 여기서 티모테오스는,

마케도니아 화폐를 키프로스의 놋쇠와 섞어서 5드라크메짜리 새로운 주화를 찍어 냈다. 그중 4분의 1은 은이고 나머지는 놋쇠 합금이었다.[21]

폴리아이누스는 또 다른 경우에 티모데오스가 취한 똑같은 조치에 대해 언급한다. 그때 아테네 군은 화폐 부족에 빠졌다. 장군은 종군 상인에게 통화 대신에 자신의 '환어음' 증서―우리 번역어로 말해서―를 받도록 설득했다. 그는 나중에 청구하면 이것을 주화로 돌려주겠다고 서약했다.[22] 레글링은 이 어음이 티모테오스의 개인 도장이 찍힌 그릇 조각이었다고 전한다. 따라서 이 그릇 조각은 바로 명목 주화와 완전히 동일한 기능을 수행했다. 폴리아이누스는 또 하나의 사례를 제시한다. 이 경우는 마케도니아의 장군 페르디카스와 관련이 있다. 이 장군은,

자신의 금고가 바닥이 났을 때, 놋쇠에 주석을 섞어 주화를 만들었

---

21 Polyaenus, *Strategems*, III, 10, 14.

22 Ibid., III, 10, 1.

다. 그는 이것으로 자기 군대에 지불했다. 종군 상인은 왕실의 도장이 찍힌 이 화폐를 통화로 받아들였다. 그런데 이것은 왕의 지배 영역을 떠나서는 아무런 가치도 없었다. 그래서 그는 다시 이 돈을 그 나라의 곡물이나 기타 생산물에 대한 지불금으로 받아들였다.[23]

『경제학』 제2권도 주화를 다시 찍거나 이중으로 각인한 사례를 제시한다. 디오니시오스는 시민에게 대부 받은 돈을 상환할 기한이 되면 그들에게 주화를 가지고 오라고 명했다.

> 그들이 돈을 가져오면, 그는 지금까지의 1드라크메가 이제 2드라크메의 액면가를 갖도록 새로 각인을 해서 발행해 이전의 부채와 그들이 이번에 가져온 돈을 상환했다.[24]

어떤 현존하는 시라쿠사 주화에도 두 배의 액면가로 이중 각인한 흔적이 보이지는 않지만, 이런 사실이 있었음은 폴룩스의 말로 입증된다. 그는 시라쿠사의 탈란트가 24드라크메에서 12드라크메로 감가되었다는 점에 대해 언급했다. 이것은 아마 디오니시오스 치하에서 일어났을 것이다.[25] 이것은 단지 우리의 추측일 뿐이다. 그

---

23 Ibid., IV, 10, 2.

24 Pseudo-Aristotle, *Oeconomica*, II, 1349b, 28 ff.

러나 폴리아이누스는 이 똑같은 방법을 보스포로스의 왕 레우콘도 사용했다고 말한다. 이 왕은 모든 주화를 회수해 그것을 두 배의 액면가로 다시 찍어서 수집된 액수와 같은 총액의 주화를 재발행했고, 그 절반은 자기가 가졌다.[26]

이런 이야기의 자세한 내용보다 더 중요한 것은 그것이 그려 내고 있는 정경이다. 현대인의 눈으로 보면, 그것은 참으로 놀라운 일이다. 왜냐하면 통화의 감가나 가격 인플레의 징후도 전혀 없으며, 유통 과정에서 '악화'가 '양화'를 구축하는 징후도 전혀 없기 때문이다. 실제로 우리가 대담무쌍한 조작으로 볼 조치 때문에 반대나 불안이 야기되었다는 암시도 거의 없다. 현대의 화폐 도덕으로 보자면 디오니시오스는 최악의 위반자이지만, 역사적 견지에서 보면 그는 '냉정하고 절제 있는 참주'이다.[27] 그의 치세기는 '시라쿠사 주화의 가장 화려하고 풍요로운 시대'였다.[28] 그는 '과감하고 독창적인 재정가'였다. 그의 정책 덕분에 시라쿠사는 카르타고의 손에 멸망하지 않았던 것이다.[29]

---

25 Pollux, IX, 87; cf. Gardner, *Ancient Coinage*, pp. 414-415 and Evans, "Finance of Dionysius," p. 238.

26 Polyaeus, *Strategems*, VI, 9, 1.

27 Freeman, *History of Sicily*, Volume 4, p. 3.

28 Ibid., p. 234.

29 Burns, *Money in Early Times*, p. 368.

물론 이 설명은 단순한 것이다. 이런 공동체의 비시장적 통합 경제는 재분배와 호혜의 방법을 통해 결합되고 운영되었다. 사회적이고 영역적으로 구분된 정교한 망網으로 인해 상업적 제도가 작동할 수 있었다. 이런 제도를 행정 지도자들이 창설했으며 그 덕분에 그들은 우리가 공공 재정의 아주 복잡한 모험으로 여길 일을 순탄하게 수행할 수 있었다.

3. 역내 주화와 대외 주화

지역 주화와 대외 주화의 구별은 그리스의 화폐 용도를 이해함에 있어서 매우 중요하지만 이를 과장해서는 안 된다. 이런 이분법은 유독 그리스에만 특유한 것은 아니고, 탈무드나 비교적 근대의 서아프리카 연안의 관행 등 다양한 자료에도 반영되어 있다. 그리스의 경험에서 두드러진 것은 지역 내 화폐와 대외 화폐 간의 전통적 분리를 넘어선 정도이다. 서아프리카의 몇몇 사례에 의하면 식량은 조개로만 살 수 있고 결코 금으로는 살 수 없었다. 하지만 아테네나 그 밖의 그리스 지역에서는 일반적으로 그렇지 않았다. 두 유형의 주화, 즉 지역 내 주화와 외국 주화는 제도적으로 분리되어 있었지만, 그래도 상호 교환이 가능했다. 또한 이 상호 교환은 한 도시의 대내 주화와 대외 주화 사이에서만 가능한 것이 아니었다. 어떤 다른 두 도시 간에도 대외 주화의 상호 교환이 가능했다. 마찬가지로 다른 두 도시의 지역 내 화폐도 상호 교환이 가능했다.

그런 상호 교환을 가능케 한 것은 아마도 그리스 경제의 혁신인 트라페지테 은행가의 중요한 공헌이었을 것이다.[30] 이 은행가는 초기 화폐 사용에 따른 직업상의 산물이었다. 소액 동전과 마찬가지로, 트라페지테 은행가는 기원전 400년 이전 시대에는 별로 알려지지 않았다. 우리가 아는 바로는, 주화나 환전상은 아테네에서 먼저 출현해 순식간에 그리스 전역으로 퍼졌으며, 둘 다 사적 생활이 아니라 공적 생활의 일부가 되었던 것으로 생각된다. 아고라에 자신의 지부를 두고 있었기 때문에, 트라페지테 은행가는 고액의 은銀 스타테르화 또는 3드라크메화를 소액의 동銅 오보로스 또는 반伴 오보로스화로 간단히 바꿀 수 있었다. 그리고 데이그마에 지부를 개설한 또 하나의 그룹은 외국 화폐와 아테네 화폐를 쉽게 서로 교환해 주었다. 이 때문에 크세노폰은 외국인이 피레우스에서 단지 상품뿐만 아니라 본국의 화폐도 입수할 수 있기 때문에 모든

---

30 여기에서는 그리스어/영어를 이중으로 표기한 웨스터만의 방식을 따른다. 이는 그리스어 트라페지테의 원시적인 활동을 현대 은행가의 정교한 활동과 명확하게 구별하기 위한 것이다. 이 점에 대해 우리는 웨스터만의 다음 저술이 보여 주는 통찰에 빚지고 있다. Westermann, "Warehousing and Trapezite Banking," *Journal of Economic and Business History*, Vol. 3, No. 1.

사람이 이곳에서 팔려고 한다고 공언할 수 있었던 것이다. 환전 업무는 교역항 당국이 제공하는 서비스의 일부가 되었다.

주화의 검사와 교환은 확실히 그리스 은행가의 원래의 공적인 역할이었다. 트라페자라는 낱말은 그 사람이 앉아서 화폐를 교환했던 의자를 의미했다. 이탈리아어에서 파생된 우리 자신의 용어 트라페지테가 중세 환전상이 앉았던 의자를 가리키는 것처럼 말이다. 트라페지테 은행가는 다른 기능도 수행하긴 했지만, 검사와 환전이 여전히 주요한 활동이었다. 헬레니즘 시대에 이 일은 자주 분명한 국가 독점사업이 되기도 했다. 이런 은행의 다른 기능들이 화폐 보급을 촉진시켰고, 화폐와 교역의 결합도 촉진시켰다. 그러나 우리는 그 수준이나 중요성을 과대평가하지 않도록 유의해야 한다.

트라페지테 은행가가 특히 4세기 초 이후 혼란기에 수행한 가장 유익한 기능은 법률 문서나 화폐, 귀중품, 재보의 보관소 역할이었다. 화폐나 재보를 그리스인의 무방비 상태 가옥에 보관하는 것은 이 시기의 사회적 동란 와중에 위험이 따르는 일이었음에 틀림없다. 그래서 이런 물건들은 자주 은행가에게 맡겼다. 그러나 최근 발견된 바에 의하면 꽤 많은 주화가 개인 집에서도 출토되었다.

예금은 대개 안정성 확보를 위한 것이었는데 이자를 받았던 것 같지는 않다. 오히려 예금한 사람이 수수료를 부담했을 것이다. 예금은 예금주가 허락하지 않는 한 은행가가 임의로 사용하는 일은 없었다. 이 경우에 은행가는 주로 예금주의 대부 행위의 대리인으로 활동했다. 예금은 여전히 예금주의 재산이며 일반 자금과 통합되는 일은 없었다. 주화를 교환하는 경우에도 은행가는 주화를 자루에 넣고 봉인해 버려서, 자신도 그것을 이용할 수 없었다. 은행가가 대부를 했음은 틀림없지만, 그것은 예금주의 지시에 따르는 것이거나 은행가 자신의 자금으로 한 것이었다. 은행가가 부동산을 담보로 정기적인 대부를 한다는 것은 확실히 불가능한 일이었다. 왜냐하면 거의 예외 없이 은행가는 노예나 해방 노예이거나, 잘해야 거류 외국인인 반면, 토지 재산은 오직 시민만이 소유할 수 있었기 때문이다. 따라서 담보권을 행사하는 것이 불가능했을 것이다. 이는 은행가 포르미온이 자신의 이전 주인 파시온에게서 은행을 임차했을 때 인정했던 사례에서 알 수 있다. 파시온은 인정 많은 한 아테네인의 도움으로 시민권을 얻었던 노예 출신이었는데, 부동산을 담보로 50탈란트를 빌려주었다. 그중 11탈란트는 은행자금이고 나머지는 그의 개인 자금이었다. 이전에 파시온의 노예였던 포르미온은 그에게 담보권을 행사할 수가 없었다. 그래서 파시온은 은행을 빌려준 후 곧 11탈란트를 저당으로 취하자 은행이 파시온의 채무를 지게 된 것이다.[31] 이소크라테스는 『트라페지티쿠스』(은행가)에서 파시온을 악한으로 묘사해, 그가 7탈란트의 예

---

31 Demosthenes, *Private Orations*, trans. A. T. Murray, Cambridge: Havard University Press, 1964, XXXVI, 5-6. Westermann, "Warehousing and Trapezite Banking"도 참조.

금을 대출해 버렸기 때문에 예금주에게 그 지불을 이행할 수 없었다고 추정했다. 또한 분명히 이 행위를 파시온이 숨겨야 했던 불법적이고 은밀한 일로 간주했다. 이리하여 이소크라스테스는 파시온이 예금주에게 "나의 불운한 실패를 비밀로 덮어 주시오. 그리고 예금을 받은 내가 이런 과실을 범했다는 사실을 감추어 주시오"라고 애걸했다고 묘사했다.[32]

따라서 은행가가 대부를 하는 경우, 이는 신용을 창조한 것은 아니었다. 그러나 환어음과 같은 신용 수단을 제외하면, 현대의 은행대부의 본질은 신용창조credit creation이다. 그리스의 은행가의 경우는 자신의 원금을 대출하거나 그런 용도로 허락된 예금을 대출했다. 후자의 경우에는 특정 예금주의 화폐로 대부를 한다는 내용을 기록해야 했다. 일반적으로 그 규모는 아주 작았을 것임에 틀림없다. 우리는 파시온의 활동 정도를 보고 오해해서는 안 된다. 두말할 것도 없이 그것은 지극히 예외적인 경우이며, 파시온의 활동 범위에 육박하는 은행은 그 밖에 하나도 없었다. 또한 파시온조차도 전당포를 겸하고 있었으며 청동 그릇을 담보로 돈을 대출하거나 심지어는 외국 통치자를 접대하는 유력 시민에게 모포나 침대, 은제품, 술잔을 빌려주기도 했다.[33] 은행대부의 중요성이 어느 정

---

32 Isocrates, *Trapeziticus*, XVII, 18.

33 Demosthenes, *Private Orations*, XLIX, 21, LIII, 9.

도였는지는 판단하기 어려운 일이다. 그러나 데모스테네스의 법정 연설집에 은행가에 의한 해상 대부의 예가 하나도 실려 있지 않다는 것, 그리고 해상 대부가 가장 중요한 대부 업무였다는 것은 의미심장하다.[34]

화폐의 검사와 교환 이외에 가장 중요한 은행 업무 기능은 지불을 원활히 하는 데 있었던 것 같다. 고대사회에서 현물거래 외에 알려진 게 없었던 이유 중의 하나는 지불 연기를 보증할 수가 없었다는 것, 즉 상환될 돈이 약속한 금액과 확실히 같도록 할 방도가 없었다는 사실이다. 얼마가 경과된 후에는 제삼자에게 지불할 목적으로 약간의 화폐를 은행가에게 예금할 수 있었다. 그러나 이것은 수표에 의한 지불과 같은 신용 대체對替나, 은행의 부기 거래를 통한 신용 대체—즉 중세 유럽의 무역과 금융에 아주 커다란 역할을 한 지로giro—를 포함하는 것이 아니었다. 초기 유럽의 예금은행과 마찬가지로, 그리스에서도 예금액과 동일한 액수의 화폐를 수취인에게 지불했다. 이것을 완전하게 입증하는 기록이 하나 있다. 헤라클

---

34 두 가지 한정이 필요한 것 같다. 한 사례에서 은행가인 헤라클레이데스는 항구에서의 배의 안전을 담보로 30미나를 대출해 준다. 그러나 이것은 엄밀한 의미에서 해상 대부는 아니다(Dem., XXXIII, 7). 다른 한 사례에서는 파시온이 장군 티모데우스의 부하에게 해상 대부를 해주었던 것으로 추정된다. 그렇지만 파시온은 마케도니아 왕으로부터 티모데우스에게 오는 화물 운송비나 목재 증여 비용을 지불하도록 자신이 티모데우스에게 실제로 돈을 선불해 주었다고 주장한다.

레스 출신의 상인 뤼콘은 사업차 아테네를 떠나기 전에, 파시온의 은행에 16미나스와 40드라크메를 예금했다. 그래서 자신의 거래 상대인 스키로스의 케피시아데스가 돌아오면 이 돈을 지불받도록 해두었다. 그는 이 예금을 두 명의 시민이 보는 앞에서 했다. 이 두 사람은 또한 케피시아데스를 파시온에게 소개하도록 되어 있었다. 파시온은 수취인의 신원을 확인해 줄 사람의 이름과 함께, 예금주의 신원, 예금액, 지불처 등을 기록했다. 이 기록의 증언자는 이것이 통상적인 절차였다고 보고 있었다.[35] 예금한 지 5개월이 지난 뒤 케피시아데스는 파시온에게 소개되어 이 예금을 지불받았다. 이 거래의 경우 신용은 결코 창조되거나 확대되지 않았다. 그러나 이런 편의는 이 기간 중의 거래 진행에 큰 도움이 되었음에 틀림없다. 증인이 보는 앞에서만 은행이 지불을 했기 때문에 시간의 간격이 전혀 없을 때조차도 지불이 원활하게 이루어졌다. 이는 편의뿐만 아니라 거래의 공개성을 보장하는 수단이기도 했다.[36]

또 다른 사례로서 파시온은 원격지 간 지불을 원활히 하는 데도 기여했다. 보스포로스 왕국으로부터 한 청년이 자기 아버지의 도움으로 거래와 공부를 위해 아테네로 왔다. 그는 파시온의 신용을 이용해서 모국으로부터 돈을 받을 준비를 마쳤다. 보스포로스

---

35 Demosthenes, *Private Orations*, LII, 3 ff.

36 Isocrates, *Trapeziticus*, XVII, 35-37.

를 향한 항해에 나선 스트라토클레스라는 상인은 이 청년에게 거액의 돈을 주고, 그 대신 이 청년이 아버지 앞으로 쓴 편지를 받았다. 이 편지에는 그곳에 도착하면 아버지가 이 상인에게 같은 액수를 지불하도록 하는 내용이 담겨 있었다. 이 계약이 성립한 것은 청년의 아버지가 의무를 이행하지 않았을 경우에, 파시온이 원금 그리고 스트라토클레스가 아테네로 귀환할 때까지의 이자를 지불하기로 보증했기 때문이었다.[37] 상인의 이익은 많은 금을 지닌 채 여행하는 위험을 무릅쓰지 않아도 된다는 데 있었다. 즉, 아테네에 자기 금을 남겨 둠으로써 그는 도착 지점에서 도로 찾을 절차를 확보할 수 있었다. 이것은 분명히 은행가가 단지 보증인으로서만 활동한 초보적인 계약이었고 신용거래는 아니었다. 또 그런 거래는 우연적이고, 우발적인 것이었다. 그래서 청년의 아버지인 보스포로스 왕국의 수상은 그를 아테네로 유학 보낼 때 아테네에 도착하는 즉시 돈을 구할 수 있도록 곡물 수송선을 그에게 마련해 주었다. 만약 환어음이나 신용장이 보급되어 있었더라면, 아들의 대학 교육 지원을 위해 이렇게 골치 아픈 송금 절차는 상상할 필요도 없었을 것이다! 몇 세기가 지난 후 키케로가 친구 아티코스를 통해 아테네에서 유학하는 자기 아들에게 송금을 할 때 사용한 방법은 다

---

37 Isocrates, *Trapeziticus*, XVII, 35-36.

름 아닌 신용장이었다.

은행의 지불과 대체는 헬레니즘 시대에 이르러서도 여전히 특정 주화의 조작에 지나지 않았다. 프톨레마이오스 왕조의 이집트에서는 그리스식의 은행 업무 방식이 최고조에 달했지만, 역시 화폐의 지로 이체 제도는 존재한 적이 없었다. 다만 곡물과 기타 기본 물자의 지로 이체는 국립은행을 통해 아주 정교한 방법으로 이루어졌다.[38] 이 시대에 화폐 사용 수준이 낮았던 정도와 대조해 볼 때, 이만큼 관리적 방법의 우세를 보여 주는 강력한 증거는 찾아낼 수 없을 것이다.

은행업에 기초한 어떤 종류의 신용 메커니즘도 없었음을 보여 주는 가장 설득력 있는 증거를 든다면 그것은 아마 초기의 정치가들이 "국고 보충을 위해" 사용한 구상들일 것이다. 『경제학』 제2권은 무엇보다도 공공 재정의 안내서로 쓴 것이지 스캔들을 기록한 것은 아니었다. 여기서 언급되는 일화는 "우리에게 결코 무용하지 않으며, 때로는 다른 사람들이 각자 종사하는 업무에도 응용할 수 있을 것으로 생각한다."[39] 이 구상의 독창성은 부富가 전쟁뿐만 아니라 평화의 산물일 수 있다는 생각을 최초로 전개한 크세노폰의 『방법과 수단』에 비견할 만큼 뛰어나다. 『경제학』 제2권은 균

---

38 Westermann, "Warehousing and Trapezite Banking," p. 49.

39 Pseudo-Aristotle, *Oeconomica*, II, 1364a, 30.

형 잡힌 가정이라는 새로운 생각, 즉 국가의 지출도 개인의 지출도 모두 수입의 한도 내로 유지해야 한다는 생각을 제시한다. 이 생각에 "피상적 관심 이상의 주의"를 기울여야 한다고 저자는 강조하고 있다.[40]

만약 은행대부가 이 시기 신용 체계에서 뭔가 역할을 했더라면, 긴급한 재정적 방안을 논의할 때 마땅히 국가가 은행가로부터 대부를 받는 데 대해 모종의 언급이 있을 법하다. 도시나 국가의 공채公債는 결국 중세 후기 이후 줄곧 유럽 은행업이 발전하는 토대였다. 그러나 전부 60개 이상이나 되는 이야기 중 41개의 일화에는 국가나 통치자가 은행가로부터 차입해 재정 곤란을 해결한다는 내용은 단 하나도 없다. 실제로는 그것과는 다른, 우회적이고 정도를 벗어난 방법이 사용되었다. 바로 이것이 어떤 종류의 신용 체계도 발전된 형태로 존재하지 않았다는 결정적인 증거가 된다.

그중 가장 흥미로운 방법을 약간 제시하는 것으로 충분할 것이다. 앞에서 논의한 주화에 관한 일화는 부분적으로나 전면적으로 국고 수입을 염출하기 위한 방안이었다. 이것은 수많은 다른 기법들에 의해 보충되었는데, 흔히 특정 그룹이나 시민 일반이 강요당한 국가에 대한 대부와 관련이 있다. 대부 이자는 일반적으로 국가

---

40 Ibid., 1346a, 15 ff.

가 지불을 했다. 그래서 클라조메나이 시市의 경우는 "곡물 기근과 기금 부족으로 허덕이게 되었을 때" 이 지역에서 많이 나는 올리브 유를 저장해 둔 모든 시민들에게 이것을 국가에 이자를 부쳐 대부 하도록 명했다. 이어 도시 당국은 배를 빌려 이 기름을 엠포리움으로 보내 필요한 곡물을 그곳에서 구입했다. 올리브유는 분명히 곡물 구입가에 대한 지불 담보로 잡혀진 것이다.[41]

이와 비슷한 경우인데 헤라클레아 시市는 현물 강제 대부 덕택에 전쟁 자금을 조달했다. 이 도시 당국은 40척의 전함을 파견하려 했으나, 함대에 지불할 자금이 충분치 않았다. 그래서 그 함대는 "장차 지불한다는 약속을 하고 모든 상인들의 곡물과 기름, 포도주, 그 밖의 상품을 구입했다." 상인들이 "짐을 풀지 않고 그대로 처분할 수 있었기 때문에" 마지못해 판 것은 아니지만, 이 역시 명백한 강제 대부였다. 헤라클레아 시는 이 상품들을 관리의 책임 아래 함대와 함께 보냈다. 수병들은 선불로 2주일분만을(전체 원정 기간의 금액이 아니라) 받아 식량 및 보급품을 맡고 있는 관리로부터 필요품을 구입했다.

이런 식으로 지휘관이 부하에게 다시 지불하기 전에 모금이 이루어

---

41 Ibid., 1348b, 17 ff.

졌다. 그래서 원정대가 귀환할 때까지 그 금액만으로도 충분했다.[42]

즉 승무원들은 식량 구입에 사용한 바로 그 화폐를 다시 지불받았으며 이런 순환 과정은 원정 기간 내내 반복되었다.

에페소스 시市의 경우는 아르테미스 신전을 재건함으로써 도시가 궁핍에 빠졌기 때문에, 여자들에게 황금제 장신구의 착용을 금지하고 금을 국가에 대부하도록 명하는 사치 단속법을 만들었다. 도시에 일정액을 기증한 시민은 이름을 신전 기둥에 새겼다.[43] 시라쿠사의 디오니시오스도 기원전 399년경 매우 비슷한 방법으로 자금을 모았다. 우선 그는 모든 황금제 장신구를 데메테르 신전으로 가져오도록 명하고, 그런 후에 이것을 여신으로부터의 대부라는 형식으로 이용했다. 어느 정도 기간이 지나 금을 충분히 확보하게 되자, 그는 일정액을 신전에 헌납한 여자들에게 금 세공품을 착용할 수 있도록 허락했다.[44] 출애굽기 32장의 금송아지 이야기에서도 볼 수 있듯이, 사치 단속법을 자금 조달 방법으로 이용한 것은 고대의 일반적인 일이었다. 로마에서도 유사한 조치가 있었는데 이는 리비우스나 스트라본과 관련된다. 신전 금고로부터 차입

---

42 Ibid., 1347b, 2 ff.

43 Ibid., 1349a, 9 ff.

44 Ibid., 1349a, 15 ff.

하는 것은 재정 비상사태를 타개하는 가장 오래되고 늘 있어 온 방법이었으며, 가장 유명한 사례로는 아티카인들이 아테네 신전 금고를 이용한 예가 있다.

재미난 이야기가 하나 있는데, 기원전 361년에서 348년 사이의 어느 시기에 강제 대부를 이용하기 위해 시장적 요소를 사용한 경우이다. 올린토스 전쟁 기간 동안 자금이 필요해, 멘데 시市는 시민들에게 남녀 각 한 명을 제외하고 여분의 노예를 전원 국가를 위해 매각하도록 명했다.[45] 필경 이 노예들은 국가에 인도되었고 국가가 직접 매각 작업을 준비했을 것이다. 물론 이는 이 이야기를 이해하는 데 별로 중요하진 않다. 어쨌든 이 방안의 성공은 상당히 발달한 노예시장의 존재를 전제로 하고 있다.

사실 『경제학』 제2권에 있는 일련의 세세한 사건들은 재정 곤란을 극복하기 위해 시장 제도를 이용할 수 있는 방법을 알려 준다. 그리스인들이 아주 불완전한 시장에 의지해 도시의 식량 공급 문제를 해결할 수 있었던 주된 이유의 하나는 아고라가 언제라도 쉽게 재분배 기구로 전환될 수 있었기 때문이라고 결론짓게 한다.

한때 비잔티움 시市는 식량 시장에 공급이 끊겨 재정적으로 곤궁했다. 이때 비잔티움은 흑해의 곡물 수송선을 나포해 상인을 억

---

45 Ibid., 1350a, 12 ff.

류하고, 이들이 시민에게 곡물을 소매로 팔도록 강제했다. 얼마 후 상인들이 억류에 항의하자 비잔티움 시는 곡물 가격을 10퍼센트 인 상해 그 수익금을 상인들에게 피해 보상으로 지불했다.[46] 이 절차에서 새로운 점은 곡물 수송선의 나포 ― 이런 일은 아주 빈번히 발생했다 ― 가 아니라, 오히려 상인을 강제로 억류한 것이었다. 보통 이 도시는 차압한 화물을 고정 가격으로 구입했을 것이다. 이 경우 이 도시는 자금이 부족했기 때문에 곡물을 소매로 팔아 돈이 들어오면 조금씩 상인들에게 지불해 나갔다.

기원전 5세기 말에 적의 습격을 예상한 람프사코스 시市는 아고라 내의 가격을 50퍼센트 인상해 그 차액을 국가가 취득했다. "보리의 가격은 메딤노스당 4드라크메였으나, 그들은 소매업자에게 6드라크메로 팔도록 지시했다. 올리브유는 코우스당 3드라크메였으나, 4드라크메로 팔고, 포도주나 그 밖의 상품도 같은 비율로 인상해 팔아야 했다. 이런 식으로 소매업자는 본래 값을 갖고 국가는 그 인상분을 취득해 국고를 충당했다."[47] 후일 아테네인들에게도 이와 유사한 제안이 제기되었다. 그러니까 피토클레스 ― 그는 이 사건 이외에는 잘 알려져 있지 않은 인물이다 ― 가 라우리온 광산의 모든 납을 2드라크메의 협정가격으로 국가가 전부 매입해

---

46 Ibid., 1346b, 30 ff.

47 Ibid., 1347a, 32 ff.

이것을 다시 6드라크메로 판매하자고 제안한 적이 있다.[48]

셀림브리아라는 헬레스폰트의 한 도시는 클레오메네스보다 1세대 가량 먼저 곡물 수출의 독점을 시행했다. 이 도시는 곡물의 저장량이 풍부해서, 모든 시민들에게 1년분의 식량을 제외한 여분의 식량을 고정 가격으로 국가에 넘기도록 명했다. 이 곡물은 고정 가격으로 수출되어 국가에 적당한 수입을 얻게 해주었다.[49]

재정적 필요를 충당하는 수단으로 시장적 방법을 이용하는 것은 4세기 동안에 더욱 널리 퍼졌던 것으로 보인다. 아테네의 장군 티모테오스는 기원전 366~365년 사모스를 포위한 기간 동안 농촌 생산물을 몰수해 사모스인에게 파는 방식으로 예산을 마련했다.[50] 이 세련된 방법은『경제학』제2권 저자의 찬사를 받았던 것 같다. 결국 티모테오스는 이 방법을 쓰기 위해 시장을 설치해야만 했을지도 모른다.『경제학』제2권에는 비군사적인, 유사한 이야기가 여러 개 있다. 예를 들어, 낙소스의 참주였던 리그다미스는 자신이 추방한 자의 몰수 재산을 아주 싼 값이 아니면 팔기 어렵다는 것을 알고서 이 재산을 다시 추방자들에게 팔았다.[51] 이 이야기는 저 헤로도

---

48 Ibid., 1353a, 15 ff.

49 Ibid., 1348b, 33 ff.

50 Ibid., 1350b, 5 ff. 또한 Polyaenus, XXX, 10, 9도 참조.

51 Ibid., 1349b, 1 ff.

토스의 기록을 생각나게 하는데, 그것은 아테네인들이 아테네에서 추방된 페이시스트라토스 일가의 재산을, 나중에 다시 그들이 돌아와 보복할 것을 두려워해 사려 하지 않았다는 것이다. 디오니시오스는 시라쿠사 인들로부터 더 대부받을 수가 없어서, 자기 궁전의 가구를 매각하고 나중에 그 구입자로부터 이를 도로 몰수했다. 즉, 그는 리그다미스의 방법을 역으로 시행했다.[52] 로도스의 안티메네스는 알렉산더의 훌륭한 조력자로서 바빌로니아 주변의 국도를 관장했던 인물인데, 이 지역의 재분배 구조를 시장적 요소로 전환시켰다. 그는 지방 총독에게 도로변의 왕립 저장고를 가득 채워 두도록 명령하는 법률을 이용했다. 그리하여 이 나라를 통과하는 군대든 다른 무리의 사람들이든 이들에게 창고 물품을 꺼내어 팔았다.[53] 이것은 로도스의 시장적 방법과 동방의 재분배 방법의 흥미로운 결합이다. 같은 세기이지만 좀 더 앞 시기에 아테네의 장군 이피크라테스는 아테네인의 통찰력을 트라키아로 가지고 갔다. 그는 트라키아 왕 코티스의 딸과 결혼해 코티스의 집권 이후 그 권력이 공고화되도록 도와주었다. 『경제학』 제2권에 따르면, 이피크라테스는 이렇게 제안했다. 코티스는,

---

52 Ibid., 1346b, 7 ff.

53 Ibid., 1353b, 24 ff.

신민들 각자에게 자기를 위해 4부셸 반을 수확하는 토지에 씨를 뿌리도록 명령해야 한다. 이 명령을 시행해 코티스는 많은 곡물을 거두어 들였으며, 이 곡물을 연안의 엠포리움으로 운반해 판매한 결과 원하는 만큼 많은 돈을 얻었다.[54]

여기에도 다시 우리는 재분배적 방법과 시장적 요소의 밀접한 결합을 볼 수 있다. 필경 이 방법의 주요한 혁신은 트라키아 왕국이 그리스 상인이나 페니키아 상인에게 소극적으로 판매하는 것에 의존하지 않고 곡물 판매 자체를 직접 조직화했다는 점이었다.

---

54 Ibid., 1351a, 18 ff.

제17장
고대의 '자본주의'

고대의 경제생활이 절정에 달한 때는 동지중해의 헬레니즘 시대, 그리고 서지중해의 로마제국 시대였다. 헬레니즘 시대는 기원전 332년 알렉산더대왕이 아시아를 정복한 이후인데, 로마제국의 번영은 기원후 처음 2세기 동안에 일어난다. 이 5세기 동안이 고대 '자본주의'의 전성기가 된다. 그러나 이 시기는 또한 비자본주의적 경제활동의 고양기이기도 했다. 통합 형태라는 관점에서 보면 교환 형태와 재분배 형태 모두 고대 시기 발전의 절정에 달했는데 지역에 따라 교대로 어느 한쪽이 우위를 차지했다.

동지중해에서 교역은 남동쪽으로 이동해 알렉산드리아, 안티오키아, 셀레우키아를 그 중심지로 하고 있었다. 한편 로도스 섬이나 그보다는 못 미치지만 나중에 델로스 섬이 해상 교역의 대규모 집산지가 된다. 이제 아티카가 대규모 해상 교역로에서 벗어나면서 피레우스는 그 중요성을 상실하게 된다.

그러나 국제적 교역 특히 곡물, 노예, 사치품 교역은 은행업—주로 로도스인이나 델로스인에 의한—의 융성에 힘입어 전례 없는 규모로 발전하지만, 그와 동시에 프톨레마이오스 왕조의 이집트는 마케도니아 계통의 그리스인의 지배 아래서, 시장 없는 중앙 집권적 계획 경제라는, 전대미문의 가장 완벽한 체계를 만들어 낸다. 프톨레마이오스 왕조의 이집트는 그 동시대인들에 의해 엄청난 부자 나라, 거의 모든 면에서 타국을 능가하는 문명을 지닌 나라로 받아들여졌다. 이 시기 상업 방식을 포함한 이집트풍의 방식들이 지닌 최고의 위신을 이해하기 위해서는 이 점에 유의해야 한다. 이와 대비해 인간의 경제에 대한 그리스인의 기여를 요약해 보자면, 그들은 두 가지 유형의 경제—시장 및 교환 유형과 계획 및 재분배 유형—를 거의 혼자 힘으로 당대 최고 형태까지 발전시켰다고 말할 수 있을 것이다. 로마의 발전은 이 양쪽의 영향을 받았다. 로마는 처음에는 지역 시장에서 이루어지고 있던 그리스인들의 교역 및 주화 사용의 관행을 뒤쫓아, 남부 이탈리아의 그리스인들이 시행하고 있던 은행 업무 및 부기와 함께 이것들을 계승했다. 그리고 나중에는 저장과 '현물' 계산에 기초를 둔 프톨레마이오스식의 세련된 재분배 방법이 로마제국의 행정적·재정적 재조직화 방법에 영향을 미쳤다.

이야기를 좀 더 해보자면, 헬레니즘 시대는 계획과 시장의 어떤 조합을 보여 주고 있는데, 이는 너무 시장적 정신에 사로잡힌 사람들을 당황스럽게 만든 문제이다. 나우크라티스의 클레오메네스는 이집트 곡물 수출 독점의 조직자, 그리고 필경 국내 곡물 거래에 대한 정부 독점의 조직자였지만, 단지 그것만으로 그친 것이 아니었다. 그는 또한 '세계' 곡물 시장의, 따라서 고대 세계에서 가장 중요한 시장 제도의 조직자이기도 했다. 그러나 최대의 곡물 공급자 이외에 달리 누가 이렇게 거대한 일을 맡을 수단을 가질 수 있었겠는가? 그리고 국가의 지원 아래 세계적인 정보망과 해운업을 확립하기 위해 선견지명을 갖고 부단히 노력하지 않았더라면, 어떻게 이런 일을 수행할 수 있었겠는가. (로이드의 목록이 민간 상인에 의해 최초로 공개될 때쯤이면, 크롬웰이 항해조례를 통과시켜 영국 해군은 7대양을 제패하기에 이른다.)

한편 동지중해의 경우는 외국 교역의 영역에서 점점 늘어 가는 자유 거래적 활동과 국내의 계획 및 정부 교역의 조합이 계속 지배했다. 만약 정치적 개입이 없었더라면 우리가 잘 아는 산업자본주의로 발전해 갈 수 있었을까. 마이클 로스토프체프가 궁금해 했던 것은 주로 이런 발전을 두고 한 이야기이다. 로마의 군대와 지방 총독이 있는 힘을 다해 동방을 파괴하고 잔인한 약탈을 감행하지 않았더라면, 동방은 로마제국을 덮친 기원후 몇 세기 동안의 심각한 경기 후퇴를 면할 수도 있었을 것이다. 그러나 동방에 경기 후퇴가 있었다고는 해도 서양에서와 같은 강한 정도는 아니었다. 동로마제국은 비잔티움에서 서로마제국을 이어받아 천 년 동안이나 존속했다.

그렇지만 대체로 고대 서양에서 교역 및 시장 방식은 동양과 같은 수준에 결코 도달하지 못했다. 로마의 전체 역사를 보면, 공화제 말기에 이르면 투기적 상업이 절정에 달하고 표면적으로는 교환 기술이 고도로 발달했다가, 마침내 전반적으로 재분배적인 현물 경제로 복귀해 시장의 소멸에 이르는 경과를 거친 것을 알 수 있다.

여기서 우리는 고대사 연구에서 가장 중요한 문제 중의 하나에 부딪히게 된다. 그것은 바로 로마제국 쇠퇴의 원인이라는 문제다. 로스토프체프에 의하면 이것은 고대 자본주의 성격이라는 문제와 같은 문제다. 그의 견해에 따르면 헬레니즘 시대와 제국 초기에는 자본주의가 개화해 근대적 산업자본주의로 발전할 듯했으나 마침 그때 로마제국의 쇠퇴가 경제를 짓눌러 그것을 파탄내 버렸다. 이 것은 고대 자본주의가 넓게 보아 근대 자본주의와 같은 성격의 것이며, 로마제국의 쇠퇴가 이 발전을 중단시킨 요인이었다는 이야기다. 로스토프체프의 주장에 따르면, 제국이 쇠퇴하고 그로 인해 자본주의가 후퇴한 실제 원인은 어떤 단일한 원인 때문이라고 볼 수는 없다. 그렇지만 어떤 하나의 원인을 강조한다면, 이는 계획의 과다한 도입이며, 바로 이것이 관료제 및 전반적인 속박을 동반하면서 제국 및 거기서 싹튼 자본주의를 함께 쇠약하게 해버렸다는 것이다.[1]

이와 반대로 막스 베버는 그리스 및 로마의 자본주의는 그 성격상 근대 자본주의와 전혀 다른 것이라고 주장했다. 그것은 "주로 정치에" 기초를 둔 것이지 경제에 기초를 둔 것은 아니었다. 로마의 자본주의란 전리품이나 노예노동, 그리고 징세나 공공사업과 같이 정부의 직권에 의한 사적 약탈에 기초를 둔 본질적으로 비생산적 유형이며, 제국 치하의 정치 개혁, 즉 평화와 합리적 통치가 이 자본주의에 파멸을 가져온 것은 그것의 정치적 성격 때문이다. (이때 베버는 기사적 자본주의equestrian의 세 가지 주요한 수입원을 염두에 두고 있는데, 그것은 징세, 공공사업 청부, 공유지 임대이다.) 그리고 베버에 의하면 로마제국— 이후는 본질적으로 다른 발전의 길을 걸었다 — 의 쇠퇴의 원인은 로마 문명의 연안적 성격에 내재해 있었다. 이 문명을 방위하기 위해 제국은 결국 광대한 내륙지역으로 진출하지 않을 수 없었는데, 이런 발전은 특히 경제적 측면에서 제국의 취약한 연안적 기반과는 양립할 수 없는 것이었다.[2]

로스토프체프의 경우는 고대 자본주의의 문제와 로마제국의 쇠퇴가 실제로는 동일한 하나의 문제이다. 그러나 베버에게 이것은

---

1 M. Rostovtzeff, *The Social and Economic History of the Hellenistic World, op. cit.*, vol. II, Ch. VIII, 특히 pp. 1301 ff.; and *A History of the Ancient World*, Oxford: Clarendon Press, 1926, Volume I, Chapters 2, 24, 25. 또한 Rostovtzeff's review of J. Hasebroek in *Zeitschrift für die Gesammte Staatswissenschaft*, 92, 1932.

2 Max Weber, "Die sozialen Gründe des Untergangs der antiken Kultur," *Gesansmelte Aufsätze zur Sozial-and Wirtschaftsgeschichte*, Tübingen, 1924. 또한 *Wirtschaft und Gesellschaft*, Tübingen, 1922, Chapter 8; *General Economic History*, 특히 pp. 331 ff도 참조하라.

본질적으로 서로 다른 별개의 문제들이었다. 베버에 의하면, 제국은 물론 고대 자본주의의 고유한 병폐를 치유하기 위해 형성되었지만, 제국의 발흥 자체가 바로 고대 자본주의 몰락의 원인이었다. 베버는 또 이 자본주의를 근대의 그것과는 본질적으로 다른 것으로 본다. 고대 자본주의는 주로 피정복민과 본국 민중에 대한 정치적 착취에 기초한 것이었다. 근대 자본주의에서는 평화와 합리적 행정이 발전의 강력한 받침대인 데 반해, 고대 자본주의는 그런 국가 개혁으로는 살아남을 수가 없었다. 로스토프체프가 설정한 문제는 베버에게는 논리적으로 생겨나지 않는다. 고대 자본주의는 처음부터 근대 자본주의의 방향으로는 발전할 수가 없는 것이며, 따라서 어떤 원인에 의해 이런 진로로 발전해 가지 못했는지 하는 물음은 완전히 무의미한 것이 된다. 로마제국의 몰락에 관해서 베버는 제국의 지리적·전략적 구조에 내재하는 이유를 들고 있다. 즉, 제국은 처음에는 그 경제적 토대를 노예노동과 노예 전쟁에 두었다가 최종적으로는 그 최초의 토대를 허물어 버림으로써, 경제적 문제와 전략적 문제 어느 것도 만족스럽게 해결할 수 없는 궁지에 빠져 버린 것이다.

사실 지금까지 전체 논의는 용어의 모호함에서 비롯되는 어려움을 갖고 있다. 막연히 '자본주의'라고 하게 되면 이는 시장을 의미하는 것에 지나지 않는다. 베버가 말하고자 한 것은 인간 및 토지에 대한 정복·약탈·납치 등으로 노예, 예속민, 재보를 제공하는 재분배의 방법, 그리고 사적 개인에 의한 공공사업 및 공공서비스의 수탈이라는 방법을 통해 경제활동이 영위되고 있다고 하는 문제였다. 이런 공공사업과 공공서비스에는 징세, 건축과 청부, 공유지의 관리 등이 있다. 이 모든 것들은 노예로 구성된 사적 관료 기구의 힘을 빌려 사적 개인이 활용하는 재분배 방법을 통해서든가, 그렇지 않으면 공적 관료 기구의 힘을 빌린 중앙행정의 재분배 방법을 통해 수행된다. 어떤 경우든 시장적 방법은 등장하지 않고 있다. 고대 세계에서는 교역과 화폐 사용이라는 경제활동이 어떤 중요한 의미를 가질 만큼 조직화된 시장을 통해 이루어지는 일은 없었다.

『거대한 전환』에서 『인간의 살림살이』로
경제 문명사와 실체적 비시장경제학의 길[*]

이병천(강원대 교수)

I. 경제 문명사와 『인간의 살림살이』

고삐 풀린 시장경제와 시장 사회를 인류사에서 정상적인 것 또는 어떤 자연적 진화의 산물로 바라보는 생각은 우리 시대의 지배적 통념이다. 이 통념의 뿌리는 매우 깊다. 그런데 칼 폴라니는 바로 이런 근대 시장경제 및 시장 사회 형태, 그 속에서 사는 근대 '시장 인간'의 살림살이와 삶의 방식이 매우 비정상적이고 부자연스러운, 모순에 가득 찬 것이라고 보았다. 그리고 이 특수 역사적인 형태에

---

[*] 이 글은 다음 논문을 수정·보완한 것이다. 이병천, "후기 폴라니와 경제 문명사의 도전," 『사회경제평론』 43호, 2014.

자연의 옷을 입혀 정당화하는 주류의 지배적 통념은 심각한 착각 내지 비뚤어진 편견일 뿐이라고 질타했다. 폴라니는 그런 생각 위에서 사회경제학과 사회경제사와 새 길, 그리하여 새로운 대안적 경제 양식과 삶의 양식을 열기 위해 고투했다. 그는 원자처럼 흩어져 사익을 추구하며 다투는 '시장 인간'을 맷돌 돌리듯이 찍어 내는 시장 사회, 이를 정당화하는 주류 시장경제학, 그 기초에 있는 공리주의, 효율 지상주의와 경제주의에 대항했다. 그리하여 그는 풍부한, 다면적 욕구를 가진 인간, 사회적 존재로서 인간의 고귀함, 좋은 삶을 추구하는 이들의 자치력과 연대력을 복원, 발전시키고자 했다.

이를 위해 폴라니는 단지 고고한 철학자나 문학자에 머물러 있을 수는 없었다. 그는 인간의 삶에서 '먹고사는 문제', 또는 인간의 나날의 살림살이 문제가 얼마나 중요한지를, 다시 말해 항산恒産이 없으면 항심恒心도 없다(맹자)는 삶의 진실을 잘 알고 있었다. 나아가 경제주의자, 시장 근본주의자의 수중에 넘겨주기에는 이 문제가 너무 중요하다고 생각했다. 폴라니는 사회경제학자 및 경제인류학자로 인간의 고귀함을 회복하기 위한 작업을 수행했으며, 인간의 통일성과 총체성을 회복, 발전시키기 위한 '인류경제학'anthropological economics의 공부 길을 추구했다. 인간이 공동체 구성원으로서 상호의존하면서 삶의 터전과 기본적인 물질적 욕구를 안정적으로 확보하고 자존감과 연대성을 실현 가능케 하는 좋은 경제(폴라니의 용어로는 '실체적 경제') 없이는 좋은 삶도 좋은 사회도 얻을 수 없다는 것이 폴라니의 생각이었다. 이는 얼핏 저 유명한 마르크스의 토대·상부구조론과 유사해 보이기도 하지만, 폴라니의 경제 및 사회 관념, 그리고 이 둘 사이의 상호관계에 대한 생각은 마르크스식 경제적 사회구성체론과는 아주 다르다. 오히려 폴라니 사회경제학의 핵심 화두란 사회 속에서 경제가 차지하는 위치는 어떤 것인가, 경제 과정이 서로 다른 시기와 장소에 따라 제도화되는 방식은 어떤 것인가, 나아가 어떻게 노동, 토지, 화폐(와 생산조직)를 '허구적 상품'으로 만든 시장경제와 시장 사회를 다시 새로운 민주적 사회에 재착근시킬 수 있는가 하는 것이었다. 이때 폴라니에게 '사회'라는 말은 인간의 필요 욕구가 안정적으로 충족되며 자존을 인정받고 소속감을 갖게 하는 공동의 세계, 좋은 삶을 가능케 하는 윤리적이고 문화적인 공유 신념 체계라는 의미들과 함께 고립된, 공리주의적 경제인을 넘는 인간 주체의 자치력과 연대력에 대한 포괄적 생각, 즉 총체적·사회적·자율적 존재로서의 인간der Vergesellschaftliche Mensch 주체라는 의미를 포함하고 있음을 강조해야 한다.[1] 자신의 작업의 의미를 간결하면서도 적절히 요약하고 있는 폴라니의 다음 말이 이를 잘 말해 준다.

---

[1] 폴라니의 사회 개념의 의미를 아렌트의 세계 개념과 함께 묶어 예각적으로 보여 준 글로는 Azam(2009)을 들 수 있다.

내가 원하는 것은 생산자로서 일상 활동에서 인간을 이끌어 가는 동기의 통일성을 회복하는 것이며, 경제 시스템을 다시 사회 속에 재흡수하는 것이며, 우리의 삶의 방식을 산업적 환경에 창조적으로 적응케 하는 것이다(Polanyi 1947a, 72-73).

폴라니 사회경제학의 세계는 매우 방대하기 때문에 그것을 들여다보는 방식 자체가 문제가 된다. 그렇지만 좀 간단히 이야기하자면, 그의 학문 세계는 우리 시대의 시장경제 및 시장 사회에 대한 연구, 경제 문명사적 견지에서 비시장경제에 대한 연구, 시장체제를 극복하는 미래의 민주적 대안 사회 연구 등 세 가지 주제군으로 나누어 볼 수 있다. 『거대한 전환』(Polanyi 1944)은 첫 번째 주제군의 대표 저작이자 폴라니 사회경제학 또는 인류경제학 전체를 통틀어 가장 대표적인 저작에 해당된다. 세 번째 주제군과 관련해 폴라니는 분량 면에서 많은 연구를 내놓지는 않았다. 『거대한 전환』 출간 이전 시기, 특히 '사회주의 경제계산 논쟁'에 참여하기도 했던 '붉은 빈' 시기에 쓴 글들에서 기능적 민주주의, 결사체 민주주의와 이에 기반한 참여 사회주의에 대한 그의 중요한 생각을 찾아볼 수 있다. 청년 마르크스, 오스트리아 마르크스주의, 오스트리아 경제학, 길드 사회주의, 독일 사회학 등에 영향을 받았던 폴라니의 사유는 이후의 연구 속에도 면면히 흐르고 있고 그 메시지들은 오늘날 자본주의 시장 사회의 대안을 모색하는 데도 여전히 큰 생명력을 갖고 있다. 그는 진보주의자의 핵심 과제는 어떤 객관적 법칙의 해명보다는 자유의 실현 가능성을 찾는 데에, 물화의 극복에 의한 사회적 자유의 실현에 있어야 한다고 생각했는데, 이는 『거대한 전환』에서 제시된 이중 운동론의 '기원'이 된다(Thomasberger 2005).[2] 또 폴라니는 '자기 조정 시장'의 가격 계산은 구매력이 없는 보통 사람들의 기본적 필요를 배제한다고 보고 시장경제의 작동을 공동체의 기본적 필요에 종속시켜야 한다고 생각했다(Schaffer 2006 ; 홍기빈 2009, 612-15; 구본우 2012).[3] 그렇지만 세 번째 주제군이 폴라니 전체 작업에서 차지하는 비중은 크지 않다. 오히려 폴라니가 첫 번째 주제군 못지않게 크게 열정을 쏟았던 것은 두 번째 주제군이었는데, 이는 『거대한 전환』이후 후기 폴라니의 주요 관심 분야였다.[4]

---

2 물론 기원과 완성태는 다르다. 『거대한 전환』의 이중 운동론은 폴라니가 경제인류학을 포섭함으로써 붉은 빈 시기에서 질적 변화를 거친다. 토인비의 "도전과 응전"이 폴라니 이중 운동론의 한 모티브가 되었다는 지적도 있다(Dale 2016a, 134-36).

3 폴라니는 기능 대표와 지역대표의 두 축으로 대표되는 분권적 참여 사회주의를 구상했다. 폴라니의 대안 사회주의론에서 주목해야 할 것은 그것이 민주적 사회주의일 뿐만 아니라, 콜(G. H. Cole) 등 길드사회주의 전통을 이어받아 국가 장치로의 권력 집중을 경계하고 심지어 그에 '대항하는' 자율적 결사체 사회에 대한 사고가 들어 있다는 것이다.

4 최후의 폴라니는 산업 문명에서 인간은 어떻게 순응주의에서 벗어나 자유로울 수 있는가, 효율 지배 시장 문명을 넘어 좋은 삶은 어떻게 가능한가 하는 '아리스토텔레스적 문제'와 대면했다. 그는 효율 대신에 좋은 삶을 추구하는 자유를 제1의 가치로 올려 세워야 한다고 생각했다("Aristotle on an Affluent Society," March 13, 1959). 폴라니

폴라니는 경제 문명사라는 우회로로 진입함으로써 우리가 살고 있는 시장경제와 시장 사회를 자명한 것으로, 어떤 자연사적 산물로 간주하는 당대 좌우의 공통된 편견에 대항했다. 그리하여 우리 시대 시장체제를 거시문명사적 견지에서 상대화·특수화하면서 자신의 사회경제(사)학의 지평을 새롭게 확장했다. 이 주제군과 관련된 대표작으로는 『초기 제국에서의 교역과 시장』(1957), 『다호메이와 노예무역』(1966), 그리고 『인간의 살림살이』(1977)를 들 수 있다. 『초기 제국에서의 교역과 시장』은 폴라니가 주도한, 컬럼비아 대학에서의 공동 연구 성과이며, 『다호메이와 노예무역』은 이미 생전에(1950년대 초) 완성되었으나 사후에 출간되었다. 그리고 『인간의 살림살이』는 미완성 상태의 유고를 폴라니 제자 중의 한 사람인 해리 피어슨이 편집해 발간한 것이다. 그렇지만 우리는 『거대한 전환』 이후 여러 연구들 중에서도 특히 『인간의 살림살이』에 주목하게 된다. 폴라니의 연구 생애에서 『인간의 살림살이』가 어떤 위치에 있는지는 다른 어떤 것보다, 그 자신이 한 다음과 같은 말을 들어 보면 잘 알 수 있다.

이 책은 보편적인 경제사를 출발점으로 삼아 인간의 살림살이 문제

는 자신이 발의한 잡지 『공존』(*Coexistence*)의 출간을 보지 못하고 죽었다.

를 포괄적으로 재검토하려는 취지에서 썼다.

따라서 십여 년 전 『거대한 전환』에서 다룬 최초의 문제의식은 이 책에서도 계속 이어질 것이다. 『거대한 전환』에서는 인간 사회에서 경제가 차지하는 위치를 좀 더 현실적으로 조망하기 위해 일반 경제사를 폭넓은 개념적 기초 위에 재건해야 할 필요가 있음을 암시했다. 이와 같은 노력의 일환으로 5년여 동안(1948~52년까지) 컬럼비아 대학 사회과학 연구위원회의 지원을 받아 체계적인 연구가 진행되었다. 이 작업은 내가 아렌스버그 교수와 피어슨 교수와 함께 『초기 제국에서의 교역과 시장』(1957)을 편집하는 데 관여함에 따라(여기에는 우리의 논문도 몇 편 실었다) 몇 년간 지연되었다. 『인간의 살림살이』라는 제목의 이 저작은 애초의 노력으로 되돌아가는 것이다(Polanyi 1977, 인용자 강조)[이 책 57-58쪽].

여기서 폴라니는 자신이 『거대한 전환』을 쓰면서 인간 사회에서 경제가 차지하는 위치를 더 현실적으로 조망하기 위해 폭넓은 개념적 기초 위에 일반 경제사를 재건해야 한다는 문제의식을 갖고 있었음을 상기한다. 그러면서 『인간의 살림살이』가 비시장경제를 대상으로 삼아 『거대한 전환』의 이 생각을 가장 잘 이어받고 있음을 말하고 있다. 비시장경제 형태와 그 다양한 진화 경로를 보여 줌으로써 현대 시장체제를 상대화하는 '일반 경제사'general economic history의 새로운 재구축, 이것은 실로 매력적이고 야심찬 지적 구상이 아닐 수 없다. 『인간의 살림살이』는 또 이론적으로도 그가 전 생애를 걸고 추구한 '시장경제학을 극복하는 폭넓은 개념적 기초', 즉 실체적 비시장경제학에 대해 가장 정리된 생각을 보여 준다. 우리는 폴라니의 실체적 경제학이 『거대한 전환』에서는 아직 명확한 모습을 드러내지 않았다는 사실을 지적해야 한다. 실체적 경제학은 『거대한 전환』이후에 새로 수립된 것으로서, 그 대략적 윤곽은 『초기 제국에서의 교역과 시장』에 수록된 폴라니의 논문, "제도화된 과정으로서의 경제"(1957)에서 처음 제시된 바 있고 유고집 『인간의 살림살이』에서 보다 진전되고 정리된 모습으로 나타났다.

이와 같은 생각 위에서 이 글은 『인간의 살림살이』를 중심으로 후기 폴라니의 진화된 사회경제(사)학의 내용을 살펴보고자 한다. 이하 본문의 2절에서는 먼저 『거대한 전환』이후 새롭게 선보이고 있는 『인간의 살림살이』의 실체적 경제학의 이론적 부분을 살펴본다. 이어 3절에서는 전통적 비시장경제에 대한 폴라니의 관점과 구체적 분석 내용을 살펴본다. 그리고 4절에서는 『인간의 살림살이』가 남기고 있는 문제점과 연구 과제를 지적한다. 마지막으로 5절에서는 이 글의 논지를 간단히 요약한다.

II.『인간의 살림살이』와 실체적 비시장경제학

1. 출판 경과

『인간의 살림살이』[5]는 폴라니의 유고집이다. 이 유고집이 간행되어 세상의 빛을 보기까지는 우여곡절이 있었다. 폴라니의 『인간의 살림살이』의 출간을 둘러싸고는 이견들이 있었던 것으로 알려져 있는데, 이는 무엇보다 이 책이 미완성 상태였기 때문이다. 편집 책임을 맡았던 피어슨은 편집자 서문에서 "폴라니가 십 년을 더 살았다 해도 『인간의 살림살이』를 출판하지 않았을 것"이라고 말한다. 저자의 방대한 구상, 그리고 꼼꼼한 완벽증을 생각한다면 그 말이 맞는 것 같다.

또 한 가지 이야깃거리가 있다. 출간 여부와 관련해 특히 강하게 반대 의견을 표명한 사람이 있었다. 그는 당시 폴라니의 제자 중 한 사람이며 이후 고대사가로 명성을 높인 핀리Moses I. Finley였다. 핀리는 피어슨에게 그리스에 대한 원고를 『인간의 살림살이』에 넣

---

5 영문 원제는 "The Livelihood of Man"이다. 1983년판 국역본과 1980년판 일역본은 "인간의 경제"로, 2011년 불역판은 "La Subsistance de L'Homme"로 번역했다. 폴라니는 "인간의 경제"(human economy)라는 말도 사용하고 있다. 그러나 적어도 책 제목은 영문 원제를 살려 『인간의 살림살이』로 번역하는 것이 적절하다고 생각한다. 나아가 살림살이라는 우리말을 잘 살린다면, '경제학'도 '살림 공부'라고 할 만하다.

지 말도록 강력히 요구했다고 한다.[6] 자세한 반대 이유를 알 길은 없으나 그리스 경제에 대한 폴라니의 생각이 자신과는 달랐기 때문인지 모른다.[7] 여하튼 최종적으로는, 원고를 컬럼비아 대학 도서관에 기탁하는 시점에 폴라니 부인의 요청에 따라 출판이 결정되었다.

『인간의 살림살이』는 크게 2부로 구성되어 있다. 제1부는 "사회에서 경제의 위치"(1~10장)를, 제2부는 "고대 그리스의 교역, 시장, 화폐"(11~17장)를 다루고 있다. 그런데 제1부와 제2부는 원고 원천도, 집필 시기도 약간 달랐다. 제1부는 『초기 제국에서의 교역과 시장』과 직결된 원고로서 1951년 3월경에 일단 마무리되었다. 반면 제2부는 1947~53년 기간 중 컬럼비아 대학에서 했던 강의록으로 구성되어 있다.[8] 제1부 "사회에서 경제의 위치" 편은 『인간의 살림살이』라는 제목 그리고 서문을 포함해 출판을 위한 윤곽이 뚜렷하게 잡혀 있었다. 따라서 1부는 단순한 이런저런 유고들의 모음집이 아니라 폴라니가 출판 계획을 갖고 체계적으로 준비했던 원고인 것이다. 반면에 제2부 그리스편은 원래 폴라니가 계획한 단행본에는 포함되어 있지 않았던 원고로 보이며, 피어슨이 편집하면서

---

6 다음을 참조할 것. Duncan and Tandy(1994, 25) 주석, Dale(2016a, 353 주석230).

7 폴라니와 핀리는 아리스토텔레스가 가정경제를 넘어 '공공경제'(public economy)의 개념을 갖고 있었는지에 대해 견해가 서로 달랐다(Swanson 1992, 70-75). 이것은 경제사상사적으로도 매우 중요하고 흥미로운 논점이다.

8 Dalton(1981, 89), 주석 1.

포함시켰던 것 같다. 책의 체계로 보면,『인간의 살림살이』에서 제1부와 제2부는 상당히 이질적인 것이 사실이다. 이런 점에서는 피어슨의 편집안에 대해 핀리가 반대했던 것도 일리가 있다. 그런데 아래에서 지적하겠지만, 뜻밖에『인간의 살림살이』에서 2부 그리스편은 폴라니의 사회경제학에서 매우 중요한 의미를 갖는, 새로운 면모를 보여 주고 있다. 그런 의미에서 본다면 오히려 우리로서는 피어슨에게 고맙다고 해야 할 것 같다. 이제『인간의 살림살이』의 경제학 이론 부분부터 살펴보기로 하자. 나는 실체적 경제학의 이론적·개념적 원천에서부터 논의를 시작하려고 한다.

2. 실체적 경제학의 이론적 원천
   : 멩거, 아리스토텔레스, 베버

『인간의 살림살이』의 이론 부분을 접하면서 우리는『거대한 전환』을 다시 보게 된다. 폴라니의 대표작『거대한 전환』도 분명한 이론적 기초 위에 서있었다.『거대한 전환』에서 폴라니는 이전의 이론적 기초 위에 경제인류학의 성과를 포섭함으로써 새로운 이론적 골조와 시야를 갖추게 되었다. 그 저작은 사회 속에서 경제가 차지하는 위치를 기본 주제로 삼고, 인간들이 경제적 삶에서 상호 의존하는, 안정성과 통합을 가능케 하는 양식으로서 시장적 교환뿐만 아니라 호혜, 재분배, 가정경제가 존재함을 제시하고 있었다. 호혜, 재분배, 가정경제 등 비시장 형태가 지배적인 사회 통합 양식의 의의는 본원적 생산요소이자 사회의 인간적·자연적 실체인 노동, 토지, 화폐가 상품화되지 않아 삶의 안정성과 연대성이 보장된다는 것, 경제적 동기가 사회 속에 착근된다는 것이다. 폴라니는 경제인류학의 성과를 수용한 이런 다양한 비시장적 통합 형태를 제시함으로써 근대의 시장 지배적 경제가 역사적으로 정상 형태가 아니라 오히려 매우 비정상적이고 특수한 형태라고 말할 수 있었다. 그리고 본원적 생산요소이자 사회의 실체적 구성 요소인 노동, 토지, 화폐를 허구적 상품으로 만들어 수요·공급·가격기구 안에 집어넣음으로써 뿌리 뽑힌 인간과 삶의 불안을 낳은 우리 시대 시장경제, 그리고 사회 전체를 시장경제 논리에 종속시키는 시장 사회가 왜 지속 불가능한지, 그리하여 왜 사회의 보호적 대항 운동을 불러일으켜 '이중 운동'의 갈등 동학을 낳는지를 보여 주었다.

그럼에도 불구하고 『거대한 전환』의 체계에는 약점도 없지 않다. 첫째, 이 책의 서술 구조는 역사적 전개를 중심축으로 하고 있고 이론은 역사 안에 녹아들어 있는 방식으로 되어 있다. 굳이 비교하자면 마르크스의 『자본론』의 서술 구조와는 판이하게 다르다. 둘째, 이론적 수준에서 호혜, 재분배, 가정경제 등 비시장적 통합 양식에 대한 논의는 투른발트, 말리노프스키 등 인류학의 연구 성과에서 가져온 것으로서 주로 비경제적 동기에 초점을 맞춘 사회 통합 양식론이다. 그 때문에 경제학으로서 독자적 컨텐츠가 미흡한 것은 부정하기 어렵다. 대표적인 것으로 이 같은 사회 통합 형태론에는 계급 갈등 및 타협의 제도적 형태, 협상적 거래bargaining transactions 같은 제도주의 정치경제학의 기초적 개념이 빠져 있다. 『거대한 전환』의 경제학은 분명히 '사회경제학'이지만 '경제사회학'적 성격을 강하게 띠고 있다고 볼 수도 있다. 폴라니 자신도 이 점을 충분히 의식했던 것 같다. 그가 『거대한 전환』에서 '폭넓은 개념적 기초 위에 일반 경제사를 재건'할 필요성을 암시하고 이후 실체적 경제학substantive economics의 길을 모색한 것도 바로 이 때문이며, 이론적 측면에서 『인간의 살림살이』가 『거대한 전환』으로부터 새롭게 진전된 지점도 바로 여기서 찾을 수 있다. 폴라니의 경제에 대한 실체적 접근, 또는 실체적 경제학이란 사회에 착근된 경제의 위치와 작동 방식, 그 독자적 내용을 연구하기 위해 고투한 노력의 산물이다. 그것은 상이한 역사적 사회들에서 인간의 필요 욕구 충족 과정이 취하는 제도 형태를 분석한다. 실체적 경제학의 기본 관심은 효율성보다는 인간의 욕구 충족, 시장경제를 공동체 성원의 보편적 욕구 충족에 종속시키는 것에 있다.

　　폴라니가 새롭게 실체적 경제학을 구성하는 데 있어 가장 중요한 이론적·개념적 원천(자원)은 멩거, 아리스토텔레스, 베버 등이었다.9 먼저 폴라니는 멩거가 『국민경제학의 기본 원리』(이하 『원리』)

제2판 유고에서 남긴 인간의 경제에 대한 논의를 가져온다.[10] 멩거는 제본스, 왈라스와 함께 희소 자원의 효율적 배분을 핵심 관심사로 하는 신고전파 경제학의 창시자로서 『원리』는 그의 대표작이다. 그러나 멩거는 『원리』 제1판의 발간 후 수십 년의 숙고 끝에 경제활동의 의미에 대해 보다 포괄적인 생각에 이르렀다. 그 생각을 담은 『원리』 제2판은 유고로 남겨졌으나 발간은 하이에크, 나이트 등 시장 자유주의자들에 의해 의도적으로 저지되었다. 폴라니는 바로 그 유고에 담긴 경제활동의 포괄적 정의에 주목했다. 멩거는 "인간의 경제의 두 가지 기본 방향"을 구분한다.[11] 한 가지 방향은 욕구 충족 수단의 부족에서 발생하는 '절약화(경제화)의 방향'die sparende [ökonomisierende] richtung이다. 또 다른 방향은 수단의 충분·부족과 상관없이 인간의 욕구 충족을 위한, 그리고 그 목표와 방향에 따른 생

---

9 폴라니는 사회 통합 형태론에서는 주로 인류학자들에 의존했다. 물론 폴라니의 사상과 이론 전반으로 보면 마르크스(무엇보다 초기 마르크스의 물화론) 그리고 오언이 큰 영향을 미쳤다. 여기서는 실체적 경제학의 기본 개념을 중심으로 지적 원천을 말한 것이다. 폴라니와 멩거의 관계에 대한 기존 연구로는 임종철(1998), Cangiani(2010), Yagi(2010)를, 폴라니의 베버와의 관계에 대해서는 Dale(2010, 109-10), 若森みどり (2011)를 참고하라.

10 폴라니(Polanyi 1971)는 멩거의 유고에 대해 별도로 독립 논문을 집필했다. 이 논문은 『초기 제국에서의 교역과 시장』이 발간된 후 1958~60년 사이에 쓴 것으로 알려져 있다. 멩거의 유고에 대한 자세한 해설은 八木紀一郎(1982)를 보라.

11 멩거가 '인간의 경제'라고 했을 때 독일어 '경제'(Wirtshaft)는 영어의 economy가 아니라 '살림을 돌본다'라는 의미가 있다.

산의 필요에서 유래하는 '기술-경제적 배분의 방향'die technisch-ökonomisch disposition richtung이다. 절약화의 방향이란 주류 신고전파 경제학이 경제의 전부라고 제시하는 세계이고 기술-경제적 방향이 바로 멩거가 고심 끝에 제시한 경제의 또 다른 세계다. 멩거는 두 방향이 통상 현실에서는 결부되어 나타나지만 본질적으로는 상이한, 서로 독립된 원인에서 발생한다고 보고 있다. 바로 이 대목을 폴라니는 특별히 강조한다. 이에 따르면 인간 경제의 기술-경제적 방향과 절약화 방향은 매우 다양한 방식으로 결합되고 그에 따라 경제 제 현상도 다양하게 나타날 수 있다.[12] 이는 실로 큰 함축을 갖는 생각이다. 폴라니는 인간 경제의 두 가지 기본 방향에 대한 바로 이 멩거의 생각을 공동체적 연대와 경제적 자유의 미묘한 균형, 나아가 좋은 경제에 대한 논의를 전개할 수 있는 실체적 경제학의 이론적 초석으로 삼았던 것이다.

다음으로 폴라니는 아리스토텔레스를 사상사적으로 경제가 사회에서 차지하는 위치의 문제를 정면에서 제기한 최초의 인물이라

---

12 폴라니는 언급하고 있지 않지만 멩거(Menger 1923)[1982, 127-28]는 두 방향의 결합으로부터 다음과 같은 세 가지 노력이 생겨난다고 말하고 있다. 첫째는 모든 기술-경제적 성과를 경제재의 최소 지출로 얻고 경제재의 일정 수량으로 최대한의 기술-경제적 성과를 얻으려는 노력이다. 둘째는 부족한 재화의 상황에서 보다 중요한 욕구 충족을 보증하도록 목표와 방향을 부여하려는 노력이다. 셋째는 인간의 욕구를 가능한 완전하게 충족시킨다는 관점에서 기술적 생산과정을 변형시키려는 노력이다.

고 생각했다.[13] 통상 아리스토텔레스는 '가정경제'의 생각만 가지고 있는 것으로 알려져 있기 때문에 이런 폴라니의 생각은 주목할 가치가 있다. 아리스토텔레스는 부에 대한 무한한 충동을 칭송한 솔론을 비판하고 가정이나 국가의 진정한 부는 저장과 보존이 가능한 생활필수품이라고 보았다. 그에게서 생활필수품은 가정에서는 삶의 수단이며 폴리스에서는 좋은 삶의 수단이다. 그러므로 인간의 욕구와 필요는 무한한 것이 아니다. 이리하여 아리스토텔레스의 경제 개념은 생활필수품을 확보하는 하나의 제도화된 과정을 가리킨다. 폴라니는 아리스토텔레스에서 공동체, 자급자족, 그리고 정의가 핵심 개념이 되어 있다는 생각, 공동체 구성원은 '우애'philia의 유대로 연결되어 있다는 생각, 그리고 좋은 삶과 공동체의 지속 및 안정적 물자 충족을 위해 고삐 풀린 돈벌이와 시장 교역을 공적으로 규제해야 한다는 생각에 주목했다. 폴라니는 바로 여기에 자신이 생각하는 실체적 경제학의 진수가 들어 있다고 보았다.

절박함의 정도에 따라 인간 욕구를 구분하고 '욕구 인식의 이성화 과정'을 다루고 있는 멩거의 욕구론은 (신)고전파적 '경제인'의 욕망이 아니라 놀랍게도 아리스토텔레스까지 닿아 있는 것으로 보이는데,[14] 폴라니가 실체적 경제학을 구성하면서 얼핏 이해하기 어

---

13 아리스토텔레스의 제도 경제학에 대해서는 폴라니의 글(Polanyi 1957)을 보라.
14 八木紀一郎(1982, 549-49), Yagi(2010, 35), Smith(1990) 참조.

렵게 아리스토텔레스와 멩거를 함께 끌어들일 수 있었던 것도 이런 이유 때문이었을 것이다.[15]

또한 폴라니는 실체적 합리성과 형식적 합리성에 대한 베버의 논의를 이어받았다. 베버(Weber 1972)[1997, 227-29]는 근대 자본주의에는 두 가지 경제적 합리성 간에 근본적 긴장이 내재되어 있다고 보고 있다. 즉, 가치 평가를 제거한 경제활동의 수량적 계산 가능성 제고를 의미하는 형식적 합리성과, 특정한 가치 평가 관점에 따라 인구에 적절한 재화·서비스를 제공한다는 의미를 갖는 실체적 합리성(가치 합리성, 실질적 목적 합리성) 간의 근본적 긴장이 그것이다. 이처럼 베버가 합리성을 구분하는 바탕에는 '공동체 대 사회'라는 대비가 존재하는데 이는 퇴니에스로 소급되는 생각이다. 베버는 형식적 합리성의 극대화란 노동자의 기업가에 대한 복종 등, 실체적 합리성을 희생시키는 사회적 조건을 전제로 해서만 가능하다고 지적한다. 또한 베버는 통상 경제학에서 말하는 소유뿐만 아니라 더 기초적 개념으로 경제적 효능을 낳는 온갖 기회들에 대한 권리를 의미하는 '전유'appropriation라는 개념을 제시했다(Weber 1972)[1997, 175, 268-324].[16] 이 또한 폴라니의 실체

---

15 폴라니는 『인간의 살림살이』 이후 최후의 시기에 좋은 삶과 좋은 사회라는 관점에서 한층 더 아리스토텔레스에 주목한다. 이에 대해서는 若森みどり(2011, 241-246) 참조.

적 경제학이 중요하게 받아들이는 지점들이다(Polanyi 1977, 32).

그런데 베버 경제사회학의 성격은 단순하지 않다. 거기에는 근대의 합리화 과정을 '철창'iron cage에 갇힌 것처럼 바라보는 생각이라든가, 국민국가 이해를 전면에 앞세운다든가 하는 등, 보수적 지점들이 매우 많다(Bottomore 1985). 폴라니의 경우 사회에서 경제의 위치를 바라보는 사상의 계보학이라는 측면에서 베버가 사회적 접근과 경제주의적 접근을 종합하는 시도를 했다고 높이 평가했다. 그러나 폴라니는 베버가 '경제적'이라는 말의 실체적 의미를 우위에 두지 않았다고 그 한계를 매우 날카롭게 비판한다. 그리고 이것이 일반 경제사의 제 문제와 시장경제, 시장 사회의 모순을 해명하는 데 중대한 난점을 초래했다고 지적한다(Polanyi 1947a, 135-38; Polanyi 2014)[2015, 218-219].[17]

---

16 베버 전유 개념의 자세한 의미에 대해서는 Swedberg(1998, 39, 224; 2011, 69-70)를 보라. 그리고 베버의 소유 개념을 파고든 보기 드문 연구로는 Ford(2010)를 참고하라. 흥미롭게도 포드는 베버의 소유 정의가 현대 법학 및 경제학에서 통상적으로 사용하는 '권리 다발'로서의 소유 정의와 흡사하다고 지적한다(Ford 2010, 99).

17 若森みどり(2011, 175-186)은 폴라니에 미친 베버의 영향을 잘 부각시켰다. 그러나 이상하게도 폴라니의 베버에 대한 이 핵심 비판 지점은 주변적으로 처리한다.

3. 실체적 비시장경제학의 내용

폴라니는 이상과 같이 멩거, 아리스토텔레스, 베버의 경제행위의 합리성과 인간의 욕구에 대한 논의를 물려받았다. 지배적 통념에 사로잡힌 사람들은 이 '3대 이론적 원천' 사이의 공통점을 발견하고 재구성한 폴라니의 생각에 충격을 받을지도 모른다. 거꾸로 보면 바로 그것이 폴라니의 사상사적 기여라고도 할 수 있다. 여하튼 폴라니는 그들에 내장된 진보적 부분 및 그 잠재력을 자기 방식의 실체적 경제학 이론화 작업에 녹여 넣었다.

폴라니는 주류 시장경제학을 경제의 형식적 의미에 기반한 형식적 경제학이라 규정하고, 이를 실체적 의미에 기반한 실체적 경제학과 대립시켰다. 두 경제학의 차이를 이해함에 있어 결정적으로 중요한 지점은 이론의 핵심 구조에서 제도화된 가치 또는 동기가 다름을 인식하는 것이다. 형식적 경제학의 체계란 무한한 욕망을 갖고 경쟁적으로 사익을 추구하는 고립된 '경제인', 기술적 의미 또는 자연적 사실로서의 희소성, 그리고 효율적 선택을 공준의 기초로 삼는다. 즉 시장적 인간관에 입각해 도구적·공리주의적 가치를 전면적으로 추구하는 경제학이다. 이에 반해 실체적 경제학의 체계란 다면적인 풍부한 욕구를 가지고 사회적 자유와 연대, 정의를 추구하는 '사회적 인간', 문화적·사회적으로 정의되는 희소성, 그리고 공동체 구성원에 보편적인 물질적 필요의 제공을 공준의 기초로 삼는다.

폴라니는 인간은 먹지 않으면 죽을 수밖에 없지만 좋은 삶, 더 높은 삶을 추구하는 고귀한 존재이며, 공리주의적인 무한한 욕망이 아니라 다면적이고 사회적인 인간의 욕구와 그 일부인 경제적 욕구를 충족시키는 물질적 수단을 제공하는 것이 좋은 경제, 즉 실체적 경제라고 생각한다. 그런데 인간은 결코 고립적으로 물질적 수단을 얻는 것이 아니다. 물질적 수단을 확보하기 위해 인간은 자연에 그리고 자기 동료에 의존한다. 이로부터 '자연적 사실'로서의 희소성과는 무관하게 "물질적 욕구를 충족시키는 데에 기여하는 제도화된 상호작용 과정" 또는 '인간이 자신이 필요로 하는 물질적 수단을 조달하는 행위'라고 하는 실체적 경제의 정의가 나타난다. "인간의 살림살이"라는 말은 바로 이런 실체적 의미의 경제를 가리킨다. 폴라니는 실체적 의미의 경제야말로 인류사에서 보편적이며, 형식적 의미의 경제란 시장경제에 특수한 것일 뿐이고 두 의미가 결합된 것은 우연에 불과하다고 역설한다.[18]

폴라니는 실체적 경제를 떠받치는 제도화 방식, 그리고 인간 및

---

18 중국의 유학자 천후안장(陳煥章)은 집단적으로 사는 인간, 덕을 지닌 인간에 기반해 '유교 경제학'이라 할 만한 체계를 제시했는데, 그에 따르면 경제학은 "집단적으로 생활하는 인간을 위해 정의의 원리에 따라 재보를 관리하는 과학"이다(미야지마 히로시 2017, 38-48). 이는 실체적 경제학의 유교적 버전을 보여 준다.

자연과의 상호작용 과정, 이 둘의 내용에 대해 한 걸음 더 들어가 설명하고 있다. 먼저 그는 인간과 자연 그리고 인간과 인간 간의 '상호작용 과정'에 따른 물질적 수단의 상태 변화를 위치 변화changes of position와 주인의 변화changes of hands라는 두 가지 측면에서 파악한다. 경제 과정의 이 두 가지 측면은 위치 이동locational movement과 전유 이동appropriational movement으로 불린다. 이 둘은 같이 또는 따로 진행될 수 있다. 위치 이동에서 주목해야 할 것은 수송과 같은 물物의 공간적 이동과 함께 생산 활동이 포함된다는 것이다. 폴라니는 생산을, 특이하게 "소비 단계를 향한 물질적 수단의 서열 상승"으로 보는데, 이 생각은 칼 멩거로부터 가져온 것이다. 수렵, 원정과 침략, 벌채와 관개, 국제적인 해운·철도·항공 수송이 모두 위치 이동에 포함된다. 다른 한편, 전유 이동은 주인의 변화를 가리킨다. 전유는 원래는 법률적 소유의 취득이라는 의미를 갖고 있으나 폴라니는 베버로부터 전유 개념을 가져와 물리적 대상, 권리, 위신, 여러 유리한 "기회" 등 경제적 효능을 제공하는 일체의 것에 대한 실질적 취득권을 의미하는 것으로 이 개념을 사용한다. 그리하여 경영과 관리, 재화의 유통, 소득 분배, 공납과 과세 등을 모두 전유의 분야에 포함시키면서 전유의 권리와 의무가 결정되는 방식을 탐색한다.[19] 그러면서 폴라니는 쌍방향의 전유 이동인 '거래'와 일방적 강제인 '처분'을 구분한다.

다음으로, 제도화란 위치 이동과 전유 이동으로 구성되는 경제 과정에 일정한 통합적 질서를, 즉 통일성과 안정성을 부여하는 기능을 수행하는 것이다. 폴라니는 통합 형태 및 그 지지 구조로서 교환-시장과 별도로, 호혜-대칭성 및 재분배-중심성을 제시한다. 『인간의 살림살이』에서 이 부분은 구체적 통합 형태론과 관련해 『거대한 전환』과 마찬가지로 주로 말리노프스키, 투른발트 등 인류학자의 성과에 기대고 있는데, 그 생각의 '뿌리'는 초기 폴라니가 사회주의 경제계산 논쟁에서 보여 주었던 '구매력 대 교환경제'의 모순이라는 사고까지 소급된다고 볼 수 있다. 그렇지만 몇 가지 점들에 대해 면밀한 주의가 요구된다. 첫째, 폴라니는 통합 형태로서 호혜를 말할 때 단지 인류학의 논의에만 기대는 것이 아니라 흥미롭게도 아리스토텔레스가 말하는 우애philia의 의미로도 풀이한다. 아리스토텔레스의 생각은 『거대한 전환』에서도 거론되기는 했었다(Polanyi 1944) [2009, 197-99]. 그러나 그때 폴라니가 본 아리스토텔레스는 돈벌이와 반대되는 사용을 위한 생산 또는 집단성원들의 필요를 충족시키는 전형적 형태로서 '가정경제'의 본질을 파악한 인물이었다. 반면 『인간의 살림살이』에서 폴라니는 가정경제를 넘어 폴리스 공동체 차원의 통합 원리인 우애에 주목하면서 이것이 곧 호혜라고 말한다. 이 점은 중요하다.[20] 그런데 그

---

19 피어슨(Pearson 1977, xxxii)은 '전유 권력의 사회적 조직' 이라는 용어를 쓰고 있다.
20 Dale(2016a, 234)은 폴라니의 접근을 "아리스토텔레스적"이라고 볼 만하다고 쓰

리스 폴리스의 자유 시민의 공동체가 보여 주는 우애의 의미가 멜라네시아 트로브리안드 군도 부족 공동체의 쿨라 교역 등이 보여 주는 호혜의 의미와 과연 같은 것인가 하는 문제가 당연히 제기될 법한데, 폴라니는 이 점에 대해서는 언급하지 않는다. 폴라니는 이 문제를 미해결 상태로 남겨 놓았다. 그러나 우리는 그가 실체적 경제학의 원천으로서 아리스토텔레스에 대해 언급한 것을 상기해야 한다.

둘째, 가정경제에 대한 것인데 이 통합 형태에 대한 폴라니의 생각에는 일관성이 없는 것 같다. 가정경제는 『거대한 전환』에서는 재분배와 별개의 형태로 제시되었던 반면, 『인간의 살림살이』와 『초기 제국에서의 교역과 시장』에서는 재분배의 일종으로 바뀌었다. 폴라니는 아테네 경제의 분석에서 재분배를 영지적 오이코스의 재분배와 국가적 재분배로 구분한다.[21] 셋째, 교환이 시장체제의 지지 기반을 필요로 한다고 말하면서도, 이를 조작적 교환(단순한 위치상의 이동), 결정적 교환(고정비율에 따른 소유권 이동), 그리고 통합적 교환(협상 비율에 따른 소유권 이동)으로 세분하고 있다. 넷째, 폴라니는 경제적 제도와 비경제적 제도를 훨씬 명확히 구분하기에 이르렀다. 이에 따라 착근embeddedness의 의미도 단일하지

고 있다.

21 그렇지만 또 Polanyi(1966)에서는 가정경제를 재분배와 별도로 구분한다.

않게 되었다. 따라서 경제활동이 비경제적 사회관계에 편입된다는 의미의 착근성과 경제적 제도를 통해 조직된다는 의미의 착근성을 함께 보면서 그것들의 의미를 잘 구별할 필요가 있다.[22]

그런데 두말할 것도 없이 사회적 인간들이 제도화된 상호작용을 통해 물질적 수단을 얻고 이용하려면 물질적 생산을 해야만 한다. 그러나 지극히 당연한 이 일이 잘 이루어지지 않은 것 또한 경제의 역사이고 현대 시장 자본주의 역사다. 공동체 모두를 위한 물질적 생산은 그것을 가로막는 구조적 권력과 대면하게 된다. 이는 2008년 과잉 거품 축적 끝에 위기의 세계화를 초래한 미국식 금융 주도 자본주의 현상을 봐도 잘 알 수 있다. 그러므로 실체적 경제란 이런 거품 축적 경제와 대조되는, 실질적으로 유용한 가치를 창조하고 그것을 공동체에 제공하는 '물질적' 경제이며, 따라서 자본의 소유권과 영리 추구 활동도 이 '물질적 경제'를 위해 헌신해야만 한다. 폴라니는 다음과 같이 말한다.

---

22 폴라니의 경제학에서 "제도화된 과정으로서의 경제"라는 새로운 이론화가 이루어짐으로써 "착근"이라는 말은 중요하지 않게 되었다는 주장이 있다(홍기빈 2009, 638-39). 그러나 이는 적절한 지적 같지는 않다. 착근이라는 말을 제거하면, 사회 속에서 경제의 위치를 중심 화두로 삼고 사회관계의 그물망 및 사회적 인간에 방점을 찍는 폴라니의 사회적 제도경제학과 주류 효율 지향 제도경제학의 차이가 흐릿해질 위험마저 있다. 착근이라는 말이 담고 있는 이중적 의미를 잘 생각하면서 그 중요성을 계속 가져가는 것이 좋다고 본다.

현실주의 사상가들은 '경제적'이라는 말의 실체적 의미를 강조했다. 그들은 경제를 영리보다는 산업과, 허례보다는 기술과, 소유권보다는 생산수단과, 금융보다는 생산적 자본과, 자본보다는 자본재와 동일시했다. 간단히 말해서 그들은 경제를 시장화 형태나 시장화 용어보다 실체적 경제와 동일시했다(Polanyi 1977, 6)[이 책 89쪽].

멩거가 개척한 가격 이론의 빛나는 성취로 인해 '경제적'이라는 말에 대해 절약하기economizing라는 새로운 의미 또는 형식적 의미가 유일한 의미로 되고, 더 전통적이지만 얼핏 평범해 보이는 물질성materiality의 의미, 반드시 희소성의 제약을 받지는 않는 의미는 학문적 지위를 잃고 결국 잊혔다. 신고전파 경제학은 이 새로운 의미를 토대로 세워졌고, 그사이 기존의 물질적·실체적 의미는 사람들의 의식에서 점점 희미해져 경제사상에서 정체를 감추었다(Polanyi 1977, 24)[이 책 119쪽].

여기서 폴라니는 '실체적'의 의미를 희소성의 제약을 받지 않는 물질성의 의미로 사용한다. 그러면서 산업·기술·생산수단·생산적 자본·자본재를 실체적 의미의 카테고리로 간주하고, 이를 영리·허례·재산권·금융·자본 등 형식적 의미의 카테고리와 대립시킨다. 이런 대립으로부터 우리는 폴라니에서 '경제적'의 실체적 의미가 인간의 욕구 충족을 위한 물질적 가치 생산에 대한 헌신을 내포하고 있음을 알 수 있다. 실체적 경제학의 논리에 서면 재산권, 영리 활동, 금융 활동, 자본의 권리 등은 사회적 필요와 이용을 위한 물질적 생산에 기여하거나 그 같은 기능을 수행할 때 비로소 정당성을 가질 수 있으며 그런 기여와 헌신에서 유리된 '기능 없는 재산권'functionless property, 고삐 풀린 자본의 자유에 우선적 권리를 주어서는 안 된다는 말이 가능할 것이다. 재산권 및 자본권에 대한 폴라니의 이 비판적 생각을 노동, 토지, 화폐의 '허구적 상품화'에 대한 그의 비판과 함께 묶어 생각하면, 시장경제 및 시장 사회, 경제 문명사를 보는 실체적 경제학의 비판적 잠재력은 한층 강력한 힘을 갖춘다. 호혜·재분배·교환의 유형을 제시한 폴라니의 사회통합론의 바탕에도 이런 생각이 깔려 있다.[23]

---

23 구본우(2012, 141, 173- 178)에 의하면 폴라니는 1930년대 이전 저작에서는 자본(주의)라는 용어를 자주 사용했지만 그 이후에는 시장 사회라는 말을 더 많이 사용했다. 폴라니가 말한 '현실주의 사상가들'이 구체적으로 어떤 사람들인지는 잘 알 수 없다. 그러나 실체적 경제를 공동체 모두를 위한 물질적 경제로 보는 폴라니의 생각은 그 이전 베블런(Veblen 1904)이 부재 소유(absentee ownership) 주도의 영리 활동과 산업 활동 간의 갈등에 대해 말한 견해와 매우 유사해 보인다. 폴라니는 베블런을 "'형식론적인 것'의 지배에 대항한 '실체론적' 반란의 예언자"라고 하면서 높이 평가했다(Dale 2016a, 231). 그렇다면 우리는 폴라니 실체적 경제학이 세 가지가 아니라 네 가지 이론적 원천을 가진다고 말해야 할 것 같다. 폴라니의 영국 시절 가까운 사이였던 토니(Tawney 1920) 또한 사회적 목적에 기여하는 기능적 재산과 기능 없는 재산을 구별했다(Dale 2016a, 134). 폴라니의 이론과 베블런의 제도주의를 연결시킨 인물로는 카프(K. W. Kapp)를 주목할 필요가 있는데 이에 대해서는 버거(Berger 2008)를 보라.

III. 비시장경제의 역사

폴라니가 새롭게 구축한 실체적 경제학은 비시장경제와 시장경제 모두를 비판적으로 분석해 낼 수 있는 이른바 '광의의 경제학' 틀이다. 실체적 경제학이 『인간의 살림살이』에 수록되어 있다는 이유로 전근대 비시장경제에만 적용되는 이론틀이라 생각하는 것은 맞지 않다. 그가 더 일찍 이 이론틀을 수립했더라면 『거대한 전환』의 서술도 상당히 달라졌을 것이라는 생각도 가능하다.

그러면 실체적 경제학의 틀 위에서 폴라니는 구체적으로 우리 시대 이전 비시장경제의 역사를 어떻게 바라보고 있는가. 사실 『거대한 전환』에 비해 『인간의 살림살이』의 구체적 내용을 잘 따라가기란 그렇게 쉬운 일은 아니다. 낯선 이야기도 많고 자질구레하게 보이는 옛 이야기도 적지 않다. 따라서 폴라니가 "저자 서문"에서 들려주는 다음의 문제의식을 가져 보는 것이 좋을 것 같다.

초기 수천 년 동안 인간이 겪어 온 삶의 문제들을 재검토해 보면, 매우 중요한 정책적 경향이 절실히 다가온다. 우리 세대에 고유하며 숙명적인 것으로 보였던 갈림길 ─자유 대 관료제, 계획 방식 대 시장 방식─ 이 역사에서 반복되어 온 인간적 상황의 변형된 논제로 인식된다. 그리스, 이집트의 전면적인 계획경제에 의해 동지중해에 '세계' 최초의 곡물 시장이 생겼다. 교역인의 개인적 주도권을 정부의 교역 관리와 어떻게 조화시킬 것인가는 기원전 2세기 초에 이미 아시리아의 지배자들이 추구한 목표였다. 그리고 개별 교역인의 자유를 보호하기 위해 식민지 교역 방식에서 세심한 장치가 고안되었던 것으로 보아, 그 조화는 비교적 성공적이었던 것으로 보인다. 이 책에서 우리가 살펴보고 있는 이른바 카파도키아식 교역 식민 도시에서는 가격 형성 시장이 없었으며, 고정 가격에 따라 위험부담이 없는 거래가 이루어졌다. 이때 교역인의 이익은 중개 수수료에서 나왔다. 그렇지만 법치와 교역인 개인의 자유는 놀라울 정도로 보장되었다. 마찬가지로 경제계획을 시장의 요구와 조화시키는 방법은 기원전 5세기의 민주정 아티카Attica나 그로부터 2천 년 후 문자가 없던 서아프리카의 흑인 왕국 다호메이와 같은 상이한 공동체에서도 발견되었다. 다호메이 왕국의 경우 대외 상업은 여전히 왕궁의 교역 조직이 지배했지만, 농촌이나 친족 집단의 경제생활은 지역 시장과 진정한 농촌 자치에 의존했다.

우리가 사는 근대 세계는 인간의 살림살이라는 견지에서 보면 우리의 생각보다 훨씬 더 역사가 짧을지 모르지만, 자유와 중앙 집중, 자발성과 계획성이라는 인류의 커다란 문제는 분명히 우리의 예상보다 더 오래 지속되어 온 난제임을 알 수 있다(Polanyi 1977, xl-xli)[이 책 60-61쪽].

여기서 흥미롭게도 폴라니는 지난날 비시장경제 역사를 살았던 인간들의 핵심 화두가 바로 오늘날 우리 시대 인류가 씨름하고 있는 것과 결코 다르지 않은 문제, 즉 자유와 집권, 시장 방식과 계획 방식[24]의 균형 혹은 조화를 수립하는 문제였음을 말하고 있다. 그리고 그 조화로운 균형점을 잘 찾았던 사회와 문명은 흥했고, 그러지 못했을 때는 망했다는 교훈을 던진다. 물론 이 조정 방식의 균형 잡기는 개인적 자유와 공동체적 연대 및 정의 간의 균형을 추구하기 위한 목적을 가진 것이다. 적절한 공동체적 규제가 오히려 개인의 자유도 보장하고 연대 및 사회적 정의를 확보하는 열쇠였다는 것이 바로 폴라니가 말하고자 하는 요점이다. 그러므로 실체적 경제학 위에서 비시장경제 역사의 문으로 들어간다 함은 곧 고삐 풀린 시장의 정신을 떨쳐 버리는 것이다. 동서양을 막론하고, 전근대 경제는 미개하고 근대 시장경제는 문명이라는, 뿌리 깊은 진화론적 이분법의 눈을 탈피하는 것이다. 하이에크나 스미스의 눈을 도려내고 경제와 사회, 시장과 사회의 변증법 또는 이중 운동론으로 비시장경제의 역사, 그 다양한 진화 경로와 흥망성쇠를 읽어 내는 것이다. 폴라니는 그럴 때 지나간 과거 '인간의 살림살이' 문제가 바로 현재 우리들의 살림살이 문제이고 나아가 내일의 민주적 대안 사회 전망과 닿아 있음을 알게 된다고 말하는 것이다.

보다 구체적으로 들어가 『인간의 살림살이』의 비시장경제 역

---

24 폴라니는 호혜와 재분배를 합쳐 계획 방식이라 말하기도 한다(Polanyi 2015[2014], 263).

사편의 첫 부분에서 폴라니는 부족사회에서 고대사회로 이행하면서 경제적 거래가 출현하는 문제를 다룬다. 4장에서 7장에 걸쳐 있는 이 논의는 매우 의미심장하다. 왜냐하면 그것은 곧바로 경제적 거래 및 개인적 자유라는 축과 공동체적 연대 및 사회적 정의라는 축 사이의 긴장과 갈등이라는, 원시 공동체 균열 이후 인간의 살림살이가 마주하는 근원적 문제를 제기하기 때문이다. 원시 부족사회에서 경제는 자립적 영역으로 분리되지 못한 채 사회에 착근 또는 매몰되어 있었고 거기서 통합의 지배적 형태란 호혜였다. 그런데 경제적 거래와 개인적 자유의 출현은 이 원시적인 사회적 연대성과 정의를 깨트리는 분열과 불안정 효과를 낳는다. 그렇지만 이는 사태의 한 가지 측면이다. 의외로 생각될지 모르지만, 폴라니는 독자적인 경제적 거래 출현의 해방적 의미를 높이 평가한다. 그는 이렇게 말한다. "고유한 경제적 거래의 출현은 개인들에게 사회에서 이용 가능한 경제적 수단을 보다 자유롭게 이용할 수 있게 해주며, 그리하여 공동체 전체에 걸쳐 거의 무한한 물질적 진보의 가능성을 열게 할 것이다"(Polanyi 1977, 59)[이 책 178쪽].

그렇다면 우리에게 제기되는 문제는 경제적 거래와 개인적 자유로 나아가는 포스트 원시 공동체 역사의 물길을 '반동적으로' 틀어막는 것이 아니라, 역사의 새 단계에서 한편으로 경제적 거래·자유, 다른 한편으로 공동체적 연대·정의 간의 조화 또는 반성적 균형을 어떻게 새롭게 수립할 수 있을까 하는 것이다. 폴라니에 따르면 그 해법으로 다양한 역사적 경로가 출현하고 서로 경합하기도 했다. 전유 이동의 대표적 두 경로로서, 소농민 사회의 거래적 경로(시장 형성의 경로)와 관개형 제국의 처분적 경로가 존재했는데, 소수의 지역만이 거래적 경로로 나아갔다.

그러면 경제적 거래와 공동체적 연대 및 정의가 긴장을 내포하면서 서로 접합되는 구체적 방식은 어떤 것일까. 우리는 그 내부를 더 들여다보아야 한다. 경제적 거래의 출현과 그 내적 모순의 문제에 이어, 폴라니는 교역, 화폐, 시장의 '삼위일체' 신화에 도전하면서 그 '삼인조'가 제도화되는 방식을 파고든다. 가격기구로서의 시장을 시장 일반과 동일시하고, 교역, 화폐, 시장을 분리 불가능한 삼위일체적 통합체로 간주하는 형식적 경제학의 대척점에 서서 폴라니는 다음과 같이 자신의 세 가지 명제를 제시한다. 첫째, 시장경제의 삼인조를 구성하는 교역, 화폐, 시장은 결코 삼위일체가 아니라 제각기 별개의 역사적 기원을 갖는다. 둘째, 이 삼인조의 발전이 공동체 내부적인가, 외부적인가가 중요하다. 교역, 화폐, 시장 모두에서 대외적 발전이 우선했으며 공동체 내부적 발전과 대외적 발전은 분리되어 있다. 셋째, 삼인조는 호혜, 재분배와 같은 비시장경제적 방식에 의해 통합된다. 다시 말해 시장은 사회에 착근되어 있다. 폴라니는 교역, 화폐, 시장 각각에 대해 세 가지 명제를 더 자세히 검토해 나간다. 그중에서 특별히 아래 세 가지 문제에 대해 지적하고 싶다.

먼저, 폴라니는 교역, 화폐, 시장에 대한 전통적 관념을 해체하고 교역을 시장에 기초하지 않은 교역(증여 교역, 관리 교역)과 시장 교역으로 구분하고 있다. 둘째, 교역, 화폐, 시장의 삼인조가 결합되는 방식이 엄청나게 다양할 수 있다. 따라서 그 결합체가 결국 현대 시장경제로 진화할 운명에 처해 있는 것처럼 생각하는 목적론적 함정에 결코 빠져서는 안 된다는 것이다. 이 대목에서 우리는 폴라니가 시장을 시장 요소라고 부르는 특정한 제도적 특성들의 결합체로 파악하고 있는 부분에 주목해야 한다. 셋째, 화폐론에 대한 것이다. 폴라니는 화폐를 의미론적 체계로 파악한다. 즉 언어, 문자, 도량형과 유사한 하나의 상징체계라고 생각한다. 그리고 화폐의 다양한 용도들이 독립적으로 발생했으며, 지불 용도, 가치 저장 용도, 가치 기준 용도가 교환 수단보다 선행했다고 본다. 그리하여 시장 사회의 '전全 목적 화폐'와 달리 고대 비시장 사회의 화폐를 '특정 목적 화폐'라고 부른다.[25]

이제 제2부 그리스편으로 넘어가 보자. 이 글의 서두에서 지적한 것처럼 2부는 『인간의 살림살이』의 편집·출판 과정에서 다소 논란이 되기도 했던 부분이다. 편집 체계로 본다면 그리스편은 분명히 이질적인 측면이 있는 것이 사실이다. 그렇지만 폴라니가 주

---

25 폴라니는 화폐론을, 실체적 경제학을 논의할 때는 포함시키지 않고 있다. 이 부분은 검토 여지를 남긴다.

도한 공동 연구 『초기 제국에서의 교역과 시장』(Polanyi 1957)에 이미 "아리스토텔레스에서 경제의 발견"이라는 논문이 수록되어 있다. 또 앞서 보았듯이 아리스토텔레스는 멩거, 베버와 더불어 폴라니 실체적 경제학의 핵심에 자리 잡은 이론적 원천이기도 했다. 그리고 『인간의 살림살이』 이후 최후의 폴라니는 산업 문명에서 좋은 삶은 어떻게 가능한가 하는 화두를 붙잡고 다시 아리스토텔레스와 만난다.[26] 그런 점들을 염두에 두고 그리스편을 보면, 비시장경제의 내부 통합과 분열을 바라보는 폴라니의 생각이 한층 명료하게 제시되어 있음을 발견할 수 있다. 나아가 그의 실체적 경제학에서 새로운 이론적 요소 역시 그리스편에서 나타난다.

폴라니에 따르면 인간의 살림살이 역사에서 고대 시기는 압도적으로 재분배 형태가 지배하는 가운데 호혜 및 시장 교환의 형태가 결합되었는데 그것들의 결합 방식은 지역에 따라 상당히 달랐다. 그는 특히 곡물(식량) 조달의 제도화 방식을 중심으로 이 문제를 깊이 있게 파헤치고 있다.[27] 그런데 폴라니는 그리스가 재분배 형태와 시장 교환 형태의 결합을 그 최고 수준으로까지 발전적으로 진화시킨 사례라고 파악한다. 이 점에서 그리스는 시장이 존재

---

26 若森みどり(2011, 241-46)를 보라.
27 곡물 조달 문제는 로마에서도 그라쿠스 형제의 개혁에서 보듯이 토지개혁과 함께 매우 중요한 주제였다(허승일 1985).

하지 않았으며 교환 수단으로서 화폐가 거의 사용되지 않았던 메소포타미아[28]와는 매우 대조적인 진화 경로를 걸었다. 그리스편 중에서 우리가 가장 주목하고 싶은 것은 폴라니가 민주파 페리클레스와 과두파 키몬의 대립에 대해 쓰고 있는 대목이다. 폴라니는 아테네 경제를 세 부분, 즉 영지적 오이코스의 재분배, 국가적 재분배, 그리고 시장 교환 간의 접합 및 갈등으로 바라보면서 민주파와 과두파의 계급 갈등을 이 세 유형과의 관계 속에서 해명하고 있다. 그는 페리클레스와 키몬[29] 간의 갈등을 재분배의 두 중심인 영지적 오이코스와 민주적 폴리스 사이의 대립으로 파악한다. 폴라니는 이렇게 말한다. "그리스적 의미에서 민주주의는 부자의 대중 매수를 막기 위한 물질적 보호 장치를 필요로 했다. 유일하게 효과적인 보장 장치는 배심원 활동이나 민회의 투표, 평의회의 행정 수행 등의 정치적 활동에 적극적으로 참여하는 대중을 부자가 부양하지 못하도록 하는 것이었다"(Polanyi 1977, 172)[이 책 382쪽]. 그에 따르면 폴리스를 통한 민주적 재분배 — 폴라니는 이것이 지배적이었다고 본다 — 와 안정된 곡물 조달을 위한 곡물 시장 관리 또는 규제 — 이는 대외적 조절을 포함한다 — 가 결합되고 이를 통

---

28 메소포타미아에 대해서는 Polanyi et al.(1957)에 별도의 연구 논문이 수록되어 있다(2장, 3장).

29 마라톤 전투의 영웅인 밀티아데스의 아들이며, 페리클레스의 정적이었다.

해 폴리스의 참여 민주주의와 아고라의 착근된 시장이 상호 선순환을 이룬 것이 페리클레스가 이끄는 민주 아테네 제국의 성공의 열쇠였다.

그리스편의 이 서술은 몇 가지 점에서 주목할 만한 것이다. 첫째, 폴라니는 고전기 아테네 민주정이 비록 노예제에 의존하고 있긴 하지만, 그 성취에 대해 높이 평가한다. 이는 베버를 비롯해 아테네 정치경제를 부정적으로 보는 많은 논자들의 견해와 대비된다. 폴라니는 지속 가능한 참여 민주주의를 위한 사회경제적 기반을 짚고 있다. 먹고사는 살림살이 문제에 전전긍긍하는 상황에서는 민주도, 참여도 지속 불가능하다. 솔론의 부채 청산 조치에서 보듯이 그리스 아테네 민주주의는 사회경제적 개혁을 통해 진화해 갔다. 정치적 민주주의는 사회경제적 민주주의와 공진했다. 자유 시민의 참여 민주주의는 탈규제 시장경제가 아니라 물질적 삶의 안정성을 보장하는, 사회에 착근된 시장과 보완재다. 폴라니는 사실상 시장이 민주를 꺾는 이른바 '민주주의와 시장경제의 병행 발전'이 아니라, 착근된 시장과 그것과 결합된 참여적 민주주의를 주창한다.[30] 이 대목에서 『인간의 살림살이』의 그리스편은 "고대에는 부는 생산의 목적이 아니다. 언제나 문제는 어떤 소유 양식이 최상의 시민들을

---

30 데일(Dale 2016a, 237)은 "폴라니에서 민주적 아테네는 진정 붉은 빈의 고대 시기 선구자였다"라고 쓰고 있는데 이는 아주 적절한 지적이다.

낳는가 하는 것이다"라고 갈파했던 『정치경제학 비판 요강』(시초축적, '자본주의 이전의 제형태')의 마르크스를 연상시킨다.[31] 사회 통합 양식에 터하고 있는 폴라니의 논의와는 달리 마르크스의 논의는 소유와 생산양식에 기반을 두고 있다는 큰 차이가 여전히 존재하지만, '공동체 대 시장 자본주의'라는 인식틀로 인류사를 바라보고 있다는 점에서 두 사람의 생각은 놀라울 정도로 가까우며, 둘 다 '아리스토텔레스의 아이들'로서 쌍생아다.[32]

둘째, 『거대한 전환』 이래 일관된, 폴라니 사회경제학의 핵심 화두는 사회경제적 통합 양식이었다. 시장, 호혜, 재분배의 통합 양식을 논할 때 폴라니는 지배, 피지배의 분열이라든가 민주정치와 전제정치의 구분 문제를 본격적으로 도입하지 않았다. 그러던 그가 『인간의 살림살이』 그리스편에서는 민주적 재분배와 영지적 재분배를 준별하고 있으며, 이에 기반해 사회 통합의 문제틀에 정치·경제적 지배와 갈등의 문제를 도입하고 있다. 셋째, 폴라니는 이전에

---

31 Marx(1857-58)[2000, 488], 이병천(2013, 113) 참조.

32 마르크스에서 '공동체 대 자본주의'라는 세계사 인식틀은 흔히 '의존관계사관'이라 불리기도 한다. 이 사관은 『자본론』(독어판)에서 소멸했다가 만년의 러시아론에서 부활한다. 마르크스는 러시아론에서 미르 공동체가 사회주의의 모태가 될 수 있다고 하면서 시초 축적을 건너뛰는 비자본주의 발전론을 주장했다. 이 변화에는 마르크스의 자본주의관, 인류사에서 문명으로서 자본주의가 차지하는 위치 및 시초 축적에 대한 생각의 변화가 포함되어 있다.

는 시장의 분열·불안정 효과와 사유 재산권 및 통제권의 지배 효과
를 확연히 구분하지 않은 채 논의를 전개하는 경우가 적지 않았다.
그런데 여기서는 고삐 풀린 시장 교환의 파괴적 효과와 별개로, 영
지적 가정경제라는 소유, 통제 형태가 발휘하는 보수적 지배력과
효과를 체계적으로 문제로 삼는다. 이는『거대한 전환』에서는 물
론,『인간의 살림살이』제1부에서도 잘 볼 수 없었던 대목이다.

IV. 이론적 공백과 미완의 과제

폴라니는 경제가 사회에서 차지하는 위치 문제를 평생 화두로 삼고
우리 시대 지배적 통념인 자기 조정 시장의 환상을 비판했다. 그는
고삐 풀린 탈규제 시장과 거기에 포획된 사회 전체, 그리고 그 속에
서 뿌리 뽑혀 불안에 떨며 살아가는 시장 인간적 삶을 안정과 안전,
사회적 자유와 연대에 착근시켜 제자리에 가져다 놓으려 했으며 그
런 관점에서 '사회적인 것'을 추구하고 사회주의 대안을 재정의했
다. 그는『거대한 전환』이후 고심 끝에 실체적 경제학의 체계를 구
성하고 경제 문명사의 대륙으로 나아가 일반 경제사를 새롭게 재구
성하는 작업을 추구했다. 이 성취는 오늘날 비판적 인류학과 사회
경제학, 일반 경제사의 재구성 작업에서 실로 소중한 유산이 아닐

수 없다.[33] 그러나 그의 작업은 문제점도 없지 않으며 여전히 미완으로 열려 있다고 생각된다. 이 점과 관련해 아래에서 몇 가지 지점들을 지적해 보고자 한다.[34]

첫째, 폴라니는 근대 시장체제가 보편적이고 자연적이라는 지배적 편견과 대결하면서 오히려 전통 사회에서 정작 보편적인 것은 호혜, 재분배, 가정경제 등 비시장적인 경제통합 방식임을 보여주고자 했다. 그렇지만 통합에 초점을 두다 보니 권력, 지배, 계급, 착취 등의 문제는 부차적으로 취급하는 경향이 있음을 부정하기 어렵다. 물론 폴라니가 이들 문제의 존재를 몰랐던 것은 전혀 아니다. 그의 개념틀과 연구 전략상 그렇게 되었을 것이다.[35] 『거대한 전환』에서 재분배 원리를 설명하는 대목에서 폴라니는 다음과 같이 말하고 있다.

우리는 이런 설명들에서 동질적 사회와 계층화된 사회, 즉 사회가 전체적으로 통합되어 있는 사회들과 지배자, 피지배자로 갈려 있는 사

33 Dale(2016b, 161-201)은 신제도주의의 거센 도전에도 불구하고 폴라니의 실체론적·착근론적 접근이 그 핵심 대목에서 여전히 유효함을 옹호한다.

34 폴라니의 저작에 대한 중요 논쟁들을 종합적으로 정리하면서 자신의 생각을 제시한 최근의 대표작으로는 Dale(2010, 2016a, 2016b)을 참고할 수 있다.

35 인류학에서 가져온 폴라니의 사회통합론에는 지배와 갈등을 드러내거나 주체적 행위자를 전면에 내세우는 것이 아니라 통합의 필요를 중심에 두는 어떤 기능주의가 내포되어 있는 것 같다. 이 문제에 대해서는 Dale(2010, 78-79)과 Dale(2016b, 31,159, 170-177, 183-184) 참고.

회들 사이의 절대적으로 중요한 구별을 의도적으로 무시했다. 노예와 주인의 상대적 지위는 일부 수렵 부족들의 자유롭고 평등한 성원들 사이의 관계와 하늘과 땅만큼 차이가 있으며, 그 결과 두 사회 안에서 개인들이 재분배에 참여하는 동기도 대단히 큰 차이가 있지만, 그래도 경제체제를 조직하는 원리는 동일하다(Polanyi 1944)[2009, 195].

또 폴라니는 가정경제의 원리에 대해서도 다음과 같이 말한다.

제도 차원에서 핵심이 되는 것이 어떤 성격의 것이냐는 여기에서 관심사가 아니다. 그 집단의 내부 조직의 성격도 문제가 되지 않는다. 그것은 로마의 파밀리아에서처럼 전제적 성격을 가질 수 있고 남슬라브족의 자드루가처럼 민주적일 수도 있다. 카롤링 왕조 시절 프랑크왕국 호족들의 거대한 지배지만큼 클 수도 있고, 서유럽의 평균적 농민의 보유지처럼 작을 수도 있다(같은 책, 196-97).

『인간의 살림살이』에 와서 폴라니는 실체적 경제학을 수립하는 중요한 이론적 진전을 이루었다. 실체적 경제학에서 그는 베버에서 유래하는 '전유'라는 중요한 개념을 도입했고 이는 당연히 분배와 재분배상의 갈등을 내포한다. 또 폴라니는 물질적 생산의 중요성을 제기하면서 규제받지 않는 재산권의 방종이 물질적 생산이라는 공동체의 욕구 충족 과제와 충돌할 수 있다는 것도 지적했다.

그리고 그리스편에서는 민주적 재분배와 영지적 재분배를 구분하고 계급 갈등과 정치 갈등을 아울러 설명했다.

그럼에도 불구하고 폴라니의 실체적 경제학은 여전히 또 한 가지 이론적 문제를 미해결 상태로 남기고 있다. 그것은 광의의 전유권 rights 중에서도 생산수단의 통제 및 처분권power of control and disposal 에 대해 특별한 중요성을 부여하지 않고 있다는 것이다. 물질적 생산과 전유는 어떤 방식으로 결합되고 분리되는지, 생산수단의 통제 및 처분권에 의해 규정되는 생산양식과 노동 양식은 어떠한지 등의 문제에 대한 분석은 매우 미약하다.[36] 이 문제와 관련해 핼퍼린 (Halperin 1984; 1994, 62-63)은 폴라니의 실체적 경제학을 마르크스의 생산양식론과 비교하면서 그 핵심 논리 구조에서 폴라니가 생산 측면은 위치 이동에, 분배 측면은 전유 이동에 배속시키는 이분법에 빠져 있다고 비판한다. 그 때문에 생산의 전유적 측면과 분배의 위치적 측면이 실체적 경제학의 구도에서 제거되는 결과가 초래되었다는 것이다. 또 이와 관련해 구드맨(Gudeman 2001, 17, 80-86; 2008, 40)에 따르면 공동체의 정치경제학은 우선적으로 구성원의 공유 이해를 낳는 물질적 '토대'base 또는 공유 자산commons 이 어떻게 구성되어 있는지, 그것을 유지하고 할당하는 규칙이 어떻

---

36 Swedberg(2011, 69-70)는 베버의 경우조차 이 부분에서 상당한 공백이 있다고 지적한다.

게 되어 있는지를 물어야 한다. 호혜는 토대를 분배하거나 다른 공동체와 관계 맺을 때 나타나는 통합 형태이며 그 때문에 호혜 이전에 먼저 토대의 존재 형태를 살펴야 한다. 구드맨은 그런 관점에서 폴라니의 사회 통합 형태론에는 바로 이 토대에 대한 논의가 빠져 있다고 비판한다. 폴라니의 통합 형태론이 가정경제를 적절히 자리매김하지 못하고 혼란을 보이는 것도 교환 양식 중심으로 짜여 있기 때문이라는 것이다.

이와 같은 핼퍼린 그리고 구드맨의 비판은 분명히 폴라니의 실체적 경제학이 안고 있는 약점에 대한 날카로운 비판이며 상당한 설득력을 가진다. 이와 관련해 폴라니가 베버에 대해 형식적 경제학을 우위에 두고 있다고 비판한 점은 매우 적절하다고 해도, 베버의 『사회경제사』(Weber 1924) 같은 저작이 전유 양식, 지배 양식, 생산-관리 및 노동-분업의 양식을 유기적으로 통합한 이론틀과 역사적 분석을 보여 주고 있는 점은 부정할 수 없다. 적어도 이 부분에서 폴라니는 베버보다 뒤져 있다는 생각마저 든다.

셋째, 만약 우리가 경제 문명사에서 권력, 지배, 착취가 있는 공동체를 생각하고 생산수단(전통 사회에서는 토지 또는 토지에 맞먹는 중요 물자)의 소유 양식과 생산양식을 통합적으로 파악하고자 한다면 — 그렇게 해야 한다 — 전통 사회에서 실체적 경제와 형식적 경제 간의 쟁투, 공동체의 갈등적 통합 방식 그리고 특히 동아시아 사회에서 '공'公이나 공공성에 대한 연구는 폴라니의 논의보다 훨씬 더 비판적으로 진전되어야 한다. 그 연구는 단지 시장의 사회적 착근성뿐만 아니라 반드시 '재산권의 사회적 착근성'social embeddedness of property 문제,[37] 법적 소유를 넘어선 실질적 소유와 통제 양식, 생산양식을 둘러싼 계급 및 권력 갈등 문제, 소유권과 사용권의 조합 및 그 다양한 진화 경로 문제 등을 포함해야 한다. 이와 관련해 중앙 권력이 사회 통합의 보편적 이해를 대변한다는 생각도 버려야 마땅하다. 그런데 소유와 생산양식, 계급-권력 갈등, 착취의 문제틀을 체계적으로 도입한다는 것이 곧 전통 마르크스주의적 계급투쟁사관을 가져옴을 의미하지는 않는다. 마르크스주의적 역사관은 계급 갈등이 단지 소유만이 아니라 소유의 상이한 기능들ownership functions의 지배를 둘러싼 갈등이고 타협임을 중시하지 않았다.[38] 우리는 현대 사회민주주의 및 민주적 자본주의의 풍부한 이론 및 역사가 보여 준 소유와 통제의 변증법이라는 문제틀을 가져와야 한다 (Stephens 1979; 김수진 2001; 홍기빈 2011; 신정완 2012; 이병천 2013). 그럼으로써 폴라니에서 막혀 있었던 새 연구 분야와 대안적

---

37 이와 관련된 주요 연구로는 Hann(1998), 三浦撤 外(2004)를 들 수 있다. Hann(1998)은 동서양 전체에 걸쳐 있으며 인류학의 현재적 의미를 보다 강조한다. 三浦撤 外(2004)는 중국, 동남아, 중동의 세 지역에 집중하고 있다. 이들 연구는 한국 전통 사회 연구에도 중요한 함의를 제공한다. 이와 관련해서는 미야지마 히로시(2013)를 참고하라.

38 스웨덴 기능사회주의론의 대표 논자인 Adler-Karlsson(1967, 49)을 보라.

인 '잠정적 유토피아'의 길을 열어야 한다. 그리고 당연히 새 연구는 전통 사회에서 소유, 통제 및 시장의 사회적 착근 대 탈착근(탈규제) 간의 '이중 운동'의 갈등 동학을 밝혀내야 한다. 나는 폴라니의 실체적 경제학을 비판적으로 재구성하는 이런 문제틀과 연구 프레임이 경제 문명사에 대해 광범한 새 연구 지평을 여는 것이며 이미 열어 놓고 있다고 생각한다.[39]

그런데 사회 통합이란 결코 피지배 세력만이 내세우는 기획은 아니다. 그것은 피지배 대중의 동의를 확보하기 위한 지배 세력의 헤게모니 기획 또는 '수동 혁명'(그람시) 형태가 될 수 있다(Buraway 2003). 사회 통합은『인간의 살림살이』2부 그리스편에서 본 바와 같이 민주파의 기획(페리클레스)일 수 있지만 과두파의 기획(키몬)일 수도 있다. 내가『인간의 살림살이』의 2부 그리스편에 특별한 관심을 갖는 것은 거기서 폴라니가 이런 이론적·분석적 방향으로 발을 내디뎠음을 보여 준다고 생각하기 때문이다. 다른 한편 시장화에 대한 피지배 대중의 대항 운동 또한 결코 단순하지 않다. 이와

---

39 (신)자유주의와 마르크스주의가 함께 공유한 역사의 자연사적 진화론을 해체시킨 폴라니의 담대한 정신을 계승하되 그의 경제 문명사론의 비판적 재구성을 추구하는 우리의 문제틀에 따른다면 배타적 사적 소유권에 기반한 영미식 자유주의적 시장 자본주의 형태는 자연적·필연적 진화의 산물이 아니라 다양한 쟁투적 가능성을 내포한 이중 운동 동학의 한 가지 역사적 경로로 인식될 수 있다. 나아가 서구 중심주의를 정정하는, 동서 비교 경제 문명사론의 실마리도 얻을 수 있지 않을까 한다.

관련해 프레이저(Fraser 2013)는 폴라니의 이중 운동틀, 즉 시장화와 사회의 자기 보호의 이원적 틀에 해방운동 항을 추가해 삼중운동론을 제기하기도 했다. 또 실버(Silber 2003)는 자기 조정 시장의 지구적 확산에 반격하는 폴라니식 노동 소요와 새롭게 형성되는 노동계급이 투쟁에 나서는 마르크스식 노동 소요를 구분하기도 했다.[40] 따라서 피지배 대중의 다양한 존재 형태와 대항 운동의 복잡한 분화상, 지배 세력의 헤게모니 기획 등을 시야에 넣으면서 폴라니의 이중 운동론은 비판적으로 새롭게 재구성되어야 한다. 이에 기반해 글로벌, 국민국가, 지역, 마을 수준에서 일어나고 있는 다양한 이중 운동 동학을 분석하고 환원 불가능한 각각의 스케일에서 그에 맞는 대안을 추구해야 할 과제를 우리는 안고 있다.

다섯째, 폴라니가 사회에 착근된 시장과 탈착근된 시장을 너무 과도하게 이분법적으로 대비시켰다는 것은 일찍이 그라노베터의 '과잉 사회화'(Granovetter 1985) 지적 이래 널리 알려져 있는 바와 같다. 이후 '착근' 그리고 '네트워크' 개념의 잠재력을 발전시키는 많은 논의들이 이루어졌다. 따라서 여기서 이 점에 대해서는 별도로 논의하지 않겠다.[41] 그런데 폴라니에서 사회라는 개념은 인간

---

40 그렇지만 폴라니의 '노동 소요'를 시장 자유주의 확산에 대한 방어적 성격으로만 간주하는 것은 논란의 여지가 많다.

41 자세한 것은 Dale(2010, 188-206), Grabher(2006), 이병천(2009) 참조.

의 자유와 연대성이 상생적 조화를 이룰 수 있는 어떤 관계적 실재 reality를 가리킨다. 그의 경우, 사회 통합이란 개인적이면서 사회적인 자유의 신장과 공동체적 연대성 간에 조화가 달성된 균형 상태를 의미한다. 폴라니는 이런 의미의 사회적 통합을 염두에 두면서 시장 사회를 비판하고 그것과 비교해 이전의 전통 사회 그리고 대안적 사회주의에 대해 언급한다.

그러나 생각해 보면, 인간의 역사적 삶에서 그런 조화 또는 균형이란 결코 달성하기 쉽지 않은 도전적 과제다. 특히 오늘날 후기 근대에는 '개인화' 또는 '성찰적 근대화'의 경향이 크게 진전되고 있다(Beck 1992). 이에 따라 사회민주주의의 새로운 발전적 진화를 위해서도 개인적 자율성과 공동체적 연대성 간의 긴장, 나아가 갈등을 어떻게 새롭게 해결할 것인가가 중요한 도전으로 제기되고 있다.[42] 이 문제는 '공상에서 과학으로' 새롭게 거듭나야 할 미래의 민주적·생태적 사회(민주)주의 기획에서 우회할 수 없는 도전이다.

그런데 폴라니는 개인적 자율성과 공동체적 연대성 간에 엄연히 존재하는 긴장 또는 갈등의 문제에 대해서는 깊이 파고들지 않는다. 이는 시장경제 및 시장 사회, 이를 뒷받침하는 주류 시장경제학과 대결하는 그의 주된 문제의식에 기인한다고 볼 수 있지만

---

42 Stjerno(2004)는 연대 이념을 중심으로 사회(민주)주의의 역사와 전망을 생각하면서 이 문제를 제기하고 있다.

폴라니 사회경제학의 중요한 공백 지점임은 분명하다. 나는 『인간의 살림살이』에서 폴라니가 개인적·사회적 자유라는 측면에서 근대 이전의 '원초적 공동체'들이 갖고 있는 역사적 한계에 대해 깊이 있게 검토한 부분을 잘 찾아볼 수 없다. 또한 나는 폴라니가 '사회'를 너무 넓게, 미분화된 개념으로 사용하고 있으며, 그가 어렵게 발견한 사회라는 실체는 다시금 재발견되어야 한다고 생각한다 (이병천 2004, 179-80). 그리고 경제 문명사란 단지 과거만 문제 삼는 것이 아니라 미래를 향해 나아가야 한다. 경제와 사회는 재창조되어야 한다. 시장 교환, 호혜, 재분배, 가정경제, 결사, 네트워크 그리고 위계 등 여러 조정 형태의 혼합 방식에 대해서, 고삐 풀린 시장화와 사회적 착근화 간의 길항적 '이중 운동' 동학이 낳는 잠정적인 제도화 형태에 대해서도 논의의 진전이 필요하다.

사회(민주)주의는 더불어 사는 연대의 가치를 추구한다. 그러나 '능력에 따라 일하고 필요에 따라 분배받는다'는 목표는 능력이 필요를 감당하지 못하는 문제와 씨름해야 한다. 사회경제적 통합과 여러 조정 형태들은 통합 또는 연대를 지속 가능케 할 책임 규율의 문제, 무임승차·무책임·기회주의 등 이른바 집단행동의 딜레마 문제를 극복할 경제·사회적 작동 규율상의 원리적·제도적 문제를 해결해야 한다. 폴라니는 자유, 연대, 정의에 대해서 언급하고 있기는 하나, 이들 사회적 가치들은 어떤 방식으로 조화를 이룰 수 있는지, 그리고 어떻게 지속 가능한 제도 형태와 성장 체제로 구현될 수 있는지 하는 것이 문제가 된다(이병천 2009, 284-91). 요컨 대 우리는 개인적 자율성과 공동체적 연대성 간의 긴장 및 갈등이 라는 관점에서 미래의 '리얼 유토피아'에 대해 더 진전된 논의를 해야 한다.

  마지막으로, 통합이 이루어지는 하나의 공동체 또는 사회가 다 른 사회에 대해서는 얼마나 개방적인지 하는 문제가 제기된다. 베 버도 말했듯이 대내 도덕과 대외 도덕 간에는 큰 간극이 있을 수 있다. 하나의 사회는 대내적으로 똘똘 뭉쳐 강한 통합 및 연대성을 가지면서, 대외 관계에서는 '눈에는 눈, 이에는 이'라는 식으로, 강 한 폐쇄성 나아가 적대감조차 보일 수 있다. 이 문제에 대해서도 폴라니의 논의는 불충분하다. 전체적으로 폴라니는 자신의 '공동체 주의'가 하나의 동질적 목표로 통합된 닫힌 공동체주의와는 어떤 근본적 차이가 있는지, 공동체주의와 다원주의는 어떻게 조화될 수 있는지 하는 물음에 대해 해결되지 않은, 공백 지점을 남겼다.

V. 결론

『거대한 전환』의 발간 이후 폴라니의 주요한 화두는 문명사적 견지에서 오늘의 시장경제와 시장 사회를 다시 생각하는 것이었다. 이 글은 『인간의 살림살이』를 중심으로 후기 폴라니가 이룬 큰 성취와 그 한계 지점, 새로운 과제를 살펴보고자 했다. 『인간의 살림살이』는 이론적·역사적으로 후기 폴라니를 이해하는 데 가장 중요한 저작이다. 폴라니는 일찍이 『거대한 전환』을 쓰면서부터 인간 사회에서 경제의 위치를 더 현실적으로 조망하려면 폭넓은 개념적 기초 위에 일반 경제사를 새롭게 재건해야 한다는 문제의식을 갖고 있었다. 『인간의 살림살이』는 이 생각을 가장 잘 실천에 옮긴 저작이었다.

『인간의 살림살이』는 한편으로 경제 문명사라는 우회로로 진입해, 현대 시장체제를 상대화하고 사회에 재착근시키는 길을 제시하려는 『거대한 전환』의 문제의식을 계승하고 있다. 그렇지만 다른 한편으로, 이 저작은 『거대한 전환』에서 미진했던 폴라니의 지적 작업의 보다 진전된 내용을 보여 준다. 폴라니의 유고는 이론적 면에서 멩거, 아리스토텔레스, 베버, 베블런 등을 이론적 원천으로 삼아 새롭게 구성한 실체적 비시장경제학의 성취를 이루었다. 그것은 경제 문명사적 견지에서 전통 사회의 비시장경제적인 사회 통합 방식과 그 다양한 진화 경로들을 보여 준다. 폴라니는 지난날 비시장

경제 역사를 살았던 인류의 핵심 화두가 우리 시대 인류가 씨름하고 있는 것과 별반 다르지 않다고 말한다. 그는 개인적 자유와 공동체적 연대 및 사회적 정의 간의 균형점을 잘 찾은 사회와 문명은 흥했으며 그러지 못한 경우는 망했다는 교훈을 던진다.

후기 폴라니의 성취와 수준을 잘 보여 주는 대표 저작 『인간의 살림살이』는 여전히 미완의 과제를 남기고 있다. 권력과 지배, 소유와 통제, 계급과 착취 등의 문제, 그것과 사회 보호 또는 사회 통합의 문제를 통합적으로 엮어 해명하는 작업을 만족스럽게 수행해 내지는 못했던 『거대한 전환』의 빈틈은 『인간의 살림살이』에 와서도 근본적으로 해결되지는 못했다. 이는 경험적 서술뿐만 아니라 실체적 경제학의 이론 구조에서도 발견된다. 폴라니의 실체적 경제학은 시장의 착근성뿐만 아니라 소유와 생산양식의 사회적 착근성을 포섭해야 하며 이에 기반해 경제 문명사에서 이중 운동의 동학도 비판적으로, 새롭게 재구성해야 한다. 또 『인간의 살림살이』에서 폴라니는 주로 개인적 자율성과 공동체적 연대성 간의 조화에 주목하며 그들 두 축 간에 존재하는 긴장이나 갈등의 문제는 부차화한다. 그러나 이는 과거는 물론, 오늘날 진보적 기획의 재구성에서도 결정적 중요성을 갖고 있는 문제다. 그리고 하나의 사회는 대내적으로 강한 통합 및 연대성을 가지면서 대외적으로 강한 폐쇄성 및 적대감을 보일 수 있는데, 이 문제에 대해서도 폴라니의 논의는 불충분하다. 폴라니는 자신의 어떤 '공동체주의'가 동질적 목표로 통합된 닫힌 공동체주의와는 어떻게 다른지, 공동체주의와 다원주의는 어떻게 조화될 수 있는지 하는 물음에 대해 해결되지 않은, 공백 지점을 남기고 있다.

참고문헌

구본우, 2012, 『칼 폴라니, 반경제의 경제학: 경제계산과 자연주의 신화』, 비르투.

김수진, 2001, 『민주주의와 계급 정치』, 백산서당.

미야지마 히로시(宮嶋博史), 2013, 『나의 한국사 공부』, 너머북스.

_____, 2017, "유학 경제학이 가능한가: 근대 이행기의 유학과 경제," 미야지마
        히로시, 배항섭 엮음, 『동아시아에서 세계를 보면?』, 너머북스.

신정완, 2012, 『복지 자본주의냐 민주적 사회주의냐』, 사회평론.

이병천, 2004, "칼 폴라니의 제도 경제학과 시장 사회 비판," 『사회경제평론』,
        제23호., pp. 159-88.

_____, 2009, "호혜의 경제, 공생의 사회: 칼 폴라니에게 배우는 공동체의
        사회경제학," 이정우 외, 『행복 경제 디자인』, 바로 세움, pp. 249-300.

_____, 2013a, "어떤 경제/민주화인가," 『시민과 세계』, 제22호, 상반기, pp. 106-25.

_____, 2013b, "소유, 통제, 축적: 자본주의와 민주주의의 화해와 불화,"
        이병천·전창환 편, 『사회경제 민주주의의 경제학』, 돌베개.

임종철, 1998, "칼 멩거 연구," 『경제논집』, 제37호, 제1권, 서울대 경제연구소, pp.
        1-24.

허승일, 1985, 『로마 공화정의 연구』, 서울대 출판부.

홍기빈, 2009, "시장경제 유토피아와 사회의 발견," "옮긴이의 말," 칼 폴라니,
        『거대한 전환』, 홍기빈 옮김, 길, pp. 605-34.

_____, 2011, 『비그포르스 복지국가와 잠정적 유토피아』, 책세상.

三浦徹 外編, 2004, 『比較史のアジア-所有 契約 市場 公正』, 東京大出版會.

若森みどり, 2011, 『カール·ポランニ-: 市場社會·民主主義·人間の自由』, NTT出版.

八木紀一郎, 1982, "解說 メンガ-の探究と『經濟學原理』の改訂作業," 『一般理論經濟學:
        遺稿による經濟學原理』, 第2版, 2, みすず書房, pp. 533-49.

Adler-Karlsson, G., 1969, *Functional Socialism: A Swedish Theory for Democratic
        Socialization*, Bokförlaget Prisma.

Azam G., 2009, "Hannah Arendt and Karl Polanyi," *Revue du MAUSS,* 2009/2(No 34).

Beck, U., 1992, *Risk Society: Towards a New Modernity*, SAGE Publications[『위험
        사회』, 홍성태 옮김, 새물결, 2006].

Berger, S., 2008, "Karl Polanyi's and Karl William Kapp's Substantive Economics: Important Insights from the Kapp-Polanyi Correspondence," *Review of Social Economy*, Vol. 66, No. 3, pp. 381-96.

Bottomore, T., 1985, *Theories of Modern Capitalism*, George Allen & Unwin.

Buraway, M., 2003, "For a Sociological Marxism: The Complementary Convergence of Antonio Gramsci and Karl Polanyi," *Politics and Society*, Vol. 31, No. 2, pp. 193-261.

Cangiani, M., 2010, "From Menger to Polanyi: The Institutional Way," Hagemann, H., Nishizawa, T. and Ikeda, Y.(eds.), *Austrian Economics in Transition*, Palgrave Macmillan, pp. 138-53.

Dale, G., 2010, *Karl Polanyi, The Limits of the Market*, Polity Press.

_____, 2016a, *Karl Polanyi: A Life on the Left*, Columbia University Press.

_____, 2016b *Reconstructing Karl Polanyi: Excavation and Critique*, Pluto Press.

Dalton G.(ed.), 1968, *Primitive, Archaic and Modern Economies: Essays of Karl Polanyi*, Anchor Books, Doubleday & Company, Inc. New York.

Dalton, G., 1981, "Comment," *Research in Economic Anthropology*, Vol. 4, pp. 69-93.

Duncan, C. M. and Tandy, D. W.(eds.), 1994, *From Political Economy to Anthropology*, Black Rose Books.

Ford, L. R., 2010, "Max Weber on Property: An Effort in Interpretative Understanding," *Social-Legal Review*, Vol. 6. pp. 24-100.

Fraser, N., 2013, "A Triple Movement?: Parsing the Politics of Crisis after Polanyi," *New Left Leview*, Vol. 81, May-June. pp. 119-33.

Grabher, G., 2006, "Trading Routes, bypasses, and risky intersections," *Progress in Human Geography*, Vol. 30, No. 2, pp. 163-89.

Granovetter, M., 1985, "Economic Action and Social Structure: The Problem of Embeddedness," *American Journal of Sociology*, Vol. 91, No. 3. pp. 481-510

Gudeman, S., 2001, *The Anthropology of Economy*, Blackwell.

_____, 2008, *Economy's Tension: The Dialectics of Community and Market*, Berghahn Books.

Halperin, R. H., 1984, "Polanyi, Marx and the Institutional Paradigm in Economic Anthropology," Issac, B. L.(ed.), *Research in Economic Anthropology*, vol. 6, JAI Press, pp. 245-72.

_____, 1994, *Cultural Economies, Past and Present*, University Press of Texus.

Hann, C. M.(ed.), 1998, *Property Relations: Renewing the Anthropological Tradition*, Cambridge University Press.

Marx, K., 1857-58, *Grundrisse: Foundations of the Critique of Political Economy*, Penguin Books(translated by M.Nicholas)[『정치경제학 비판 요강』, 김호균 옮김, 백의, 2000].

Menger, C., 1923, *Grundsätze der Volkswirtschaftslehre*, 2. Aufl. ; Wien und Leipzig[八木紀一郎, 中村友太郎, 中島芳郎 譯, 『一般理論 經濟學: 遺稿による經濟學原理』, 第2版, みすず書房, 1982].

Pearson, H. W., 1977, "Editor's Introduction," *Polanyi K.*, 1977, xxv-xxxvi.

Polanyi, K., 1944, *The Great Transformation: The Political and Economic Origins of Our Time*, Rinehart & Co.[『거대한 전환』, 홍기빈 옮김, 길, 2009].

_____, 1947a, "Our Obsolete Market Mentality," *Commentary*, vol. 3, Feb, G. Dalton(ed.), *Primitive, Archaic and Modern Economies: Essays of Karl Polanyi*, pp. 59-77.

_____, 1947b, "Appendix," G. Dalton(ed.), 1968, pp. 120-38.

Polanyi K., C. Arensberg & H. Pearson(eds.) 1957, *Trade and Market in the Early Empires*, Free Press[『초기 제국에 있어서의 교역과 시장』, 이종욱 옮김, 민음사, 1994].

_____, 1957, "Aristotle Discovers the Economy," Karl Polanyi, Conrad Arensberg & Harry Pearson(eds.), pp. 64-95.

_____, 1966, *Dahomey and the Slave Trade: An Analysis of an Archaic Economy*, University of Washington Press[『다호메이 왕국과 노예무역: 어느 고대적 경제에 대한 분석』, 홍기빈 옮김, 길, 2015].

_____, 1971, "Carl Menger's Two Meanings of "Economic"," G. Dalton(ed.), *Studies in Economic Anthropology*, pp. 16-24.

_____, 1977, *The Livelihood of Man*. New York: Academic Press.

_____, 2014, *For a New West: Essays, 1919-1958*, G. Resta and M. C. Malden(eds.), Mass:Polity Press[『칼 폴라니 새로운 문명을 말하다』, 홍기빈 옮김, 착한 책가게, 2015].

Schaffer F., 2000, "Vorgartenstrasse 2003: Extracts from a Memoir," K. McRobbie & K. Polanyi Levitt(eds.), *Karl Polanyi in Vienna*, Black Rose Books.

Silber B., 2003, *Forces of Labor: Worker's Movements and Globalization since 1870*, Cambridge University Press[『노동의 힘: 1870년 이후의 노동자운동과 세계화』, 백승욱 외 옮김, 그린비, 2005].

Smith, B., 1990, "Aristotle, Menger, Mises: An Essay in the Metaphysics of Economics," *History of Political Economy*, Annual Supplement to vol. 22, pp. 263-88.

Stephens J. D., 1979, *The Transition from Capitalism to Socialism*, The Macmillian Press.

Stjerno, S., 2004, *Solidarity in Europe: The History of an Idea*, Cambridge University Press.

Swanson J. A. 1992, *The Public and the Private in Aristole's Political Philosophy*, Cornell University press.

Swedberg, R., 1998, *Marx Weber and the Idea of Economic Sciology*, Princeton University Press.

_____, 2011, "Marx Weber's central text in economic sociology," M. Granovetter & Swedberg R., *Sociology of Economic Life*, 3rd ed., Westview, pp. 62-77.

Tawney R. H. 1920, *The Acquisitive Society*, Harcourt, Brace and Company.

Thomasberger, C., 2005, "Human Freedom and the 'Reality of Society': Origins and Development of Karl Polanyi's Ideas during the Inter-war Period," *The History of Economic Thought*, vol. 47, No. 2, pp. 1-14.

Veblen, T., 1904, *The Theory of the Business Enterprise. New Brunswick*, New Jersey: Transaction Books.

Weber, M., 1924, *Wirtschaftsgeschichte: Abriss der universalen Sozial- und Wirtschafts-geschichte*, aus den nachgelassenen Vorlesungen, herausgegeben von S. Hellmann und M. Palyi 2te Auflage, Munchen und Leipzig[『사회경제사』, 조기준 옮김, 삼성출판사, 1987].

_____, 1972, *Wirtschaft und Gesellschaft. Grundriss der verstehenden Soziologie. 5.*, revidierte Aufl., Studienausgabe, [besorgt von J. Winckelmann], Tubingen: J.C.B. Mohr(Paul Siebeck)[『경제와 사회』1, 박성환 옮김, 문학과 지성사, 1997].

Yagi, K., 2010, "Carl Menger after 1871: Quest for the reality of 'Economic Man'," *Austrian Economics in Transition*, H. Hagemann et al.(eds.), Palgrave Macmillan, pp. 21-38.

옮긴이 후기

나는 오래전부터 칼 폴라니의 저작을 읽어 왔다. 그러나 그와 제대로 만난 것은 1989년 베를린장벽 붕괴 이후였다. 이때를 전환점으로 나는 사상적으로 '포스트 마르크스주의'로 전향했고 경제학자로서는 진보적 제도주의 경제학의 길을 걸어 왔다. 마르크스주의든 뭐든 '유일사상'이라면 그 어떤 것이든 고개를 돌리고, 최대한 나의 머리로 시시비비를 가리면서, 말하자면 학이사學而思의 정신으로 어떤 '잡종'雜種을 창조하는 것을 좋아하게 되었다.

폴라니는 여러 경제학자들 중에서도 내가 가장 친애하는 학자에 속한다. 그의 저작들은 나의 인생의 책이라고 해도 과언이 아니다. 경제학·인류학·윤리학의 독창적 통섭을 추구하는 폴라니의 사회경제적·문명론적 제도주의는 사회 내 존재로서 총체적 인간의 욕구를 주제화하면서 욕구와 제도, 권력·계급 관계의 상호작용 문제를 끌어안고 좋은 삶을 추구하는 '인류경제학'의 지평을 열었다고 할 수 있다. 그런 점에서 가히 독보적이다. 폴라니는 인간이 사회에서 뿌리 뽑히고disembedded 파편화되고 흩어져 각자도생으로 내몰리는 우리 시대 고삐 풀린 시장 사회, 하나의 문명으로서의 시장 자본주의에 내재된 모순 ― 나는 "폴라니적 모순"이라는 말을 쓴다 ― 과 그 지배적 이념 체계인 자유 시장주의와 누구보다 치열하게 대결했다. 나아가 그는 시장 사회를 넘어 민주적 문화 사회의 대안을 창조하기 위해 분투했다. 폴라니는 마르크스(특히 청년 마르크스)에 한편 친화적이면서도 그 경제주의, 진화주의의 맹점을 가장 잘 짚고 있는 사람에 속한다. 또 폴라니는 케인스와 공감하는 지점도 갖고 있지만, 교환·호혜·재분배·가정경제를 아우르는 그의 사회 통합 형태론은 '사회' 그리고 구성원들의 민주적·결사체적 역량 증진의 대목을 빠뜨리거나 주변화한 채 엘리트적 국가 개입주의에 경도된 케인스 경제학의 지평을 훌쩍 넘어선다. 폴라니는 역량 증진적인 '비개혁적 개혁주의'의 관점에서 복지국가, 기본소득 운동, 경제 민주화와 토지공개념, 협동조합과 커먼스를 비롯한 사회적·생태적 연대 경제, 결사체 정치, 대안적 삶의 문화 운동 등 다중 트랙을 아우르는 상생적 공진의 기획과 전략을 겨냥할 수 있게 해준다. 이것이 우리에게 '지금 왜 폴라니인가'를 말해 주는 이유다.

그간 폴라니를 공부하는 과정에서 번역본의 도움을 많이 받았다. 그렇지만 그럴수록 기존 번역본에 대한 불만도 많았다. 기회가 닿는 대로 새 번역을 해야겠다는 생각이 언제나 끊이지 않았지만 그런 생각을 허약한 몸뚱이가 따라 주지 못했다. 그러던 차에 홍기빈 박사에 의해『거대한 전환』의 새 번역본이 출간된 걸 보게 되었다. 홍기빈이 번역한『거대한 전환』은 한국에서 폴라니를 새롭게 읽는 전환점을 만들었을 뿐만 아니라, 내가『인간의 살림살이』의 새 번역을 마음먹는 데도 큰 자극을 주었다.

그러나 어디 용기만 가지고 되는 일은 아니었다. 틈틈이 시간을 내어 번역을 진행했고, 안식년 중에도 위스콘신 매디슨 대학의 추운 연구실에서 작업을 그치지 않았지만 좀처럼 진척이 되지 않았다. 부득이 저작권자에게 번역 기한 연기를 요청하게 되었고, 공사 다망한 나익주 선생께도 공역자로 참여를 요청했다. 그리하여 마침내 내가 정년퇴임을 앞두고 있는 이 시점에서야 겨우 번역 작업을 마치게 되었다.

칼 폴라니의 유고인 이 책의 번역 작업은, 먼저 이병천이 1부를 번역하고 나익주가 2부를 번역한 후 원고를 바꿔 서로 의견을 교환했으며 최종적으로 이병천이 전체 원고를 검토해 완성하는 과정을 거쳤다. 이 유고의 번역은 이번이 처음 작업은 아니고, 오래전에 박현수 교수가 번역한 판본이 있었다(『인간의 경제』1·2, 풀빛, 1983). 1983년이면 국제적으로 봐도 비교적 빨리 나온 번역이었다(이 번역본은 1998년『사람의 살림살이』라는 제목으로 다시 나왔다).

그러나 박현수 교수의 번역본은 현재 절판되었을 뿐만 아니라 번역상 몇몇 문제점이 발견되었다. 그래서 이번에 정식 판권을 얻어 새 번역본을 내게 된 것이다. 우리는 이번에 내는 새 번역본이 원서에 충실한 번역본이라고 생각한다. 그렇지만 모든 후대의 작업이 그렇듯이, 우리의 이번 작업도 선행한 박현수 교수의 노고에 도움 받은 바 컸음을 밝혀 둔다.

마지막으로, 상업적 타산으로 보면 별 도움이 되지 않는 이 책의 새 번역본 발간을 기꺼이 맡아 주신 후마니타스 대표 정민용과 안중철 편집장께 깊은 감사의 말씀을 전한다. 그리고 역자들의 느림보 작업 때문에 출판 계약 기간 갱신까지 해야 했던 점에 대해 사과의 말씀을 드린다. 구체적 번역 작업의 진행 과정에서는 안중철 편집장과 편집부 이진실 씨로부터 큰 도움을 받았다. 두 분의 각별한 정성과 타의 추종을 불허하는 출중한 교열 실력이 새 번역본의 수준을 크게 높여 주었다. 한 권의 책이 세상에 나올 때 편집자의 손길을 거친다는 것이 무슨 뜻인지를 이번에 알게 되었다. 그러나 길고 긴 산고 끝에 세상에 나오게 된 이 책, 『인간의 살림살이』번역의 최종 책임은 역자들에게 있다. 우리의 노력이 한국인이 자신의 시각으로 폴라니를 새롭게 읽는 데 조금이라도 도움이 되기를 바랄 뿐이다. 그리고 독자들께는 『인간의 살림살이』를 『초기 제국에서의 교역과 시장』과 함께 읽는 것이 여러 모로 도움이 됨을 알려 드린다.

이병천(강원대 교수)

찾아보기

501, 542, 563, 570

쌍무성(two-sidedness) 218, 223